사회복지와 탄력성
Resiliency

사회복지와 탄력성
Resiliency

사회복지와 탄력성

Resiliency: an integrated approach to practice, policy, and research

초판 1쇄 발행 2004년 8월 25일
초판 3쇄 발행 2009년 3월 9일

저 자 | Roberta R. Greene(ed.)
옮긴이 | 양옥경 외
펴낸이 | 박정희
펴낸곳 | 사회복지전문출판 나눔의집
주 소 | 서울시 구로구 구로3동 222-7번지 코오롱디지털타워빌란트 1차 703호
전 화 | 02) 2103-2480
팩 스 | 02) 2103-2488
www.ncbook.co.kr

값 15,000원
ISBN 89-5810-014-1(93330)

＊파본은 구입하신 곳에서 교환해 드립니다.

사회복지와 탄력성
Resiliency

Roberta R. Greene(ed.)

양옥경 최소연 송인석 권지성 양후영 염태산 옮김

나눔의집

강점과 희망을 갖고 살아가는

수많은 생존자들과

원조 전문가들에게

이 책을 바칩니다

특별히 T. H.에게 존경을 표하고자 합니다.

- Roberta R. Green -

2001년 9월 11일

2001년 9월 11일, 세계무역센터와 국방부에 대한 테러리스트의 공격이 있은 후에, 사람들은 "세상은 완전히 변해버렸다"는 말을 공공연히 듣는다. 동료들과 내가 이 책에 기술한 내용들이 깜짝 놀랄 만한 실제를 다뤘다는 현실에 큰 충격을 받았다는 사실을 잘 알고 있다.

몇 년 전 이 책을 쓰기 시작할 당시에는, 나는 내가 떠맡아야 할 저술세계에 대해 생각해 본 적이 없었다. 세상에 드러난 탄력성에 관하여 배우는 과정 속에서 나는 그 용어가 사람에 따라 서로 다른 내용을 의미한다는 사실을 깨닫게 되었다. 문헌연구를 통하여 위험과 탄력성의 역학적 성격을 기록한 대량의 자료를 이용한 수많은 양적 연구가 있었다는 사실을 알게 되었다. 또 질적 연구는 어떻게 사람들이 예기치 못한 위험을 극복하고 성공적인 성인에 이르게 되었는가를 보여주었다. 그러한 연구는 또한 탄력적 접근이 자신들의 정신보건실천을 변화시켰다고 믿는 수많은 임상가들의 업적을 보여주는 것이다. 또한 나는 신문, 잡지, 그리고 자습교재들을 포함하여 대중매체에서 논의되는 탄력성에 대해 놀라지 않게 되었다.

나는 이 책을 완성하기 위해 35번의 면접을 하는 동안 탄력성에 관하여 정말 많은 것을 배웠다. 생존자들과 전문가들의 이야기에서 사람들은 심각한 부정적 인생사건에도 불구하고 성공적으로 극복할 수 있다는 생각에 확신을 가지게 되었다. 그들의 용기있는 이야기들은 또한 우리가 클라이언트의 역경과 고통을 인식해야 하지만, 사회복지사인 우리자신들은 클라이언트의 자원과 잠재능력을 간과하지 말아야 함을 강조하고 있다.

나는 결코 이들 면접을 통해 들었던 용기있는 이야기들이 미 국방부와 세계무역센터가 공격당한 이후의 소영웅적인 이야기로 과장되게 하고 싶지 않다. 그러한 사건 속에서의 "평범한 사람들"과 모든 전문가들의 용기있는 행동이 인간의 탄력성을 만들어 간다.

역자 서문

역자들이 만나게 된 사연의 첫 길목에 이 책이 있었다. 반포종합사회복지관은 개관 이래로 최신의 사회복지 연구동향을 파악하고 배우며 이를 실천에 적용하려는 활동을 해왔고, 그러한 활동의 일부로 2002년 9월에서 10월에 걸쳐 이 책으로 스터디를 하게 되었는데 이 스터디를 통해 역자들이 공식적으로 만나게 되었다. 스터디는 반포종합사회복지관의 사회복지사들이 한두 장씩을 맡아서 발제한 후 토론하고, 양옥경 교수가 토론 방향을 정리해주고 핵심내용을 코멘트 하는 방식으로 진행되었다. 스터디를 하면서 실무에 있는 사회복지사들로서는 내용을 깊이 있게 이해 하는 것이 다소 어려웠던 것도 사실이지만, 역자들은 이 책의 장점에 보다 초점을 두게 되었고, 결국 뜻을 합하여 번역을 하기로 하였다.

번역 과정은 5단계에 걸쳐 이루어졌다. 먼저 용어 통일을 위해 여러 번의 회의와 수정작업을 하였으며, 6명의 역자가 각각 두세 장씩을 맡아 번역하였다. 그리고 타번역자의 내용을 교차하여 검토하였고, 최종적으로 양옥경 교수가 전체 내용을 검토한 후, 교정 작업으로 마무리하였다. 1장, 2장은 양옥경이, 3장, 4장, 5장은 권지성이, 6장, 13장, 14장은 송인석이, 7장, 8장은 염태산이, 9장, 10장은 최소연이 그리고 11장, 12장은 양후영이 번역하였다.

이 책의 주제인 '레질리언스' 개념에 비추어보자면, 이번 번역 작업은 양옥경 교수를 제외한 5명의 역자가 주경야독을 해야 하는 실무자인 이유만으로도 '역경과 도전을 통해 성장해 가는' 과정이었다. 각자의 레질리언스를 확인하는 과정이었던 것이다.

번역을 하기로 한 것이 역자들의 자발적인 선택이기는 하였으나 번역 과정 내내 역자들은 후회가 섞인 한숨을 내쉬어야 했었다. 번역 작업 자체의 어려움은 말할 것도 없거니와 역자들 대부분이 자신의 업무를 그대로 유지하면서 업무시간 외에 따로 상당한 시간을 내어 작업을 진행해야 했기 때문에 일상생활에도 영향을 미치게 되었다. 또한 번역자로서의 자질에 대한 성찰도 끊임없이 역자들을 괴롭혔으며 역자들 간의 작업 속도가 달라 서로 눈치를 보며 피해다니는 현상까지 발생했다.

그러나 이러한 과정을 통해 역자들 모두가 성장하게 되었다는 사실은 결코 부인할 수 없다. 역자들이 얻은 것을 꼽아보자면, 책을 읽고 또 읽으면서 얻은 레질리언스에 대한 통찰, 여전히 부족하기는 하지만 조금은 늘어난 번역 실력, 주위의 압력에 의연하게 대처하는 사회기술, 다시는 섣불리 공동번역 작업에 참여하지 않겠다는 실천지혜(?) 등을 들 수 있겠다. 이 중에서도 레질리언스 개념에 대한 통찰은 다른 모든 어려움을 넘어서는 것임을 밝혀두고자 한다. 여기에 부가적으로 자신의 레질리언스 요소를 발견하고 확인한 점은 더 없는 소득이라 하겠다.

이 책은 레질리언스에 대한 명쾌한 개념 정의뿐 아니라 다양한 사회복지 실천현장과 영역에서 레질리언스 개념이 어떻게 적용되는지 구체적으로 보여주고 있다는 점에서 장점이 많은 책이다. 최근 강점관점에 대한 관심이 부쩍 증가하고 있고, 이에 따라 레질리언스의 개념도 여러 현장과 문헌들에서 자주 등장하고 있지만 실천현장에서 이 개념을 어떻게 활용해야 할 것인지에 대해서는 막막했던 것이 사실이다. 이 책은 이러한 캄캄한 어둠 속에 빛을 비춰주고 있다. 특히 임상적 실천에만 적용되는 듯이 보이는 레질리언스를 행정 및 정책에서 거시적으로 적용하는 사례까지 보여주고 있어 실무자들에게 유용한 자료가 될 것임에 틀림없다. 이 책을 통해 일선 사회복지사들과 연구자들이 레질리언스에 대해 더욱 잘 이해할 수 있게 되기를 기대한다.

한편, 번역 작업은 늘 조심스럽다. 그 동안 끊임없이 비판받아온 외국의 관점과 이론, 모형에 대한 무비판적인 도입의 하나로 받아들여질 수 있기 때문이다. 역자들 또한 그러한 무비판적인 도입과 적용에는 반대하지만, 외국의 관점과 이론을 대안으로 검토하는 작업은 반드시 필요하다는 점은 말하고 싶다. 아무쪼록 이 책의 내용에 대한 현장에서의 비판적인 검토와 적용이 지속적으로 진행되기를 바라며, 이러한 과정을 통해 한국적인 관점과 이론이 발전할 수 있기를 기대한다. 역자들도 모두 사회복지사로서 학계와 실천현장에서 앞으로 이러한 발전에 기여하고자 노력할 것이다.

앞서 밝힌 바와 같이, 각각의 용어에 대한 적절한 번역과 통일을 위해 노력하였지만 만족할 만한 수준으로 이루어지지는 못했다. 역자들을 가장 어렵게 만든 용어는 역시 이 책의 원제이기도 한 'resiliency'와 관련된 개념인 'resilience', 'resilient' 등이었다. 기존의 문헌에서는 이를 적응유연성, 탄력성, 회복력 등으로 번역하거나 그냥 '레질리언스'로 쓰기도 하였다. 스터디 초기부터 번역이 마무리될 시점까지 이 개념들을 어떻게 번역해야 할지 계속 고민하고 토론해야 했는데, 역자들이 내린 결론은 '탄력성'이었다. 용어 자체가 물리적 특성을 나타내는 것 같기도 하지만, 이 개념이 사회복지실천에서 레질리언스라는 개념이 가지고 있는 의미들을 포괄할 수 있다고 판단하였기 때문이다. 이 개념에 대한 정확한 번역을 위해서는 앞으로도 더 논의가 진행되어야 할 것으로 보이며, 오히려 이 책이 이러한 논의의 불씨에 부채질하기를 바란다. 아울러 형용사형인 'resilient'는 '탄력적'이라고 번역하였음을 밝혀둔다.

번역을 '잘' 하기 위해 많은 노력을 했지만, 역자들도 스스로 만족스럽지 못하고, 독자들이 보기에는 더욱 그러할 줄로 안다. 오류에 대한 책임은 전적으로 역자들에게 있으므로 따가운 비판을 감수하겠지만, 기왕이면 개선을 위한 건설적인 비판을 부탁드린다. 그렇게 해야만 우리 모두가 함께 성장할 수 있으리라 믿기 때문이다.

부디 이 책의 내용들이 우리들의 실천에 적절히 활용되어 클라이언트와 환경을 변화시키는 기반이 되기 바라며, 또한 우리들의 삶에도 긍정적인 영향을 미칠 수 있기를 바란다. 마지막으로, 이 번역작업이 진행되는 동안 역자들을 이해해주고 격려해준 이화여대와 반포종합사회복지관의 모든 가족들에게 감사드리며, 어려운 조건에도 불구하고 흔쾌히 출판을 맡아주신 나눔의집 출판사 유보열 사장님과 편집부 직원들에게 고마운 마음을 전한다.

2004년 6월

역자 일동

저자 서문

이 책은 탄력성 이론 및 조사의 주요한 면들을 다루고 있으며, 이들의 개념은 사회복지실천에 응용되고 있다. 이 책은 인간행동과 사회환경, 정책, 조사, 사회복지실천, 윤리, 그리고 가치뿐만 아니라 다양성과 사회적 · 경제적 정의를 다루는 통합기반틀을 제공하고자 한다. 필자들은 특별히 사람들을 위험에 빠뜨리는 요인들을 이해하고 또한 이러한 역경들을 제거하는 성공적인 수단을 학습하는 데 관심을 갖고 있다.

사회복지사들은 클라이언트 강점에 초점을 두는 틀을 오래도록 추구해 왔지만, 사회복지전문직은 아직도 사람들의 생애과정 전반에 대한 사정과 개입에 적용될 수 있는 다중체계적이고 실증적인 기반을 가진 이론을 채택해 오고 있다. 탄력성 이론은 바로 새롭게 나타나는 패러다임이다.

사회복지실천은 수많은 인간행동 이론을 이해, 비평, 그리고 적용하는 능력을 요구한다. 탄력성 이론은 전문직 환경 속의 인간 접근을 규정하는 생태학적, 체계적 사고와 연계하여 가장 잘 이해된다. 궁극적으로, 이 책은 학생들과 실천가들에게 새로운 진보적인 사고를 담은 용어, 지식과 기술의 조직체를 제공한다. 이 책이 사회복지전통을 세우고 또한 인내와 용기라는 인간의 영웅적 속성들을 강조하는 맥락과 신념체계를 제공하기를 기대한다.

Roberta R. Greene

Indianapolis, Indiana

2001. 10. 12

제1장
인간행동 이론
탄력성 지향

Roberta R. Greene

"탄력성" —심각한 위험에 노출되었음에도 불구하고 성공적으로 회복하는 능력—
을 다룬 계속되는 자료들은 인간발달의 자기복원성을 분명하게 입증하여왔다.

BENARD, 1993. p. 44

우리의 클라이언트들이 자신의 자원과 잠재력을 종종 과소평가 하듯이, 도움을 주
는 사람들도 희생자를 똑같은 현상으로 전락시키지는 않는가?

BENARD, 1994. p. 135

사회복지실천은 개인적, 사회적 변화를 통하여 경제적으로 가장 취약한 대상
을 돕기 위한 헌신에서 시작되었다(Gitterman, 1991; Khinduka, 1987). 그러나 21
세기 사회복지 전문직은 실천상황에서 극적이면서 아직 예견되지 않은 변화에
직면하게 될 것이다. 불행하게도, 일부 전문가들은 그러한 변화들로 인해 가장
취약한 대상을 돕는 일이 점점 더 어려워질 것이라고 전망했다(Gitterman, 1991).
가정과 지역사회의 폭력, 빈곤, 그리고 억압과 같은 사안들은 사람들이 힘들고
위험한 생활 환경에서 어떻게 싸워 나가야하는지에 대한 이해가 필요하다. 또한
아동의 지위—아동의 성장, 안전, 그리고 경제적이고 심리적인 복지—에 대한 관
심도 널리 퍼져 있다(Garmezy, 1993; Masten & Coatsworth, 1998).

문헌들은 점차 그러한 어려움에 직면한 클라이언트를 돕는 것과 관련된 도전
을 반영하고 있다. 예를 들어, Burman과 Allen-Meares(1994)는 사회복지사들에

게 부모의 살인을 목격한 아동을 지원해주도록 요청하였으며, Carter(1999)는 사회복지사가 지역사회의 강점을 동원하여 교회 방화에 대응하도록 촉구했다. 그리고 Garmezy(1993)는 정신건강 전문가들에게 "거주지의 위협적 생태환경으로 인해 위험이 현저한" 아동과 가족에 대한 정치적 의제를 취하도록 주의를 환기시켰다(p. 134). 사회복지 전문가들 또한 폭력유입의 증가와 이에 수반되는 도시 아동과 청소년들 사이에서의 공포감과 무력감을 다룰 필요가 있을 것이다(Astor, Behre, Wallace, & Fravil, 1998; Durant, & Paguio, 1990; Pierce & Singleton, 1995; Rey, 1996). 나아가 문화적 역량을 갖출 수 있는 능력, 차이에 대한 가치부여 능력, 모든 클라이언트를 단일한 기준으로 가늠하지 않도록 방지하는 능력이 점차 필수적인 것이 될 것이다(Greene, 1994). 전반적으로, 실천가들은 "우리 사회에서 소외되어 왔던 모든 목소리들의 온전한 인간다움을 증진시키는" 전략들을 점차 필요로 할 것이다(Hooyman, 1996, p. 20).

분명히, 미래의 사회복지실천은 생활사안의 복잡성을 더욱 잘 다뤄주는 인간행동의 준거틀을 필요로 할 것이다(Begun, 1993). 사회복지사들은 사람들이 어떻게 긍정적으로 역경에 반응을 하는지, 클라이언트의 강점, 적응, 치유, 자기효능감을 향상시키기 위하여 이러한 지식을 어떻게 사용하는지 이해할 필요가 있을 것이다. 따라서 생애과정에서 건강을 증진시키는 행동들을 검토하고 개인, 가족, 지역사회의 복지를 증진시키는 환경들에 초점을 맞추는 이론들이 점차 요구될 것이다. 21세기의 사회복지실천은 클라이언트가 장애물에 직면하여 견디고 생활사건에 대해서도 긍정적으로 나아가는 능력을 사회복지사들이 수립하도록 해주는 이론들을 필요로 한다. 또는 Saleebey(1996)가 "탄력성, 되튐, 가능성, 그리고 변형에 대한 생각에 기반을 둔 실천"이라고 부른 그것을 필요로 한다(p. 297).

사회복지사들은 "성장, 자기치유, 건강, 타고난 삶의 힘을 향해 사람들이 추진력"을 발휘하는 강점기반 실천에 오래도록 헌신해 왔다(Germain, 1990, p. 138). 그러나 이론적 진보는 진행 중이다. 사회복지사들과 다른 정신건강 전문가들은 클라이언트와 함께 일을 할 때 탄력성 개념을 점차 많이 적용하고 있다(Benard, 1993; Bogenschneider, 1996; Fraser, 1997; Nash & Fraser, 1998; Tolan, Guerra, &

Kendall, 1995; Weick & Saleebey, 1995). "적응에 대한 의미있는 도전들이라는 맥락에서 명백하게 나타나는 능력"이라는 탄력성 개념은 강점관점에 기반하여 수립되며(Masten & Coatsworth, 1998, p. 206), 생태학이론과 발달이론에 통합되었을 때 적응적 행동에 대한 사회복지사들의 이해를 심화시킬 수 있다. 사실, 문헌검토에 의하면, "위험과 탄력성 관점이 점차 부각됨으로써"—역경에 직면하였을 때 성공적인 결과들이 나오도록 기여하는 요인들이 무엇인가에 대한 연구—매우 유용한 개입 전략을 위한 아이디어를 충분히 제공받을 수 있다(Fraser, Richman, & Galinsky, 1999, p. 131).

또한, 탄력성에 대한 이론과 연구 정보의 규모는 매우 커서 사회복지실천을 위해 탄력성에 기반한 인간행동의 준거틀을 형성하도록 개념화할 수 있다(Begun, 1993; Fraser & Galinsky, 1997; Gitterman, 1991, 1998; Saleebey, 1997a). 이러한 개념적 움직임은 종단적 연구, 갱신된 이론적 관점들, 생존자의 경험들, 그리고 숙련된 실천가들의 지혜를 포함한 여러 가지 원인이 수렴되어 발생한다. 이 책은 점차 수용되고 있는 인간행동에 대한 관점을 종합하고 다양한 인구집단과 이슈들에 탄력성 이론과 연구를 적용한다. 그 목적은 사람들이 스트레스나 외상에 직면하였을 때 어떻게 생활상의 도전들에 성공적으로 대처하는지 더욱 잘 이해하는 데 있다. 이 책은 건강증진 행동과 능력을 양성하는 특성에 초점을 맞추고 탄력성을 증진시키는 환경을 검토한다. 나아가 이 책은 사람들이 역경 상황들에 어떻게 긍정적으로 반응하는지 사회복지사가 이해하도록 도울 수 있는 개념들을 탐색한다. 그러한 개념들에는 클라이언트의 강점들, 적응, 치유와 안녕, 자기효능감, 역량 등이 포함된다.

이 책은 생활과정을 통하여 인간의 탄력성을 양성하는, 개인, 가족, 지역사회, 그 밖의 환경 요인들에 대한 다양한 이론적 설명들을 검토한다. 또한, 이 책은 개념적 이정표로서 생태–발달학적 준거 틀을 가지고, 사회복지사들이 각각의 체계 수준에서 적용하기 위한 탄력성에 기반한 실천의 이론적 구성체를 어떻게 선택할 수 있는지 논의한다. 또한 그 주제에 대해 성찰하는 원조 전문가들과 일반인들과의 면접 내용들을 인용하고 있다. 본문에서 탐색된 질문들은 다음과 같다.

- 건강과 안녕(wellness)을 촉진하는 조건은 무엇인가?
- 사람들이 어떻게 위협에서 빠져나가고 역경을 극복하는가?
- 사람들이 어떻게 비극적인 사건들이나 어려운 삶의 전환을 다루는가?
- 사람들이 재생하고 회복하는 능력에 기여하는 것은 무엇인가?
- 사람들이 어떻게 일상적인 사건에 대처하고 문제해결 전략과 해결책을 만들어내는가?
- 무엇이 성공적인 대처인가?
- 사회적 환경에서 인간행동의 어떤 측면이 생존과 성장에 기여하는가?
- 사건들이 한 개인의 적응자원을 필요로 하거나 능가할 때, 사람들은 어떤 종류의 도움을 필요로 하거나 원하는가?
- 원조 전문가들은 이러한 도움을 어떻게 가장 잘 제공할 수 있는가?

역사적 맥락: 탄력성 이론

이 개척자들 [탄력성의 연구자들]은 그러한 [성공적인] 아동들이 우리들에게 위험을 줄이고 역량을 촉진하며, 더욱 긍정적인 방향으로 발달과정을 변화시키기 위한 더 나은 방법들을 가르쳐줄 수 있다는 것을 인식했다.

Masten & Coatsworth, 1998, p. 205

위험과 탄력성에 대한 연구는 운동부족, 흡연, 고지방 식사의 위험으로 알려져 있던 심장병과 폐질환에 대한 공중보건의 역학연구에 필적하는 것이었다(8장 참조). 많은 흡연자들이 심장병에 걸리지만 모든 흡연자가 심장질환으로 발전되지는 않는 것으로 알려져 있다. 질문은 왜 그런가하는 것이다. 같은 맥락에서, 정신건강 전문가들은 왜 어떤 사람들은 역경이나 높은 수준의 스트레스를 더욱 잘 견디는지에 대해 오래도록 궁금해 했다. 이러한 현상을 더욱 잘 이해하기 위해 사회과학자들은 위험과 탄력성을 탐색하기 위한 다수의 연구들을 수행해 왔다. 또한 실천가들은 클라이언트의 탄력성에 대해 관찰한 내용들을 공유해왔다. 이 장은 위험과 탄력성 관점을 발전시키기 위해 이론가들과 실천가들이 기여한 역사적인 개관을 살펴보고, 이러한 인간행동 접근을 형성하기 위해 수렴된 주요 이론적 개념들의 윤곽을 그려볼 것이다.

위험에 처한 아동들에 대한 연구

무엇이 탄력성을 구성하는가에 대한 이론적 이해는 주로 "위험에 처한 아동"에 대한 연구들로부터 시작되었다(Bogenschneider, 1996; Hawkins, Catalano, & Miller, 1992; Werner & Smith, 1982). 발달 이론가들은 어떤 요인이 문제행동을 일으키거나 예방하는지 이해하는 데 오래도록 관심을 가지면서, 어떻게 아동들이 아동학대, 빈곤, 약물남용, 10대 임신 등의 고위험 상황에 직면하는지 검토하기 위해 종단연구들을 수행하였다. 예를 들어, 세인트루이스 위험 연구 프로젝트(the St. Louis Risk Research Project)의 의도는 세인트루이스뿐 아니라 미주리 주의 연구자에게 "불리한 환경에서 위험해 보이는 상황에서 [그리고 그럼에도 불구하고] [이 상황에서] 종교집단에 깊이 참여하면서 성공하고 건강해진" 아동들의 탄력성을 더욱 잘 이해하게 하는 것이었다(p. 38).

30년 이상의 기간 동안 미네아폴리스, 피츠버그, 로체스터를 포함한 미국의 수많은 도시에서 연구 프로젝트들이 이루어졌다. 알라바마 대학교 사이비탄 국제연구센터(Civitan International Research Center)가 지원한 것과 같은 국제연구 프로젝트들은 브라질, 캐나다, 코스타리카, 체코, 헝가리, 일본, 리투아니아, 나미비아, 러시아, 남아프리카, 수단, 대만, 타이, 베트남의 아동복지를 탐색하였다(Grotberg, 1995). 이러한 연구들은 위험에 처한 특정 아동들 중 몇 퍼센트가 미래에 문제를 경험할지를 파악하려고 한 것이다. 이 연구를 통해 잠재적인 요인, 문제의 분포, 그리고 취할 수 있는 예방, 통제, 치료조치들을 파악하였다(Nash & Fraser, 1998). 연구자들은 아동이 문제를 발전시킬 가능성을 증대시키는 조건들인 위험 요인들(risk factors)과 문제 발생을 완충하거나 중단시키거나 예방하는 조건들인 보호요인들(protective factors)을 검토하였다. 연구자들의 의도는, 위험에도 불구하고 "아동들에게 행해진 손상을 더욱 잘 파악하고 아동들이 가능하면 잘 발달하도록 돕는 서비스를 제공하는 것"이었다(Grotberg, 1995, p. 1).

비록 일부 아동들이 부정적이거나 외상적인 경험들에 대해 불리한 반응들을 하고 있음에도 불구하고 이들은 적절한 원조를 받아야 한다. 위험에 처한 아동들에 대한 연구는 아동기의 불행한 사건이 반드시 성인 병리를 초래하지는 않는다고 교육 전문가들과 정신건강 전문가들에게 가르쳐 왔다. 불리한 상황에서 성장한 아동들 중 1/2~2/3는 "그 어려움을 진정으로 잘 극복하고 위험이라는 인생의 궤도를 탄력성을 명백히 하는 것으로 전환시킨다"(Benard, 1993, p. 1)는 것이다. 이러한 결과는 연구자들이 어려움에 압도되는 아동들과 그것을 이겨나가는 아동들을 구별하도록 하는 요인들을 연구하도록 이끌었다. 얼마나 많은 위험에 처한 아동들이 자신만만하고, 능력있고, 남을 배려하는 성인이 되는가(Werner & Smith, 1992)? 연구결과를 요약해 보면, 탄력적인 아동들은 관계를 형성하고, 문제를 해결하고, 정체성을 발달시키며, 계획하고, 희망하는 강한 역량을 가지고 있는 것으로 나타났다(Benard, 1993). 성취 지향, 학업 성취, 사교성, 책임있는 행동, 그리고 학교에서의 적극적인 참여 또한 탄력적인 아동들과 연관되어 있다(Reed-Victor & Pelco, 1999; 심화된 논의를 위해 2장 참조). 이러한 발견들은 그것이 탄력성을 위한 아동들의 내적 역량을 양성하는 서비스들을 고안하기 위한 지침들을 제공해 주고 있다(Benard, 1993; Gordon & Song, 1994).

지역사회 폭력과 함께 살아가는 아동들에 대한 연구

연구자들은 위험에 처한 아동들의 특정한 이슈—아동들이 지역사회 폭력의 결과에 어떻게 대처하는가(Coles, 1986; Garbarino, Dubrow, Kostelny, & Pardo, 1992)를 검토해 왔다. 아동기는 아동이 의미있는 애착을 형성하고, 그들의 환경을 탐색하고, 능력을 발달시키기 시작하는 시기이다. 아동들이 환경을 신뢰하고 지배할 수 있는 능력을 심화시키기 위해서는 안전하고 양육적인 사회와 이웃들이 필요하다. 불행히도, 안전한 환경은 어떤 아동들에게는 종종 현실이 아니다.

미국 도시에 거주하는 많은 아동들은 "삶의 조건으로서 위험이 안전을 대체하는" 지역사회에서 성장한다(Garbarino 등, 1992, p. 1). 이러한 아동들은 자신의 기본적 필요가 거의 충족되지 않는 환경에서 생존을 위한 투쟁을 지속적으로 해야 하는 경우도 있다. 가족들은 그들을 향한 폭력에 대한 두려움 때문에 지역사회로부터 자신들을 더욱 고립시킬 수도 있다. 노동계급 인구가 대량 퇴거됐던 지역사회는 장기간의 실업과 억압으로 패배감을 느낄 수 있다(Wilson, 1987). 그러한 만성적 위험에 노출된 아동들은 불안과 공포 속에 살면서, 자신의 미래를 제한되게 바라 보며, 자신의 삶을 거의 통제할 수 없다고 느끼면서 학습장애를 발달시킬 수도 있다(Wallach, 1994). 더욱이 만성적 위험 속에서 사는 것을 경험한 아동들은 집중하는 데 어려움을 겪고, 기억력 손상으로 고통 받으며, 공격적인 놀이를 보이고, 거칠게 행동하며, 부주의한 행동을 보이고, 행동이 위축될 수 있다. 상실은 흔한 주제이다. 본질적으로 "지역사회 폭력에 의해 외상을 입은 아동들에게는 가정, 학교, 지역사회를 안전한 장소로 여기는 생각은 파괴된 것"(Garbarino et al., 1992, p. 83)이다.

미국 아동들만 불안전한 환경을 경험하는 것은 아니다. 역경 속에서 성공적으로 생존해 온 아동들을 연구한 것으로 유명한 Robert Coles(1986)는 캄보디아 피난민 아동들과 부모들을 관찰하였다. 30년 간의 캄보디아 내전과 집단수용소의 많은 생존자들은 회피, 과잉행동적인 경기 반응(startle reactions), 정서적 무감각, 침입적 사고, 악몽을 포함한 증상들을 경험하며 외상후 스트레스로 고통을 받았다(Boehnlein, 1987; Carlson & Rosser-Hogan, 1993; Eisenbruch, 1984; Kinzie, Fredrickson, Ben, Fleck, & Karls, 1984; Lee & Lu, 1989). 그러나, Coles(1986)는 크메르루즈 치하의 끔찍한 정치적 폭력에도 불구하고, "내가 지금까지 연구하는 동안, 이보다 더 탄력적이고 통찰력 있는 아동집단을 결코 본 적이 없다"고 결론지었다(p. 266). 그는 아동들을 보호하고 돌보는 부모 덕분에 그 아동들이 성공적으로 적응했다고 보았다. Masten과 Coatsworth(1998) 또한 이러한 젊은이들의 성공에 대해, "그들은 인간의 능력에 탄력성이 있음을 보여준 절대적이고, 살아 있는 증거"라고 논평했다(p. 206). 이러한 발견들을 통해 개입 프로그램들의 설계를 더욱 추진할 수 있으며, 정책결정자들에게 강점은 타고나는 것일 뿐 아니라 학습될 수 있다는 것을 확신시켜 줄 수 있다(Blum, 1998).

지역사회의 폭력 속에서 살아가는 아동에 대한 연구들은 탄력적인 행동들에 대한 많은 지식을 제공해왔다. 한 연구에 의하면, 인지적으로 능력있고, 자신감을 경험하며, 목적 지향적이고, 더욱 능동적인 대처 스타일을 가진 아동들이 더욱 탄력적으로 될 수 있다고 한다(Rutter, 1989). 세계 도처의 위험 속에 있는 아동들의 삶을 목격해 왔던 Garbarino와 동료들(1992)은, 만약 아동들이 심리적, 사회적 자원들을 충분히 가지고 있고, 중요한 성인과 애착되어 있으며, 문화적이고 영적인 자원들을 개발하고, 자신의 상황에 대한 이데올로기나 실천주의를 가지고 있다면 역경 속에서도 탄력성을 유지할 수 있다고 추론했다. 이러한 발견을 통해, 전문가들은 탄력성을 양성하기 위해 전통적인 개입들을 뛰어넘어 생각하는 것이 지혜롭다는 것을 상기하게 된다. Garbarino 등(1992)은 개별화되고 치료적인 개입들을 통해 탄력성을 증진시키는 기치를 들도록 학교에 촉구하고, 지역사회를 "평화유지와 예방지대"로 동원하려는 몇몇 연구자들(Wang & Gordon, 1994) 중 하나이다(p. 229).

성인 생존자들에 대한 연구

사람들이 위기에 적응하는 강력한 능력을 가지고 있다는 지식은 연구자들로 하여금 스트레스 상황이 불가피하게 부정적인 결과를 낳는다는 생각으로부터 심한 역경 이후에 나타나는 사람들의 긍정적인 적응을 어떻게 양성할지를 탐색하는 방향으로 전환하도록 촉진하였다(Fraser, 1997; Reed-Victor & Pelco, 1999). 성인 생존자에 대한 실제적인 연구는 탄력성과 적응적 기능으로의 복귀를 촉진할 것인지에 대한 아이디어를 제공해 준다. 예를 들어, 히로시마의 폭발이나 나치의 홀로코스트와 같은 공포스러운 사건의 성인 생존자들로부터 대처기제와 탄력성을 이해하기 위해 30년 간 탐색한 Lifton(1993)은 그러한 재난을 통해 살아남은 사람들에게 영향을 미친 수많은 패턴들을 묘사했다. Lifton은 생존자는 "죽음을 목격해왔고—증언해 왔으며—살아남아 있음으로써" 고통을 피하지 않는다는 점을 알게 되었다(p. 231). 오히려, 생존자는 상실을 느낄 수 있었으며 인간의 연계성이 박탈당하는 것을 느꼈을 것이다. 그들은 지속되는 죽음에 대한 각인, 말하자면 죽음에 대한 불안을 경험했을 것이다. 그들은 또한, 어떤 사람들은 살아남을 권리를 갖지 못했다는 생각과 다른 사람들은 함께 구조되지 않았다는 죄책감, 즉 **죽음에 대한 죄책감**을 경험할 수 있다. 생존자들은 감정들을 느끼는 능력이 약화된 **정신적 마비**를 경험할 수 있다. 또한 **사기 양육**(counterfeit nurturance)에 대한 **의심**, 즉 제공된 도움에 대한 일반적인 불신을 가질 수 있으며, 그들이 왜 재난에서 살아남았는지 의미를 부여하는 시도를 할 수 있다는 점에서 **의미를 향한 투쟁**(struggle for meaning)을 경험할 것이다.

긍정적인 측면에서, Lifton(1993)은 그가 생존자들의 이야기를 들었을 때, 그들의 삶의 과정을 통하여 탄력적인 행동 패턴을 보여준다는 것을 알았다고 지적하였다. 또한 그는 생존자들이 스트레스적인 사건 하에서 의미를 창조하고 재창조할 수 있는 능력을 가지고 있고, 생활향상을 위해 헌신하고 있음을 발견했다. 이러한 관찰들을 통해 Lifton은 다음과 같은 질문을 하게 되었다. 어떻게 이러한 변화가 일어났는가? 그는 만약 심리적 외상을 입은 사람들이 "말할 수 있고 경청될 수 있다면", 그들은 고통을 극복하고 자신을 변화시킬 놀라운 능력을 가지고 있는 것이라고 결론지었다. 그는 치료적 개입을 통해 양성될 수 있는 이러한 능력을 "다방면의 역할을 하는 자신(protean self)"이라고 불렀다(p. 232).

생존자들이 다방면의 역할을 하는 속성은 나치 홀로코스트 같은 인종학살을 거쳐 살아온 사람들과의 면접들을 통해서도 확인되어 왔다. 예를 들어, Moskovitz(1983)는 나치 집단수용소에서 생존한 23명의 성인과 면접하였다. 이 성인 생존자들은 아동기 때인 제2차 세계대전 이후 영국으로 이송되었고 Lingfield House라 불리는 치료적 그룹홈에 배치되었다. 도착 당시 아동들은 위축되고, 냉담하며, 두려움이 가득한 상태였던 것으로 묘사되었다. 그러나 가정의 부모들처럼 행동하는 치료사들의 따뜻하고 양육적인 보호를 경험하면서, 그들의 염려는 조금씩 줄어들게 되었다. 그들이 성인기가 되어 Moskovitz와 면접을 했을 때, 그녀는 그들이 지속적으로 상실에 대한 부담을 경험하고 있고, 여전히 그들의 부모들을 찾고 있으며, 이방인처럼 느끼고, 때때로 자신의 가치에 대한 불확실한 느낌을 경험한다는 것을 발견했다. 그러나 동시에, 그들은 "삶에 대한 긍정—불굴의 의지력"을 보여주었다. 그들은 또한 높은 수준의 윤리성, 영적 헌신, 사회적 책임성, 가족과 가정을 세우려는 강한 열망을 가지고 있었다. Moskovitz는 역경이나 초기의 박탈이 불가피하게 부정적 결과로 이끈다고 생각하는 정신건강 사회복지사는 재고할 필요가 있다고 결론지었다.

> 끊임없는 문제와 과거의 잔재에도 불구하고, 우리가 Lingfield의 삶에서 주목해야 할 것은 인내심, 탄력성, 위대한 개인의 적응력이다. …… 예전에 받아들여지던 개념과는 반대로, 설령 여기서 경험한 것이 황폐한 외상이라 하더라도, 우리는 이러한 삶들로부터 평생의 정서적 장애가 자동으로 초기의 외상을 따르지는 않는다는 것을 강력하게 배우게 된다. 분명 이후에 일어나는 일은 매우 중요하다. 교사의 자신감이든, 새로운 성적 충동의 흥분이든, 새로운 직업적 흥미이든, 변화된 사회환경이든, 상호작용은 신선한 성장을 자극할 수 있다.(p. 201)

생존자들에 대한 관찰을 토대로 실천가들은 점차 개인의 강점과 "자기복원" 능력을 양성하는 어떤 형태의 개입이 주는 이득을 점차 인정하게 되었다. 즉, 그들은 탄력성 기반의 실천 접근으로 자신의 개입방향을 전환하고 있는 것이다(Benard, 1993). 예를 들어, 아동기 학대의 생존자를 도와왔던 정신분석학적으로 훈련받은 뛰어난 상담가인 Wolin과 Wolin(1993)은 자신들의 임상실천이 희생, 피해, 병리에 초점을 둔 위해모델(damage model)에서, 자기보호적 행동, 강점, 탄력성을 강조하는 도전모델(challenge model)로 전환하였다고 기술하였다. 그런가하면, 이야기 접근(narrative approach)을 사용해왔던 사회복지사 Borden(1992)은 불리한 생활사건을 경험했던 사람들이 역기능에서 강점지향, 탄력성 관점으로 자신의 이야기를 돌아보고 재구성하도록 도와왔다. Walsh(1999)는 노인과 그들의 가족에 대한 임상 실천에 있어 탄력성 기반 접근에 대해 논의했다. 이러한 실천은 클라이언트—실천가 간의 협력을 격려하고, 강점관점을 사용하며, 가족구성원 간의 최적의 기능수행을 지원하고, 지역사회 지지체계를 증진시킨다(심화된 논의는 2장 참조.)

탄력성: 새로이 등장하는 인간행동이론

어떤 사람이 과학의 역사를 검토할 때, 그는 동시대의 서로 다른 마음들에서 작용하는 생각들을…… 볼 수 있다. 그것들은 이론들이 아니라, 잠재적 이론들의 기초들이다. 또한 그것들은 어떤 분야의 활동들을 연합시키는 결정적인 질문들을 제기한다. 그러한 생각들은 발생적(generative)이라는 이름을 붙일 수 있다. 여기에 제시된 발생적인 생각들은 위험, 취약성, 탄력성과 관련되어 있는 그러한 것들이다.

ANTHONY & COHLER, 1987, p. 3

수많은 사회복지 이론가들은 인간행동이론에 대한 탄력성 기반 접근에 흥미를 가지고 있다(Begun, 1993; Fraser, 1997; Gilgun, 1996a, 1996b; Saleebey, 1997a). *The Life Model of Social Work*(사회복지실천의 생활모델)이라는 책에서, Germain과 Gitterman(1996)은 사회복지사는 클라이언트의 타고난 체력과 계속되는 성장을 발휘하도록 하기 위해 실생활의 경험을 이용해야 한다는 개념을 소개했다. 재난과 마찬가지로 역경이 매일의 삶을 둘러싸고 있다는 것을 인정하면서, 그들은 사회복지실천은 생활상의 문제에 관한 것이어야 한다고 제안했다. 따라서 인간행동이론은 생활 그 자체에 따라 그들의 실천을 모형화하도록 사회복지사를 준비시켜야 한다.

Germain과 Gitterman(1996)은, 사람들은 생애과정에서 언제든지 발달적 변화 혹은 사회적 변화와 관련이 있는 **어려운 인생의 전환**, 중대한 상실이나 질병을 포함한 **외상적 생활사건**, 빈곤과 폭력을 포함한 **환경적 압력들**과 관련된 스트레스에 직면할 수도 있다고 하였다. Germain(1990)은 또한 인간발달에 대한 연구는 "정서, 영성, 탄력성, 연관성과 돌봄, 자아존중감과 자아개념, 효력(effectance)과 역량, 자기지시, 생활경험에 대한 의미를 부여하는 능력, 자조, 상호원조"(p. 139)에 대한 이해를 다루어야 한다고 제안했다. 생활모델에서, Germain과 Gitterman은 사회복지실천의 목적이 특히 기초적인 자원들을 확보해줌으로써 사람과 환경들 사이의 적합성을 증진시키는 것이라는 생태학적 원칙 위에 생활스트레스요인에 대처하기 위한 개입의 기초를 두었다.

이론가들은 인간행동에 대한 교과목을 클라이언트의 강점과 자원을 점차 강조하는 탄력성 접근에 기반하도록 사회복지 교육자들에게 지속적으로 권고하고 있다(Bendor, Davidson, & Skolnik, 1997). 예를 들어, 강점기반 실천운동의 리더인 Saleebey(1997a)는 학생들이 탄력성에 기반한 실천을 이해하기 위한 인간행동 교과목을 인정해야 한다고 제안했다. 왜냐하면

탄력성 문헌은 강점 기반의 인간행동과 사회환경 교과목의 많은 기준을 충족시킨다. 그것은 개별적이고 집합적인 유용한 자산들에 대해 생각할 방법들을 생각하도록 해준다. 그것은 더 넓은 사회적 맥락에 관심의 초점을 둔다. 그리고 그것은 경험과 반응의 범위를 생물학적인 영역에서, 심리학적 영역, 사회적 영역까지 아우른다.(p. 21)

마찬가지로 Gilgun(1996a, 1996b)은 탄력성―사람들이 역경에 대해 어떻게 긍정적으로 반응하는가―에 대한 교과목이 "연구, 프로그램 개발, 직접실천, 그리고 정책을 알려주는 지식을 크게 증진시킬 수 있는 창조적인 개념과 이론으로 충만한 언어를 사회복지실천에 소개한다"고 하였다(1996a, p. 400; 2장 참조). Fraser와 Galinsky(1997)가 제시한 사회복지실천의 탄력성 기반 모델의 다른 근거는, 그것이 실천가들에게 인간행동을 이해하기 위한 경험에 기반한 접근을 제공해줄 잠재력을 가지고 있다는 점이다. 그들은 경험적으로 지지된 인간행동이론을 사용할 때 실천 결정들이 가장 잘 이루어진다고 주장했다(Fraser, Jenson, & Lewis, 1993; Gambrill, 1999; Thyer, 1996; Witkin & Nurius, 1997). 이러한 입장은, 문헌들에서 점점 더 주의를 끌고 있는데, 실천가와 연구자 사이의 "간극(chasm)"이 커질 것이라는 우려에서 나온 것이다(Howard & Jenson, 1999, p. 283).

탄력성: 인접하는 개념들

정신의학 연구에서 지속적으로 마주치게 된 놀라움 중의 하나는…… 언어가 연구

의 형태를 결정하는 방식이다. …… 그 결과, 같은 과정의 연구가 수행되어도, 연구마다 각각의 어휘를 사용하여 생긴 언어 차이는 어떤 사람이 매우 다른 연구 영역을 다루고 있다는 착각을 일으킨다. 결국 어느 호기심이 많은 연구자가 중첩되는 개념과 연구 분야의 기본적인 유사성에 대해 환기시키게 되는 것이다.

ANTHONY, 1987, p. 6

다양한 이론적 배경으로부터 스트레스와 탄력성에 관심을 가진 연구자들이 나타났다. 그들의 생각들이 수많은 사고의 흐름에서 나온 것이고, 그들은 용어를 다르게 정의하기 때문에, 이 연구자들은 다른 종류의 주제를 검토하는 것처럼 보일 수 있다. 그러나 탄력성과 함께 고려해야 하는 인접 개념들은 상당히 중첩되어 있다(Anthony & Cohler, 1987). 여기서는 탄력성 이론과 연구에 대한 최근의 이해를 알려줄 수 있는 주요 개념들을 검토하고 어떻게 그것들이 탄력성을 기반으로 한 사회복지실천을 위해 개념적 기초를 형성하는지 설명한다.

의료인류학

의료인류학자들은 모든 인간 사회가 문화적으로 특정한 치유를 위한 접근들을 발전시킨다는 것을 발견해 왔다(Frank, 1975; Kleinman, 1980). Frank(1975)에 따르면, 치유는

고통 및 장애와 싸움을 시도하는 것이며, 대개 치료라고 불리기도 한다. 모든 사회는 일부 구성원들에게 이러한 형태의 영향을 적용하도록 훈련시킨다. 치료는 항상 치유자(healer)와 고통받는 사람(sufferer) 사이의·인간적 관계를 포함한다. 특정한 치료 유형은 심리적 수단에 의해 고통받는 사람의 치유력을 동원하는 치유자의 능력에 주로 의존한다.(p. 1)

Helman(1984)은 건강보호에서의 한 예를 들면서, 영국 건강보호체계를 이용

하는 시민들이 의사, 조산원, 사회복지사, 성직자, 자조집단, 소수민족집단 치유자를 포함한, 대중적, 민속적, 전문적 치유 중에서 선택한다는 점을 지적하였다. 그러나 치유와 건강(wellness)의 개념은 종종 서구 지향에서만 설명된다. 그러한 지향은 자아중심적(egocentric)인 것이다. 즉, 그것은 명백히 개인과 전문적인 원조자를 중심으로 한다. 그러나 많은 사회복지 클라이언트들은 사회중심적(sociocentric) 지향, 또는 "집단응집과 상호의존에 가치를 두는 세계관"을 가지고 있다(Sullivan, 1998, p. 223). 따라서 치유에 대한 엄격한 개인주의적 관점은 적합하지 않을 수 있다. 대신, 클라이언트들은 가족, 지역사회, 집단, 민속적인 치유자들을 더 좋아할 수 있다. 이러한 곤경을 극복하기 위해, Comas-Diaz(1994)는 실천가들이 치유에 대한 클라이언트의 믿음을 파악하고 어떤 기법이 클라이언트와 사회복지사 간의 상호적인 관계를 형성할 수 있을지 파악하기 위한 문화적 사정을 실시해야 한다고 제안했다. 특정한 클라이언트가 치유과정에 대해 어떻게 느끼는지는—특히, 클라이언트가 조언과 보호를 제공하는 데 적합하다고 믿는 사람이 누구인지—문화적으로 민감한 사회복지실천의 중심적인 구성요소이며 탄력성을 기반으로 하는 접근에 필수적인 요소이다.

인본주의 전통

역사적으로 사회복지사들은 Maslow(1968)의 자아실현이라는 개념과 Carl Rogers의 내담자중심실천접근을 사용함으로써 예증된 인본주의적인 인간행동이론에 심취되어 왔다. 인간행동에 대한 이들 관점은 탄력성을 기반으로 한 접근에 포함되어 있는데, 그것은 일반적으로 사회복지사들로 하여금 주관적 경험을 중시하고, 클라이언트—사회복지사의 상호성을 성취하기 위해 노력하고, 성장을 유도하는 지향성을 제공하도록 제안한다. 구체적으로 말하자면, Maslow의 관점에서는 사람들은 자아실현을 하기 전에 먼저 주거지, 안전과 같은 기본적 욕구에 대한 도움을 받아야 한다고 본 반면, 로저스의 접근에서는, 만약 실천가가 공감적이고 진실하며 클라이언트에게 무조건적 존중을 제공하면, 긍정적인 변화가

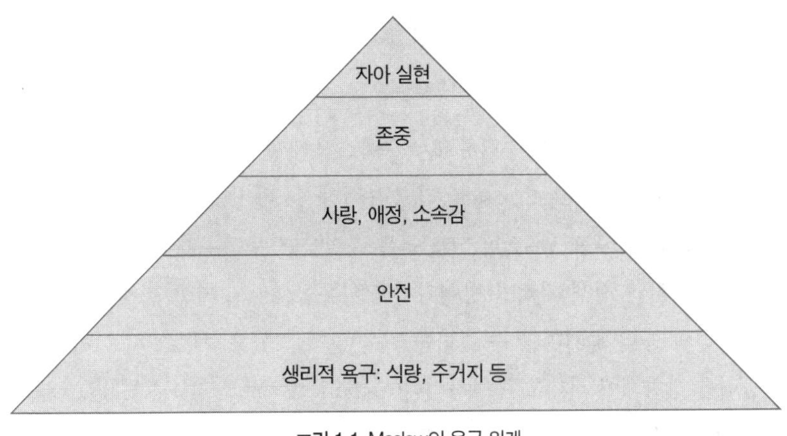

그림 1-1 Maslow의 욕구 위계

일어날 것이라고 주장한다(그림 1.1).

Maslow(1968)의 위계에서 제시된 것과 마찬가지로, Richman과 Bowen(1997)은 사회복지사가 탄력성을 이해하기 위해서는, 한 사람의 욕구와 공급 사이의 적합성을 탐색해야 하며, 환경적 요구가 한 사람의 역량에 얼마나 알맞는지 평가해야 한다고 했다. 인간적 연민을 향한 욕구와 기본적 자원의 즉각적 제공이 점차 재난 구호의 기초와 적응기능의 회복으로 간주되고 있다.(텍사스 대학 사우스웨스턴 의료센터, 피고용자 지원 조정자 N. Livingston과의 개별 대담, 1999년 12월 15일)

정신역동이론

정신역동이론을 활용하는 사회복지사들은 인간관계에서 갈등을 완화하는 성격의 정신 내적 작용들을 검토한다(Greene, 1999). 비록 탄력성 기반 접근은 정신역동이론가들의 연구에서는 단지 암묵적이지만, 성장을 만들어내는 몇 가지 개념들을 언급한 바 있다(Anthony & Cohler, 1987). 예를 들어, 프로이드의 초기 연구는 외상의 개념과 함께, 특히 불안으로부터 자기 자신을 보호하면서, 어떻게 사람들이 역경적인 사건에 압도되지 않고 자기 자신을 보호할 수 있는가에 대해 검토했다. 그리고 그는 어떤 정신적 기제가 사람들이 소위 "발병 지점들 (breaking points)"이라 부르는 곳까지 도달하지 못하게 하는지 탐색하였다 (Freud, 1920/1966).

프로이드는 자기통제를 수립하고 스트레스적인 환경을 견디고 관리하는 사람들의 능력을 자아주도(ego mastery)라고 불렀다. 프로이드와 그의 추종자(Freud, 1949; Hartmann, 1958; Vaillant, 1971)들은 불안을 가두어두기 위해 현실을 왜곡하는 무의식적인 정신 과정인 방어기제를 활용함으로써 자아 지배를 달성하기 위한 개인의 능력에 기여할 수 있다는 것을 알게 되었고, 치료에서 이러한 적응적 능력을 강화해야 한다고 주장하였다(Anthony & Cohler, 1987참고). 1950년대와 1960년대 동안 사람들의 대처기제들에 대한 이러한 긍정적인 관점은 사회복지 문헌에 널리 보급되었다(Perlman, 1957). 예를 들어, Perlman은 클라이언트가 자아 방어들(ego defenses)을 사용하는 것은 성격이상이 아니라고 지적하였다. 오히려 잘 적응된 사람은 심리적 균형을 다시 얻고 변화를 견디기 위해 적절한 방어를 사용한다. 어떤 사회복지사들은 자신의 치료접근으로 어떤 형태의 자아 심리학을 계속 사용한다. 보다 최근에는, 자아 탄력성(ego resiliency)라는 용어를 스트레스 하에서 개인의 자원이 풍부한 적응이나 충격적인 경험으로부터의 회복을 언급하는 데 사용하고 있다(Klohnen, 1996).

Erikson(1950)은 적응적 기능수행과 관련된 또 다른 정신역동 이론가인데, 자아 발달이 생애과정 동안 8단계로 일어난다는 생각을 창안하였다. Erikson은 "자아는 능력과 환경에 대한 지배를 추구할 때 발달에서 주된 역할을 수행한다"고 생각했다(Greene, 1999, p. 111). 그는 과업을 성공적으로 완수하는 능력과 기술인 역량이 자아발달의 4번째 단계인 근면 대 열등감(industry vs. inferiority)의 부산물이라고 제안했다. 6세에서 12세 사이에 발생하는 이 단계 동안, Bettelheim(1987)과 Piaget와 Inhelder(1969) 등의 다른 이론가들이 관찰한 것처럼 Erikson은 아동들이 종종 일을 만들어 내기 위해 함께 작업하며, 이러한 방법으로 상대적인 역량을 발전시킨다는 것을 관찰했다. 역량이란 환경에 대한 효과적인 적응이며, 부모, 교사, 사회복지사 및 다른 정신건강 실천가들에 의해 촉진될 수 있다는 관점은 탄력성 문헌의 주된 주제이다(Fraser, 1997; Masten &

Coatsworth, 1998; Vaillant & Milofsky, 1980).

White(1959, 1963)는 환경과 긍정적으로 상호작용하는 사람들의 내적 능력으로, 자아 역량(ego competence)의 개념에 관심을 가진 또 다른 이론가이다. White는 역량이 대인관계 행동의 가장 두드러진 속성이며 매일의 상호작용을 통해 관찰될 수 있다고 주장했다. 그는 아동이 발달함에 따라, 자연스럽게 자신의 환경에 관여하고 지배하기 위해 애를 쓴다고 하였다. 이러한 증가하는 주도감은 노래하거나 자전거를 탄다든지 하는 그러한 성취들을 포함한 그들 자신의 성취에서 즐거워 한다. 보호자가 그러한 성취를 촉진시킬 때, 아동은 스스로 성공적이라고 인식하고, 이러한 행동 패턴을 지속하는 경향이 있다. 생애과정에서 역량의 발달에 대한 관심은 탄력성 문헌에서 중심적인 원칙으로 남아있다(Masten & Coatworth, 1998; 2장 참조).

대상관계이론

대상관계 이론가들은 치료과정은 클라이언트의 애착의 질과, 관계의 특성에 초점을 두어야 한다고 주장해 왔다. **애착**, 즉 초기 어머니-자녀 간의 유대는 탄력성 문헌에서 종종 다루어졌다. 애착은 선천적인 것으로 간주되며, "자신과 가장 가까이에 있는 사람들에 의해 보호받을 유아의 기회를 증가시키는 경우에는 생존상의 유리함"이 있다고 여겨진다(Ainsworth, 1989, p. 709). 강한 애착 패턴은, 역량있는 기능수행에 필요하며 개인의 전 생애과정에 걸쳐 모든 미래의 관계들 또는 애정적 유대들을 위한 하나의 모델로 간주되었다(Bowlby, 1969, 1973a, 1973b, 1980).

사회학습이론

사회학습 이론가인 Albert Bandura(1982a, 1982b)는 인간행동에 대한 초점을 내적 자극으로부터 행동과 외적 환경 요인들에 대한 검토로 전환하였다. Bandura는 사람들이 순향적인 대처기제들을 사용하는 것과 사람들이 장애나 불행한 사건에 직면하였을 때 견디고자 하는 이유에 대해 관심을 가졌다(Bandura, 1977a, 1977b, Bandura & Adams, 1977; Bandura & Schunk, 1981; 2장 참조). 사회학습이론가로서 Bandura는, 사람들은 두려움에 대한 신체적 각성을 극복하기 위해 인지적 능력에서 도움을 얻으며, 이러한 인지적 통제 과정은 적응상태를 유지하는 데 중심적인 것이라고 믿었다. 그의 관점은, 사람들은 선천적으로 목적을 설정하고, 스스로 동기부여되어 있으며, "자신의 변화의 주요한 매개자가 될 수 있다"는 생각에 기반한다(Bandura, 1977b, p. vii). 그는 이 자연스러운 능력을 자기효능감이라 불렀다.

탄력성 관점: 동반 개념들

위험과 탄력성 관점은 역학적 방법들을 사용하고, 생태-발달학적 이론에 기반하여 특정 결과의 발생과 연관된 복합적인 체계 수준들(예를 들어, 개인, 가족, 이웃, 지역사회)에 포함된 요인들을 파악하고자 한다.

NASH & BOWEN, 1999, p. 172

탄력성 연구는 발달이론에서 기원하여 당연스럽게 등장하고 있는 이론이다. 또한 탄력성에 대한 연구는 생태학적 맥락에 근거를 두고 있으며 강점관점을 기반으로 하고 있다. 이러한 복합적이고 다면적인 생각들과 개념들을 통해 생활과정에서 탄력적인 행동에 대한 다중체계적 시각이 가능하다. 여기에서는 강점관점에 대해 논의하고, 탄력성 과정과 연관된 발달적, 생태학적 관련 개념들을 정의하고자 한다.

강점관점

20세기 초부터 사회복지사들은 클라이언트의 상황을 사정하고 원조과정을 묘사하기 위한 다양한 이론적 접근들에 의지해 왔다. 이러한 클라이언트 묘사와 사회복지실천 전략은 이론가의 언어와 신념체계에 의존하는데, 각각의 실천적 함의들을 가지고 강점이나 결점 관점을 반영할 수 있다(Goldstein, 1990, 1998; Longres, 1997; Saleebey, 1996; Schriver, 2001; Weick, Rapp, Sullivan, & Kisthardt, 1989; 표 1.1). 정신역동 학파에서 이끌어낸 것들과 같은 이론들은, 클라이언트의 문제나 비정상성과 같은 클라이언트의 약점을 지나치게 강조한다고 비난받아왔다. 그러한 접근들에서, 실천가는 전문가 역할을 하며 클라이언트 진단과 "문제상황"을 개선하는 데에 자기들의 실천 기반을 둔다.

사회구성이론이나 페미니스트 이론과 같은 강점관점에서 기원한 이론들은, 일반적으로 사람들이 긍정적인 지지를 받을 때 그들 자신의 삶을 해석하고 변화시킬 타고난 힘을 가지고 있다고 가정한다(Borden, 1992; Hwang & Cowger, 1998; McQuaide & Ehrenreich, 1997; Saleebey, 1993, 1997b). 이것은 과잉단순화이므로, 최고의 사회복지실천을 구성하는 것이 무엇인가에 대한 질문은 지속적으로 논의되어야 한다(Longres, 1997; Saleebey, 1997a).

논쟁의 한쪽 입장에 선 이론가들은, 강점 관점은 클라이언트-사회복지사 관계를 실천가가 재정의하는 것을 포함한다고 주장해왔다(Weick, 1993). 즉, 강점관점을 효과적으로 사용하기 위해서는, "클라이언트들은 그들의 능력, 역량, 지식, 생존기술, 비전, 가능성, 희망의 관점에서 이해되고 사정되어야 한다."(Saleebey, 1997b, p. 17). 이 목적을 달성하기 위해 실천가들은 성장과 복지에 기여할 수 있는 사람들의 생활 요소들에만 주의를 기울일 것을 의식적으로 결정하도록 요청받는다. 다시 말해, 실천가는 모든 클라이언트들이 활용되지 않은 잠재력을 가지고 있고 역경에 직면하여 이미 탄력성을 보여 주었다는 것을 믿을 필요가 있다. 논쟁의 다른 쪽에 있는 이론가들은 사회복지사가 클라이언트의 약점과 강점을 모두 사정해야 한다고 주장해왔다. 예를 들어, Longres(1997)는 "인생은 강점과 약점으로 되어 있고, 많은 시간 이러한 것들은 매우 뒤얽혀있어 분리할 수 없다"고 주장했다(p. 23).

　실천가가 강점과 약점 중 어느 쪽에 초점을 맞추어야 하는지에 대한 논쟁은 예방적 개입에 필요한 1차적 표적을 논의하는 탄력성 연구까지 확대된다. 예방적 개입들은 다음과 같은 여러 방향을 따를 수 있다. 그들은 위험을 줄이고, 보호적 요인들을 강화하며, 탄력성을 촉진시키는 3가지 모두를 조합하는 데 초점을

표 1.1 병리관점과 강점관점의 비교

병리학	강 점
개인은 "사례"로 정의된다. 증상이 모여 진단이 내려진다.	개인은 독특한 존재로 정의된다. 특성들, 재능들, 자원들을 강점에 추가시킨다.
문제에 초점을 둔 치료를 한다.	가능성에 초점을 둔 치료를 한다.
개인의 이야기는 전문가에 의한 해석을 통해 진단을 환기시키는 데 도움을 준다.	개인적인 이야기는 그 사람을 알고 평가하기 위한 과정에 있어 필수적인 요소이다.
실천가는 개인의 이야기에 회의적이다.	실천가는 그 사람의 내면으로부터 개인들을 이해한다.
아동기의 외상은 성인 병리의 전조 증상이거나 예측 요인이다.	아동기의 외상은 예측적이지 않다. 그것은 개인을 약하게도 강하게도 할 수 있다.
치료 작업의 중심은 실천가에 의해 고안된 치료 계획이다.	치료 작업의 중심은 가족, 개인, 혹은 지역사회의 열망이다.
실천가는 클라이언트 삶의 전문가이다.	개인, 가족, 혹은 지역사회가 전문가이다.
선택, 통제, 헌신, 개인적 발달의 가능성은 병리에 의해 제한된다.	선택, 통제, 헌신, 개인적 발달의 가능성은 열려 있다.
실천을 위한 자원은 전문가의 지식과 기술이다.	실천을 위한 자원은 개인, 가족, 혹은 지역사회의 강점 능력과 적응적 기술들이다.
원조는 증상들과 행동, 감정, 사고, 관계의 부정적인 개별적, 사회적 결과들의 영향을 줄이는 데 초점을 둔다.	원조는 삶에 대한 확신을 갖고 잘해 나가게 하고, 가치들과 헌신들을 발달시키며, 혹은 지역사회로서 멤버십을 만들거나 하나의 지역공동체를 발견하는 데 초점을 둔다.

출처: "The Strengths Perspective in Social Work Practice: Extensions and Cautions," D. Saleebey, 1996, *Social Work, 41.* p. 298.

맞출 수 있다(Pollard, Hawkins, & Authur, 1999; 2장 참조). "우리는 아동들의 건강한 발달을 촉진하는 조건들을 창출하기 위해 '위험 요인들'에 맞춰진 초점을 넘어서야 한다"고 진술한 Benard(1993)는, 이 논쟁의 한쪽 입장을 대표한다. 다른 쪽에서 Fraser 등(1999)은 "보호나 강점 지향에만 기반한 개입"을 사용하는 실천가들에 대해 주의를 주었다(p. 140). 오히려, 사회문제들을 이해하고 개입을 고안하기 위해서 사회복지사들은 위험과 보호요인 모두를 검토할 필요가 있다.

비록 사회복지사들이 자신의 실천에 영향을 미치는 가치기반을 가진 모든 이론적 관점을 면밀히 아는 것이 중요하다 하더라도, 강점 대 약점에 관한 양자택일 논쟁에 관여하는 것은 다소 무익한 것으로 입증될 수 있다(Goldstein, 1990). 이 책의 2장에서는 어떻게 위험과 보호에 대한 탄력성 기반 관점이 클라이언트들로 하여금 자신의 인간적 잠재력에 도달하도록 돕기 위한 이론적 이해를 제공해줄 수 있는지 탐색하고 있다.

생태학적 관점

탄력성 현상은 개인-환경이 상호작용하는 맥락에서 발생하고, 탄력성에 영향을 주는 환경은 가족, 학교, 이웃, 그리고 이보다 더 넓은 지역사회에 뿌리를 내리고 있기 때문에, 탄력성은 생태학적 관점에서 이해될 수 있다. 생태학적 관점은 "사람들과 환경들 사이의 복잡한 상호작용들을 다루는 복합적이고 다면적인 개념적 기초"를 제공하며 발달 과정에 대한 긍정적인 전망을 촉진시킨다(Greene 1999, p. 259). 생태학적 관점은 또한 인간행동에 관한 **비결정주의적** 시각을 제시한다—말하자면, 행동은 단일한 원인의 결과로 간주되는 것이 아니라 시간 경과에 따른 다중적이고 복잡한 개인-환경 교환의 결과로 받아들여지는 것이다(Bogenschneider, 1996; Nash & Fraser, 1998). 생태학적 관점은 생애과정의 전체적인 그림을 제공할 수 있기 때문에, 종종 탄력성 접근과 결합되어 사용된다.

스트레스와 적합성(Stress and goodness of fit) 비록 스트레스가 자주 사용되고 친숙한 개념이지만, 정의에 대해서는 종종 상당한 불일치를 나타내기 때문에 명료화가 필요하다(Rutter, 1981). 예를 들어, Smith와 Carlson(1997)은 탄력성 연구가 스트레스와 위험을 구분하기 위해 중요하다고 주장했다. 위험은 출생 시 체중과 같은 개인적 특성과 빈곤과 같은 가족이나 근린지역 환경을 포함한 부정적인 결과들과 관련이 있는 일련의 요인들을 포함한다. 스트레스는 수많은 원인들로부터 일어날 수 있지만, 그 결과는 그러한 원인들이 어떻게 인식되고 다루어졌는지에 따라 결정된다. 예를 들어, Kobasa(1979)는 스트레스적인 생활사건들이 항상 기운빠지는 결과를 만들어내는 것만은 아니라고 주장했다. 왜냐하면 어떤 사람들은 그들이 자신에게 더 큰 헌신을 하는 데 단련되어 있으며, 개별적 통제력에 대한 더 강력한 개인적 통제감을 가지고 있고, 도전이나 변화에 더욱 잘 대처할 수 있기 때문이다. 동일한 맥락에서, Pearlin, Aneshensel, Mullan과 Whitlatch(1996)는 최초의 스트레스적 사건으로 디스트레스에 빠질 수도 있지만, 사람들에게는 꾸준히 지속되는 그들의 역할을 변경하거나 아니면 강화하려는 욕구가 있기 때문에 스트레스를 받는다고 지적하였다.

탄력성 연구는 점차 이혼이나 자연재해와 같은 생활사건들이나 스트레스요인들이 인간의 적응 역량에 부가적인 짐을 지운다는 시각을 반영한다(Masten, 1994; Smith & Carlson, 1997; 2장 참조). 스트레스는 "한 개인에게 영향을 미치는 욕구들과 이러한 도전들에 대처하기 위한 실제적이거나 인식된 자원들 사이의 불균형"(Masten, 1994, p. 5)으로 정의된다. 이러한 정의는 적합성—개인의 적응적 욕구들과 환경의 질 사이의 조화—이라는 생태학적 개념에 비유할 수 있다.

교류(Transaction) 생태학적 시각에서 또 다른 중요한 개념인 교류는 개인과 환경이 상호 의존적이거나 호혜적인(reciprocal) 단일한 단위를 형성한다는 생각을 말한다. 시간이 갈수록 이 상호적 영향은 누적됨으로써 전체적인 개인-환경의 구성으로 변화하게 만든다(Greene, 1999). 이러한 관점에서 사회복지사는 인간이 환경에 어떻게 적응하는지에 대해 관심을 가질 뿐 아니라 인간 자신이 살고 있는 환경에 어떻게 영향을 미치는지에 대해서도 관심을 가진다(Greene, 1999; Sullivan, 1992).

영향을 미치는 복합적 체계들(Multiple systems of influence) 생태학적 접근은 사람들이 살아가는 데 영향을 미치는 다중적인 체계들을 강조한다. 생태학적 은유에 대한 Bronfenbrenner(1979)의 묘사는 다양한 체계수준에서 개인들 사이의 연계를 복합적인 수준으로 시각화하기 위해 자주 사용된다(Greene & Watkins, 1998). 그러한 시각화는 "한 세트의 러시아 인형들같이, 큰 인형 속에 작은 인형, 또 그 속에 작은 것이 있는 둥지 튼 구조의 집합"과 같다(Bronfenbrenner, 1979, p. 22). 그것은 가족처럼 인접하고, 개별적이며, 일상적인 행동과 역할들을 포함하는 미시체계들, 가족과 학교처럼 발달하는 개인과 관련된 둘 이상의 세팅들 간의 연결을 포함하는 중범위체계들, 부모들과 직장처럼 발달하는 개인을 포함하지 않는 둘 이상의 연결을 포함하는 외부체계들, 문화적, 사회적 태도와 같은 지배적인 사회 체계를 포함하는 거시체계들이라는 용어들로 기술한다. 어떻게 가족, 학교, 지역사회 등이 탄력성에 영향을 주며, 마땅히 탄력적인지는 3장에서 논의한다.

관계성(Relatedness) 현대의 사회적 조건들이 개인의 사회적 능력을 촉진하기 위해 아동, 학교, 가족, 지역사회의 파트너십에 주의를 기울이도록 하기 때문에, 사회적 연계의 유지는 탄력성 기반 실천에서 중요한 요소이다(Herrenkohl, Herrenkohl, & Egolf, 1994; Winters & Maluccio, 1988). 다양한 사회체계와 연계를 유지하는 사람들의 능력은 연계되어 있다는 의식이나 정서적, 사회적 유대를 보유하는 역량과 관련되어 있다.

생애과정(Life course) 몇몇의 생태학 이론가들은 사회복지사들에게 생애과정에서 자연적 성장과 발달에 초점을 두는 실천에 내용을 통합하라고 권해왔다. Germain(1990, 1997)은 생애과정이 사람들이 살고 있는 더 넓은 맥락을 고려하고, 그것에 의해 인생행로의 다양성을 다룬다고 지적했다. 같은 맥락에서, Saleeby(1993)는 생애과정 개념이란 인생의 여러 전환들은 "예상되면서도 예상되지 않으며", "시간과 문화를 통하는 다양함과 소멸함"에 대한 감각을 가지고 있다고 단언했다(p. 204; 더 깊은 논의는 2장 참조 바람).

다양성 실천(Diversity practice) 사회복지실천은 다양한 이해관계자—다른 종교, 다른 민족이나 인종집단, 다른 능력, 다른 성 취향을 가진 사람들을 포함하는—를 위해 일할 수 있는 지식과 능력을 필요로 하기 때문에, 다양성 문헌에서 나오는 개념들은 탄력성 지향에 또한 중요하다. 즉, 문화적으로 역량있는 사회복지실천—"다양한 지역사회와 삶의 방식"에 조화되는 실천—이 필수적이다. 문화적으로 역량있는 사회복지실천을 위해서는 실천가들이 자기 자신을 인식하고 클라이언트의 문화—그들의 가치, 신념체계, 전통, 세계관—를 이해해야 한다(Lum, 1999; Weaver, 2000; 2장 참조). 또한, 탄력성 기반 지향을 반영하는 문화적으로 적절한 서비스를 위해서는 실천가들이 클라이언트의 기회에 개방적이어야 하고(Rutter, 1987; Winfield, 1991) 클라이언트가 지역사회와 사회적 자원들을 공평하게 분배받을 수 있도록 보장해야 한다(Gamble & Weil, 1995; Pinderhughes, 1989; Solomon, 1976).

발달이론

발달이론은 생애 동안의 사람들의 행동을 파악하는 것이다. 그것은 생물·심리·사회적 요인들뿐 아니라 영적인 영역에 대한 이해를 포괄한다(Conrad, 1999). 전통적으로, 사회복지사들은 연령의 단계와 과업에 초점을 둔, 발달에 대한 선형적 접근을 언급해 왔다. Schriver(2001)에 따르면, 비록 이러한 접근이 발달에 대한 낙관적인 시각을 제공하지만, 단계접근은 인간발달의 복잡성과 다양성, 모호성을 다루지 않는다. 더구나 Gilligan(1982)에 의하면, 그러한 이론들은 거의 자주 백인남성만을 대상으로 한 관찰에만 기초한 것이라는 것이다.

탄력성을 다루는 특정 연구 영역을 발달정신병리학(developmental psychopathology)이라고 부르는데, 이는 스트레스와 역경에 대한 사람들의 반응에서 나타나는 발달적 차이를 검토한다. 발달정신병리학은 심각한 생활 스트레스가 이후의 심리적 어려움을 발생시킬 수 있는 가능성을 연구한다(Benson, Galbraith, & Espeland, 1995; Cicchetti & Toth, 1995). 또한 그 학문은 어떤 요인이 완충물, 즉 스트레스에 대한 부적절한 반응을 예방하거나 완화시키는 개인적 특성과 환경적 사건들로 작용하는지도 검토한다.

발달정신병리학 연구에서 사용되는 주요 용어에는 다음과 같은 것들이 있다. 위험은 개인이 심각한 상태나 문제 상황의 발생을 경험할 증가된 가능성(Fraser, 1997)을 말한다. 비취약성이라 함은 심각한 스트레스에 의해 상처받거나 심각하게 고통을 받지 않는 개인의 능력을 의미한다(Garmezy, 1993). 보호요인들은 위험을 상쇄시키는 요인들이다(Rutter, 1989). 탄력성은 스트레스 저항이라고도 할 수 있다(Garmezy, 1993). 독자는 위험 및 탄력성과 관련된 다양한 개념들이 더 깊이 있게 논의되어야할 필요가 있다는 것을 명심해야 한다(2장 참조).

이 장의 초반에서 논의했듯이, 발달 연구의 주요 초점은 개인적 특성들, 가족이나 지역사회의 폭력, 경제적 박탈과 같은 아동기의 요인들이 어떻게 적응 또는 부적응적인 성인 행동이나 결과로 이끄는가하는 것이었다(Fonagy & Target, 1997; Garmezy, 1993; Rutter, 1989). 연구자들은 압도적인 환경적 스트레스에도 불구하고, 더 많은 대다수의 사람들이 적응적으로 남아있다는 것을 발견해왔다. 탄력성 연구에 대한 초기 기여자 중의 한 명인 Garmezy(1993)는, "탄력성 연구의 중심 요소는 회복력과 스트레스 이전으로 개인을 특징짓는 적응과 역량의 패턴들로 다시 돌아가는 능력에 있다" 는 점이라고 결론지었다(p. 129). 그 결과 발달정신병리학자들은 어떻게 사람들이 역량을 활용하여 생활상의 변화를 잘 처리해 나가는지에 대한 관심을 점차 확대해왔다(Rutter, 1989). Fonage, Steele, Steele, Morgan과 Target(1994)은 발달이 정말로 **자산(assets)**, 즉 "일을 잘하고, 사랑을 잘하며, 극심한 생활상의 역경에도 불구하고 기대를 잘하는" 아동과 관련되어 있다고 주장해 온 이론가들에 속한다(Werner & Smith, 1982, p. 8). 다음 장들은 이 주제를 지지한다.

참고문헌

Ainsworth, M. D. (1989). Attachments beyond infancy. *American Psychologist*, 44, 709-716.

Anthony, E. J. (1987). Risk, vulnerability, and resilience: An overview. In E. J. Anthony & B. J. Cohler (Eds.), *The invulnerable child* (pp. 3-38). New York: Guilford Press.

Anthony, E. J., & Cohler, B. J. (1987). *The invulnerable child*. New York: Guilford Press.

Astor, R. A., Behre, W. J., Wallace, J. M., & Fravil, K. A. (1998). School social workers and school violence: Personal safety, training, and violence programs. *Social Work, 23*, 223-232.

Bandura, A. (1977a). Self-efficacy: Toward a unifying theory of behavior change. *Psychological Review, 84*, 191-215.

Bandura, A. (1977b). *Social learning theory*. Englewood Cliffs, NJ: Prentice Hall.

Bandura, A. (1982a). Self-efficacy mechanism in human agency. *American Psychologist*, 37, 122-147.

Bandura, A. (1982b). The self and mechanisms of agency. In J. Suis (Ed.), *Psychological perspectives on the self* (pp. 122-147). Hillsdale, NJ: Lawrence Erlbaum.

Bandura, A., & Adams, N. E. (1977). Analysis of self-efficacy theory and behavioral change. *Therapy and Research, 1*, 287-310.

Bandura, A., & Schunk, D. H. (1981). Cultivating competence, self-efficacy, and intrinsic interest through proximal self-motivation. *Journal of Personality and Social Psychology, 41*, 356-398.

Barnard, C. P. (1994). Resiliency: A shift in our perception? *American Journal of Family Therapy, 22*, 135-144.

Begun, A. L. (1993). Human behavior and the social environment: The vulnerability, risk, and resilience model. *Journal of Social Work Education, 29*, 26-36.

Bendor, S., Davidson, K., & Skolnik, L. (1997). Strengths-pathology dissonance in the social work curriculum. *Journal of Teaching in Social Work, 15*, 3-16.

Benson, P. L, Galbraith, J., & Espeland, P. (1995). *What kids need to succeed*. Minneapolis, MN: Free Spirit.

Benard, B. (1993). Fostering resilience in kids. *Educational Leadership, 51*, 444-198.

Benard, B. (1997). *Turning it around for all youth: From risk to resilience* (ERIC Clearinghouse on Urban Education, Institute for Urban and Minority Education, No. 126). Available: http://eric-web.tc.columbia.edu/digests/dig/126.

Bettelheim, B. (1987, March). The importance of play. *Atlantic Monthly*, pp. 35-46.

Blum, D. (1998). Finding strength: How to overcome anything. *Psychology Today, 31*, 32-45.

Boehnlein, J. K. (1987). Clinical evidence of grief and mourning among Cambodian refugees. *Social Science and Medicine, 25*, 765-772.

Bogenschneider, K. (1996). Family related prevention programs: An ecological risk/preventive theory for building prevention programs, policies, and community capacity to support youth. *Family Relations, 45*, 127-138.

Borden, W. (1992). Narrative perspectives in psychosocial intervention following adverse life events. *Social Work, 37*, 125-141.

Bowlby, J. (1969). *Attachment arid loss*. New York: Basic Books.

Bowlby, J. (1973a). Affectional bonds: Their nature and origin. In R. S. Weiss (Ed.), *Loneliness: The experience of emotional and social isolation* (pp. 38-52). Cambridge, MA: MIT Press.

Bowlby, J. (1973b). *Attachment and loss*. New York: Basic Books.

Bowlby, J. (1980). *Attachment and loss* (3rd ed.). New York: Basic Books.

Bronfenbrenner, U. (1979). *The ecology of human development*. Cambridge, MA: Harvard University Press.

Burman, S., & Allen-Meares, P. (1994). Neglected victims of murder: Children's witness to parental homicide. *Social Work, 39*, 28-34.

Carlson, E., & Rosser-Hogan, E. (1993). Mental health status of Cambodian refugees ten years after leaving their homes. *American Journal of Orthopsychiatry, 63*, 223-231.

Carter, C. S. (1999). Church burning in African American communities: Implications for empowerment practice. *Social Work, 44*, 62-68.

Cicchetti, D., & Toth, S. L. (1995). Developmental psychopathology perspective on child abuse and neglect. *Journal of the American Academy of Child and Adolescent Psychiatry, 34*, 541-565.

Coles, R. (1986). *The political life of children*. Boston: Houghton Mifflin.

Comas-Diaz, L. (1994). An integrative approach. In L. Comas-Diaz & B. Greene (Eds.), *Women of color: Integrating ethnic and gender identities in psychotherapy* (pp. 287-318). New York: Guilford Press.

Conrad, A. (1999). Professional tools for religiously and spiritually sensitive social work practice. In R. R. Greene, *Human behavior theory and social work practice* (pp. 63-72). Hawthorne, NY: Aldine de Gruyter.

DuRant, R. H., Cadenhead, C, Pendergrast, R. A., Slavens, G., & Under, C. W. (1994). Factors associated with the use of violence among urban black adolescents. *American Journal of Public Health, 84,* 612-617.

Early-Adams, P., Wallinga, C, Skeen, P., & Paguio, L. P. (1990). Coping in the nuclear age: The practitioner' s role. *Families in Society, 71,* 558-562.

Eisenbruch, M. (1984). From post-traumatic stress disorder to cultural bereavement: Diagnosis of Southeast Asian refugees. *Social Science and Medicine, 33,* 673-680.

Erikson, E. H. (1950). Childhood and society. New York: W. W. Norton.

Falicov, C. J. (1995). Training to think culturally: A multidimensional comparative framework. *Family Process, 34,* 373-388.

Fonagy, P., & Target, M. (1997). Attachment and reflective function: Their role in self-organization. *Development and Psychopathology, 9,* 677-699.

Fonagy, P., Steele, M., Steele, H., Moran, G. S., & Target, M. (1994). The Emmanuel Miller memorial lecture 1992: The theory and practice of resilience. *Journal of Child Psychology and Psychiatry, 35,* 231-257.

Frank, J. D. (1975). *Persuasion and healing.* New York: Schocken Books.

Fraser, M. W. (1997). *Risk and resilience in childhood.* Washington, DC: NASW Press.

Fraser, M. W., & Galinsky, M. J. (1997). *Toward a resilience-based model of practice.* In M. W. Fraser (Ed.), *Risk and resilience in childhood* (pp. 265-276). Washington, DC: NASW Press.

Fraser, M. W, Jenson, J. M., & Lewis, R. E. (1993). Research training in social work: The continuum is not a continuum. *Journal of Social Work Education, 29,* 46-62.

Fraser, M. W, Richman, J. M., & Galinsky, M. J. (1999). Risk, protection, and resilience: Toward a conceptual framework for social work practice. *Social Work Research, 23,* 129-208.

Freud, S. (1920/1966). *Introductory lectures on psychoanalysis.* New York: W. W. Norton.

Gamble, D. N., & Weil, M. O. (1995). Citizen participation. In R. L. Edwards (Ed.-in-Chief), *Encyclopedia of social work* (19th ed., Vol. 1, pp. 483-494). Washington, DC: NASW Press.

Gambrill, E. (1999). Evidence-based clinical behavior analysis, evidence-based medicine, and the Cochranc collaboration. *Journal of Behavioral Therapy and Experimental Psychiatry 30,* 1-14.

Garbarino, J., Dubrow, N., Kostelny, K., & Pardo, C. (1992). Children in danger: *Coping with community violence.* San Francisco: Jossey Bass.

Garmezy, N. (1993). Children in poverty: Resilience despite risk. *Psychiatry, 56,* 127-136.

Germain, C. B. (1990). Life forces and the anatomy of practice. *Smith College Studies in Social Work, 60,* 138-152.

Germain, C. B. (1997). Should HBSE be taught from a stage perspective? In M. Bloom & W. C. Klein (Eds.), *Controversial issues in human behavior in the social environment*(pp. 33-48). Boston: Allyn & Bacon.

Germain, C. B., & Gitterman, A. (1995). Ecological perspective. In R. L. Richards (Ed.-in-Chief), *Encyclopedia of social work* (19th ed., Vol. 1, pp. 816-824). Washington, DC: NASW Press.

Germain, C. B., & Gitterman, A. (1996). *The life model of social work: Advances in theory and practice.* New York: Columbia University Press.

Gilgun, J. F. (1996a). Human development and adversity in ecological perspective, Part 1: A conceptual framework. *Families in Society, 77,* 395-402.

Gilgun, J. F. (1996b). Human development and adversity in ecological perspective, Part 2: Three patterns. *Families in Society, 77,* 459-476.

Gilligan, C. (1982). *In a different voice.* Cambridge, MA: Harvard University Press.

Gitterman, A. (1991). Social work practice with vulnerable populations. In A. Gitterman(Ed.), *Handbook of social work practice with vulnerable populations* (pp. 1-32). New York: Columbia University Press.

Gitterman, A. (1998, April). *Vulnerability, resilience, and social work practice.* The fourth annual Dr. Ephriam L. Linsansky Lecture, University of Maryland, Baltimore.

Goldstein, H. (1990). Strength or pathology: Ethical and rhetorical contrasts in approaches to practice. *Families in Society, 71,* 267-275.

Goldstein, H. (1998). What is social work, really? *Families in Society, 79*, 343-345.

Gordon, E. W., & Song, L. D. (1994). Variations in the experience of resilience. In M. C. Wang & E. W. Gordon (Eds.), *Educational resilience in inner-city America: Challenges and prospects* (pp. 27-44). Hillsdale, NJ: Lawrence Erlbaum.

Green, J. (1995). *Cultural awareness in the human services.* Englewood Cliffs, NJ: Prentice Hall. Greene, R. R. (1999). *Human behavior theory and social work practice.* Hawthorne, NY: Aldine de Gruyter.

Greene, R. R. (1994). *Human behavior theory: A diversity framework.* New York: Aldine de Gruyter.

Greene, R. R., & Watkins, M. (Eds.). (1998). *Serving diverse constituencies: Applying the ecological perspective.* NY: Aldine de Gruyter.

Grotberg, E. H. (1995, September 27-30). *The international resilience project: Research, application, and policy.* Paper presented at the Symposio International Stress e Violencia, Lisbon, Portugal.

Hartmann, H. (1958). *Ego psychology and the problem of adaptation.* New York: International Universities Press.

Hawkins, J. D., Catalano, R. E, & Miller, J. Y. (1992). Risk and protective factors for alcohol and other drug problems in adolescence and early adulthood: Implications for substance abuse prevention. *Psychological Bulletin, 112,* 64-105.

Helman, C. (1984). *Culture, health and illness.* Bristol, England: John Wright & Sons.

Herrenkohl, E. C, Herrenkohl, R. C, & Egolf, B. (1994). Resilient early school-age children from maltreating homes: Outcomes in late adolescence. *American Journal of Orthopsychiatry, 64,* 301-309.

Hooyman, N. R. (1996). Curriculum and teaching: Today and tomorrow. In *White paper on social work education—Today and tomorrow* (pp. 11-24). Cleveland, OH: Case Western University Press.

Howard, M. O., & Jenson, J. M. (1999). Clinical practice guidelines: Should social work develop them? *Research on Social Work Practice, 9,* 283-301.

Hwang, S. C, & Cowger, C. D. (1998). Utilizing strengths in assessment. *Families in Society, 79,* 25-31.

Khinduka, S. (1987). Social work and the human services. In A. Minahan (Ed.-in-Chief), *Encyclopedia of social work* (18th ed., Vol. 2, pp. 681-695). Silver Spring, MD: NASW Press.

Kinzie, J. D., Fredrickson, R. H., Ben, R., Fleck, J., & Karls, W. (1984). Posttraumatic stress disorder among survivors of Cambodian concentration camps. *American Journal of Psychiatry, 141,* 645-650.

Kleinman, A. (1980). *Patients and healers in the context of culture.* Berkeley: University of California Press.

Klohnen, E. (1996). Conceptual analysis and measurement of the construct of ego-resiliency. *Journal of Personality and Social Psychology, 70,* 1067-1079.

Kobasa, S. (1979). Stressful life events, personality, and health: An inquiry into hardiness. *Journal of Personality and Social Psychology, 37,* 1-11.

Lee, E., & Lu, F. (1989). Assessment and treatment of Asian American survivors of mass violence. *Journal of Traumatic Stress, 2,* 93-120.

Lifton, R. J. (1993). *Theprotean self: Human resilience in an age of fragmentation.* Chicago: University of Chicago Press.

Longres, J. (1997). Is it feasible to teach HBSE from a strengths perspective, in contrast to one emphasizing limitations and weaknesses? In M. Bloom (Ed.), *Controversial issues in human behavior in the social environment* (pp. 16-33). Boston: Allyn & Bacon.

Lum, D. (1999). *Culturally competent practice.* Pacific Grove, CA: Brooks/Cole.

Maslow, A. H. (1968). *Toward a psychology of being.* Princeton, NJ: van Nostrand.

Masten, A. (1994). Resilience in individual development: Successful adaptation despite risk and adversity. In M. C. Wang & E. W. Gordon (Eds.), *Educational resilience in inner-city America: Challenges and prospects* (pp. 3-25). Hillsdale, NJ: Lawrence Erlbaum.

Masten, A. S., & Coatsworth, J. D. (1998). The development of competence in favorable and unfavorable environments. *American Psychologist, 53,* 205-220.

McQuaide, S., & Ehrenreich, J. H. (1997). Assessing client strengths. *Families in Society, 78,* 201-212.

Moskovitz, S. (1983). *Love despite hate.* New York: W. W. Norton.

Nash, J. K., & Bowen, G. L. (1999). Perceived crime and informal social control in the neighborhood as a context for adolescent behavior: A risk and resilience perspective.

Social Work Research, 23, 171-186.

Nash, J., & Fraser, M. W. (1998). After-school care for children: A resilience-based approach. *Families in Society, 79,* 370-382.

Ogbu, J. U. (1992). Understanding cultural diversity and learning. *Education Researcher, 21,* 5-14.

Pearlin, L. I., Aneshensel, C. S., Mullan, J. T., & Whitlatch, C. J. (1996). Caregiving and its social support. In R. H. Binstock & L. George (Eds.), *Handbook of aging and the social sciences* (pp. 283-302). San Diego: Academic Press.

Perlman, H. H. (1957). *Social casework A problem-solving process.* Chicago: University of Chicago Press.

Piaget, J., & Inhelder, B. (1969). *The psychology of the child.* New York: Basic Books.

Pierce, W. J., & Singleton, S. M. (1995). Improvisation as a concept for understanding and treating violent behavior among African American youth. *Families in Society, 76,* 444-450.

Pinderhughes, E. (1989). *Understanding race, ethnicity, and power: The key to efficacy in clinical practice.* New York: Free Press.

Pollard, J. A., Hawkins, J. D., & Arthur, M. W. (1999). Risk and protection: Are both necessary to understand diverse behavioral outcomes in adolescence? *Social Work Research, 23,* 145-158.

Reed-Victor, E., & Pelco, L. E. (1999). Helping homeless students build resilience. *Journal for a Just & Caring Education, 5,* 51-72.

Rey, L. D. (1996). What social workers need to know about client violence. *Families in Society, 77,* 33-39.

Richman, J. M., & Bowen, G. L. (1997). School failure: An ecological-interactional-developmental perspective. In M. W. Fraser (Ed.), *Risk and resilience in childhood* (pp. 95-116). Washington, DC: NASW Press.

Rogers, C. (1951). *Client-centered therapy.* Boston: Houghton Mifflin.

Rutter, M. (1981). Stress, coping and development: Some issues and some questions. *Journal of Child Psychology and Psychiatry, 22,* 323-356.

Rutter, M. (1987). Psychological resilience and protective mechanisms. *American Journal of Orthopsychiatry, 57,* 316-331.

Rutter, M. (1989). Pathways from childhood to adult life. *Journal of Psychology and Psychiatry, 30,* 23-51.

Saleebey, D. (1993). Notes on interpreting the human condition: A "constructed" HBSE curriculum. In J. Laird (Ed.), *Revisioning social work education: A social constructionist approach* (pp. 197-217). New York: Haworth Press.

Saleebey, D. (1996). The strengths perspective in social work practice: Extensions and cautions. *Social Work, 4,* 296-305.

Saleebey, D. (1997a). Is it feasible to teach HBSE from a strengths perspective, in contrast to one emphasizing limitations and weakness? Yes. In M. Bloom & W. C. Klein (Eds.), *Controversial issues in human behavior in the social environment* (pp. 33-48). Boston: Allyn & Bacon.

Saleebey, D. (1997b). *The strengths perspective in social work practice.* New York: Longman.

Schriver, J. M. (2001). *Human behavior and the social environment.* Needham Heights, MA: Allyn & Bacon.

Smith, C, & Carlson, B. E. (1997). Stress, coping, and resilience in children and youth. *Social Service Review, 71,* 231-256.

Solomon, B. B. (1976). *Black empowerment: Social work in oppressed communities.* New York: Columbia University Press.

Sullivan, W. P. (1992). Reclaiming the community: The strengths perspective and deinstitutionalization. *Social Work, 37,* 204-209.

Sullivan, W. (1998). Culturally sound mental health services: Ecological interventions. In R. R. Greene & M. Watkins (Eds.), *Serving diverse constituencies: Applying the ecological perspective* (pp. 221-239). Hawthorne, NY: Aldine de Gruyter.

Thyer, B. (1996). Thirty years of progress toward empirical clinical practice? *Social Work Research, 20,* 77-81.

Tolan, P. H., Guerra, N. G., & Kendall, P. C. (1995). A developmental-ecological perspective on antisocial behavior in children and adolescents: Toward a unified risk and intervention framework. *Journal of Consulting and Clinical Psychology, 64,* 570-584.

Vaillant, G. (1971). Theoretical hierarchy of adaptive ego mechanisms. *Archives of General Psychiatry, 24,* 107-118.

Vaillant, G. E., & Milofsky, E. (1980). Natural history of male psychological health: Empirical evidence for Erikson's model of the life cycle. *American Journal of Psychiatry, 137,* 1348-1359.

Wallach, L. B. (1994, June). *Violence and young children's development* (ERIC Digest, EDO-PS-94-7, Clearinghouse on Elementary and Early Childhood Education, Urbana, IL). Available: http://resilnet.uiuc.edu/library/wallac94.html.

Walsh, F. (1999). Families in later life: Challenges and opportunities. In B. Carter & M. McGoldrick (Eds.), *The expanded life cycle: Individual, family, and social perspectives* (pp. 307-324). Boston: Allyn & Bacon.

Wang, M. C., & Gordon, E. W. (Eds.). (1994). *Educational resilience in inner-city America: Challenges and prospects.* Hillsdale, NJ: Lawrence Erlbaum.

Weaver, H. N. (2000). Culture and professional education: The experience of Native American social workers. *Journal of Social Work Education, 36,* 415-428.

Weick, A. (1993). Reconstructing social work education. In J. Laird (Ed.), *Revisioning social work education: A social constructionist approach* (pp. 11-30). New York: Haworth Press.

Weick, A., Rapp, C, Sullivan, W. P., & Kisthardt, W. (1989). A strengths perspective for social work practice. *Social Work, 3,* 350-354.

Weick, A., & Saleebey, D. (1995). Supporting family strengths: Orienting policy and practice toward the twenty-first century. *Families in Society, 76,* 141-149.

Werner, E., & Smith, R. (1982). *Vulnerable, but invincible: A longitudinal study of resilient children and youth.* New York: McGraw Hill.

Werner, E., & Smith, R. (1992). *Overcoming the odds: High risk children from birth to adulthood.* Ithaca, NY: Cornell University Press.

White, R. W. (1959). Motivation reconsidered: The concept of competence. *Psychological Review, 66,* 297-331.

White, R. W. (1963). Sense of interpersonal competence. In R. W. White (Ed.), *The study of lives* (pp. 72-93). New York: Atherton Press.

Wilson, W. J. (1987). *The truly disadvantage: The inner city, the underclass, and public policy.* Chicago: University of Chicago Press.

Winfield, L. (1991). Resilience, schooling, and development in African-American youth. *Education and Urban Society, 24,* 5-14.

Winters, W., & Maluccio, A. 1988. School, family, and community: Working together to social competence. *Social Work in Education, 10,* 207-217.

Witkin, S., & Nurius, P. (1997). Should human behavior theories with limited empirical support be included in HBSE classes? In M. Bloom & W. C. Klein (Eds.), *Controversial issues in human behavior in the social environment* (pp. 49-64). Boston: Allyn & Bacon.

Wolin, S. J., & Wolin, S. (1993). *The resilient self.* New York: Willard.

제2장
기본가정 및 용어

Roberta R. Greene and Ann P. Conrad

탄력성은 늘어나 있거나 압축된 상태에서 되튕겨오거나 복원되는 행위이며, 강점, 정신, 그리고 좋은 기분을 회복하려는 행위이다.

WEBSTER' S NEW TWENTIETH CENTURY

DICTIONARY OF THE ENGLISH LANGUAGE

"탄력성"이라는 용어는 부정적인 생활 사건들, 외상, 스트레스 그리고 위험의 다른 형태들에 대해서 예측할 수 없거나 또는 눈에 띄게 성공적으로 적응하는 것이다. 만약 우리가 과도한 역경 상황에서 무엇이 사람들로 하여금 잘 기능하도록 돕는지를 안다면, 이 지식을 새로운 실천 전략들에 통합시키는 것이 가능할 것이다.

FRASER, RICHMAN, & GALINSKY, 1999, p. 136

탄력성의 구성개념에 대한 대중적인 관심의 고조와 다수의 과학적 작업에도 불구하고, 탄력성에 대한 완숙된 이론은 없다. 개념은 여전히 광범위하게 정의되고 있으며(Fraser, Richman, & Galinsky, 1999; Gordon & Song, 1994), 용어는 종종 **긍정적 대처(positive coping)**, **적응(adaptation)**, 그리고 **지속성(persistence)**과 교환하여 사용되곤 한다(Winfield, 1994). 비록 이러한 모호성이 있을지라도, 지난 30여 년 동안 다양한 분야의 이론가들은 탄력성을 이해하는 데 기반이 되는 지식 확장에 기여하였다. 많은 이론가들은 정신건강 정책과 실천에 대한 지침을 제공하기 위해 이 지식 기반이 충분히 진보되었다고 생각하였다(Begun, 1993; Fraser et al., 1999; Grotberg, 1995; Masten, 1994; Miller & MacIntosh, 1999).

이 장은 이러한 수렴된 이론과 연구결과를 종합적으로 다루고 있으며, 또한 그것을 인간행동의 원칙과 탄력성을 기반한 사회복지실천의 지침으로 전환함으로써 사회복지실천에 있어 실천가의 이론적 맥락을 확장하고 있다.

인간행동이론: 전문적 활동 구조화

사회복지사가 다루고 있는 인간사의 복잡성은 사회복지사의 해결책에 있어 "되는 대로" 식의 접근에 대해 논쟁을 붙여왔다. 더 나아가, 이 복잡성은 실천에 대해 의식적인 고수와 의도적인 관리의 필요성을 피할 수 없도록 하였다.

GREENE, 1999, P 8

사회복지의 역사를 통해 실천가들은 그들과 함께 일하는 클라이언트를 보다 잘 이해하고 그들의 실천기술을 알리기 위해 상당수의 이론적 관점들에 의지해 왔다. 이론 틀들은 전문적 활동들을 안내하거나 행동의 맥락을 파악하도록 하는 개념적 기반을 제공한다는 점에서 사회복지사들에게 유용하다. 이론이 이러한 전문적인 지침을 제공하기 위해 제기되어야한다는 이슈는 다음 두 개의 장에 소개하고 있으며, 이 책 전반에 걸쳐 적용되었다. 그리고 다음의 질문들을 논의한다(Green, 1999).

- 생애과정 또는 생애과정에 걸친 발달을 이해하기 위해 이론은 무엇을 제공하는가?
- 인간발달과 기능에 대한 생물학적, 심리학적, 그리고 사회문화적 요인들 간의 상호작용에 대해 이론은 무엇을 제시하는가? 그리고 영적 믿음에 대해서는 어떠한가?
- 건강한/기능적인 그리고 건강하지 못한/역기능적인 행동 또는 안녕에 대해 이론은 무엇을 제시하는가?
- 적응적/비적응적인 것에 대해 이론은 무엇을 말하고 있는가? 이론은 스트레

스요인들과 대처 잠재력에 대해 어떻게 표현하고 있는가?

- 이론의 적용은 보편적인가? 이론은 비교문화적 사회복지실천 또는 다양한 삶의 환경에 대해 어떻게 적용되는가? 이론은 사회 및 경제적 정의를 표현하고 있는가?
- 이론은 가족, 집단, 지역사회, 그리고 조직성원으로서의 개인에 대해 무엇을 제시하는가?
- 이론은 개인, 가족, 집단, 지역사회, 또는 조직의 행동을 이해하기 위해 어떻게 적용되는가?
- 이론은 사회복지실천의 틀로써 어떻게 활용되는가?
- 이론은 클라이언트와 사회복지사가 현존하는 상황과 문제, 그리고 관심사를 정의하는 것에 대해 어떻게 제시하고 있는가? 이론은 강점관점에서 제시되고 있는가?
- 사회복지개입 또는 실천전략에 있어 이론은 무엇을 함의하는가? 이론의 원칙들은 클라이언트의 능력과 자원들을 강조하는가?
- 이론은 사회복지사가 수행하는 일에 대해 무엇을 제안하는가? 클라이언트(체계)가 하는 일에 대해서는 무엇을 제시하는가?
- 사회복지사에게 변화매개자로서 어떠한 역할을 제안하는가? 치료/개입 또는 의미창조의 목적은 무엇인가? 사회 · 사회적 제도 · 클라이언트의 기능의 증대 또는 변화 촉진에 무엇을 제시하는가?(pp. 2-3)

탄력성이란?

우리의 [역학연구] 표본 중 가장 건강한 성원들은 집단의 다른 성원들에게서 난해한 반응을 유발하는 사건들과 상황들에 대해 종종 [불운의] 심리적 반응을 거의 보여주지 않는다. 배우자와 사별, 가족으로부터 분리, 친구, 지역사회 또는 국가로부터 소외, 분명하고 중요한 욕구의 좌절, 또는 명백하게 중요한 목적 성취의 실패는 그 어떤 심원하거나 지속적인 반응을 생산하지 않는다.　　　　　HINKLE, 1974, pp. 40-41

역사적 맥락

위험과 탄력성에 대한 연구 및 이론 구축에 포함되어 있는 정의를 이해하기 위해, 이 분야의 역사적 발달을 요약할 필요가 있다. Doll과 Lyon(1998)에 의하면, 위험과 탄력성 연구에 대한 두 세대가 있으며, 각 세대는 그 접근을 정교화시켜왔다. 첫 번째 세대는 소외된 아동과 그들의 위험에 초점을 두고 있다. 위험에 대한 연구는 3가지를 반복하면서 진행되었는데 다음과 같다. (1) 첫 번째는 유아기애착에 주된 관심을 둔 Bowlby와 Spitz(1946)의 연구를 포함한 초기연구이다. (2) 위험에 대한 연구에 있어 두 번째로 반복된 것은 종단 및 사례연구 방법을 활용하여 어떻게 단일위험요인이 결과에 영향을 미치는지를 전반적으로 탐색한 것이며, 이 단계는 더욱 정교한 통계 방법들과 함께 지금까지 지속적으로 사용되고 있다. (3) 위험연구에 대해 세 번째로 반복되어 온 것은 아동과 성인의 순응(adjustment)에 대한 위험 및 보호요인들의 다중적 영향과 상호작용에 대해 고찰한 것이다. 이 단계는 종종 빈곤과 실업률이 높은 도시에서 성장하는 청년들에 대해 경멸적으로 사용하는 용어인 위험이라는 단어를 무차별적으로 사용하는 것으로부터 멀어지는 변화와 관련이 있다(Winfield, 1991). 이 연구 단계에서의 핵심 질문은 왜 어떤 사람들은 심각한 스트레스나 어려움을 경험하는 반면, 다른 사람들은 역경에도 불구하고 해로운 영향없이 견뎌내는가이다. 심리사회적 위험에 대한 연구자들은 가장 불우한 환경에서 양육된 상당수의 아동이 성공적인 성인으로 성장하였다는 사실을 관례적으로 발견하였다(Rutter, 1985). 이렇게 하여 탄력성에 대한 연구는 위험에 대한 연구로부터 발생하였다.

연구의 두 번째 세대는 위험과 역경을 극복하는 능력 혹은 성공적인 대처를 강조하면서 지속되었다. 주요 관심은 어떻게 성인이 건강한 기능을 유지하는가 뿐 아니라 어떻게 아동이 역량있고 생산적인 성인이 되는가였다. 이 연구는 복합적 결과와 관련이 있는 복합적 대상에게 수행되어왔다. 그 결과, 역경을 극복하고자 하는 사람은 다양한 위험에 직면할 수 있고, 또한 가족, 학교, 그리고 이웃과 같은 다중체계적 보호요인을 가질 수 있다고 이해되어진다. 따라서 사람들은 생태적 환경 속에서 이해되어야만 한다. 부언하면, 사람들이 역경의 생활환경이라고 생각하는 주관적 의미—어떤 사건에 대해 그들이 어떻게 느끼고 생각하는 지—는 성공을 결정하는 중대한 요인이다(3장 참조).

위험에 처한 아동과 가족들, 그리고 사람들을 무엇이 성공적으로 유지시키는 지에 대한 관심에 대해 과거 수십 년 동안의 논의에서 탄력성은 강점 전통의 역할을 해왔다(Saleebey, 1997). 그러나 탄력성이라는 용어는 강점에 대한 개념을 넘어선 것으로 보인다. 이는 모든 사람들의 능력을 증진시키고 이해하기 위해 점차적으로 사용됨으로써 사람들의 도전에도 불구하고 그것을 바꾸고 변화해왔다(Benard, 1997; Lifton, 1993). Werner와 Smith(1992, p. 202)가 표현한 것처럼, 탄력성이 타고난 "자기복원기제(self-righting mechanism)"라는 견해는 계속해서 개입을 구체화한다. 덧붙이면, 이론가들은 전 생애에 걸쳐서 탄력성을 탐색하며 가족과 지역사회 간의 탄력성에 대한 탐색으로 관심을 넓혀왔다. 탄력성과 관련된 용어와 기본 가정을 다음과 같이 서술한다.

용 어

위험(Risk) 위험이란 역학(epidemiology)에서 비롯된 통계적 개념이다. 위험은 "발병의 가능성을 증가시키고, 더 심각한 상태로 만들거나 또는 문제상태를 그대로 유지시키는 어떤 영향들"(Kirby & Fraser, 1997, pp. 10-11)이다. 위험요인들은 학교중퇴같이 바람직하지 않은 결과를 보일 가능성이 높은 인구집단, 일반적으로 아동들을 대표하는 특징들이다(Masten, 1994). 위험요인을 밝히려는 연구들은 공통 배경을 지닌 아동들이 일반 아동들과 비교하여 정서 혹은 행동에서 문제가 될 가능성을 증가시키는 것과 원인이 무엇인지를 조사하였다. 즉, 연구자들은 특정 위험에 처한 아동이 주어진 특정 환경의 집합에서 문제 행동들(예를 들면, 약물중독) 혹은 정신질환(예를 들면, 정신분열증)을 발전시킬 것이라는 가능성을 측정하기 위해 탐구하였다. 위험요인들은 다른 관련 요인들, 예를 들면, 빈곤 또는 는 아동학대와 관계가 있거나 그 증거로 간주된다(Fraser et al., 1999).

연구자들은 다음과 같은 두 가지 방법 중 한 가지로 위험요인에 대한 연구를 진행해 왔다. 즉, (1) 연구자들은 추후 미래 결과들과 연계를 시도할 수 있는 구체적 위험요인들 혹은 특정 선행요인들을 조사해 왔으며, (2) 그들은 부가적 위험의 영향을 규정하기 위한 노력의 일환으로 누적적 위험을 연구하고 있다. 위험사슬(risk chain)이라 함은 위험요인들 간 이러한 연계관계를 일컫는 것이다. 부정적 결과를 산출할 수 있는 복합적 요인들을 이해하려는 이 두 번째 접근은, "많은 사회적 문제들에 대한 단일한 경로는 없다"라는 것을 연구자들이 점차적으로 인식하고 있기 때문에 인기가 증가하고 있는 것 같다(Fraser et al., 1999, p. 131).

생태학이론은 조사연구설계에 지속적인 영향을 미치고 있다. 그 결과 위험요인들은 사람들의 인접환경에서, 그리고 보다 원거리환경에서 파악되고있다. 원거리 위험요인들—정치적 풍조와 같이 직접적인 관련이 적은 위치에 있는 요인들—이 영향이 적은 것으로 간주된 반면, 인접 위험요인들—학대부모와 같이 개인과 밀접한—은 영향력이 더 큰 것으로 간주되었다(Kirby & Fraser, 1997). 그러나 원거리(혹은 거시체계) 영향들이 영향력이 작을 수 있다는 견해는 현재의 연구방법론상의 결점에서 비롯되었을 수 있다(Bronfenbrenner, Moen, & Garbarino, 1984; 4장과 5장 참조).

비록, 위험요인에 대한 연구가 본래 x는 y의 원인이라는 인과적 기계모델(causal mechanistic model)처럼 이해되었더라도, 위험의 개념은 현재 역동적 과정으로 이해되고 있다(Cowan, Cowan, & Shulz, 1996). 위험에 대한 반응은 개인마다, 그리고 그들의 생활 환경에 따라 다양하게 나타난다. 인생의 한 시점에서 위험에 대해 긍정적으로 대응할 수 있는 사람들이 다른 시점에서는 그렇지 않을 수 있다(Rutter, 1981, 1987). 또한, 위험의 개념에는 중복 스트레스의 개념이 포함된다(Garmezy, 1993; Masten, 1994). 스트레스는 생활사건에 적응해야 하는 개인의 주관적 반응인 위험과 구별된다. 즉, 개인이 생활사건을 매우 부담스럽게 생각하여 그것이 위협이 될 때, 생활사건은 스트레스가 많다고 인식될 것이다(Lazarus & Folkman, 1984). 이 관점은 탄력성을 이해하는 핵심이다(Smith & Carlson, 1997).

취약성(vulnerability) 취약성은 위험에 처한 어떤 사람들이 바람직하지 못한 결과 또는 장애를 더 증가시키는 경향이 있다는 것을 의미한다. "취약성 요인은 발달에 대한 특정한 위협에 대해 더 민감하게 만드는 개인들의 특성이다"(Masten, 1994, p. 7). 예를 들어, 유전적 요인은 장애의 소질(predisposition) (역자 주: 병리에서 병에 걸리기 쉬운 성향을 의미함)을 초래할 수 있거나 위험에 처한 개인이 부정적 결과를 갖게 될 가능성을 확대할 수 있다(Cowan et al., 1996). 그러나 Garmezy(1993)는 취약하지 않다(invulnerable)는 것이 사람들이 상처를 받거나 혹은 상해를 입는 것에 대해 무기력하다는 것을 암시하기 때문에 이 용어의 사용에 주의를 주었다.

보호요인(Protective factors) 보호요인에 대한 연구는 연구자의 관심을 위험요인에서부터 어떻게 사람들이 성공적으로 위험을 뚫고 나가는가로 방향을 전환한, 연구모형의 개념 전환 및 변화와 관련이 있다(Jessor, 1993). 예를 들어, Rutter(1987)는 1970년대에 역경과 관련된 심리적 위험을 보호하는 기제들을 이해하기 위한 맥락이 보호요인의 실험을 가능케 한다는 것을 관찰하였다. 이와 유사하게, Garmezy(1991)는 "많은 아동과 성인이 삶의 어려움을 극복한 확고한 증거"(p. 421)가 연구자들이 보호요인들을 구체화시키려고 노력해온 것임을 시사한다고 언급하였다.

　보호요인이라는 용어는 일반적으로 위험의 영향을 조절하고 적응을 향상시키는 환경들을 묘사하는 것이다(Masten, 1994). 보호요인들은 위험을 완충시키거나 중단시키고 심지어 예방하기도 한다. 완충은 위험에 처한 사람이 바람직하지 못한 결과를 경험할 가능성을 경감시키는 것으로 알려진 요인이다(Cowan et al., 1996). 지금까지의 연구에도 불구하고, 보호요인이라는 용어는 여전히 광범위하게 정의되고 있으며 위험과 보호요인들 간의 상호작용의 본질은 지속적으로 논쟁이 되고 있다(Kirby & Fraser, 1997). Masten(1987)은 위험과 보호요인은 양극단이어서 스트레스가 증가함에 따라 역량은 감소된다고 주장하였다. 위험요인들이 부정적 결과의 가능성을 증가시키는 모델을 우리는 **부가적모델(additive model)**이라고 부른다. 반면에, Rutter(1983)는 위험과 보호요인은 결과산출을 위해 상호작용한다고 주장하였다. 즉, 스트레스가 낮을 때는 보호요인의 영향력이

표 2.1 요약: 탄력성과의 관계들

개인
· 신생아기와 그 이후에까지 더욱 애정어리고 더 사랑스럽다고 인식됨
· 출생 후 20~24개월 이내에 형제의 출생이 없음
· 좀더 높은 지능수준
· 친밀 관계를 개발하기 위한 능력과 기술
· 학교 내외에서 성취 지향
· 사건들에 자신의 이해를 증진시키는 생산적인 의미를 구축하는 능력
· 가정으로부터 분리되어 외부와 관계할 수 있는 능력 및 다시 가정에 몰입할 수 있는 능력
· 내적 통제소재를 지닌 내적 지향성
· 청소년기 동안 심각한 질병의 부재

가족
· 아동과 부모 사이의 조화 혹은 합치의 정도와 본질
· 가족 내 의식의 보유와 유지
· 수동적이며 반응적인 자세와는 대조적으로, 문제나 스트레스요인에 대한 적극으로 사전에 대응
  하며 직면하는 자세에 대한 가족의 가정
· 부모-자녀의 역할반전의 부재
· 영아기 동안 가정 내에서의 최소한의 갈등
· 청소년기 동안 부모가 이혼을 안 한 경우
· 어머니와의 실질적이고 생산적인 관계들
· 문제가 없는 배우자의 선택

탄력적 아동들이 좀더 취약한 아동들에 비해 상대적으로 지니고 있는 특성들
· 좀더 높은 사회경제적 지위
· 사춘기전 이전의 여성, 사춘기전 이후의 남성
· 신체기관의 결함의 부재
· 편한 기질
· 외상의 시기에 나이가 어린 경우
· 삶의 초기에 분리 및 상실 부재

탄력적 아동들이 자신의 환경에서 가지고 있는 보호요인들
· 역량있는 양육
· 최소한 1명의 주보호자와 좋은(온화한) 관계
· 배우자, 가족 혹은 다른 사람으로부터 (성인기에) 사회적 지지의 가능성
· 좀더 나은 비공식 관계망
· 좀더 나은 교육 및 종교활동을 통한 더 바람직한 공식적인 사회적 지지

탄력적 아동들이 지닌 심리적 특성들
· 높은 지능과 문제해결능력
· 우수한 대처 스타일
· 과업관련 자기효능감
· 자율성 혹은 내적 통제소재
· 높은 자아가치감
· 대인인식과 감정이입
· 기획능력 및 의지
· 유머 감각

출처: "The Emmanuel Miller Memorial Lecture 1992; The Theory and Practice of Resilience," by p. Fonagy, M. Steele, A. Higgitt, & M. Target, 1994, *Journal of Child Psychology and Psychiatry, 35(2)*, 231-257. London: Cambridge University Press. Reprinted with permission.

작아진다는 것이다. 위험요인과 보호요인이 서로 결합할 때에만 작용한다는 이 접근은 **상호작용모델(interactive model)**로 명명된다. Kirby & Fraser(1997)는 부

가적모델과 상호작용모델의 유용성에 대한 논쟁은 아동에게 도전과 기회 모두를 제공하는 다중 체계수준을 통해 위험요인들과 보호요인들 사이의 일상적 상호작용을 조사함으로써 가장 잘 해결된다고 설명하였다.

　내적 보호요인과 외적 보호요인 모두 사람들이 위험을 견뎌내거나 개선하도록 돕는다. 아동의 탄력성에 기여하고 스트레스를 완화하는 보호 특성에 관한 문헌연구들에 있어, 일반적인 합의가 있다(표 2.1참조). 이 특성은 3가지로, (1) 긍정적인 기질, 사회적 반응성, 능력, 그리고 자존감과 같은 개인적 성향; (2) 온화함과 응집력을 포함하는 지지적 가족환경; (3) 역량을 보상하고 신념체계를 강화하는 가족외적 사회환경이다(Garmezy, 1991; Werner, 1989). 위험요인에서처럼 보호요인들도 상대적이고 맥락적인 현상으로 이해될 필요가 있다(Gordon & Song, 1994). 이와 비슷한 논지로, Rutter(1987)는 다음과 같이 결론지었다.

> 보호는 순간의 심리적 화학작용에 있는 것이 아니라, 사람들이 삶의 변화에 대처하는 방식과 스트레스적인 혹은 불리한 환경에 대해서 어떻게 행하는가에 있다. 위험이라는 궤도가 적응적 행로로 방향이 수정될 때, 사람들의 인생에서의 주요한 전환점에 작용하는 기제에 대해 특별한 관심을 가질 필요가 있다.(p. 329)

　Garbarino(1999)는 그의 저서 *Lost Boys*(방황하는 소년들)에서 위험, 취약성, 그리고 보호요인의 상호작용을 포착하였다. 그는 폭력적 10대 소년들은 그들 자신이 폭력의 대상이 되었거나 심각한 거부반응에 직면해 왔음을 지적하였다. 방황하는 소년들은 겉으로는 거칠게 보이지만, 그들의 내면의 삶은 취약성과 고통이 특징으로 나타난다. Garbarino는 방황하는 소년들이 종종 범죄자로 수감되더라도, 그가 면접했던 한 명 이상의 아동이 엄지손가락을 빠는 것을 목격했다. Garbarino의 여러 면접은 "취약한 청소년의 궁극적 운명은 탄력성의 이슈와 상당히 관련되어 있다"는 것에 확신을 주었다. "그 아이들은 거부와 학대, 유기와 위협상태를 극복할 수 있을까?"(p. 181).

탄력성(Resilience) Garmezy(1993)에 의하면, 탄력성에 대한 연구는 두 가지 주요 질문에 대한 답에 초점을 두고 있다. (1) 아동이 역경에 노출됨에 따라 부적응하게 되는 아동, 가족, 그리고 환경의 특성들—위험요인들—은 무엇인가? (2) 이러한 적응문제들로부터 그들을 보호하는 특성들—보호요인들— 은 무엇인가? 이 질문에 대한 답을 찾기 위한 노력에 있어, 연구자들은 무엇이 적응적 혹은 부적응적 행동을 일으키는가를 규정하기 위해 개인, 가족, 그리고 지역사회 생활과 관련된 수많은 요인들을 조사해왔다. 그들은 위험을 개선시키는 개인적, 그리고 환경적 상황에서 확실한 강점이나 자산을 가진 것으로 보이는 요인들을 탄력적이라고 칭한다.

라틴어의 resiliens에서 유래된 resilience(탄력성)라는 용어는 원래 물체의 신축적 혹은 유연한 성질을 일컫는 데 사용되곤 했다. 이 용어는 "늘어나 있거나 압축된 상태에서 되튕겨오거나 복원하기 위한 능력 혹은 강점과 정신을 회복하는 능력"으로 *Webster's New Twentieth Century Dictionary of the English Language*(1958)에 정의되고 왔고, *American Heritage Dictionary*(1994)에서는 "질병, 변화, 혹은 불행으로부터 신속하게 회복하기 위한 능력"으로 정의되어 있다. 탄력적이라는 단어는 일반적으로 역경을 극복한 사람들에게 적용되었다. 탄력성은 또한 스트레스나 파괴적인 변화에 직면하여 성공적 적응의 좋은 결과를 보인 사람들을 묘사해왔다(Werner & Smith, 1992).

Grotberg(1995)는 비록 탄력성이 일상 영어단어로 여전히 친숙한 단어일지라도, 그 정의에 대해 어떤 합의가 존재하거나 언어들 중 이와 상응하는 단어가 있음을 의미하는 것이 아님을 지적하였다. 탄력성의 구성개념에 포괄된 범위에 대해 명료성이 취약할지라도, 이 책의 본 장에서 논의를 이끄는 공통적으로 사용되어온 정의가 있다. 예를 들면, Fraser와 동료들(1999)은 탄력성이란 고위험에 노출됨에도 불구하고 역경을 극복하고 성공적으로 되는 것; 억압 하에서 역량을 유지하는 것, 즉 고위험에 성공적으로 적응하는 것; 그리고 부정적 생활사건에 성공적으로 적응함으로써 외상으로부터 회복하는 것을 포함한다고 제시하였다. 이와 비슷한 맥락에서 Masten(1994)은 탄력성은 (1) 기대된 결과 이상의 좋은 결과를 낸 고위험 집단 사람들, (2) 스트레스적(공통의) 경험에도 불구하고 보이는 좋은 적응(스트레스요인이 극도에 달했을 때, 탄력성을 회복하는 유형을 의미함), (3) 외상으로부터의 회복을 의미한다고 주장하였다(Fraser, 1997; Masten, 1994). Stewart, Reid, 그리고 Mangham(1997)은 문헌에 나타난 탄력성에 대한 수많은 정의들을 검토하였으며, 몇몇의 다른 공통적 주제들을 발견하였는 데 다음과 같다.

- 탄력성은 개인들의 어떤 특성들과 그들의 더 넓은 환경들 사이의 복합적 상호작용으로 조명될 수 있다.
- 탄력성은 스트레스와 대처능력 사이의 균형으로 구성된다.
- 복합적 스트레스 생활사건으로부터 나오는 위험요인들과 위험의 부정적 영향을 경감하거나 개선하는 보호요인들은 탄력성에 기여한다.
- 탄력성은 역동적이다. 그리고 생애맥락에 의존한다.
- 탄력성은 발달적이다. 성공적인 상태가 한 개인의 역량을 강화시킨다.
- 탄력성은 인생의 전환기에 가장 중요하다.

이러한 주제에 기반하여, Stewart와 동료들(1997)은 탄력성이란, "중대한 변화, 역경, 또는 위험에 직면하여 성공적으로 대처하기 위한 개인의 능력이다. 이 능력은 시간의 흐름에 따라 변하며 개인과 환경의 보호요인들에 의해 향상된다"고 정의했다(p. 22). Higgins(1994)는 우선 이론가와 실천가들은 탄력성을 "한 개인의 초기 발달경험을 고려했을 때 기대했던 것 이상의 훨씬 나은 수준에서 심리적으로 기능하기 위한 능력"이라고 가능한 광범위하게 정의한다고 주장하였다(p. 17). 그녀는 이와 같이 광의로 정의할 때 탄력성을 증진시키는 요인이 무엇인지에 대해 충분히 이해할 수 있다고 말하고 있다.

부언하면, 아래의 정의들은 또한 탄력성 개념을 확대하고 있다.

탄력성은 어떻게 아동들이 스트레스와 외상에 대처하는지를 다루는 총체적인 개념이다. 대처결과로써의 역량 및 적응과 유사하게, 탄력성은 성장과 희망을 다룬다.(Anthony & Cohler, 1987, p. 101)

탄력성은 위험에 반응할 때 개인의 편차를 다룬다. 탄력성은 역경에 직면했을 때 희망과 낙관주의는 물론, 스트레스와 역경에 대한 사람들의 반응에 있어 개인차의 긍정적 극단을 의미한다.(Rutter, 1987, pp. 316-317)

탄력성은 병리나 위험의 부재의 개념에서 정의되지 않는다. 오히려 역경, 스트레스, 그리고 박탈에 대처하는 능력이다.(Begun, 1993, pp. 28-29)

탄력성은 역경 이후에 기능수행을 되찾은 사람으로 설명된다. 탄력성은 극한 스트레스 이전에 개인이 갖고 있던 적응과 역량의 양상으로 다시 복귀하기 위한 능력과 회복력에 있다.(Garmezy, 1993, p. 129)

탄력성은 심각한 위험에 직면하여 적응적인 기능수행 기회를 가능케 하는 아동, 가족, 또는 가족외적 특징들의 실재이다. 보호요인들은 역경의 부정적 영향을 감소시키고 탄력성을 증가시키는 것으로 고려된다.(Nash & Fraser, 1998, p. 371)

탄력성은 실재 특성의 발달이 분열의 크고 작은 기간들을 보충하고 만회하는, 그리고 인생경영에서 크고 작은 역량을 발달하고 사용하는 하나의 과정이다.(Palmer, 1997, p. 63)

탄력성은 외상적 사건 이후에도 일관된 자아감과 개인 자신의 경험담을 지속적으로 유지하기 위한 능력이다.(Borden, 1992, p. 125)

탄력성은 어려운 상황 하에서의 정상적 발달이다.(Fonagy, Steele, Steele, Higgitt, & Target, 1994, p. 233)

탄력성은 역경에 직면하였을 때, 예상치 못한 그러면서도 긍정적인 결과를 달성하고 있는, 예외적 환경에 적응한 개인을 보통 묘사하곤 한다.(Fraser et al., 1999, p. 136)

기존의 문헌은 또한 무엇이 탄력성을 촉진하는지에 대한 논의를 담고 있다.

많은 이론가들은 탄력적 행동이 위험이 존재할 때의 긍정적인 결과들이라고 주장하고 있다. 다른 한편 탄력성은 개인, 대인 간, 그리고 가족의 영역 안에서의 역량을 의미하는 보호요인들에 의해 크게 영향을 받는 하나의 과정으로 조명된다(Dyer & McGuinness, 1996). 그러나 Rutter(1981, 1987)는 탄력성의 또 다른 개념화를 제안하였다. 즉, 사람의 성장에 따라, 위험요인과 보호요인들은 탄력성을 형성하기 위해 상호작용을 한다는 것이다. 이 주장의 유리한 측면에서 볼 때, 탄력성은 시간의 흐름에 따라 위험에 반응하는 사람들의 방법상의 개인차로 이해될 수 있다. 이론가들은―인간행동의 양상들이 인생의 초기단계에 설정되었다는 가정을 가지고―시간의 흐름에 따른 행동의 연속성을 탐색할 뿐 아니라―사람들이 생애과정을 통해 변화할 것이라는 가정을 가지고―불연속성을 탐색한다. 사람들은 자신의 생애 환경 내의 위험에 대한 자신들의 반응에 의거하여 상대적으로 탄력적이라고 생각할 수 있기 때문에 탄력성은 상호교류적 현상으로 여겨진다. 상호교류적 접근은 사람과 그의 환경을 분리할 수 없는 것으로, 혹은 "인간과 환경이 서로에게 상호적으로 영향을 미치는 단일체계"로 간주하고 있다(Greene, 1999, p. 269).

위험과 탄력성을 이해하는 다른 하나의 방법은 이 두 개념이 각각의 정반대의 끝을 차지하면서 연속체를 형성한다는 것이다. 즉, 연속체의 한쪽 끝에는 대처능력이 거의 없으며 다른 한쪽 끝에는 굉장한 대처능력이 있는 것으로 구성된다는 것이다(Kirby & Fraser, 1997). 위험과 탄력성이 연속체를 형성하거나 그 정도에 따라 달라질 수 있다는 개념에 근거하여, Palmer(1997)는 탄력성의 4가지 유형에 대해 설명하였다. 즉, (1) 붕괴나 혼란의 지속 상황 속에 있는 사람과 가족들을 일컫는 **아노미적 생존(anomic survival)**, (2) 역량이나 건설적인 대처기제를 발달시키기 위해 불완전한 시도를 초래하는 **재생적 탄력성(regenerative resilience)**, (3) 역량 및 대처전략을 상대적으로 긴 기간 동안 활용하는 **적응적 탄력성(adaptive resilience)**, (4) 효과적인 행동과 대처전략을 광범위하게 활용하는 **번영적 탄력성(flourishing resilience)**이다.

그러나 탄력적으로 되기 위한 능력은 단지 개인에게 국한된 것이 아니다. Grotberg(1995)에 따르면, 탄력성은

표 2.2 탄력적 아동의 특성에 대한 연구 결과

심리적 / 내적
· 개인적 강점들(사랑스럽다는 인식 포함)
· 자율성
· 호감적 기질
· 성취 지향성
· 건강한 자아존중감
· 신뢰
· 감정이입과 이타주의
· 견실한 통제소재
· 지적 기술

영적
· 희망
· 신념
· 신앙
· 도덕성

대인관계적 / 사회적 기술
· 창의성
· 영속성
· 유머감각
· 효과적 의사소통
· 충분한 문제해결기술
· 충동통제
· 신뢰관계모색

사회적 /외부지지
· 가정에서의 구조와 규율
· 자율성에 대한 부모의 격려
· 안정적인 가정의 환경
· 외적 지지 및 자원들(신뢰관계 포함)
· 보건, 교육, 복지, 안전 서비스의 접근 가능성
· 안정적인 학교환경
· 바람직한 역할 모델
· 종교조직에 가입

Reprinted from International Resilience Project, Civitan International Research Center, University of Alabama, Birmingham,

개인, 집단, 또는 지역사회가 역경이 주는 손상직 영향을 예방하고, 최소화하며, 극복하도록 하는 [또는 불가피한 역경을 예견하기 위헌] 전반적인 능력이다. 탄력성은 탄력적인 사람들의 삶을 강화시키거나 변형시킬 수 있다. 이 탄력적 행동은 역경에도 불구하고 현상을 유지하거나 정상적 발달을 형성하여 역경에 반응하도록

하는 것, 또는 현재의 기능수준 이상의 성장의 촉진제일 수 있다.(p. 2)

따라서, 탄력성은 무수한 개인과 다중체계적 특성과 연관되어 있는 다중국면의 총체적 개념이라고 할 수 있다(표 2.2). 또한 탄력성은 어려움을 경험해온 개인, 가족, 그리고 지역사회가 삶을 지속해 나갈 수 있게끔 하는 유동적이고, 역동적인 과정이며 충분히 파악된 과정은 아닌 것으로 간주된다(Dyer & McGuinness, 1996).

그러나 일부 이론가들은 그 결점을 지적하면서 개념을 비판해왔다. 예를 들어, Rigsby(1994)는, 성공에 대한 강한 개인주의적 이미지는 모든 사람들이 승진할 수 있고, 그렇게 하기 위한 기회가 평등하며, 누구든 언제나 "단결하여 해낼 수 있고", 불리한 조건은 개인으로 하여금 정복하게 하기 위한 것이라는 인상을 준다. 그는 성공에 대한 이러한 가정들은 이론가들이 탄력성에 대해 어떻게 생각하는지에 기초하기 때문에, 탄력성이라는 개념이 위험에 대해 보다 단순화하여 예측하도록 하는 선형(Linear)의 형태가 될 수도 있다고 덧붙여 주장하였다. 이러한 사고는 사람, 환경, 그리고 기회의 상호작용으로부터 멀어지게 할 수도 있다.

일부 이론가들은 탄력성이라는 용어가 모호하게 사용됨을 발견하였다. 예를 들어, Gordon과 Song(1994)은 일반적으로 이 용어가 "구어적으로 내포하고 있는 행동적 적응, 인간환경, 그리고 인간의 성취 등은…… 탄력성으로 지칭된다"(p. 27)라는 일련의 넓은 범주를 의미한다고 주장하였다. 뿐만 아니라 탄력성은 단일 구성체가 아니라는 것도 이 용어를 정의하는 데 어려움을 준다. 더 나아가, 비슷하게 보이는 생활 환경에 대한 사람들의 주관적 반응은 사건에 대한 인식과 반응의 수준과 마찬가지로 다양할 수 있다(Gordon & Song, 1994). 긍정적인 측면에서, Gordon과 Song은 스트레스요인과 그 영향에 대한 연구가 탄력성에 대한 실천가의 관심을 방향전환하도록 하였다고 결론지었다. 그러나 이러한 인간현상에 대해서는 좀더 적절한 개념화가 필요하다. 각기 다른 위험과 자산을 가진 개인에 대한 지속적인 이론 구축은 시간, 장소 그리고 사회적 맥락을 달리하는 인간발달과정에 대해 좀더 나은 이해를 가능하게 할 것이다(Rigsby, 1994).

기본가정(Basic assumptions) 명백한 것은 탄력성의 개념은 다양하게 정의될 수 있으며 지속적으로 진화한다는 것이다(Fraser, 1997). 또한, 탄력성 개념의 기본적 가정들은 방대하며 인간행동과 실천 개념으로서의 가능성은 여전히 실행되고 있다. 이 책의 나머지 장에서는, 이 잠재성을 설명하고자 하며 탄력성이 어떻게 일련의 사회적 현상에 영향을 미칠 수 있는지를 논할 것이다. 그 논의는 아래의 주요 이론적 가정들을 지침으로 할 것이다. 탄력성은,

- 생물 · 심리 · 사회적이며 영적인 현상이다.
- 인간–환경 교환의 상호교류적 역동 과정을 포함하고 있다.
- 적합성의 적응과정을 포괄한다.
- 독특한 발달행로를 경험하면서 개인, 가족, 그리고 지역사회와 함께 전생애 과정에서 발생한다.
- 생활스트레스와 사람의 독특한 대처 능력과 연결된다.
- 일상 기능에서의 역량을 포함한다.
- 하나의 연속선상에 있을 수 있으며 위험의 반대측면에 위치한다.
- 위험요인과 조합하여 효과를 가지면서 상호작용적일 수 있다.
- 다른 사람들과의 관계와 연계를 통해 향상될 수 있다.
- 인종, 민족, 성별, 연령, 성 취향, 경제적 지위, 종교적 연계, 그리고 신체 및 정신적 능력을 포함한 다양성에 의해 영향을 받는다.
- 가정, 학교, 또래집단, 이웃, 지역사회, 그리고 사회를 포함하는 인접 및 원거리 모두의 다중수준 애착에 의해 표현되고 영향을 받는다. 결과적으로 탄력성은 미시, 외부, 중도, 그리고 거시 요인들의 기능이다.
- 환경 자원의 가용성의 영향을 받는다.
- 권력 차이의 영향을 받는다

탄력성: 생물 · 심리 · 사회 및 영적 현상

생물학적, 심리적, 사회적, 그리고 영적 발달은 단일과정이다.

GREENE, 1999, p. 38

인간행동에 대한 이해는 사회복지 사정과 개입의 기초가 된다. 이 부분은 사회복지실천 전략으로 변환되는 인간행동의 내용을 제공하기 위해 탄력성에 대한 조사연구와 이론연구를 종합하였다. 이 부분은 인간행동에 대한 연구의 중점 요소—생물 · 심리 · 사회 및 영적 기능 간의 상호작용—에 대한 논의로 시작하고자 한다.

생물학적 발달은 일반적으로 유전, 건강, 신체, 또는 생명유지에 필요한 기관체계를 일컬으며; 심리적 발달은 개인의 정서, 인지 및 행동적 차원을 포괄하며; 사회적 발달은 한 집단의 성원으로서의 문화적, 정치적, 그리고 경제적 측면을 다룬다. 영적 기능은 "매우 개인적인 의미를 갈구하는 것으로써, 사람들 간의, 그리고 어떤 사람들에게는 신과 사람들과의, 상호적인 성취관계에 대한 인간의 탐구"(Canda, 1988, p. 243)이다. 인간발달의 이 차원들은—생물 · 심리 · 사회 및 영적—실제로 서로 뒤얽혀있어서 이들을 서로 다른 기능으로 분리한다는 것은

표 2.3 발달단계에 따른 7가지 탄력성

7가지 탄력성	아동	청소년	성인
통찰력	지각하기	인식하기	이해하기
독립성	벗어나기	유리하기	분리하기
관계성	연결하기	가입하기	소속하기
솔선성	탐험하기	작업하기	생성하기
창의성	놀이하기	형성하기	구성하기
유머			웃기
도덕성	판단하기	평가하기	봉사하기

출처: "Resilience Among Youth Growing Up in Substance-Abusing Families," by S. Wolin and S. Wolin, 1995, *Pediatric Clinics of North America, 42*, p. 425. Philadelphia: W. B. Saunders. Reprinted with permission.

거의 불가능하다(표 2.3). 예를 들면, Bronfenbrenner(1989)는 환경으로부터 반응을 유발하거나 방해하는, 그래서 자신의 성장에 기여하는 웃음이나 찌푸림과 같은 행동을 아동들이 어떻게 사용하는가를 묘사하기 위해 "발달적 선동특성"(p. 217)이라는 용어를 만들어 냈다. 이 용어가 생물 · 심리 · 사회 및 영적 요인들 간의 상호관계를 포획하고 있기 때문에, 탄력성의 개념에 있어 중요하다. 아기들이 발달적 선동특성을 갖고 태어나는가? 이러한 특성은 그들의 성격의 부분인가 아니면, 아동의 사회화 과정의 일부로 학습되는가? 이러한 특성들이 영적 믿음을 통해 향상되는가? 어떠한 시점에서 아동이 영성을 발달시키는가?

생물학적 요인들

어떤 이론가들은 탄력성 혹은 성공적 적응을 타고나거나 혹은 "인간유기체에 존재하며 특정,[그리고 위해] 환경 특성에서 자연스럽게 전개되는 성장과 발달을 위한 생물학적 필요조건"이라고 믿고 있다(Benard, 1995, p. 1). 연구자들이 선천적이라고 생각하는 특성들, 즉 어떤 행동에 대한 타고난 소인들은 사회적 역량의 발달, 문제해결기술의 사용, 자율성과 목적의식을 추구하려는 능력, 그리고 중요한 인식의 성취를 포함한다(Garmezy, 1993).

기질은 탄력성과 연관이 있으며 선천적이라고 여겨지는 또 하나의 개인 특성이다. 예를 들어, 보호자에 의해 사랑스럽고 애정어린("편한") 기질을 가지고 있다고 인식되는 아동들은 그들의 보호자로부터 보다 긍정적인 반응을 얻는 경향이 있다. 이에 대한 연구들은 기질과 보호자의 반응 사이의 상호작용이 탄력성을 형성함을 보여주고 있다(Rutter, 1989). 탄력성과 관련되며 선천적이라고 여겨지는 행동적 특성의 또 다른 예는 사람의 동기부여 체계이다(Masten & Coatsworth, 1998; White, 1959). 아기는 본래부터 동기부여 되어 있는 것으로 보이는데, 옹이리를 하며, 투레질을 하고, 바닥에 음식을 던지며 기뻐한다. 만약 양육자가 이러한 행동들을 잘 받아준다면, 아동은 지배감에서 오는 기쁨을 계속 발달시키거나 환경을 조작하는 능력을 지속적으로 발달시킬 것이다. 명백한 것은 이 현상—탄력성에 기여하는 요인들의 집합체를 이루는 한 부분으로 여겨지는—은 본래부터 선천적인 특성이지만, 양육환경과 긍정적 상호작용 없이는 발달될 수 없다는 것이다.

이러한 관점은 7학년(역자 주: 우리나라의 중학교 1학년) 때 사고로 전신마비가 되어 많은 도전을 하고 최초로 하버드 대학을 졸업한 Jean Ellison에 의해 잘 설명되고 있다. 조력자로서 그녀를 돕기 위해 모든 수업에 함께 참석할 수 있었던 그녀의 어머니는 Jean이 사고에서 깨어나서 "언제 학교에 다시 갈 수 있나요? 뒤쳐진 채로 남는 건가요?"라고 말했던 것을 회상하였다. 졸업식에서 Jean이 한 말이 *New York Times*에 다음과 같이 인용되었다. "나는 내가 직면하고 있는 어떤 환경이든지 간에 그것은 단지 사는 것에 대한 가능성의 연속일 뿐이며 내가 할 수 없는 일이 내가 할 수 있는 것을 한정짓지 않도록 해야 한다고 항상 생각해왔다"(Steinberg, 2000).

그러므로 탄력적 행동들은 환경적 요인들에 의해 방해받을 수도 있지만 양성될 수도 있다. 비록 발달이 한 사람의 유전적 기제와 생물학적 기질에 의해 형성될 수 있을지라도, 이러한 요인들은 환경에 의해 중재된다(Rutter, 1989). 예를 들어, 탄력적으로 되기 위한 타고난 생물학적 기질은 태중보호 결핍, 저체중 출생, 가정폭력, 그리고 흡연과 같은 요인들에 의해 손상될 수 있다(Bradley et al., 1994; Rowe & Kahn, 1998). 이 등식의 다른 측면에서 볼 때, 탄력성에 대한 타고난 경향성은 가족의 지지와 같은 환경적 요인들에 의해 강화될 수 있다. 더욱이 생물학적 기제는 어떤 상황에서는 위험을 끼칠 수 있으며 다른 상황에는 보호적일 수 있다. 예를 들어, 적혈구빈혈증의 이형접합체(heterozygote) 상태를 수반하는 것은 심각한 위험요인이지만 말라리아로부터의 보호나 면역을 제공한다(Rutter, 1993). 세계보건기구에 의하면 말라리아는 매년 5억 이상의 사람들을 감염시킨다. 더군다나 신체의 자기치유능력을 믿는 재생의학(regenerative medicine)에 의해 보건분야가 변혁될 것이라는 증거가 증가하고 있다(Wade, 2000). 명백하게도 탄력성은 천성(nature)과 육성(nurture) 간의 상호작용의 결과이다.

심리적 특성

특정한 심리적 특성들이 종종 탄력성과 연관되는데(표 2.3 참조), 예를 들어 자아존중감과 자기효능감(Werner, 1989), 희망, 개인적 통제력, 자기이해(Beardslee, 1989), 그리고 학습된 낙관주의(Seligman, 1990) 등이 그것이다. Rutter(1985)는 자아존중감과 자기효능감을 가진 사람들—즉 자신에 대한 가치를 인정하는 사람들—은 더욱 성공적으로 대처하는 경향이 있다고 주장하였다. 이와 유사하게, Werner(1989)는 탄력적인 사람들의 삶의 핵심 요소는 그들이 역경을 극복할 수 있다는 느낌이라고 주장하였다. 따라서 탄력적인 사람은 역경의 사건으로부터 더 강해지고 자원이 더 풍부해져서 회복하는 능력을 지닌다. 탄력적인 사람은 피해자가 되지 않고 위기와 도전에 적극적으로 반응한다(Walsh, 1998). 생존자들은 종종 다른 상황에서는 결코 발달될 수 없는 강점을 가지고 위기에서 벗어난다. "사랑은 증오를 이긴다"(Higgins, 1994, p. 100). 심리학적인 견해에서 보면, 탄력성은 일련의 자기보호적 행동들과 강점들의 발달이다.

Guralnick과 Neville(1997)은 20년 간의 예방 및 초기개입연구조사에 대한 요약에서, 애착, 사회적 능력, 그리고 자기성찰을 포함하여 특정 심리적 현상이 탄력성과 관련이 있다고 지적하였다. Masten과 Coatsworth(1998)는, 탄력적인 아동들은 그들의 성공의 큰 부분이 아동 자신의 애착체계가 마음을 진정시키고, 보호해주고, 자극한 효과 덕분이라는 것을 발견하였다. 부모와 유대관계를 맺으려는 선천적 능력과 연관있는 보호제공자에 대한 애착은 성공적인 적응의 주요 요소이다. 예를 들면, 최소한 부모 중 한 명하고라도 가까운 관계를 갖는 것은 이혼, 아동학대, 또는 노숙과 같은 상황에서도 보호적인 것으로 나타났다. 특히 전쟁이나 자연재해와 같은 심각한 외상이 있을 때, 1차 보호제공자와 가까이 있는 것은 아동의 보다 긍정적인 반응에 대한 최상의 잠재적 예측 요인 중 하나이다(Coles, 1989; Duncan & Coles, 1989; Masten & Coatsworth, 1998). 뿐만 아니라 부모와 대리인에 대한 애착은 생애과정 전반에 걸쳐 영향을 갖는 것으로 여겨진다(Ainsworth, 1989).

보호제공체계의 특성에 대한 실천가의 이해는 개입전략의 개발에 있어 중요하다. 예를 들면, 실천가들은 종종 아버지-아들의 애착관계를 포함하는 혈연적 유대관계가(Belsky, 1996; Grief, Hrabowski, & Maton, 1990) 가족의 상호작용 유형에 따라 달라질 수 있다는 것을 알아야만 한다(Marvin & Stewart, 1990). 또한, 실천가들은 어떻게 클라이언트의 애착이 학업성취, 또래 관계, 그리고 일반적 사회기술과 관련이 있는지를 탐색하기 원할 수 있다(Benoit & Parker, 1994; Cassidy, Kirsh, Scolton, & Parke, 1996; Hawkins, Doueck, & Lishner, 1988; Hawkins & Lishner, 1988). 더군다나, 보호제공체계는 신체적 보호를 넘어서서 유아가 자기조절을 배우고 자신의 환경을 탐색하는 것과 같은 복합적 기능을 수행한다(Masten & Coathworth, 1998). 애착이 개입을 통해 양성될 수 있는 일생의 과정이기 때문에 이러한 정보는 사정에 있어 매우 중요하다.

실천가들은 또한 보호제공자-아동의 유대관계의 질을 사정할 필요가 있다. Bowlby(1969, 1973a, 1973b, 1980)는 아동과 그 어머니는 3가지 타고난 유대관계 유형을 가지고 있다고 주장하였는데, (1) 안전한 애착(secure attachment), (2) 불안하거나 불안정한 애착(anxious or insecure attachment), (3) 분리(detachment)이다. 그는 아동의 애착이 확고할수록, 성인이 되어 관계를 잘 형성하고 자율적이 되며 독립적인 판단을 더욱 잘 하게 될 것이라고 가정하였다. Coles(1972)가 지적한 것처럼, 아동이 삶의 초기단계에서 안전한 애착을 발달시킨다면, 아동은 성인이 되었을 때 역경의 생활사건에 대처하기 위해 필요한 탄력성을 갖게 될 것이다.

긍정적인 애착은 교사, 지역사회 역할모델, 그리고 정신건강 사회복지사들에 의해 지속적으로 양성될 수 있기 때문에, 안전한 애착은 탄력성을 기반으로 한 접근의 중요한 요소이다. 부언하자면, 아동이 어떻게 유대관계를 맺는지를 이해하는 것은 예방과 초기 개입프로그램을 개발하기 위한 중심 개념이 된다. 예를 들면, Bowlby(1984)는 폭력을 아동이 분노를 다루는 데 있어서 가족구성원들로부터 어떻게 교육 받았는지와 연관시켰다. 그는 정신건강 사회복지사들이 심리교육적 개입을 계획함에 있어 고위험 개인들 간의 이 현상의 역동성을 이해하도록 촉구했다.

효과적 적응 양상인 역량은 탄력성에 기여하는 또 다른 필수요인이다. 사람들은 환경과의 일상적 상호작용을 통해 역량을 발달시킨다. 비록 아동의 역량이 빈곤, 가정폭력, 그리고 기회의 부족에 의해 방해받을지라도, 이는 동시에 보호제공자, 학교, 그리고 또래들에 의해 양성될 수 있다. 삶의 맥락이 변화함에 따라, 사람의 역량에 대한 의미 역시 달라진다. 일상적 역량은 여전히 일생의 관심사로 남아있다. 예를 들어, 스스로 자신을 돌보고, 자신의 일들을 관리하며, 독립적으로 생활을 하는 등, 지역사회에서 질적인 삶을 살기 위한 노인의 능력은 성공적 노화에 매우 중요한 의미를 갖는다(Tinetti & Powell, 1993; Willis, 1996a, 1996b; 제12장 참조). 일상적 역량이 일상생활과 관련된 과업들을 수행하기 위한 개인의 능력과 관계되기 때문에(Lawton, 1982), 실천가들은 사람이 환경 안에서 어떻게 대처하는지 이해할 필요가 있다. 예를 들어, 노인이나 발달장애인의 경우에 사회복지사는 그 사람이 자신의 집에서 얼마나 기능을 잘 하는지를 탐색할 수 있다. 계단을 오르내릴 수 있는가, 욕실을 드나들 수 있는가, 혹은 스스로 식사를 준비할 수 있는가?

연구자들은 또한 자아발견이 현실세계의 경험과 자기 내면의 감정 사이의 인과관계 혹은 연계가 이루어지는 내적 심리과정이므로 이러한 자아발견을 하는 사람들은 더욱 탄력적이라는 것을 발견하였다(Beardslee, 1989). Masten과 Coatsworth(1998)에 의하면, 자기조절의 상태가 되는 것은 탄력적 행동의 주요 열쇠가 되는, 그리고 어떤 사람이 자신의 관심과 정서, 행동을 넘어 증가된 통제력과 연관되는 일련의 기술을 얻는 것을 의미하는 또 다른 심리학적 특성이다. 인생의 제2의 시기에 나타나기 시작하는 이러한 친사회적(prosocial) 행동은 학교에서와 삶 전반을 거쳐 성공을 하는 데 핵심적이다.

탄력성에 중요한 또 다른 심리학적 현상은 자기효능감이다(Rutter, 1983). 자기효능감은 사람들이 개인적 사건들을 통제하기 위한 보다 큰 능력을 성취하는 기제이다. Bandura(1977a)에 의하면, 자기효능감은 사람들이 자신들이 성공할 수 있다는 것을 학습하면서 발달된다. 그리고 사람들이 특정한 활동을 성공적으로 수행하고 특정한 목적을 달성할 수 있다는 것에 대해 확신하게 됨에 따라, 그들은 자신의 환경을 보다 잘 작용할 수 있게 한다(Bandura, 1977a; 7장과 13장 참조). 탄력성 지향을 채택하는 실천가들은 클라이언트의 자기효능감을 양성하기 위해 전략들을 사용해야 하며(Bernard, 1993), 변화하려는 선천적인 능력을 촉진 시켜 클라이언트가 권한부여하도록 전략을 사용해야 한다(Bandura, Reese & Adams, 1982; Furstenberg & Rounds, 1995; Greene, 2000; Tinetti & Powell, 1993).

영적 특성

대부분의 사회복지제도는 종교공동체에서 유래하였다. 그러나 역설적으로 지금 종교와 전문 사회복지사업 사이의 보편적 통합은 부족하다. 사실, 사회복지를 비종교적 전문직으로 보는 많은 실천가들은 종교와 종교적 이슈를 사적 관심으로 다루는 방식을 채택해왔다(Greene, 1994). 그러나 "20세기 말을 특징짓는 전 세계적 의식의 한 부분으로 종교와 영성은 새롭고 확장된 의미를 지니게 되었다"(Conard, 1999, p. 63). 환경 속에서 인간의 전체를 설명하고자 하는 열망에서, 종교와 영성은 원조과정의 한 요소로 점차 인식되고있다(Canda & Furman, 1999; Haight, 1998; Saleebey, 1994).

신앙, 종교, 영성이라는 용어를 구별하는 것은 명확성을 위해 중요하다(Joseph, 1988). 신앙은 초월자 또는 신과의 관계와 삶의 의미에 대한 사람의 내적 신념체계이다. 어떤 사람들에게 신앙은 일생의 과정을 통해 발달되며, 또 다른 사람들에게는 질병이나 사랑하던 사람의 상실과 같은 인생의 위기와 관련되는 전환 사건을 통해 경험될 수 있다. 이와 대조적으로 종교는 사람의 신앙에 대한 외적 표현이다. 이는 믿음, 윤리적 관례, 그리고 다양한 형태의 경배를 포함하는데, 이 모든 것이 사람을 도덕공동체에 연결시켜준다. 종교는 또한, 개인의 신앙 또는 내적 믿음체계의 외적 표현으로 정의되고 있다. 영성은 신앙이나 종교와는 다르며 어떻게 "사람이 조물주에 대한 의미, 소속감, 그리고 연계성을 발견하기 위해 자아의 초월을 추구"하는가를 의미한다(Conard, 1999, p. 64). 사람들은 특정 신앙의식에 대한 참여 여부와는 무관하게, 자신의 일생을 채우고 지도해줄 영적 의식에 대해 알고 있을 수 있다.

일부 이론가들은 영성/종교와 탄력성을 연결하였다. Canda와 Furman (1999)

에 의하면 종교는 "적응적이며 변형적인 속성들"을 포함한다(p. 54). 이 초월적, 적응적, 변형적, 그리고 종종 종교적인 특성들은 탄력성과 큰 관련이 있다. Angell, Dennis, 그리고 Dumain(1998)은 "영성은 탄력성의 기본적 형태이며, [그리고] 개인의 위기 기간에 이용할 수 있는 변경가능한 자원으로 작용한다"고 주장하였다(p. 616).

신앙 및 영성 형성단계와 성장의 단계를 설명하는 발달의 개념이 공식화되어 왔으며(Fowler, 1995; Westerhoff, 1983), 어떤 접근들은 실증적으로 검증되었다. 예를 들면, 루터교 전통에서 여성노인의 영적 탄력성에 대한 Ramsey와 Blieszner(1999)의 연구는 기존 문헌의 부족한 부분을 채우고 있다. 탄력적 여성노인으로 파악된 사람들로 구성된 포커스집단에 대한 분석에 근거하여, 연구자들은 참가자들의 신앙과 종교, 그리고 영성이 상당히 통합되어 있다는 것을 발견하였다. 그들의 삶의 이야기는 자신의 신앙공동체에 참여하는 것이 긍정적 자아상, 정체감, 그리고 개인적 확신을 제공하는 데 있어 중요하다는 것을 보여주고 있다. 영적 탄력성은 또한 그들에게 단순한 비물질적 생활방식의 삶을 통해 사회적 정의감과 평화뿐 아니라, 사회적 구조와 의미를 제공해왔다. 다시 말해, 이러한 경험들은 욕구와 도전을 경험한 다른 사람들에게까지 이르도록 그들을 동기부여하였다.

면접을 더욱 심도있게 분석해보면, 이 여성들의 신앙전통은 용서와 진정으로 다른 사람을 사랑하는 관계를 통해 그들 삶에서의 고통과 상실에 대한 건설적인 영성을 재구성하고 있음을 알 수 있다. 그러나 Ramsey와 Blieszer(1999)는 이러한 발달적 공식화는 종파를 넘어 쉽사리 일반화될 수 없다고 결론지으며, 그 발견들은 어떤 특정 종파에 국한되기 때문에 자신의 연구에 한계가 있다고 주지시켰다.

개념적이고 경험적인 한계를 논의한 것과 무관하게, 탄력성과 영성이 구분되지만 인간의 상호연계된 영역이라는 주장에 대해서는 개념적이고 실천에 근거한 증거가 상당히 많이 있다. 지난 25년 이상 수행되어 온 다양한 연구들은 종교적 활동과 정신건강 사이에 깊은 연관이 있다는 것을 발견하였다(Chatter & Taylor, 1999; Weaver, Flannelly, Flannelly, Koening, & Larson, 1998). 심리적이고 영적 성장은 또한 의미의 창조, 삶의 확신, 관계에 대한 재정의, 특히 후천성 면역결핍증에 걸린 사람의 죽음에 대한 생각에 영향을 미칠 수 있다(Dunbar, Mueller, Medina, & Wolf, 1998; Gatzel, 1991). 더욱이, 영성과 탄력성은 부모의 죽음에 대처하는 아동들에게 많은 도움을 줄 수 있다(Angell et al., 1998).

디스트레스의 시기 동안의 종교와 영성의 중요성은 아프리카계 미국인 지역사회에서 교회 방화 이후에 재건을 위해 모인 사람들에 의해 입증되었다(Carter, 1999). 교회 방화 이후의 재건은 처음에는 충격이었지만 지역사회의 투쟁과 힘을 느끼게 하는—주민 스스로/민중의 힘으로 처리할 수 있다는 느낌들—상징이다. 사회복지사는 영성이 실천가가 개인과 가족의 고유한 치유자원을 촉진하고 내적 치유와 성장을 강화하기 위한 지역사회 자원을 배열하는 치료를 위해 탄력성 접근의 중요한 측면임을 기억해야 한다(Walsh, 1998).

사회적 특성

이론가들은 사회화가 아동이 탄력적으로 성인행동을 발달시키는 열쇠라고 가정하고 있다(Hawkins & Weis, 1985). 탄력성과 관련된 사회적 특성들은 아동이 어떻게 더 큰 집단이나 사회가 스스로 운영되는가에 대한 규칙을 배우기 시작하면서 발달한다(Schriver, 2001). 이러한 과정은 가정에서 시작되며, 학교에서의 공식적 교육을 통해 지속된다. 사회적 역량이 있는 아동은 학급에서 사회적으로 적절한 품행을 사용하며, 규칙을 위반하지 않고, 자신의 또래들과 함께 잘 지내며, 일반적으로 더 역량이 있는 성인들로 성장하는 경향이 있다(Garmezy, 1991). 또래들과 지역사회에서의 긍정적인 사회화는 또한 행동에 좋은 영향을 주는 것으로 알려져 있다. Hawkins와 Weis는 이러한 성공을 타인에 대한 애착의 확대, "규칙준수 행동에 대한 몰입, 그리고 전통적 질서에 대한 믿음"의 조건들에 귀착시켰다(p. 73).

성공적으로 노인기에 접어든 성인은 일반적으로 그들의 사회적 유대로부터 생활을 유지하고 이득을 얻는다(Rowe & Kahn, 1998). 탄력적인 성인들은 사회적 역량을 획득하기 위한 능력과, 융통적이고, 감정이입적이며, 효과적으로 의사소통하기 위한 수용성을 갖고 있으며; 문제해결 기술을 활용하기 위한 능력과 계획, 원조모색, 비판적이며 반영적으로 생각하는 능력을 가지고 있고; 비판적인 의식에 대한 감각, 억압적 구조들에 대한 인식 및 그에 투쟁하는 방법을 발달시키는 능력을 가지고 있다. Greene은 이러한 투쟁을 아동추방(Kindertransport)의 일환으로 영국에 보낸 유태인 홀로코스트의 생존자인 Eva와의 인터뷰에서 포착하였다(인쇄 중). 그녀는 가족에 대해 회고하였으며 자기해결(self-resolve)에 대한 통찰력을 보여 주었다.

당신은 탄력성에 대해 글을 쓴다는 중요한 일을 하는 것입니다 [그녀가 작가에게 말함]. 오늘날의 [도심 속의] 아동들은 그들 자신의 개인적인 홀로코스트를 살고 있습니다. 모든 아동들이 양육을 필요로 하기 때문이라는 것은 너무한 일입니다. 나는 도심지 학교에서 아이들에게 말할 때면, 홀로코스트에 대해 이야기합니다. 나는 그들에게 더 이상 피해자가 되는 것을 그만두어야만 한다고 말합니다. 아동들은 자신이 무엇을 하고 싶고, 무엇이 되고 싶은지를 발견해야 하며, 그리고 그렇게 되어야 합니다. 내가 영국으로 보내졌을 때인 13세까지 안정된 가정생활을 영위할 수 있었기 때문에 나는 운이 좋았었습니다. 내가 영국에 도착했을 때, 나는 내 생에서 가장 긴 시간을 울었습니다. 그런 후 일어서기로 결심하였습니다.(Greene, 인쇄 중)

적응으로서의 탄력성

탄력성은 발달상의 위험, 극심한 스트레스, 만성적 역경들에도 불구하고, 결국에는 잘 적응하는 것으로 특징되는 시간의 흐름에 따른 패턴을 말한다.

MASTEN, 1994, p. 5

생태–상호작용적 발달관점은 탄력성이 시간의 흐름에 따른 유리한 "적합성"의 산물이라고 가정한다.

RICHMAN & BOWEN, 1997, p. 104

반세기 이상, 서로 다른 과학적인 사고 방식을 가진 이론가들이 사람들의 대처 능력 또는 적응과정을 보다 잘 이해하기 위해 탐구해왔다(Smith & Carlson; 1997, 제1장 참조). 예를 들면, Schriver(2001)는 유색인종 가정이 환경의 장애를 극복하는 데 유용한 많은 적응 전략을 발달시켜왔다고 지적하였다(11장 참조). 적응은 생태학적 적합성이라는 관점에서 정의되어왔다(Richman & Bowen, 1997; 1장 참조). 이 관점에서 본 탄력성은 "환경의 요구와 기회에 대한 개인의 고유한 강점, 능력, 취약성, 그리고 '적합성'(goodness of fit)의 기능"인 역동적 과정이다(Felsman & Vaillant, 1987, p. 289). 즉, 탄력성은 개인적 특성과 환경의 질 사이의 조화 정도에 의존한다. 또한 적합성의 개념은 어떤 개인, 가족, 환경적 요인들이 탄력성 또는 적응적 기능을 위한 기회를 촉진시키는지를 묘사하는 것이다(Nash & Fraser, 1998).

Lazarus와 Folkman(1984)은 사람들이 어떻게 스트레스에 대처하는지를 설명하는 성공적 적응에 대한 또 다른 개념화를 개발하였다. 그들은 대처를 "한 사람의 자원을 초과하거나 넘어선다고 평가되는 구체적인 외적, 그리고/혹은 내적 요구들을 관리하기 위해 지속적으로 변화하는 인지적이며 행동적인 노력들"로 정의하였다(p. 10). 이 과정은 4단계를 포함하는데, (1) 사건의 의미에 대한 평가 및 규정("그 사건이 스트레스였나 혹은 그렇지 않은가?") (2) 개인의 자원에 대한 평가를 포함한 대처전략의 선택("나는 이것이 내가 시도해야 할 전략이라고 생각한다") (3) 대처전략의 수행("나는 이것을 시도할 것이다") (4) 개인의 대처노력에 대한 평가("나는 이 사건을 효과적으로 극복했는가?") 이다.

이러한 관점에서 볼 때, 이혼이나 자연 재난과 같은 스트레스적 생활사건이나 스트레스요인들은 종종 사람의 적응능력에 가외의 부담을 부가하고 있다. 동시에 탄력성은 스트레스에 대처함에 있어 성공적인 경험을 반복함으로써 향상될 수 있다(Masten & Gaemezy, 1984). 따라서 탄력성은 역경에서의 성공적인 적응으로 정의하는 것이 점차 증가되고 있다(Fraser et al., 1999; Gilgun, 1996; Masten,

1994). Masten에 의하면, "탄력성에 대한 연구는 [실제적으로] 위험 또는 역경에도 불구하고 잘 적응하는 것에 대한 '진단'으로 시작하였다". Masten과 Coatsworth(1998)는 탄력성을 증명하기 위해, 실천가들은 2가지 판단을 해야한다고 제시하였는데, (1) 개인에게 빈곤이나 노숙과 같은 고위험 상태에 의한 심각한 위협이 있는가? 그리고 (2) 그 개인의 적응의 질은 우수한가이다.

Masten(1994)은 탄력성의 과정을 위협하는 환경들을 이해하기 위해 적응 과정을 구성하는 6가지의 상호작용적 구성요소를 서술하였다. 이는 (1) 시간의 흐름에 따른 한 개인의 발달 경로 또는 역량, (2) 개인이 직면한 역경의 특성, (3) 한 개인의 개인적이거나 사회적인 자산과 위험들, (4) 취약성 또는 보호요인으로 작용하는 개인적 특성들, (5) 환경적 도전들 또는 보호 요인들, 그리고 (6) 적응의 맥락이다. 폭력과 빈곤의 수준이 높은 지역사회에서는 적응 혹은 탄력성이 훼손된다고 이해된다. 이러한 상황에서 사회복지사가 해야 할 바는 적응 또는 개인-환경 간의 조화를 향상시키기 위한 개입방법을 선택하는 것이다(Monkman, 1991). Jesse Harris 박사에 의하면,

> 내가 본 것을 당신이 본다면 당신은 탄력성을 믿을 수밖에 없을 것입니다. 모잠비크의 내전상황에서, 12세에서 16세의 아동들은 잔악한 행동에 동참할 것을 강요받았습니다. 나는 그들이 스스로 치유되도록 하는 방법을 지역주민에게 훈련시키기 위해 그 곳에 보내졌습니다. 우리는 사이코드라마라고 불리는 것을 활용하였습니다. 아동들은 지역사회복지사와 함께 생활하였으며, 전쟁상황을 재연하였습니다. 이 땐 그들 모두가 승리자였죠. 그들은 또한 이번에는 다른 사람을 돌보는 사람이 되는 법을 배웠습니다.(2000년 6월 12일, Baltimore의 Maryland 대학 사회복지대학원 원장인 Harris 박사와의 개별 대담에서)

탄력성에서의 편차: 다양성의 관점

어떤 아동이 역량이 있는지를 결정하는 것은 지역사회와 문화집단이 속해 있는 보

다 큰 사회와는 현저히 다른 문화적 혹은 지역사회 환경에서 아동이 생활할 때 어려울 수 있다.

MASTEN & COATSWORTH, 1998, p. 207

대처에서의 편차는 성별, 인종, 민족, 성 취향, 종교, 그리고 능력과 같은 요인들을 포함하는 클라이언트 상황의 기능이다. "사회복지사가 점차적으로 다양해지는 고객들을 대상으로 하기 때문에, 실천가가 문화적 역량을 가져야 한다는 기대는 결코 유별난 것이 아니다"(Greene, 2000, p. 43). 그러므로 다양성에 대한 정의는 다양한 문화와 다양한 권력 지위의 사람들 또는 사회에서 비주류가 될 수 있는 사람들을 포괄하기 위해 확대되어왔다. 비교문화사회복지는 인간행동에 대해 단일 기준을 사용하는 것에 저항하며 실천가의 전략보다는 사람과 지역사회와 함께 일하는 데 있어 효과적인 전략들을 필요로 한다.

예를 들어, 아프리카계 미국인들 사이에서의 효과적인 대처전략에 대한 논의에 있어, Daly, Jennings, Beckett, 그리고 Leashore(1995)는 대처에 대한 아프리카 중심 지향은 개인의 대처스타일의 합리적 측면뿐 아니라 정서적 측면도 인정한다고 지적하였다. 아프리카중심 관점은 인간공동체를 강조하고 있으며, 가족, 지역사회, 그리고 조직의 수준에서 어떻게 대처기술을 양성하느냐에 있다. 따라서 아프리카계 미국 남성들 사이의 성공적 대처는 개인, 가족, 그리고 사회적 요인들에 귀속된다.

여러 민족가족들의 탄력성에 대한 문헌은 가족을 이해함에 있어 관계 틀의 중요성에 관해 자주 설명하고 있다(McCubbin, McCubbin, Thompson, & Thompson, 1998). 예를 들어, Agbayani-Siewert(1988)는 필리핀계 미국 가정들은 서로 의존하는 것을 상호호혜적이어야 하는 가족의 의무로 생각한다는 것을 주목한 반면, Trask(1998)는 하와이 원주민은 일반적으로 정서적 유대를 돈을 버는 것과 직업을 갖는 것 이상으로 비중을 둔다고 지적하였다.

탄력성에 영향을 미치는 클라이언트 상황의 편차에 대한 또 다른 예는 소수민족 여성들의 적응에 대한 연구에서 설명되고 있는데, Bachay와 Cingel(1999)은 28명의 여성들의 자기효능감, 믿음, 그리고 삶의 장애를 조사하였다. 이들은 포커스집단 토의를 통해 탄력성이 문화, 성별, 관계와 같은 다중 요인들과 연관되어 있다는 것을 발견하였다. 그러나 앞으로 나가려고 하는 데 장애물이 되는 것을 재구조하는 그 여성들의 능력은 그들의 탄력성에 기여하는 가장 중심적 요인이었다. 탄력성 현상에는 다양한 측면이 있기 때문에, Bachay와 Cingel은 자신들의 연구에 초점이 가장 잘 맞고 자신들이 생각한 의미를 가장 잘 포착하는 Bultler(1997)의 탄력성에 대한 정의를 선택하였다.

> 우리가 탄력성라고 부르는 것은 한 개인의 생애과정을 거쳐 내적 강점과 외적 원조 사이의 복합적인 관계를 산출하는 상호작용적이며 체계적 현상이 되기 위해 성장하는 것이다. 탄력성은 단지 개인적 문제가 아니다. 이는 사람들에게 주도성, 끈질김, 사랑, 도덕적 용기, 그리고 희망을 가르치는 경험과 관계망에 대한 외적이고 가시적인 징표이다.(p. 26)

탄력성에 있어서의 편차는 적합성과 연관이 있다. 예를 들어 Taylor(1991)는 아프리카계 미국아동에 대한 사회적 역량과 처음 학교에 입학하는 것에 대한 논의에서 아동이 학교에 입학하면서 탄력성은 아동과 교사와의 관계—아동의 입학 시 행동과 그 행동에 대한 교사의 기대 사이의 적합성—와 관련이 있다고 결론지었다. 교사가 편견을 가지고 있거나 아동의 문화적 표현에 대해 이해를 하지 못하는 것과 비례하여 적합성의 부족이 발생될 수 있다. 다른 한편, 아동의 학교 과업 학습을 촉진하기 위해 문화적으로 민감한 방법을 사용하는 교사들은 아동이 사회적 역량을 키울 수 있도록 원조할 수 있다.

> 좋아요. 공식적으로 말씀드리겠습니다. 나는 내가 어떻게 둘 혹은 세 개의 서로 다른 세계에서 행동을 취할 수 있는지를 알고 있었습니다. [인종차별에 대해] 왜 분노하지 않겠습니까? 그리고 왜 모든 것을 쏴버리지 않았겠습니까? 그러나 나는 그렇게 자라나지 않았습니다. 나는 필요할 경우에만 싸우라고 배웠습니다. 나는 "예수님은 아이들을 사랑하세요. 이 세상의 모든 아이들—빨강, 노랑, 검정, 하양. 주님은 이 세상의 작은아이들을 사랑하십니다." 라는 노래를 배웠습니다. 이것이 나의 기

본 믿음입니다.

나는 우리가 만일 우리 자신의 가능성에 대한 믿음이 없다면, 우리는 아무 것도 할 수 없다고 믿습니다. 이 믿음은 사람들과 제도에 의해 강화되어야 합니다. 예를 들면, 나의 고등학교 선생님은 내가 문화올림픽에 참여하도록 격려하였고, 나는 우승을 했습니다. 이것은 나 자신에 대한 나의 믿음을 새롭게 하였고, 기회를 열어주었습니다. 당신은 다른 사람이 당신을 유용하게 돕는다는 당신 자신에 대한 믿음을 가져야만 합니다. 당신이 전진하고 다시 회복되도록 돕는 사회복지 개입에도 마찬가지의 진리입니다.(2000년 12월 12일 워싱턴 미국사회복지사협회 전 사무총장 M. Battle과의 개별 대담에서)

탄력성: 생애과정 현상

전쟁, 오염, 실업, 자연재해, 이혼, 출세하기, 그리고 질병 이 모두가 역경에 대한 우리의 일상의 투쟁에 대해서 우리를 고통스럽게 인식하도록 한다. 우리가 이 스트레스를 주관하며 반영하든 그것들의 희생자가 되든, 인간적응의 관찰과 체계적 연구를 위한 생생하고 풍부한 자료를 과학자에게 제공한다는 것에는 의심이 없다.

MONAT & LAZARUS, 1977, p. 1

탄력성은 시간의 맥락 속에서 이해되어야 한다. 즉, 시간의 흐름 속에서 무엇이 특별한 지정학적 또는 경제적 사건인가?(Hareven, 1996; 예를 들어 10장 참조.) 생애과정 관점은 개인과 가족을 일생 동안 더 큰 사회적 맥락 속에서 발달하는 것으로 이해하기 위한 유용한 방법이다(Schriver, 2001). 생애과정은 사람들이 일평생에 걸쳐 발달과 학습을 계속한다고 제시한다(Atchley, 1999). 이 관점은 또한 심리사회적 발달은 획일적이지 않으며 오히려 사회적, 문화적, 역사적 변화를 반영한다고 가정한다.

생애과정을 논함에 있어, 개인적 시간(개인의 생활 연속성 혹은 생애 이야기를 말함), 역사적 시간(특정 동년배의 사람들이 사회적 변화에 의한 영향을 어떻게 다루는지), 사회적 시간(가족, 집단, 그리고 지역사회에서의 전환과 생활사건을 포괄)들을 구분할 수 있다. 비록 탄력성에 대한 연구의 많은 부분이 근본적으로는 위험에 처한 아동들에게 초점이 맞추어져있다고 하더라도, 생애과정을 거쳐 다양한 인구집단을 포괄하는 탄력성에 대한 지식체계는 증가하고 있다(Miller & MacIntosh, 1999; McCubbin, McCubbin, Thompson, & Thompson, 1998).

생활사건들

탄력성은 생활사건의 현상으로 이해될 필요가 있다. 이렇게 복잡한 개념을 명료화하기 위해, 몇몇 대안적인 범주가 생활 경험들을 분류하기 위해 개발되어왔다. Borden(1992)은 불리한 사건들—자기탄력성(self resilience)에 대한 한 개인의 기본 전제를 위협할 수 있는—은 다음의 3가지 범주로 분류될 수 있다고 주장하였다. 즉, (1) 사망이나 퇴직과 같은 생물학적이고 사회적 규범에 의해 형성되는 규범적인 연령별 사건들, (2) 경기침체, 전쟁, 정치적 변동처럼 동년배 구성원이 경험하는 규범적인 역사적 사건들, 그리고 (3) 질병이나 장애와 같이 소수의 사람들에게 한정되거나 특유한 비규범적인 사건들이다.

Bell(1995)은 개인의 일상생활 경험과는 상당히 달라서 한 개인의 대처능력을 압도할 수 있는 비극적인 사건들을 이해하기 위한 또 다른 분류를 제안하였다. 그녀는 이러한 사건들을 다음과 같이 분류하고 있는데, 홍수, 태풍 또는 지진과 같은 자연재해, 기계작동오류나 치명적 비행기 사고와 같은 사고재해, 그리고 살인, 인질, 또는 폭행과 같은 인적 재해로 범주화시켰다. 이러한 유형의 사건들은 실천가가 과도한 스트레스와 불안을 경감시키도록 돕기 위한, 그리고 자연적인 회복과정을 가속화시키기 위한 위기 떨쳐내기(debriefing)를 수행할 때 종종 개선된다. 예를 들면, 미국사회복지사협회 회원들은 허리케인 플로이드의 피해를 입어 위기개입을 필요로 하는 사람들을 돕기 위해 미국사회복지사협회 노스캐롤라이나 지부와 공조하였다(Beaucar, 2000). 생활사건에 대한 이러한 다양한 관점의 사고는 사회복지실천가들에게 공통적 메시지를 전달한다. 즉, 사회복지실천은 일상생활에서의 스트레스의 특성과 자연적인 대처능력을 넘어서는 일상생활의 사건들에 대한 이해를 필요로 한다.

탄력성과 생애과정

탄력성은 고정된 특성이 아니라 사람들이 생애과정 동안에 어떻게 스트레스를 견뎌내는지에 따라 달라지는 것이다(Winfield, 1994). 탄력성의 개념은 사람들이 생애과정 전반의 다양한 시점에서 역경과 자연발생적 사건들을 어떻게 이겨내는지에 대한 연구를 통해 명료해질 수 있다. 예를 들어, 탄력적 행동의 맥락에 대해 논의한 Gilgun(1996)은 인생의 어떤 시점에서 잘 적응하지 못하는 사람들은 교육이나 직업과 같은 사회적, 경제적, 정서적인 기회를 통해 더 잘 적응할 수 있다고 주장하였다.

노년학자들은 "위기에 대처하기 위한 자원과 대처기술을 동원" 함으로써 노인들 사이에서 역량을 지속적으로 증진시킬 수 있는 방법을 이해하는 데 기여해왔다(Atchley, 1999, p. 77; 12장 참조). 또한 낙관적인 삶의 관점을 유지하고 있는 노인들이 비관적인 관점을 가진 노인들보다 더 오래 산다는 것에 대한 증거도 증가하고 있다(8장 참고). 비록 생애의 어떤 시점에서 발생한 스트레스적 사건들이 사람의 가치감과 탄력성을 위협할 수 있고 적응능력을 초과한다고 하더라도, 개입은 복원하려는 타고난 경향을 촉진할 수 있다고 연구에서는 보여주고 있다(Armstrong, Lund, McWright, & Tichenor, 1995; Borden, 1992).

탄력성과 발달과업

한 개인이 잘 적응하는지, 여전히 역량을 갖고 있는지, 또는 생애과정의 다양한 시점에서 탄력적인지의 여부에 대한 판단은 대부분 정상적인 발달과업에 준거하여 이루어진다(Fraser, 1997; Masten, 1994). 즉, 탄력성에 대한 각각의 연구에서, 연구자들은 바람직하거나 바람직하지 않은 행동들에 대한 판단을 하기 위한 어떤 기준을 사용한다(Rigsby, 1994). 발달과업은 개인, 아동, 혹은 성인이 어떻게 인간 발달에 대한 축적되고 일반화된 지식에 근거하여 적응하는지에 대한 평가이다. 즉, 개인의 행동은 "정상적 발달 [또는] 심리사회적 기점에 근거하여" 탄력적이 된다고 간주된다(Masten, 1994, pp. 3-4). 예를 들면, Wolin과 Wolin(1995)은 회상임상면접자료를 사용하여 생애과정 동안 발달되어 왔으며 개입에서 개발될 수 있는 7가지의 탄력성을 확인하였다. 이는 (1) 통찰력(insight)—한 사람의 원가족(family of origin)이 어려움에 봉착했었다는 것에 대한 인식과 수용, (2) 독립성(independence)—한 사람의 가족의 안전한 경계 설정, (3) 관계(relationship)—타인과의 연계, 친교, 애착, (4) 솔선성(initiative)—환경을 주도하기 위한 권리주장, (5) 창조성(creativity)—상상력의 활용, (6) 유머(humor)—재미와 두려움의 혼합, 그리고 (7) 도덕성(morality)—선과 악의 구별 능력 개발이다. 표 2.4는 이러한 탄력성이 시간의 흐름에 따라 어떻게 발달되는지에 대한 개요이다.

비록 사람의 발달경로가 탄력성을 이해하는 데 지속적인 관심의 대상일지라

표 2.4 탄력적 아동과 청소년의 개인적, 환경적 특성에 대한 개요

개인적 특성	환경적 특성
· 우수한 지적 능력	· 가족유대
· 언어능력	· 적어도 한 부모 혹은 보호제공자와의 밀접한 애정 관계
· 긍정적 기질 혹은 태평한 기질	· 효과적인 양육(온화함, 구조화됨, 높은 기대로 특징지워지는)
· 또래간 우정을 포함하는 긍정적 사회성향	· 다른 확대가족 성원과의 따뜻한 관계와 지도에 대한 접근
· 높은 자기효능감, 자신감 및 자아존중감	· 학교 혹은 지역사회와의 유대
· 높은 기대의 성취지향	· 학교를 포함하여, 다양한 가족이외의 환경에서의 긍정적 성인모델과의 관계기회
· 탄력적인 신념체계, 신앙	· 적어도 한 개의 혹은 다양한 친사회적 기관과의 연계
· 생산적 활동에의 높은 참여율	· 반응적인 양질의 학교에 대한 접근

출처: Risk and Resilience: Implication for the Delivery of Educational and Mental Health Services in Schools," by B. Doll and M. Lyon, 1998, *School Psychology Review, 27*, p. 354. Bethesda, MD. Copyright 1998 by the National Association of School Psychologists. Reprinted by permission of the publisher.

도, 이론가들은 한 개인의 행동이 시간이 흐름에 따라 어떻게 다중적이며 복합적 영향의 결과가 되는지에 대해 점점 더 많은 논의를 하고 있다. 어떤 발달과업은 언어발달과 유대와 같이 보편적인 것일 수 있다. 그러나 행동에 대한 이러한 많은 기대 혹은 이정표가 주류 대중문화를 반영하고 있다(Masten & Coatsworth, 1998). Carter와 McGoldrick(1999)은 가족의 발달과업을 말할 때, "결혼, 아동의 출생과 성장, 노화에 초점을 맞추면서, 폭넓게 경험한 여러 단계의 가족 생활주기를 그려 보는 것이 통계적으로는 정확할지 몰라도, 어떤 단일 목록만으로는 충분하지도 포괄적이지도 않다"고 지적하였다(p. xv). 그들은 실천가들로 하여금 발달단계들이 모든 가족에게 고유하며 동일한 것이 아니라 오히려 발달단계나 그와 연관된 과업들은 가족유형, 문화, 그리고 역사적 시기에 따라 형성되는 것으로서 유동적인 것으로 생각해야 한다고 하였다.

참고문헌

Agbayani-Siewert, P. (1988). *Social service utilization of Filipino Americans in Los Angeles*. Unpublished manuscript, School of Social Welfare, University of California, Los Angeles.

Ainsworth, M. (1989). Attachments beyond infancy. *American Psychologist, 44,* 709-716.

Angell, G. B., Dennis, B. G., & Dumain, L. E. (1998). Spirituality, resilience, and narrative: Coping with parental death. *Families in Society, 79,* 615-630.

Anthony, E. J., & Cohler, B. J. (1987). *The invulnerable child*. New York: Guilford Press.

Armstrong, K. R., Lund, P. E., McWright, L. T., & Tichenor, V. (1995). Multiple stressor debriefing and the American Red Cross: The East Bay Hills fire experience. *Social Work, 40,* 83-90.

Atchley, R. C. (1999). *Continuity and adaptation in aging*. Baltimore: John Hopkins University Press.

Bachay, J. B., & Cingel, P. A. (1999). Restructuring resilience: Emerging voices. *Affilia, 14,* 162-175.

Bandura, A. (1977a). Self-efficacy: Toward a unifying theory of behavior change. *Psycho-logical Review, 84,* 191-215.

Bandura, A. (1977b). *Social learning theory*. Englewood Cliffs, NJ: Prentice Hall.

Bandura, A., Reese, L., & Adams, N. E. (1982). Microanalysis of action and fear arousal as a function of differential levels of perceived self-efficacy. *Journal of Personality and Social Psychology, 43,* 5-21.

Beardslee, W. (1989). The role of self-understanding in resilient individuals: The development of a perspective. *American Journal of Orthopsychiatry, 59,* 266-278.

Beaucar, K. O. (2000, January). Volunteers aid Floyd's victims. *NASW NEWS,* p. 5.

Begun, A. L. (1993). Human behavior and the social environment: The vulnerability, risk, and resilience model. *Journal of Social Work Education, 29,* 26-36.

Bell, J. L. (1995). Traumatic event debriefing: Service delivery designs and the role of social work. *Social Work, 40,* 36-43.

Belsky, J. (1996). Parent, infant, and social-contextual antecedents of father-son attachment security. *Developmental Psychology, 32,* 905-913.

Benard, B. (1993). Fostering resilience in kids. *Educational Leadership, 51,* 444-498.

Benard, B. (1995). *Fostering resilience in children* (ERIC Digest, EDO-PS-95-9, Urbana-Champagne, IL: University of Illinois). Available: http://resilnet.uiuc.edu/library/benard95.html.

Benard, B. (1997). *Turning it around for all youth: From risk to resilience* (ERIC Clearinghouse on Urban Education, Institute for Urban and Minority Education, No. 126). Available: http://eric-web.tc.columbia.edu/digests/dig/126.

Benoit, D., & Parker, K. C. H. (1994). Stability and transmission of attachment across three generations. *Child Development, 65,* 1444-1456.

Borden, W. (1992). Narrative perspectives in psychosocial intervention following adverse life events. *Social Work, 37,* 125-141.

Bowlby, J. (1969). *Attachment and loss*. New York: Basic Books.

Bowlby, J. (1973a). Affectional bonds: Their nature and origin. In R. S. Weiss (Ed.), *Loneliness: The experience of emotional and social isolation* (pp. 38-52). Cambridge, MA: MIT Press.

Bowlby, J. (1973b). *Attachment and loss*. New York: Basic Books.

Bowlby, J. (1980). *Attachment and loss* (3rd ed.). New York: Basic Books.

Bowlby, J. (1984). Violence in the family as a disorder of the attachment and caregiving systems. *American Journal of Psychoanalysis, 44,* 9-26.

Bradley, R. H., Whiteside, L, Mundfrom, D. J., Casey, P. H., Kelleher, K. J., & Pope, S. K. (1994). Early indications of resilience and their relation to experiences in the home environments of low birthweight, premature children living in poverty. *Child Development, 65,* 346-360.

Bronfenbrenner, U. (1989). Ecological systems theory. *Annals of Child Development, 6,* 187-249.

Bronfenbrenner, U., Moen, P., & Garbarino, J. (1984). Family and community. In R. Parke (Ed.), *Review of child development research* (Vol. 7, pp. 283-328). Chicago: University of Chicago Press.

Butler, K. (1997). The anatomy of resilience. *Family Therapy Networker, 3/4,* 22-31.

Canda, E. R. (1988). Spirituality, religious diversity, and social work practice. *Social Casework, 5,* 238-246.

Canda, E. R., & Furman, L. D. (1999). *Spiritual diversity in social work practice.* New York: Free Press.

Carter, B., & McGoldrick, M. (1999). *The expanded family life cycle: Individual, family, and social perspectives.* Boston: Allyn & Bacon.

Carter, C. S. (1999). Church burning in African-American communities: Implications for empowerment practice. *Social Work, 44,* 62-68.

Cassidy, J., Kirsh, S., Scolton, K., & Parke, R. D. (1996). Attachment and representations of peer relationships. *Developmental Psychology, 32,* 892-904.

Chatters, L, & Taylor, R. J. (1999). *Contextual factors in religion/spirituality and health.* Unpublished paper presented at Spirituality, Religion, and Health Workshop sponsored by the Office of Behavioral and Social Sciences Research, National Institute of Health, Bethesda, MD.

Coles, R. (1972). *Farewell to the South.* Boston: Little Brown.

Conrad, A. P. (1999). Professional tools for religiously and spiritually sensitive social work practice. In R. R. Greene (Ed.), *Human behavior theory and social work practice* (2nd ed., pp. 63-72). New York: Aldine de Gruyter.

Cowan, P. A., Cowan, C. P., & Shulz, M. S. (1996). Thinking about risk and resilience in families. In M. Hetherington & E. A. Blechman (Eds.), *Stress, coping, and resilience in children and families* (pp. 1-38). Mahwah, NJ: Lawrence Erlbaum.

Daly, A., Jennings, J., Beckett, J. O., & Leashore, B. R. (1995). Effective coping strategies of African-Americans. *Social Work, 40,* 240-248.

Doll, B., & Lyon, M. (1998). Risk and resilience: Implications for the delivery of education and mental health services in schools. *School Psychology Review, 27,* 348-363.

Dunbar, H. T., Mueller, C. W., Medina, C, & Wolf, T. (1998). Psychological and spiritual growth in women living with HIV. *Social Work, 43,* 144-154.

Duncan, T, & Coles, R. (Eds.). (1989). *The children in our times: Studies in the development of resiliency.* New York: Brunner/Mazel.

Dyer, J., & McGuinness, T. (1996). *Resilience: Analysis of the concept. Archives of Psychiatric Nursing, 10,* 276-282.

Felsman, J. K., & Vaillant, G. E. (1987). Resilient children as adults: A 40-year study. In E. J. Anthony & B. J. Cohler (Eds.), *The invulnerable child* (pp. 289-314). New York Guilford Press.

Fonagy, P., Steele, M., Steele, H., Higgitt, A., & Target, M. (1994). The Emmanuel Miller memorial lecture 1992: The theory and practice of resilience. *Journal of Child Psychology and Psychiatry, 35,* 231-257.

Fowler, J. (1995). *Stages of faith: The psychology of human development and the quest for meaning.* New York: Harper Collins.

Fraser, M. (1997). *Risk and resilience in childhood.* Washington, DC: NASW Press.

Fraser, M. W., Richman, J. M., & Galinsky, M. J. (1999). Risk, protection, and resilience: Toward a conceptual framework for social work practice. *Social Work Research, 23,* 129-208.

Furstenberg, A. L, & Rounds, K. A. (1995). Self-efficacy as a target for social work intervention. *Families in Society, 76,* 587-595.

Garbarino, J. (1999). *Lost boys: Why our sons turn out violent and how we can save them.* New York: Free Press.

Garmezy, N. (1991). Resiliency and vulnerability to adverse developmental outcomes associated with poverty. *American Behavioral Scientist, 34,* 416-430.

Garmezy, N. (1993). Children in poverty: Resilience despite risk. *Psychiatry, 56,* 127-136.

Getzel, G. S. (1991). Survival modes for people with AIDS in groups. *Social Work, 36,* 7-11.

Gilgun, J. F. (1996). Human development and adversity in ecological perspective, Part 1: A conceptual framework. *Families in Society, 77,* 395-402.

Gordon, E. W., & Song, L. D. (1994). Variations in the experience of resilience. In M. C. Wang & E. W. Gordon (Eds.), *Educational resilience in inner-city America* (pp. 27-44). Hillsdale, NJ: Lawrence Erlbaum.

Greene, R. R. (1994). *Human behavior theory: A diversity framework.* New York: Aldine de Gruyter.

Greene, R. R. (1999). *Human behavior theory and social work practice.* Hawthorne, NY: Aldine de Gruyter.

Greene, R. R. (2000). *Social work with the aged and their families.* Hawthorne, NY: Aldine de Gruyter.

Greene, R. R. (in press). Holocaust survivors: A study in resilience. *Journal of Gerontological Social Work.*

Greif, G. L, Hrabowski, F. A., & Maton, K. I. (1998). African-American fathers of high-achieving sons: Using outstanding members of an at-risk population to guide intervention. *Families in Society, 79*, 45-52.

Grotberg, E. H. (1995, September 27-30). *The international resilience project: Research, application, and policy.* Paper presented at the Symposio Internacional Stress e Violencia, Lisbon, Portugal.

Haight, W. L. (1998). "Gathering the spirit" at First Baptist Church: Spirituality as a protective factor in the lives of African-American children. *Social Work, 43(3)*, 213-221.

Hareven, T. K. (1996). *Aging and generational relations over the life course: A historical and cross-cultural perspective.* Hawthorne, NY: Aldine de Gruyter.

Hawkins, J. D., Doueck, H. J., & Lishner, D. M. (1988). Changing teaching practices in mainstream classrooms to improve bonding and behavior of low achievers. *American Educational Research Journal, 25*, 31-40.

Hawkins, J. D., & Lishner, D. M. (1988). Changing teaching practices in mainstream classrooms to improve bonding and behavior of low achievers. *American Educational Research Journal, 25*, 31-50.

Hawkins, J. D., & Weis, J. G. (1985). The social development model: An integrated approach to delinquency prevention. *Journal of Primary Prevention, 6*, 73-97.

Higgins, G. (1994). *Resilient adults: Overcoming a cruel past.* San Francisco: Jossey-Bass.

Hinkle, L. E. (1974). The effect of exposure to cultural change, social change, and changes in interpersonal relationships on health. In S. B. Dohrenwend & B. P. Dohrenwend. (Eds.), *Stressful life events* (pp. 40-41). New York: Wiley.

Jessor, R. (1993). Successful adolescent development among youth in high-risk settings. *American Psychologist, 48*, 117-126.

Joseph, M. V. (1988). Religion and social work practice. *Social Casework, 69*, 443-452.

Kirby, L. D., & Fraser, M. W. (1997). Risk and resilience in childhood. In M. Fraser (Ed.), *Risk and resilience in childhood* (pp. 10-33). Washington, DC: NASW Press.

Lawton, M. P. (1982). Competence, environmental press, and the adaptation of older people. In M. P. Lawton, P. G. Windley, & T. O. Byerts (Eds.), *Aging and the environment: Theoretical approaches* (pp. 33-59). New York: Springer.

Lazarus, R., & Folkman, S. (1984). *Stress, appraisal, and coping.* New York: Springer.

Lifton, R. J. (1993). *The protean self. Human resilience in an age of fragmentation.* Chicago: University of Chicago Press.

Marvin, R. S., & Stewart, R. B. (1990). A family systems framework for the study of attachment. In M. T. Greenberg, D. Cicchetti, & E. M. Cummings (Eds.), *Attachment in the preschool years: Theory, research and innovation* (pp. 51-86). Chicago: University of Chicago Press.

Masten, A. (1987). Resilience in development: Implications of the study of successful adaptation for developmental psychopathology. In D. Cicchetti (Ed.), The emergence of a discipline: Rochester *Symposium on Developmental Psychopathology* (pp. 261-294). Hillsdale, NJ: Lawrence Erlbaum.

Masten, A. (1994). Resilience in individual development: Successful adaptation despite risk and adversity. In M. C. Wang & E. W. Gordon (Eds.), *Educational resilience in inner-city America: Challenges and prospects* (pp. 3-25). Hillsdale, NJ: Lawrence Erlbaum.

Masten, A. S., & Coatsworth, J. D. (1998). The development of competence in favorable and unfavorable environments. *American Psychologist, 53*, 205-220.

Masten, A. S., & Garmezy, N. (1984). Risk, vulnerability, and protective factors in developmental psychopathology. In B. B. Lahey & A. E. Kazdin (Eds.), *Advances in clinical child psychology* (Vol. 8, pp. 1-51). New York: Plenum Press.

McCubbin, H. I., McCubbin, M. A., Thompson, A. I., & Thompson, E. A. (1998). Resiliency in ethnic families: A conceptual model for predicting family adjustment and adaptation. In H. I. McCubbin, E. A. Thompson, A. I. Thompson, & J. E. Fromer (Eds.), *Resiliency in Native American and immigrant families* (pp. 3-48). Thousand Oaks, CA: Sage Publications.

Miller, D. B., & Macintosh, R. (1999). Promoting resilience in urban African American adolescents: Racial socialization and identity as protective factors. *Social Work Research, 23*, 159-170.

Monat, A. & Lazarus, R. (1977). Stress and coping. New York: Columbia University Press.

Monkman, M. M. (1991). Outcome objectives in social work practice: Person and environment. *Social Work, 36*, 253-258.

Nash, J., & Fraser, M. W. (1998). After-school care for children: A resilience-based approach.

Families in Society, 79, 370-382.

Palmer, N. (1997). Resilience in adult children of alcoholics: A nonpathological approach to social work practice. *Health and Social Work, 22*, 201-209.

Ramsey, J., & Blieszner, R. (1999). *Spiritual resiliency in older women.* London: Sage Publications.

Richman, J. M., & Bowen, G. (1997). School failure: An ecological-interactional-developmental approach. In M. Fraser (Ed.), *Risk and resilience in childhood* (pp. 95-116). Washington, DC: NASW Press.

Rigsby, L. (1994). The Americanization of resilience: Deconstructing research practice. In M. Wang & E. Gordon (Eds.), *Educational resilience in inner-city America* (pp. 85-94). Hillsdale, NJ: Lawrence Erlbaum.

Rowe, J. W, & Kahn, R. L. (1998). *Successful aging.* New York: Pantheon Books.

Rutter, M. (1981). Stress, coping and development: Some issues and some questions. *Journal of Child Psychology and Psychiatry, 22*, 323-356.

Rutter, M. (1983). School effects on pupil progress: Research findings and policy implications. *Child Development, 54*, 1-29.

Rutter, M. (1985). Resilience in the face of adversity: Protective factors and resistance to psychiatric disorder. *British Journal of Psychiatry, 147*, 589-611.

Rutter, M. (1987). Psychological resilience and protective mechanisms. *American Journal of Orthopsychiatry, 57*, 316-331.

Rutter, M. (1989). Pathways from childhood to adult life. *Journal of Psychology and Psychiatry 30*, 23-51.

Rutter, M. (1993). Resilience: Some conceptual considerations. *Journal of Adolescent Health, 14*, 626-631.

Saleebey, D. (1994). Culture, theory, and narrative: The interpretation of meaning in practice. *Social Work, 39*, 351-359.

Saleebey, D. (1997). Is it feasible to teach HBSE from a strengths perspective, in contrast to one emphasizing limitations and weakness? Yes. In M. Bloom & W. C. Klein (Eds.), *Controversial issues in human behavior in the social environment* (pp. 33-48). Boston: Allyn & Bacon.

Schriver, J. (2001). *Human behavior and the social environment.* Boston: Allyn & Bacon.

Seligman, M. (1990). *Learned optimism.* New York: Random House.

Smith, C, & Carlson, B. E. (1997). Stress, coping, and resilience in children and youth. *Social Service Review, 71*, 231-256.

Spitz, R. A. (1946). Anaclitic depression. *Psychoanalytic Study of the Child, 2*, 313-342.

Steinberg, J. (2000, May 17). An unrelenting drive, and a Harvard degree. *New York Times*, pp. 1, 20.

Stewart, M., Reid, G., & Mangham, C. (1997). Fostering children's resilience. *Journal of Pediatric Nursing, 12*, 21-31.

Taylor, A. R. (1991). Social competence and the early school transition for African-American children. *Education and Urban Society, 24*, 15-26.

Tinetti, M. E., & Powell, L. (1993). Fear of falling and low self-efficacy: A cause of dependence in elderly persons. *Journal of Gerontology: Medical Sciences, 48*, 35-38.

Trask, H. (1998). Native sovereignty: A strategy for Hawaiian family survival. In H. I. McCubbin, E. A. Thompson, A. I. Thompson, & J. E. Fromer (Eds.), *Resiliency in Native American and immigrant families* (pp. 133-142). Thousand Oaks, CA: Sage Publications.

Wade, N. (2000, November 7). Teaching the body to heal itself. *New York Times, Science Times*, pp. D1. D8.

Walsh, F. (1998). *Strengthening family resilience.* New York: Guilford Press.

Weaver, A., Flannelly, L, Flannelly, K., Koenig, H., & Larson, D. (1998). An analysis of research on religious and spiritual variables in three major mental health nursing journals. *Issues in Mental Health Nursing, 19*, 263-276.

Werner, E. E. (1989). High-risk children in young adulthood: A longitudinal study from birth to 32 years. *American Journal of Orthopsychiatry, 59*, 72-81.

Werner, E. E., & Smith, R. (1992). *Overcoming the odds: High risk children from birth to adulthood.* Ithaca, NY: Cornell University Press.

Westerhoff, J. (1983). *Building God's people.* New York: Seabury Press.

White, R. W. (1959). Motivation reconsidered: The concept of competence. *Psychological Review, 66*, 297-331.

Willis, S. L. (1996a). Everyday cognitive competence in elderly persons: Conceptual issues and empirical findings. *Gerontologist, 36*, 595-601.

Willis, S. L. (1996b). Everyday problem solving. In J. Birren & K. W. Schaie (Eds.), *Handbook of the psychology of aging* (pp. 287-307). San Diego: Academic Press.
Winfield, L. (1991). Resilience, schooling, and development in African-American youth. *Education and Urban Society, 24*, (1) 5-14.
Winfield, L. F. (1994). *Developing resilience in urban youth* (NCREL monograph, NCREL Urban Education Program). Available: http://ncrel.org/sdrs/areas/issues/educatrs/leadrshp/leOwin.htm.
Wolin, S., & Wolin, S. (1995). Resilience among youth growing up in substance abusing families. *Pediatric Clinics of North America, 42*, 415-429.

제3장
사회적 구성체

Roberta R. Greene and Nancy C. Livingston

멤버십—또는 연합을 형성하는 능력과 기회—은 개인의 복지와 사회적 복지의 중요한 양상이다.

GREENE, 1999, p. 52

많은 연구들이 아동기의 비행, 정신과적 상태, 정신지체, 그리고 모든 종류의 장애를 분석해 왔다. 이에 따라 우리는 불안정과 무능력의 원인에 대해 많은 것을 알고 있다. 그러나 우리는 정상적[건강한] 발달을 촉진하는 조건에 대해서는 너무 적게 알고 있다. 만약 우리가 이러한 영향에 대한 이해를 증진시키고 우리의 정책과 치료 패턴에 이미 이용 가능한 지식을 활용할 수 있다면, 아마도 유용한 어떤 것들을 달성할 수 있을 것이다.

RUTTER, 1979, p. 33

이 장에 언급된 바와 같이, 더 큰 규모의 사회적 현상에 대한 탄력성을 기술하기 위해서는 그 구성원들에 대한 그들의 기능적 능력과 집합적 기여에 대해 탐색할 필요가 있다. 탄력성은 생태학적 현상이며, 생태학적 모델을 사용함으로써 탄력적인 행동을 바라보는 관점을 확장시킨다(Bronfenbrenner, 1979; Carter & McGoldrick, 1999). 생태학적 은유를 통해 실천가들은 개인의 탄력성에 영향을 줄 수 있는 요인들—가족, 또래집단, 학교, 이웃, 사회—의 연결망을 이해할 수 있다(Brooks, Nomura, & Cohen, 1989). 이러한 이해를 통해, 실천가들은 개인의 탄력성이 포함되어 있는 사회적 맥락—사회적 능력을 위한 기반적 맥락으로 작용하는 더 큰 사회체계—을 인식할 수 있다(Walsh, 1998, p. 12). 또한 생태학적 관점은 실천가로 하여금 각 체계가 개인-환경 간의 접합인 성장-생산 결과를 촉진할 수 있는지에 주의를 기울이도록 한다(Moos, 1987). 또한 생태학적 관점은 실천가들로 하여금 가족을 포함한 미시체계가 어떻게 경제적, 정치적 분위기를 둘러싼 거시환경의 영향을 받는지 더 잘 이해할 수 있도록 돕는다(Schriver, 2001).

탄력성의 생태학적 개념은 체계적, 관계적 관점으로 관심을 돌리고 있다. 탄력성에 관한 체계적 관점은 사회체계의 탄력성, 즉 체계의 구성원인 개인들의 집합적 정체성의 특성으로서의 탄력성에 초점을 둔다. 체계모델은 집합적 행동을 이해하기 위해서는 각 구성원이 고립되어 보여서는 안 된다고 주장한다. 오히려, 남의 도움없이 그들 자신의 힘으로 사회체계의 속성에 초점을 맞추면서 구성원 간의 관계를 검토할 필요가 있다(Greene, 1999). 체계 관점은 전체는 부분의 합보다 크다는 가정을 이해할 필요가 있다고 주장한다. 체계이론의 발전에 있어 선구자격인 Buckley(1967)에 따르면,

조직을 구성하는 요소들에 대한 "광범위한 관점"들은 총체적 특징들이 개별요소와는 다를 뿐만 아니라 개별요소 내에서는 발견되지 않는 것들이라는 것을 보여주고 있다. "부분의 합"은 그것들의 숫자적인 덧셈일 뿐만 아니라 비조직화된 전체를 이해하기 위해 받아들여져야 한다(p. 42).

예를 들어, 어떤 지역사회의 체계적 속성들과 그러한 속성들이 지역사회에 영향을 미치고 있는지를 연구하기 위해서, 연구자는 가족들과 개인들의 특정한 특성들이 전체로서 지역사회의 영향을 받았다는 것을 증명해야 한다(Bronfenbrenner, Moen, & Garbarino, 1984).

또한 생태학적 사고는 다양한 체계 수준에서 적응적 행동을 개념화한다. Carter와 McGoldrick은 1999년에 가족생활주기에서 스트레스의 수직적, 수평적 흐름을 나타내주는 아마도 가장 유용한 도식 중의 하나를 개발했다. 이 도식은 탄력성의 다중체계적 특성을 이해하는 데 적용될 수 있다(그림 3-1). 그들은 스트레스요인들이 인생의 자연스러운 부분이며, 다양한 형태를 가지고 있고, 생애과

그림 3-1 가족을 통한 스트레스의 흐름

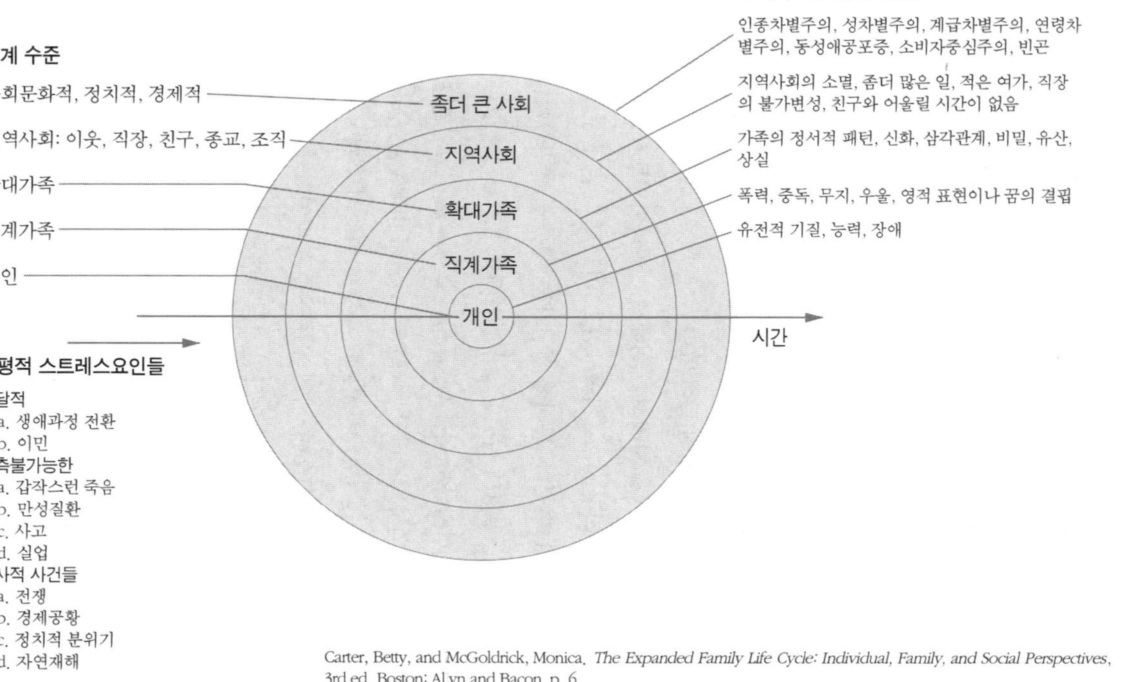

Carter, Betty, and McGoldrick, Monica. *The Expanded Family Life Cycle: Individual, Family, and Social Perspectives*, 3rd ed. Boston: ALyn and Bacon, p. 6.

정 동안 발생할 수 있는 디스트레스를 야기하는 경향을 가진다고 주장하였다. 그림 3-1에서 보는 것처럼, 스트레스는 여러 차원들에 따라 일어날 수 있다. 둥지 모양의 동심원들은 스트레스가 개인 수준에서부터 사회문화, 정치, 경제 수준에 이르기까지 어떠한 체계 수준에서도 발생할 수 있다는 생각을 보여준다.

수직축은 다양한 유형의 스트레스요인들을 나타내는데, 이것들은 좀더 큰 사회 수준에서 인종주의나 동성애 공포증, 또는 지역사회 수준에서 지역사회의 소멸과 같이 각 체계 수준에서 발생할 수 있다. 수평축은 구체적인 역사적 맥락에서 인생 전체에 걸친 발달을 보여준다. 그러한 발달적 스트레스요인들은 생애과정의 전환과 이주(migration)를 포함할 수 있으며, 예측불가능한 사건들에는 갑작스런 죽음, 만성질환, 사고, 실업 등이 포함되고, 역사적 사건들에는 경기불황, 전쟁, 정치적 억압, 자연재해 등이 있다.

실천가들이 탄력성을 사정하기 위해서는 클라이언트가 관여된 다양한 체계—가족, 학교, 또래, 직장, 이웃, 지역사회, 그리고 좀더 큰 규모의 사회—의 상호 영향을 이해할 필요가 있다. 동시에 실천가는, 예를 들어 가족이나 지역사회조직이 위험이나 어려운 상황에 직면한 구성원들에게 동료관계를 강화시키고 위험을 감소시킬 수 있는 지역사회 여름공원프로그램과 같은 집단적 적응전략들을 제공한다면, 가족과 지역사회조직이 원래부터 탄력적이라고 할 수 있는지를 평가해야 한다(Bartelt, 1994, p. 101). 사회체계 수준의 탄력성은 개인 수준의 탄력성 만큼 많은 주목을 받지 않았으며, 사회적 제도들은 막연히 중립적, 지지적, 억압적인 것으로 정의되어 왔다. 아래 논의된 가족체계는 가장 중요하고 지지적인 것으로 밝혀져 왔다.

가족의 탄력성

가족 탄력성의 개념은 비교적 새로운 것이며 강점에 기반한 치료운동 위에 수립되었다(Walsh, 1998). 가족 탄력성이라는 아이디어는 발달정신병리학에서 개인에게 적용되는 부분을, 생태체계 이론에서는 균형을 유지하는 체계에 적용하는 부분을, 그리고 가족과 관련된 문헌들에서는 특히 이 문헌들이 "스트레스를 받을 때 가족들의 적응적 질(quality)"에 초점을 두는 부분들로부터 중요한 이론적 아이디어를 얻었다(Hawley & DeHaan, 1996, p. 284). 가족 탄력성에 관심을 둔 이론가들은, 가족의 자연적 자원, 기능화의 패턴, 위기를 만났을 때 그것에 대처하고 오히려 성장할 수 있도록 하는 능력에 초점을 두었다. 그 개념은 "탄력성이라는 더 넓은 범주에 적합한" 가족 스트레스와 가족 응집력과 같은 여러 이론적 구성체를 통합하였다(McCubbin, 1998, p. 13). 건강과 복지를 강조하는 이러한 다양한 이론적 관점들은 가족들이 역경에도 불구하고 어떻게 성공하는가를 이해하도록 도와준다.

개인의 탄력성에 대한 가족의 영향력을 예측하는 연구들은 가족의 위험요인과 보호요인을 확인하는 데 중요하다(Benard, 1995; Garmezy, 1993; Hetherington, 1989; Rutter, 1979; Werner, 1993). 예를 들어, Rutter(1985)와 Werner(1993)의 연구는 탄력성이 높은 아동은 분명한 경계와 구조를 가진 따뜻하고 애정어린 가정에서 양육되었을 가능성이 높다고 지적했다. 약물복용과 같은 문제행동의 확산과 관련된 종단적 연구들은 개인과 가족의 복지 모두를 다루는 예방 프로그램을 수립하는 데 유용하게 적용되어 왔다(Catalano et al., 1992). 예를 들어, Coohey(1996)와 Moncher(1995)는 실천가들이 아동학대에 기여할 수 있는 가족의 사회적 고립을 다루도록 촉구한 반면에, Brookings, McEvoy와 Reed(1994)는 강간위기 센터에서 이루어진 연구에서 가족과 친구가 강간당한 여성의 회복을 돕는 데 중요한 역할을 수행한다는 것을 발견했다.

부모-자녀관계의 질(quality)과 같은 가족 요인들은 아동행동을 이해하는 데 예측력을 가진 것으로 알려져 있다(O' Keefe, 1994; Rutter, 1979). 그러나 가족 탄력성에 대한 연구들은 상이한 수준에 대한 분석으로 옮겨가고 있다. 최근의 이론가들은 실천가들이 "가족 발달을 그 생애과정 전체에 걸쳐 가족이 마주치는 다양하며 공통적이고 독특한 인생의 전환과 생활사건들에서 일어나는 것으로 이해하고 가족의 변화를 추진할 수 있다"고 주장해 왔다(Germain, 1994a, p. 261).

이러한 시각에서 볼 때, 관심은 하나의 집단으로서 가족의 행동을 형상화하는 가족 규칙, 조직 구조, 신념체계 등에 있다. 비록 초기 단계의 정의이기는 하지만,

가족 탄력성의 주요 특성은 인생의 도전에 긍정적으로 접근하는 가족의 능력이다. 가족 탄력성은 부정적인 스트레스요인들을 피하고 역경에 직면하기 위한 가족의 자산, 인내력, 생존 기술을 구축하는 하나의 과정이다(Germain, 1994b). 탄력적인 가족들은 도전을 넘어서는 능력을 가지고 있다(Wolin & Wolin, 1995). 또한 탄력적인 가족들은 헌신하고, 적절한 의사소통을 하며, 응집력이 있고 적응적이며, 효능감을 발달시키고, 영적이며, 연결되어 있고, 함께 시간을 보내는 경향이 있다(Walsh, 1998).

가족 탄력성의 개념은 가족 단위가 위기를 극복하고 스트레스에 적응하도록 하는 가족의 특성, 차원, 속성들을 이해하기 위한 위기 틀을 제시한다. 이러한 가족 탄력성 모델은 가족의 위험요인들(수많은 요구들), 가족 보호요인들(자원과 강점들), 가족이 공유하는 세계관(도식)의 검토를 포함한다(13장 참조). 가족 탄력성에 대한 접근은 실천가들로 하여금 가족이 어떻게 더 성공적일 수 있는지를 이해하도록 하는 체계적 또는 관계적 관점에서 나온다. 예를 들어, 홀로코스트의 생존자들은 그들이 전쟁 중에 한 행동들을 이렇게 설명해 왔다. "전 작업 캠프 라인에서 낙오됐어요. 만약 그들이 저를 잡더라도, 무슨 상관이예요! 나는 여동생과 함께 머물예정이었다구요"(2000년 1월, 인디애나폴리스, 생존자인 Esther L과의 개별 면접). "나와 여동생은 숨을 수 있었어요. 그때 우리는 십대였는데, 당신은 그 공포를 모를 거예요. 당신은 가족이 있죠. 내일은 더 나을 거구요"(2000년 2월, 인디애나폴리스, 생존자인 Eva H와의 개별 면접).

가족 탄력성은 시간이 지남에 따라 가족 상황과 함께 변화하는 역동적인 특성이다. Hawley와 DeHaan(1996)에 따르면, 탄력성은 가족 강점과 그들의 구체적인 상황들 간의 적합성에 의존한다. 즉,

> 가족 탄력성은 현재와 경과되는 시간 모두에 있어서 가족이 스트레스에 직면하여 적응하고 성장하는 경로를 기술한다. 탄력적인 가족은 맥락, 발달 수준, 위험요인과 보호요인의 상호작용, 가족의 공유된 관점 등에 따라 독특한 방법으로 이러한 조건들에 긍정적으로 반응한다.(p. 293)

Walsh(1998)에 따르면, 가족 탄력성 접근은 "가족으로 하여금 절망적인 인생의 도전들을 견뎌내고 복원하도록 하는 핵심적인 상호작용 과정을 확인하고 강화하려는 목적을 가지고 있다"(p. 3). 가족 탄력성은 "하나의 단위로서 가족 내에서의 대처와 적응과정"을 포함한다(p. 14). Walsh(1996, 1998)는 위기를 맞은 모든 가족들이 자기회복과 성장을 위한 잠재력을 가지고 있다고 믿었는데, 가족의 탄력성을 세 가지 영역에서의 기능으로 귀착시켰다. 즉, 신념 체계, 조직적 패턴, 의사소통 패턴이 그것이다(표 3.1). 가족의 신념체계는 일반적으로 어떻게 행동할 것인지에 대한 가족의 생각을 수립하는 가치와 태도들을 포함한다. 가족의 조직적 패턴은 행동에 대한 기대에 기반하며, 스트레스를 다루기 위해 함께 결집하는 능력과 같은 과제 수행을 위해 가족이 어떻게 구조화되는가를 포함한다. 의사소통 패턴은 가족관계 내에서의 정보 교환을 포함한다.

가족 탄력성 이론가들은 가족체계가 어떻게 디스트레스에 대처하고 많은 다양한 유형의 위기들을 극복하는지에 대해 강조해 왔다. 어떤 가족은 전쟁에서 돌아온 가족 구성원에 의해서(Hendrix, Jurich, & Schumm, 1995), 또는 정신질환에 대처함으로써(Bentelspacher, Chitran, & Rahman, 1994), 아니면 장애를 가진 구성원에 의해(Leyser, Heinze, & Kapperman, 1999) 도전을 받을 수 있다. 가족들은 부모 보호에 직면하거나 새로운 부모 또는 조부모가 될 수도 있다(Greene, 2000). Hulewat(1996)에 의하면, 재정착은 가족이 직면할 수 있는 가장 커다란 위기와 기회 중의 하나이다. 수많은 이론가들(Nicholson, 1997; Petty & Balgopal, 1998)이 새로운 인생을 시작하기 위해 모국을 떠나는 것과 관련된 상실감과 그에 수반되는 불안과 흥분을 기록해왔다.

위기기간 동안 많은 가족들이 자발적으로 자신을 변형시킴에도 불구하고, 중요한 생활의 스트레스요인들이 외부의 개입을 필요로 하는 가족의 구조와 의미에서의 중요한 변화들을 요구할지도 모른다(Germain, 1994; 1994b; Reiss, 1981; Terkelsen, 1980). 후자의 상황에서 탄력성 접근은 가족들이 보다 긍정적으로 위기를 재구성하도록 도울 수 있고, 필요로 하는 기능 패턴을 변화시킬 수 있는 함의를 실천가들에게 제공한다(Hawley & DeHaan, 1996). 그 예가 Cornille, Boroto, Barnes와 Hall(1996)의 접근인데, 이들은 정신건강 실천가와 교사들을 위한 가족

표 3.1 가족 탄력성의 핵심 과정들

신념 체계

역경에 대한 의미부여
· 협력의 가치: 관계에 기초한 탄력성
· 가족생활주기의 방향: 역경과 디스트레스의 정상화, 맥락화
· 결속감: 의미있고, 이해할 수 있으며, 관리할 만한 도전으로서의 위기
· 위기, 디스트레스, 회복의 평가: 신념의 촉진 대 강요

긍정적인 시각
· 적극적인 주도성과 인내
· 용기와 격려하기
· 희망과 낙관 관점 유지하기: 불평등을 극복하는 자신감
· 강점과 잠재력에 초점 두기
· 가능한 것의 정복과 변화될 수 없는 것의 수용

초월과 영성
· 보다 큰 가치들과 목적
· 영성: 믿음, 친교, 의식들
· 영감: 새로운 가능성, 창조성, 영웅들을 마음에 그리기
· 변화: 역경으로부터의 학습과 성장

조직적 패턴

유연성
· 변화 능력: 시간의 경과에 따른 도전에 적합하도록 복귀, 재조직, 적응
· 안정성에 의한 균형: 혼란을 통과하는 지속성, 의존성

연결성
· 상호 지지, 협력, 책임
· 개인적 욕구, 차이, 경계에 대한 존중
· 강력한 리더십: 아동과 상처입기 쉬운 가족구성원에 대한 양육, 보호, 안내
· 다양한 가족 형태: 협동적 양육/보호제공 팀들
· 부부/공동부모 관계: 동등한 파트너
· 어려움이 있는 관계의 재결합, 화해 탐색하기

사회적, 경제적 자원들
· 확대된 친지와 사회적 지지의 동원: 지역사회 네트워크
· 재정적 안전 구축: 일과 가족 긴장 간의 조화

의사소통 과정들

명료성
· 명확하고 지속적인 메시지(말과 행동들)
· 애매한 상황의 명료화: 진실 찾기/진실 말하기

계속

개방적인 정서 표현
· 광범위한 감정공유(기쁨과 고통, 희망과 공포)
· 상호 감정이입: 차이에 대한 용인
· 자신의 감정, 행동에 대한 책임: 비난 피하기
· 유쾌한 상호작용: 유머

협력적인 문제해결
· 창조적인 브레인스토밍: 풍부한 자원
· 공유된 의사결정: 협상, 공정성, 상호관계
· 갈등 해결
· 목적에 초점두기: 구체적인 단계 밟기, 성공 위에 구축하기, 실패로부터 배우기
· 순향적 자세: 문제와 위기 예방, 미래의 도전에 대비하기

디스트레스와 가족 아웃리치 모델(FDM)을 개발했다. 이 모델은 위기를 중단시키려는 가족의 목적에 초점을 두고 있으며, 강점에 근거한 접근과 일관된다.

FDM은 가족 기능의 5가지 국면들로 구성되어 있다. 첫 번째 국면은 가족의 정상적인 유지를 기술하고 있다. 정상적인 유지는 안정성의 목적을 지원하는 가족의 패턴들—일상적인 일들, 역할, 규칙, 의식, 관계들—을 포함하며, 이러한 패턴은 외부자에 의해 인식되는 방법과는 상관이 없다. 정상적 유지는 가족의 정체감, 가치, 목적들을 포함한다.

두 번째 국면은 가족의 안정적인 패턴을 붕괴시키는 사건이다. 스트레스요인 사건에 대한 가족의 반응은 다양할 수 있지만 이 단계의 활동들은 이전의 또는 새로운 기능 패턴들을 통해 가족의 안정성을 재수립하려는 목적을 가진다. 세 번째 국면은 가족의 대처전략이 소진되었을 때 발생하는 위기이다. 네 번째 국면은 위기를 둘러싸며 조직화된다. 위기는 종종 응급성을 느끼도록 하는데, 이는 도움에 대한 탐색을 촉진할 수도, 하지 않을 수도 있다. 이 때에는 도움을 찾아 나서고 제공하는 외부의 학교나 다른 지역사회 기관들이 유용하다. 다섯 번째 국면은 위기를 해결하지 않고 사회적 지지로부터 철수하는 가족을 묘사한다. 이러한 지지는 자원(재화와 서비스)의 제공, 연합(소속감), 애정(돌봄) 등을 포함한다. 개인의 목적에 대한 원조는 가족이 그 가치와 목적을 다시 연결하도록 돕는다.

가족 탄력성에 대한 논의에 있어 가족의 탄력성에 대한 민족과 문화의 영향을

지적하지 않는다면 불완전할 것이다(McCubbin, McCubbin, Thompson, & Thompson, 1998). 가족 스트레스 모델은 영국계 순수 백인가족들에 대한 연구에서 비롯되었다. 그러나 보다 최근의 틀은 민족 배경이 스트레스에 대한 가족의 반응에 어떻게 영향을 미치는지, 그리고 어떻게 문화 패턴이 적응적인 기능 패턴을 촉진시킬 수 있는지에 초점을 두고 있다. 문제해결에 있어서 가족의 도식—신념, 가치, 세계관—은 적응 과정에 영향을 미친다. 예를 들어, 대부분의 하와이 원주민들은 그들이 삶의 모든 측면에 있어서 균형을 달성하려고 할 때 Lokahi 철학 또는 땅과의 조화를 고수한다(Thompson, McCubbin, Thompson, & Elver, 1998; 11장과 13장 참조).

사회복지사들은 가족이 문화적 신념을 중재하며 스트레스를 주는 생활사건들을 다루는 중요한 사회적 단위이고, 따라서 문화적으로 적절한 실천을 필요로 한다는 것에 대해 인식할 필요가 있다. 그러나 탄력성의 개념이 문화적으로 특정한 개념인지 아니면 보편적인 개념인지와 관련된 복잡한 문제들이 있다. 더욱이 소수민족 가족들의 탄력성에 대한 이해는 "어떤 가족들은 말 그대로 포위된 상태에 있는 근린지역에서 생활한다"는 사실뿐만 아니라 인종차별주의의 영향을 무시할 수 없다(Genero, 1998, p. 31; 9장 참조). 이렇게 어려운 상황하에 있는 생존자들에 대해 보다 많은 것을 이해할 필요가 있다.

또한 미국 가족의 구조와 기능이 광범위한 변화를 보여왔음을 이해하는 것은 중요하다(Greene, 1999). 19세기 이래로 가족 규모가 감소되어왔다. 1950년대에 절정에 이른 전통적인 핵가족 형태의 우세 이후로 가족의 특성도 상당한 정도로 변화되어 왔다(Walsh, 1998). 이제 가족에는 한부모 가족, 재혼 가족, 맞벌이 가족, 통근 가족, 계부모 가족들이 포함된다(Billingsley, 1987). 더욱이 가족은 결혼 형식, 배우자의 선택, 결혼 이후 주거, 가족의 친척체계, 가구와 가족의 구조, 가족 의무의 특성, 가족과 지역사회 간 상호작용, 대안적 가족 형태 등에 따라 다양해 질 수 있다(Tseng & Hsu, 1991). 점점 더 많은 사람들이 결혼하지 않거나 게이와 레즈비언 배우자처럼 합법적인 기회를 제공받지 못하고 있다(Carter & McGoldrick, 1999). Carter와 McGoldrick이 입증한 것처럼 가족에 대한 논의는 사회의 모든 구성원들을 포함할 필요가 있으며 가족의 강점을 다루어야 한다.

그림 3-2 가족 디스트레스와 가족 아웃리치 모델

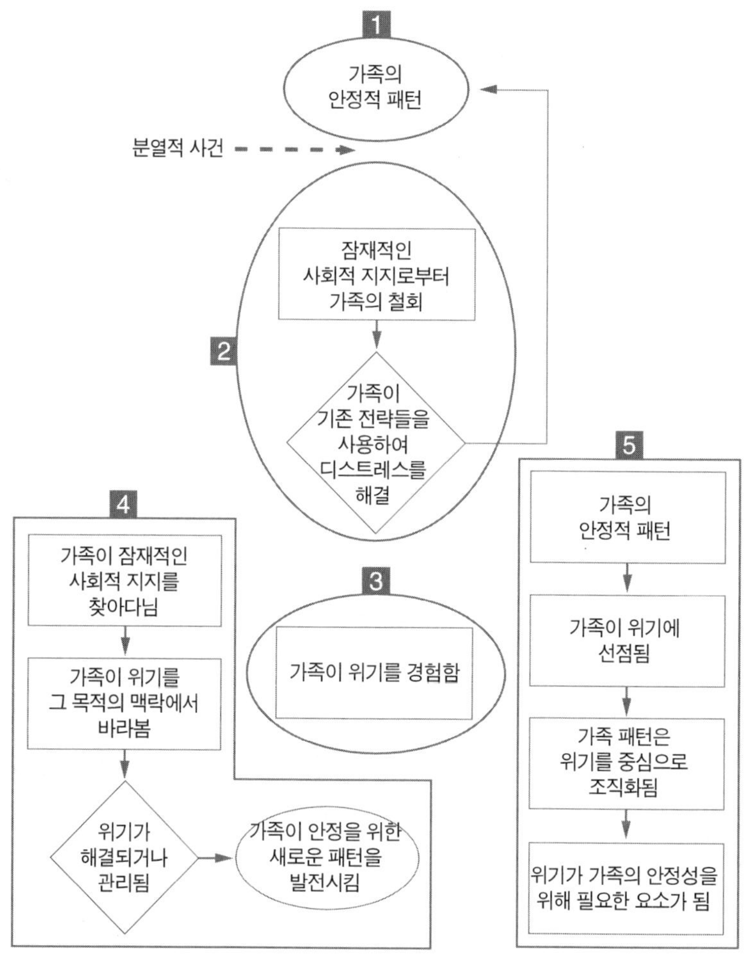

예를 들어, 실천가들은 탄력적인 편모들이 있다는 것을 인식할 필요가 있다 (Brodsky, 1999; Olson & Hanes, 1993). 성공적인 사람들의 탄력성 과정을 탐색함으로써 실천가는 이해를 더 잘 할 수 있고, 더 선택적인 개입을 할 수 있다. 즉,

가족의 탄력성에 대한 실천가의 관심은 대부분의 사회복지실천이 이루어지는 동안 작용하겠지만, 가정폭력이나 지역사회 폭력과 같은 스트레스 사건이 진행되는 동안 특히 중요하다(O' Keefe, 1994). 노숙은 실천가들이 건강한 발달을 촉진할 필요가 있는 또 다른 사건이다. 이러한 상황에서 실천가들은 가족이 영구적인 안식처를 찾고 유지하도록 하기 위해 그것을 가능하게 하는 기본적인 내적 그리고 환경적 자원들을 다시 연결하도록 돕는 가족의 기술들을 이끌어내야 한다(Ziefert & Brown, 1991).

지지 체계

사회적 지지는 "상호부조와 지지를 포함하는 대인관계의 상호작용이다"(Gitterman & Shulman, 1985). 사회적 지지망의 일부가 되는 것은 개인의 복지에 대한 스트레스 완충 효과를 갖는 것이다(Tracy, 1990; Tracy & Whittaker, 1990). 사회적 지지망의 특성은 크기와 구성, 접촉 빈도, 관계의 기간, 지각된 이용가능성 등에 따라 다양하게 나타날 수 있다(Tracy, 1990). 사회적 지지에서 가장 큰 4가지 자원은 가족, 친척, 친구, 그리고 공식적 서비스 제공자들이다. 사회복지사는 클라이언트의 사회적 관계망의 이용가능성을 사정하기 위해 종종 그림 3-3에 제시된 사회적 관계망 지도 양식을 사용한다.

광범위하게 연구된 사회적 현상인, 사회적 지지는 문화와 생활과정을 넘나드는 적응적 행동에 기여하는 것으로 알려져 왔다. 예를 들어 청소년의 탄력성에 영향을 미치며 그들에 의해 지지적인 것으로 인식되어 온 행동들에는 경청적 지지(개인이 판단하지 않고 경청하고 있다는 인식), 정서적 지지(누군가가 편안함과 돌봄을 제공하고 있다는 인식), 정서적 도전(다른 사람이 그의 가치와 태도를 평가하기 위해 그에게 도전하고 있다는 인식), 현실 확증적 지지(어떤 사람과 유사한 누군가가 그 사람과 같은 방식으로 사물들을 바라보고 있다는 인식), 과업 인정 지지(다른 사람이 자신의 일을 인정한다는 인식), 과업 도전적 지지(누군가의 일이 그의 창조성이나 몰입을 확장시키는 데 도전한다는 인식), 유형적 지원

그림 3-3 사회적 관계망 구성(N=45)

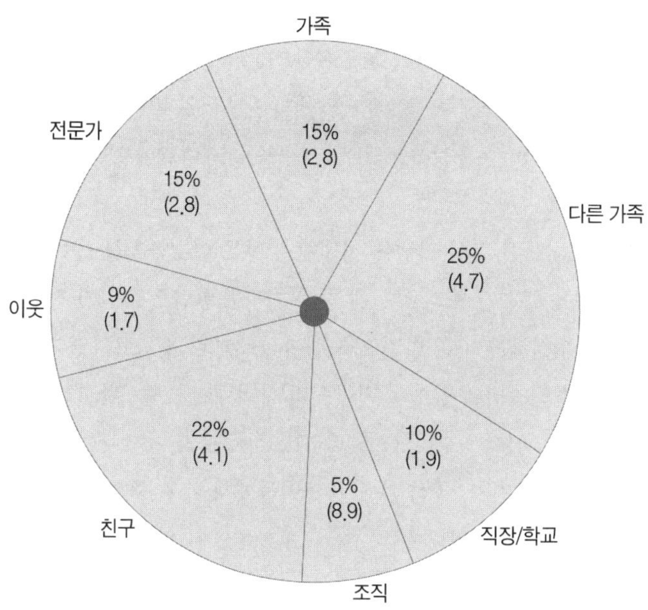

지지(다른 사람이 선물이나 재정적 도움을 제공해 왔다는 인식), 개인적 지원 지지(다른 사람이 서비스들을 제공하고 있다는 인식) 등이 포함된다(Richman, Rosenfield, & Bowen, 1998; 5장 참조).

동료 관계, 또는 소속감과 동료의식을 제공하는 같은 연령대 사람들과의 상호작용은 지지 체계의 특별한 유형이다. 젊은이들에게 동료 집단은 지지를 제공할 뿐만 아니라 연대활동에 대한 참여 기회를 제공하고 사회기술, 패션, 태도, 행동의 발달에 영향을 미친다(Safyer, 1994). 저널리즘을 연구하고 감옥에서 3년 동안 복역한 후 워싱턴 포스트지의 기자가 된 Nathan McCall(1994)은 이렇게 회상한다.

나는 7학년이 될 때까지, 한 녀석의 인생은 누군가에게 달라붙지 않는다면 아무런 의미도 갖지 않는다고 생각했다. 만약 당신이 한 집단에 속해있지 않는다면 당신은 아무런 정체감도 갖고 있지 않은 것이다. 12살이 되었을 당시, 나는 어떤 집단에 느슨하게 속해 있으면서 그러한 스타일들을 따라가기 위해 노력하고 있었다. 나는 얼간이처럼 보이기 위해 나의 동생들에게서 몇 개의 괜찮은 옷 몇 벌을 얻었고 마침내 내가 가진 최초의 올스타 옷을 갖게 되었다. 또한 나는 머리에 웨이브도 주었다.(p. 31)

그의 또래 집단이 그의 인생에 어떻게 영향을 미쳤는지를 돌아보면서, McCall은 그가 말썽을 일으킨 또래 활동에 참여했지만, 한편으로 그가 선택권을 가지고 있었다는 것과 선택에 따른 발전 가능성이 충분했다고 회고하였다.

문헌들은 흑인사회에 있어서 비공식적 사회체계 또는 "확고하게 자리잡은 관계망"의 긍정적 영향을 기록해 왔다(Thompson & Peebles-Wilkins, 1992, p. 322). 또한 사회적 지지, 특히 가족은 노인들에게 매우 중요할 수 있으며 우울을 예방하는 도구가 될 수 있다.

조직

조직은 사회체계의 한 형태이며, 사람들이 일과 관련된 수많은 상이한 역할들과 지역사회 기능들을 수행하기 위해 상호작용하는 체계이다. 사회체계로서 조직은 개인의 탄력성에 영향을 주며, 그 안에서 상대적인 탄력성의 유형을 경험한다. 학교와 같이 탄력성을 촉진할 수 있는 조직은 학생들에게 의견을 제시하고 참여하는 기회와 안전을 제공해 주는 경향이 있다(Katz, 1997). 직장 조직은 능력과 생활만족에 기여하는 도구가 될 수 있다(Chatman, 1989).

조직의 탄력성은 한 조직이 지속적으로 성공적인 수행을 입증하기 위해 신중하고 의식적인 노력을 기울이도록 한다. 성공적인 조직은 사명을 달성하고, 공유된 의사결정의 최상의 발전을 지원하며, 신뢰를 구축하고, 개방성을 촉진하기 위해 스스로를 구조화하고 재구조화하며, 끊임없이 개인과 전체의 능력의 성장을 지원하기 위해 노력한다(Anderson, 1991). 탄력적인 조직들은 피드백 행동을 나타내며, 목적을 수립하고 지식을 획득하는 기제를 가지고 있다.

하나의 조직이 탄력적이 되려면, 그 구성원들은 환경에 적응해야 한다. 탄력적인 조직은 변화에 재빠르게 효율적으로 반응하는 구성원들을 고용한다. 탄력적인 조직은 경험을 건설적으로 인식하며, 적절한 외재적 자원을 보증하고, 의사결정 영역을 확장하며, 즉석에서 해결책을 창출하는 능력을 발전시키고, 불확실성에 대한 인내력을 발전시키며, 실제적인 역할 체계를 구축하는 고용인들을 보유하고 있다. 실제적인 역할 체계는 개별 구성원들이 서로의 역할들을 알고 있어서 그들이 조직의 전체를 지배하는 사명이 수행될 것이라는 것을 확신할 수 있는 팀들이다(Mallak, 1998). 이러한 접근은 조직과 그 구성원들이 사람들과 그들의 능력이 직무에 적합하도록 하는 방법에 대해 관심을 가지고 있다는 것을 제시해 준다.

학교

아마도 탄력성에 영향을 미치는 가장 중요한 조직 중의 하나가 학교일 것이다. 학교 폭력에 대한 관심이 고조될 때에는, 학교가 아동의 생활에 영향을 미치는—가족 이후—일차적인 사회체계라는 것을 기억하는 것이 중요하다. 뉴욕타임즈에 어려운 환경을 극복하고 고등학교를 졸업한 청소년에 관한 기사를 쓴 Brown(2000)은 겉으로 보기에는 개인적인 성취로 보이는 것이 실제로는 아동을 믿는 사회적 지지, 가족 구성원, 교사, 지역사회의 결합이라는 것을 지적했다. 그녀는 잠재력을 현실화시킨 한 학생의 말을 인용했는데, 그는 이렇게 말했다. "내 가족 중에는 잘못된 길을 가는 많은 사람들이 있어요. 약물복용과 술, 폭력이 가족 구성원들에게 무슨 일을 저질렀는지를 보아왔죠. 나는 말했어요. '그건 내가 아냐. 그건 내 인생이 아냐'라고"(p. 24)

마찬가지로, Garbarino와 Asp(1981)는 발달적 위협이 가정에서 가속화될 때, 아동은 학교로부터 훨씬 더 많은 지지를 필요로 한다고 주장했다. 다른 이론가들은 학교가 적응의 동인으로 작용할 수 있다고 제안했다(Benard, 1995, 1997;

Garmezy, 1991; Rutter, 1979). 학교가 아동들의 생활에 영향을 미치는 방법은 상이하다. 따라서 문제는, 어떤 유형의 학교가 학생들에게 긍정적인 영향을 미칠 것인가 하는 것이다(Garmezy, 1991; Katz, 1997).

탄력성 연구에서 자주 발견되는 결과는 "종종 가장 잘 알려지지 않은, 위험에서 탄력성까지의 척도에 주의를 기울이는 교사의 역량"이다(Benard, 1997, p. 2). 가정의 학습 문화가 중요하긴 하지만 학급에 보다 주의를 기울이는 것과 같은 교사의 지지가 중요한 결과를 가져올 수 있다(Bowen & Bowen, 1998). 교사들은 종종 학생들에게 불행을 개인적으로 받아들여서는 안 되며 반드시 영구적인 것이 아니고, 또한 실패가 모든 게 아니라는 것을 이해하도록 돕는 수단이 된다(Seligman, 1991). 교사들은 지지와 친절, 연민, 존중을 표현함으로써 이를 성취한다(Higgins, 1994).

학생들에게 "안전, 사랑과 소속, 존중, 능력, 성취와 학습, 그리고 궁극적으로는 의미"를 제공하는 교사들은 종종 아동의 탄력성을 양성하는 중요한 역할모델이 된다(Benard, 1997, p. 2). 그렇지만 동시에 학교는 가족-학교 간의 파트너십을 증대시키기 위해 노력해야 한다(Cox & Powers, 1998; Wang, Haertel, & Walberg, 1994). 가정과 학교가 함께 작업하는 과정은 종종 학교사회사업가나 심리학자와 같은 학교 실천가들에 의해 촉진되기도 한다.

학교가 종종 탄력성을 촉진하는 위치에 있는 것으로 보이는 또 다른 이유는, 학교가 위험에 처한 아동을 돕기 위한 부모교육훈련과 같은, 많은 학교기반 프로그램들을 제공하기 때문이다(Wang et al., 1994). Miller, Brehm과 Whitehouse(1998)에 따르면, 이러한 프로그램의 표적이 된 중요한 탄력성 자원들은 최대한의 지지적 행동의 관리체계, 성인들과 동료들 간의 유대를 위한 기회 증가, 통제지향적이며 고도로 동기부여된 학습환경 등을 포함한다. 학교가 사회적 상호작용의 한 장이기 때문에, 학교들은 확인되지 않은 보다 큰 어려움을 가져올 수 있는 행동을 초기에 확인하기 위한 탁월한 장소를 제공한다(Miller et al., 1998). 즉, 학교는 "탄력성 강화 프로그램을 수행하는 데" 가장 적합한 장소 중 하나이다(Zunz, Turner, & Norman, 1993, p. 171). 버스 운전사와 사무실 직원을 포함한 학교 직원들은 그러한 관심을 받지 못했을 아동들을 양육하고 자극하는 위치에 있다(Reed-Victor & Pelco, 1999). 밀접한 개인적 유대를 형성하기 위해 멘터들을 활용할 수도 있다(Katz, 1997).

학급과 학교에 기반한 예방 프로그램에서 교사의 행동에 더해서, 학교와 학급의 기풍도 중요한 영향을 미친다. Benard(1997)는 학교가 탄력성을 촉진하기 위한 포괄적인 조직적 접근을 취해야 한다고 하였다. 이러한 접근은 교사의 지지 제공, 직원개발, 학교–지역사회 협력 등을 포함하게 될 것이다. 그녀는 계속해서 교사들이 학생들의 강점과 타고난 탄력성을 발견하기 위해 학생들을 가르치는 학급 절차를 사용해야 한다고 하였다. 비슷한 맥락에서, Winfield(1994)는 학교 수준에서 탄력성을 촉진할 수 있는 다음 네 가지 주요 과정들을 확인하였다. 즉, (1) 모델링 훈련과 냉정함으로 폭력의 분위기와 싸우게 함으로써, 아동이 위험에 노출되는 것을 줄여서 부정적인 결과를 감소시키는 것, (2) 임신한 십대들에게 추가적인 교육을 받도록 격려하는 것과 같이 위험에 대한 노출 이후의 부정적인 연쇄반응을 감소시키는 것, (3) 작은 과업의 성취와 함께 긍정적 피드백을 받음으로써 자아존중감과 자기효능감을 형성하고 유지하는 것, (4) 학생들이 기술을 획득하도록 허용하는 특정한 프로그램들을 통해 기회를 제공하는 것이다.

도시 내 아동과의 작업은 학교 정책과 문화와 같은 제도적 신념 체계를 변화시키는 것 또한 포함할 수 있다(Ogbu, 1992; Winfield, 1994). 학교 프로그램과 구조는 학생의 "관계, 신념, 기대, 그리고 기꺼이 권력을 공유하는 것"에 대한 이해와 조화를 이루어야 한다(Benard, 1997, p. 2). 이러한 이해는 교사들이 학습과 과외활동에 있어서 자기표현과 학생의 참여를 격려할 때 달성된다. 교육과정 기획에 학생들을 참여시키고 학생들이 운영구조를 창출하도록 돕는 것이 탄력성을 촉진하는 학생 참여 기회의 실제적인 예가 된다(Benard, 1995).

지역사회/이웃

탄력성은 이웃이라는 생태적 맥락의 한 기능이다(Duncan, Brooks-Gunn, & Klebanov, 1994). 이론가들은 사회적 해체로 특징지어지는 지역사회에서 생활하는 사람들은 더욱 강력한 사회적 구조를 가진 지역사회에서 생활하는 사람들보다 큰 위험상태에 있다고 주장한다(Garbarino, 1995; Garbarino & Kostelny, 1992). 불행하게도, 많은 미국 시민들은 전쟁 지대에 비교되어 온 근린지역에서 생활하고 있다(Dubrow & Garbarino, 1989). 지역사회 수준의 위험요인들에는 낮은 사회경제적 지위나 빈곤(Lyons-Ruth, Connell, Gruenbaum, 1990), 폭력(Bronfenbrenner, McClelland, Wethington, Moen, & Ceci, 1996) 등이 포함된다. 미국인의 74%가 빈곤, 범죄, 교육적 성취 등의 다양한 문제들 때문에, 미래에는 진보하기가 점차 어려워질 것이라고 믿고 있다(Bronfenbrenner et al., 1996).

한편, 인간행동에 대한 주요한 긍정적 영향요인은 사회적으로 응집력이 있는 지역사회나 근린지역에서 생활하는 기회이다(Sampson, Raudenbush, & Earls, 1997).

지역사회는 경제적, 정치적, 종교적, 윤리적, 교육적, 법적, 사회적, 재생산적으로 상호연결된 기능적 하위체계들로 구성된 지역적인 사회체계인 반면에, 근린지역은 지역사회의 축소판이다(Bronfenbrenner et al., 1984). 지역사회는 개인의 탄력성을 양성하는 능력에 있어서, 그리고 공동선을 대표하여 반응하는 집합적 능력에 있어서 다양한 양상을 보인다. 연구자들은 탄력적인 집단의 능력이 지역사회의 복지를 수립하고 유지할 수 있다고 보고해왔다.

Benard(1991)는 탄력성을 촉진하는 지역사회의 3가지 특성들을 다음과 같이 관련지었다. (1) 일련의 자원들을 제공하는 사회적 조직의 이용가능성, (2) 구성원들에게 무엇이 "적절한" 행동인지 이해시키기 위한 지역사회 규범의 지속적 표현, (3) 아동과 청소년들이 지역사회에 건설적으로 참여할 수 있는 기회. 그러한 기회들은 지역사회의 위험이나 빈곤 수준보다 개인의 탄력성을 위해 더 중요해질 수 있다(Bowen & Chapman, 1996; Coulton & Pandey, 1992). 지역사회 탄력성 또는 집합적 효능은 거주자들의 상호 신뢰와 전반적 복지의 측면에서 개입할 수 있는 준비성에 근거한다.

또한 탄력적인 지역사회의 능력은 거시체계의 조건, 특히 "집합적 효능을 방해하는 인지된 무기력감에 대한 인종적, 경제적 배제"의 효과에 달려있다(Sampson et al., 1997, p. 919). 지역주민들이 무기력을 느끼는 지역사회에서는 그 구성원들이 욕구를 충족하는 데 어려움이 있으며, 보다 많은 지지를 획득하기 위해 스스로를 조직화하는 데 방해를 받을 수 있다. 이와 같은 무기력으로 인한 악순환을 깨기 위해서는 지역사회의 개발과 구조적인 변화노력이 필요하다 (Pinderhughes, 1983). 동시에 효과적인 지역사회는 포로수용소에서 생활하는 사람들처럼 가장 심각한 상황에서조차 개발될 수 있다. 우리는 캄보디아와 2차 세계대전 포로수용소의 생존자들에게서 정상적인 생활형태로 돌아가려는 인간의 갈망들을 볼 수 있었다.

이러한 목적을 달성하기 위해, 그들은 통치 구조를 만들고, 학교를 설립하고, 콘서트를 실행했으며, 시를 썼다(2000년 1월, 인디애나폴리스, 생존자인 Eva H와 개별 연락). 이러한 활동들은 분명 그들의 생존과 탄력적인 성인이 되어 가는 데 기여하였다. 사회복지사들은 공동체 형성에 점차 관여할 필요가 있다(Schriver, 2001). 이러한 방식으로 그들은 사람들의 상호연결성을 양성하고, 지역사회의 자산을 보강하며, 지역사회 제도들을 확장시키는 과정에 참여하게 된다(Ewalt, 1998; Naparastek & Dooley, 1998). 그들의 주요 목적은 공동체성을 촉진하고 보건과 대인서비스들을 향상시키는 것이다.

사회/정부

탄력성은 철학적, 정치적, 정책적 함의를 가진 거시체계 현상이다. 거시체계에는 특정 사회의 사회적, 정치적, 법적, 경제적, 가치 패턴이 포함된다(Greene & Watkins, 1998). 거시체계 분석은 일반적으로 적응과 이동을 방해하는 권력의 행위를 다루거나, 거시적 공격(macroagression)으로도 알려진, 생존에 대한 직접적인 위협이다(Pierce, 1969). 거시체계 수준에서의 탄력성에 대한 연구는 사회적 조건들—실업, 노숙, 빈곤, 차별—이 스트레스를 약화시키는 자원으로 작용하는가의 여부에 대해 언급하고 있다(Conger et al., 1992; Elder, Nguyen, & Caspi, 1985).

예를 들어, Elder(1979)는 대공황기 동안 경제적 궁핍의 영향을 연구했다. 그는 가족이 종종 불화를 일으키는 심각한 재정적 곤란에 처하더라도, 가족은 보다 노동집약적인 방법들을 사용함으로써 이러한 위험들을 중재한다는 것을 발견했다. 이와 유사하게 Vosler(1990)는 구조적으로 기본적 자원에 접근하지 못하게 되는 것이 가족의 경제적 스트레스에 어떻게 영향을 미치는가를 탐색한 반면에, Chadiha(1992)는 흑인 남편들의 경제적 어려움—구조적 실업 또는 노동시장에서 취약한 지위를 유지하는 것—이 결혼으로 전환하면서 탄력성에 어떻게 영향을 미치는지에 대해 탐색했다.

일부 연구자들은 이러한 정치적 어려움들은 정치적 해결책을 필요로 한다고 주장하였다. *Within Our Reach*라는 책에서, Schorr와 Schorr(1988)는 여성, 유아, 아동을 위한 특별영양보충프로그램이나 Head Start와 같은 사회적 프로그램들에 대한 평가에 근거하여, 지식과 수단은 이제 고위험 아동의 생활을 향상시키기 위한 사회적 개입의 형태로 존재해야 한다고 주장하였다. 그녀는 사회가 지속가능한 서비스에 투자해야 하며, 정책결정자들은 기본적인 사회적 불공평을 해결하기 위한 수단을 찾아야 한다고 촉구하였다. Garmezy(1993)는 우리들에 앞서서 도전을 포착해왔다.

이제 두 가지 과제가 우리에게 도전하고 있다. 하나는 과학적인 것이고, 다른 하나는 정치적인 것이다. 우선, 과학적인 아젠다에 대한 것이다. 미국의 도시 빈민지역과 농촌 지역사회에서 빈곤이 분명하게 나타나는 곳이라면 어디든, 아마도 대다수일 빈곤한 아동들의 실질적인 핵심은 양성되어야 하고 확장되어야 하는 성취의 잠재력을 가지고 있다는 현실을 고무하기 위해 확증적 연구들이 필요하다. 우리는 이들 아동들이 가지고 있는 기능의 패턴화와 생존에 대한 전조인 개인, 가족, 지역사회에 존재하는 요인들에 대해 더 많은 것을 배워야 한다. 또한 불리함으로 둘러싸인 탄력성에 대한 초점은 빈곤의 문제가 국가적인 정치적 아젠다의 생생한 측면이기 때문에 정치적 요소들을 안고 간다. 우리는 쌓이는 위험의 문제를 나타내지 않는 아동과 가족들의 분명한 재능들을 떠받치는 개입을 위한 재정적 지원을 필요로 하지만, 그들은 자신이 처한 위협적인 환경 때문에 더 위험해진다.(pp. 133-134)

또한 거시체계의 이슈들에는 보통 사람들의 생활을 정착시키는 사회적, 제도적 타협의 결렬에 의해 촉진되는 역사적 변화와 역사적 혼란이 포함될 수 있다

(Lifton, 1993). 세계는 점차 르완다나 시에라리온 만행과 같은 내전이나 부족전쟁을 경험해 온 사회들을 인식하고 있다(Crossette, 2000; Hranjski, 2000). 그러한 잔학행위들이 있을 때 치유와 화해는 심각하게 도전받아왔다. Lifton(1993)에 따르면, 사회적 수준에서의 탄력성은 일반적으로 세계적인 것이 아니라면 정부의 노력이 필요하다. 그는 "이러한 유형의 역사적 분열이 위험한 자아분열의 형태를 초래할 수 있는 반면에, 그것은 또한 영적인 노숙상태를 극복하기 위한 탐구······ 새로운 '공간'을 향한 탐색(의 개시 또는)······ 갱신을 향한 자극으로 유도할 수 있다(pp. 14-15)"고 주장하였다.

탄력성: 실천 지침들

탄력성 현상들을 검토하기 위한 원리는 어떻게 개인이 발달에 대한 도전을 극복하여 외상에서 회복하는가 이해할 때 위험에 처한 다른 사람들과의 개입 노력들을 안내할 수 있는 적응과정을 보여줄 것이라는 기본적 가정에 근거한다. 역경이 완화되고 기본적 인간 욕구들이 회복되면 탄력성이 등장할 기회가 생긴다. 희망을 재연하는 것이 그들의 회복 작업을 시작하기 위한 탄력성 과정의 중요한 도화선이 될 수 있다.

MASTEN, 1994, p. 8

탄력성을 구축하는 데 있어서, 우리는 충만히 경험한 위기를 우리의 삶을 계속해서 살아가는 방법에 영향을 미치는 우리의 개인적, 집합적 정체감의 구조로 통합시키고자 한다.

WALSH, 1998, p. 6

우리는 어떻게 탄력성이 발생하는가에 대한 연구와 임상적 발견들에 근거하여, 사정과 개입 전략들을 제시한다. 실천가들은 탄력성을 사정하기 위해, 클라이언트의 대처능력을 평가하고 내재적이고 외재적 자원들을 탐색할 필요가 있다. 내재적 또는 개인적 특성에는 자아존중감, 신뢰, 자율성, 강점, 희망, 그리고 사회적 기술, 의사소통, 유머, 문제해결, 충동조절과 같은 대인관계 능력들이 포함될 수 있다. 외재적 요인의 탐색에는 관계에 대한 신뢰와 역할 모델, 의료, 교육, 복지, 안전 서비스에 대한 접근, 안정적인 가족과 학교 환경, 종교적인 관계와 같은 환경적 지지와 자원들이 포함될 수 있다.

또한, 실천가들이 어떤 요인들이 탄력성을 촉진하는지를 이해한다면, 그들은 이러한 기회들을 제공하기 위한 프로그램들을 개발할 수 있을 것이다(Wang et al., 1994). 탄력성에 근거한 실천 접근들은 사람들의 생활이 자연적으로 발생하는 스트레스요인들과 매일의 도전들을 포함한다는 사실을 인식하고 있다. 탄력성 기반 실천은 또한 클라이언트의 강점—능력, 대처전략, 또는 적응—에 초점을 두는 초기 이론들을 토대로 한다. 하지만 강조점에 있어서는 중요한 차이가 있다. 탄력성에 기반한 실천은 고통을 견디는 능력, 불운한 생활사건에 성공적으로 대처하는 것, 그리고 고위험에 따르는 효과적인 적응에 보다 주의를 기울이며 역경의 영향을 최소화하고자 한다.

탄력성을 촉진하기 위해 실천가들은 클라이언트의 삶의 맥락과 인생 과정 전반에 걸친 단계에 적절한 다중체계적 전략들을 고려해야 한다. 이러한 개입들은 일정 범위의 능력과 역할들을 포함한다. 클라이언트의 욕구와 기회에 대한 사정에 기반하여 실천가들은 다음과 같은 개입을 할 수 있다.

- 기본적 욕구들, 안전, 음식, 물, 전기를 제공한다.
- 클라이언트가 자신의 자원들에 접근하도록 돕는다.
- 상황을 안정화하고 정상화한다.
- 가능성을 확인한다. 즉, 본질적 가치를 연결한다.
- 기회들을 조명한다.
- 다양성에 유의하며, 민족성, 성, 인종 등을 존중한다.
- 억압적인 상황에 도전하고, 공평을 추구하며 부정적인 환경적 메시지들과 싸운다.
- 강점에 초점을 둠으로써 동기부여하고 참여시킨다.
- 개인적 능력을 구축한다.

- 클라이언트의 자기인식을 강화한다.
- 사건의 의미와 목적을 명확화하기 위해 일한다.
- 선천적인 개인의 능력을 격려한다.
- 문제해결 능력을 촉진한다.
- 집단적 지지를 제공한다.
- 복지 프로그램으로 안내한다.
- 제도적 신념 체계를 다룬다.
- 사회적 지지, 멘터, 동료, 직원, 교사들과 일한다.
- 지역사회 이해관계자들을 확인한다.
- 지역사회 자산을 구축한다.
- 지역사회 행동과 갱신 전략들에 참여한다.
- 지역사회의 힘을 강화한다.

불행한 생활사건을 경험한 클라이언트의 자기회복과정을 돕고자 하는 실천가의 욕구는 수많은 이론가들에 의해 논의되었다. Neimeyer와 Stewart (1996)는 클라이언트로 하여금 불행한 사건 이후에도 그들의 삶은 여전히 의미가 있으며 관리가 가능하다고 느끼게 하기 위해, 실천가는 그들이 사건들을 통합하고 긍정적인 자아감을 회복하도록 도와야 한다고 하였다. 이와 유사하게, Borden(1992)은 불행한 생활사건 이후, 사회복지사는 클라이언트가 사건을 재평가하고, 클라이언트의 의미를 재조직화 하기 위해 개입을 사용하도록 돕기 위한 치료적 연합을 형성해야 한다고 주장했다. 이렇게 어려움을 재구성하는 것은 클라이언트가 지속성과 일관성, 자아존중감, 사기, 자기만족, 사회적 기능을 효과적으로 유지하도록 돕기 위해 이루어진다. 또한 실천가들은 문제해결, 교육적 전략, 자원의 제공에 초점을 둔다. 실천가들이 긍정적인 치료적 결과에 집중해야 한다는 관점은 Benard(1995)의 연구와 일치하는 것이다. 그녀는 개인들이 시간이 지남에 따라 자연스럽게 발생하는 도전들 앞에서 건강과 복지를 유지할 때 작용하는 역동적 과정으로서 탄력성에 대한 연구에, 보호요인과 위험요인의 관점에서 탄력성의 구성을 넘어 이동할 필요성이 있다고 강조했다.

임상가들이 부적응하는 과정에는 더 적은 시간을, 탄력성을 유도하는 기제를 양성하는 데는 더 많은 시간 동안 초점을 두어야 한다고 생각하는 것은 위험과 탄력성 개입 문헌들에서 주요한 주제이다(Cowan, Cowan, & Schulz, 1996; Walsh, 1998). 원조를 위한 탄력성 기반 접근은 낙관적인 것이며, "발달은 그 자체로 올바른 것일 수 있거나 '자연적' 또는 전문적 개입에 의해 양성될 수 있다"는 가정에 근거한다(Masten, 1994, p. 20). 탄력성이 고유한 인간 특성이기 때문에 탄력성 기술들은 양성될 수 있으며 시간이 지남에 따라 긍정적인 개입에 의존한다(Winfield, 1994).

탄력성을 촉진하는 것은 개인의 "자기규제 기제"를 활성화하는 데 중심을 둔다(Werner & Smith, 1992, p. 202). 이런 관점에서 그것은 재생산적이다. 탄력성 기반 접근의 중심 개념은 희망을 재연하는 것이다(12장 참조). Higgins(1994)에 따르면, 탄력성을 촉진하는 것은 기술에 대한 것이라기보다 철학의 문제이다. 그녀는 탄력성을 향상시키기 위해서는 클라이언트가 어려움을 극복하고자 하는 동기부여가 되어 있다고 가정하는 실천가의 사고방식이 필요하다고 제안하였다―"불쾌하고 낙담한 사람들의 계층에 참여하는 것을 확고하게 거부하는 것이 필요하다"(p. 319). 그녀의 관점은, 일정한 도움과 함께, 클라이언트가 스스로 경로를 선택할 수 있다는 클라이언트의 확신을 실천가가 지지한다고 가정한다는 점에서 희망적이다.

문헌들에는 상당부분 사회복지사들에게 친숙한 개입전략들이 포함되어 있는데, 그것들은 탄력성에 기반을 둔 접근 방법에 해당된다. 예를 들어 권한부여 실천은 개인적 또는 환경적 장애들을 극복할 수 있는 자신의 능력을 현실화하도록 돕는다(Solomon, 1976). 사람들의 탄력성이나 외상적 경험으로부터의 심리적 치유가 정치적, 그리고 경제적 동기부여를 포함한 이념적 동기부여를 통해 고조될 수 있다는 생각은 시민권 운동과 같은 활동들을 통해 확증되어 왔다(Proctor, 1995; 14장 참조). 이러한 운동들은 빈곤, 인종차별주의, 편협한 신앙과 같은 조건들을 재구성하기 위한 집단적 행동을 수행한다.

권한부여 실천의 결과, 클라이언트들은 더욱 긍정적인 자아개념을 발전시킬 수 있고, 그들의 사회적, 정치적 환경에 대한 지식을 더욱 많이 얻을 수 있으며,

능력을 촉진하는 더욱 많은 자원들과 전략들을 획득할 수 있다(Lee, 1994). 따라서, 적합한 자원들(쉼터, 교육, 의료보호와 같은)을 받고, 자아존중감(사회적 상황에서 성공적인 수행의 내면화)을 성취하는 클라이언트들은 역량이 강화되는 것이다. 나아가 권한부여 실천은 학교 정책과 문화와 같은 제도적 신념체계의 변환을 포함한다(Winfield, 1994).

탄력성의 우산 아래 포함된 다른 절충적 대안에는 부모교육이나 학교 안전 프로그램과 같은 폭력예방 프로그램들(Astor, Behre, Wallace, & Fravil, 1998; Burman & Allen-Meares, 1994; Dittrich-McInnis, 1996; 9장 참조)과 능력형성 접근들, 그리고 피학대 아동과의 사회기술훈련(Denham & Burton, 1996; Fraser, 1997; Gager & Elias, 1997) 등이 있다. HIV 감염자를 위한 연속적인 위기개입을 포함한 위기개입 프로그램들은 이제 드물지 않다(Poindexter, 1997). 더욱이 프로그램들은 심리교육 형식을 활용할 수도 있다(Franklin & Streeter, 1992). 개입은 학교에서(Benard, 1995), 예배장소에서(Carter, 1999; Haight, 1998), 또는 건강유지조직(Lorries, 2000)에서도 이루어질 수 있다.

예방 전략

몇몇 연구자들은 Thomlison(1997)이 "역량구축 서비스"(p. 50)라고 부른 것을 설계하기 위한 포괄적인 위험과 탄력성 개입전략들을 제안하고 있다. 이 전략들은 일반적으로 "생태학에 기반한 사정을 수행함으로써, 그리고 생태학에 초점을 둔 서비스를 설계하는 데 있어서 위험과 탄력성을 양산하는 공통적인 요인들을 확인하는 것"을 포함한다(Kirby & Fraser, 1997, p. 9). 탄력성에 관한 문헌의 상당수가 일반적으로 Masten과 Coatsworth(1998)가 "예방–개입 설계: (a) 위험–초점, (b) 자원–초점, (c) 과정–초점"이라고 명명한 것을 제시하고 있다(p. 214).

예방과학, 즉 "주요한 인간의 역기능을 예방하고 완화하는 방법에 대한 연구들은 전국적인 조사 프로그램을 이끄는 개념적 틀이 되어왔다"(Coie et al., 1993, p. 1013). 예방노력들은 일반적으로 납 페인트의 제거와 같은 위험을 감소시키거나, 학교에서의 폭력을 감소시키기 위한 프로그램과 같은 스트레스요인들이나 스트레스 더미를 감소시키거나, 공공 수송이나 주거접근과 같은 이용가능한 자원을 증가시키거나, 부모교육과 같은 보호요인들을 동원하려는 목적을 가지고 있다(Begun, 1993; Cox & Powers, 1998; Rutter, 1987 참조).

위험에 처한 아동들이 경험하는 외상적 사건들 때문에 자연적으로 발생한 탄력성에 대한 연구 결과들은 아동 조기교육과 예방적 개입을 통해 의도적으로 능력의 과정을 변화시키려는 노력들이 필요하다고 제안한다(Masten, 1994; 8장 참조). Fonagy, Steele, Steele, Higgitt, Target(1994)에 따르면, 능력개발에 대해 부모와 사회가 똑같이 엄청난 관심을 가져야 하며, 그것은 사회정의를 향한 사람들의 고유한 열망일 뿐만 아니라 경제적인 필요조건이기도 한 것이다.

다른 현존 모델들

탄력성 기반 개입전략들은 탄력성에 대해 알려진 것들과 다른 인간행동 이론들, 즉 발달이론과 생태학 이론, 위기, 스트레스, 대처 이론 등을 결합하여 개발되어 왔다(Fraser, 1997; Nash & Fraser, 1998). 이들 여러 모델에는 가족치료사들 간의 초점에 있어서 변화를 대표하는 가족치료를 포함할 수 있다. 이러한 가족치료는 공통적인 문제들을 해결하는 데 있어서 성장하고 협력하는 가족의 능력을 향상시킬 수 있다(10장 참조). 예를 들어, Walsh(1998)는 탄력성 기반 치료가 치유—그 내부로부터 나오는 변환의 과정—에 기반하며 사람들이 자신을 믿도록 고취시킨다고 하였다.

일부 실천가들은 외상을 경험한 사람들이 상실에 적응하고 치유되도록 돕기 위해 이야기 접근을 사용하고 있다(Neimeyer & Stewart, 1996). 이야기 지향(narrative orientation)은 클라이언트의 이야기를 경청함으로써 클라이언트가 대처하도록 돕고, 클라이언트가 어려운 생활사건을 이해하고 적응적으로 반응할 수 있도록 하는 접근이다. 탄력성을 향상시키기 위한 또다른 도구는 국제 탄력성 프로젝트(Grotberg, 1995)에 의해 워크샵 형식으로 개발되었다. 워크샵에서 참여자들은 "내가 가지고 있는 것은 무엇인가(예를 들면, 내가 믿을 수 있는 사람)", "나는 무엇인가(예를 들면, 내가 하는 일에 기꺼이 책임지는 것)", 그리고 "내가 할 수 있는 것은 무엇인가(내가 대면하고 있는 문제를 해결하기 위한 방법을 찾는 것)"에 대해 반성적으로 고찰하게 된다.

떨쳐내기 모델(Debriefing models)은 희망을 가지고 외상 후 스트레스 장애를 예방하기 위해 재난에 뒤따르는 짧은 시간 내에 어려운 경험을 처리하고자 하는 또다른 개입 형태이다(Armstrong, Lund, McWright, & Tichenor, 1995; Bell, 1995). 위기사건들을 떨쳐냄으로써 사람들은 허리케인, 토네이도, 폭발, 시민에 대한 총기난사, 화재나 우연한 사고와 같은 외상적 사건들과 연관된 스트레스를 극복할 수 있다(Armstrong et al., 1995; Bell, 1995). 이러한 재난들은 가정을 넘어서서 직장에까지 파급효과를 일으킬 수 있다. 재난에 대한 반응과 떨쳐내기는 정상성을 회복시키며 사람들의 기본적 욕구들을 충족시키도록 돕는다. 실천가들은 지금까지 성공하기 위해 해온 일들을 탐색한다. 실천가들은 사람들이 충격을 다루고, 죽음에 대한 취약성을 수용하며, 그들이 생존해 왔다는 사실을 받아들이도록 돕는다. 이 책이 출판되는 과정에서, 우리는 오클라호마 시 폭발사건의 사회복지실천 개입에서 저자들 중 한 명이 기술한 실천원칙들을 2001년 9월 11일, 미 국방성과 세계무역센터에 대한 공격에 적용할 수 있다는 것을 고통스럽게 인식하게 되었다.

달라스에 있는 연방 고용지원 프로그램의 요청에 따라, 오클라호마 시로 즉시 차를 몰고 갔다. 나는 곧바로 필요한 의사소통과 조정을 확실하게 하기 위해 수립된, 교회가 포함된 현장 지휘센터로 갔다. 한 가지 목적은 누가 죽었고, 누가 살아있고, 누가 실종되었는지를 확인하는 것이었다. 그 현장의 첫 사회복지사인 나는 지원이 필요한 구조원들뿐만 아니라 가장 많은 디스트레스를 받고 있는, 폭파된 빌딩에서 나온 사람들과 이야기하게 되었다.

실천가가 일을 시작할 때 이해해야 하는 첫 번째 사실은 "정상적인 것이 사라졌다. 사람들은 충격과 공포의 상태에 있다."는 것이다. 오클라호마 시민들은 다른 폭탄이 터질지 모른다는 두려움을 가지고 있었다. 따라서 사회복지사는 침착한 어조로 안전한 장소에서 사람들을 만나야 한다. "안전감을 수립하는 것이 다른 무엇보다도 선결되는 조건이다." 사회복지사는 가능한 한 많은 정보를 얻기 위해 사람들을 만나고 디스트레스 상황에 있는 사람들과 이 정보를 나누어야 한다. 정보는 유언비어와 부정적인 행동의 가능성을 없애준다. 동시에 사회복지사는 이것이 매우 어려운 시간이라는 것을 인식해야 한다.

나는 떨쳐내기(debriefing)가 하나의 집단에서 취할 수 있는 최고의 활동이라는 것을 배워왔다. 현장에 있는 모든 사람들을 모임에 참여하도록 하며, 사회복지사에게 소개하고 모임의 목적을 배우도록 한다. 나는 대부분의 사람들이 그 모임에 남아있을 거라고 믿지만, 그렇게 하도록 강요해서는 안 된다. 집단 활동은 그 구조와 목적—즉 무슨 일이 일어났는지 이해하고 그 사건에 대처하기 위한 기술을 배우도록 노력하는 것—을 나누는 것으로 시작한다. 나는 구성원들에게 망연자실하고, 분노하며, 슬퍼하고 심지어는 생존한 것에 대한 죄책감을 느끼는 것과 같은 재난 직후 느낄 수 있는 것들에 대해 교육함으로써 집단을 시작했다. 이러한 모든 감정들은 "적절한 것이며", 각 개인은 상이한 회복 기간을 가지게 될 것이다. 나는 한 집단 내에서 작업하는 힘은 그들이 서로를 지지하기 위해—위로하기 위해 거기 있는 것이라고 설명한다. 집단 구성원들은 그들이 있었던 곳이나 재난이 벌어지는 동안 잃어버린 사람들에 대해 말하고 싶어하거나 전혀 말하지 않을 수 있다.("내 생각에 내 컴퓨터는 폭파되었고, 내 책상 밑에 머리를 박고, 완전히 혼자서 빌딩의 한 구석에 있는 나 자신을 발견했던 것 같아요. 모든 사람들이 가버렸죠.")

집단의 치료 목적은 치유를 촉진하기 위한 것이다. 죄책감을 해결할 때 치유가 일어난다. 즉, 사람들은 사건에서 의미를 발견해야 한다. 그들은 나무를 심고, 사진 스크랩북을 만들고, 사망자들 이후의 순례 자취에 이름을 붙이는 것과 같이 잃어버린 사람들을 기념하기 위한 개인적인 방법을 찾아야 한다.(오클라호마 폭발사건의 기념물은 빛을 반사하는 일련의 빈 의자들로 만들어졌다.)

치유는 선형적이거나 곧은 길이 아니다. 당신의 클라이언트는 자신의 상실을 해결하려고 노력할 때 "오르락내리락" 할 수 있다. 그들은 악몽, 불면, 아픔과 고통을 경험할 수 있다(그리고 이것이 일반적이라는 것을 알려줘야 한다). 사회복지사의 중

요한 과업은 "슬픔이 당신을 두려워지게 하도록 놔두지 마세요"라고 말해주는 것
이다.

분명, 오클라호마 시의 경험과 국방성과 세계무역센터에 대한 최근 테러리스
트들의 공격은, 외상적 사건을 경험해 온 사람들을 돕기 위해 사회복지사는 다양
한 문제를 해결하는 데 있어서 클라이언트를 지원하는 지식 기반과 일정 범위의
기술들이 필요하다는 것을 입증한다. 이것은 감정이입적인 경청과 지역사회 재
건을 포함할 수 있다(Kirst-Ashman & Hull, 1999).

참고문헌

Anderson, T. (1991). *The reflecting team: Dialogues and dialogues about the dialogues*. New-York: W. W. Norton.

Armstrong, K. R., Lund, P. E., McWright, L. T., & Tichenor, V. (1995). Multiple stressor debriefing and the American Red Cross: The East Bay Hills fire experience. *Social Work, 40*, 83-90.

Astor, R. A., Behre, W. J., Wallace, J. M., & Fravil, K. A. (1998). School social workers and school violence: Personal safety, training, and violence programs. *Social Work, 23*, 223-232.

Bartelt, D. (1994). On resilience: Questions of validity. In M. Wang & E. Gordon (Eds.), *Educational resilience in inner-city America* (pp. 97-108). Hillsdale, NJ: Lawrence Erlbaum.

Begun, A. L. (1993). Human behavior and the social environment: The vulnerability, risk, and resilience model. *Journal of Social Work Education, 29*, 26-36.

Bell, J. L. (1995). Traumatic event debriefing: Service delivery designs and the role of social work. *Social Work, 40*, 36-43.

Benard, B. (1991). *Fostering resilience in kids: Protective factors in the family, school and community*. Portland, OR: Northwest Regional Educational Library.

Benard, B. (1995). *Fostering resilience in children* (ERIC Digest, EDO-PS-95-9, Urbana-Champagne, IL: University of Illinois). Available: http://resilnet.uiuc.edu/library/benard95.html.

Benard, B. (1997). *Turning it around for all youth: From risk to resilience* (ERIC Clearinghouse on Urban Education, Institute for Urban and Minority Education, No. 126). Available: http://eric-web.tc.columbia.edu/digests/dig/126.

Bentelspacher, C. E., Chitran, S., & Abdul Rahman, M. B. (1994). Coping and adaptation pattern among Chinese, Indian, and Malay families caring for a mentally ill relative. *Families in Society, 75*, 287-294.

Billingsley, A. (1987). Family: Contemporary patterns. In A. Minahan (Ed.), *Encyclopedia of social work* (18th ed., Vol. 1, pp. 520-529). Silver Spring, MD: National Association of Social Workers.

Borden.W. (1992). Narrative perspectives in psychosocial intervention following adverse life events. *Social Work, 37*, 135-141.

Bowen, G. L., & Chapman, M. V. (1996). Poverty, neighborhood danger, social support, and the individual adaptation among at-risk youth in urban areas. *Journal of Family Issues, 17*, 641-666.

Bowen, N., & Bowen, G. L. (1998). The effects of home microsystem risk factors and school microsystem protective factors on student academic performance and affective investment in schooling. *Social Work in Education, 20*, 219-231.

Brodsky, A. E. (1999). Making it: The components and process of resilience among urban, African-American, single mothers. *American Journal of Orthopsychiatry, 69*, 148-160.

Bronfenbrenner, U. (1979). *The ecology of human development*. Cambridge, MA: Harvard University Press.

Bronfenbrenner, U., McClelland, P., Wethington, E., Moen, P., & Ceci, S. J. *The state of Americans*. New York: Free Press.

Bronfenbrenner, U., Moen, P., & Garbarino, J. (1984). Family and community. In R. Parke (Ed.), *Review of child development research* (Vol. 7, pp. 283-328). Chicago: University of Chicago Press.

Brookings, J. B., McEvoy, A. W., & Reed, M. (1994). Sexual assault recovery and male significant others. *Families in Society, 75*, 295-299.

Brooks, J. S., Nomura, C, & Cohen, P. (1989). A network of influences on adolescent drug involvement: Neighborhood, school, peer, and family. *Genetic, Social, and General Psychology Monographs, 115*, 125-145.

Brown, P. L. (2000, June 14). The pomp of graduation after overcoming difficult circumstances. *New York Times*, p. A24.

Buckley, W. (1967). Systems and entities. In W. Buckley (Ed.), *Sociology and modern systems theory* (pp. 42-66). Englewood Cliffs, NJ: Prentice-Hall.

Burman, S., & Allen-Meares, P. (1994). Neglected victims of murder: Children's witness to parental homicide. *Social Work, 39*, 28-34.

Caplan, R. D. (1987). Person-environment fit theory and organizations: Commensurate dimensions, time perspectives, and mechanisms. *Journal of Vocational Behavior, 31*,

248-267.

Carter, B., & McGoldrick, M. (1999). *The expanded family life cycle: Individual, family, and social perspectives* (3rd ed.). Boston: Allyn & Bacon.

Carter, C. S. (1999). Church burning in African American communities: Implications for empowerment practice. *Social Work, 44*, 62-68.

Catalano, R. E, Morrison, D. M., Wells, E. A., Gillmore, M. R., Iritani, B., & Hawkins,,J. D. (1992). Ethnic differences in family factors related to early drug initiation. *Journal of Studies on Alcohol, 53*, 208-217.

Chadiha, L. A. (1992). Black husbands' economic problems and resiliency during the transition to marriage. *Families in Society, 73*, 542-552.

Chatman, J. A. (1989). Improving interactional organizational research: A model of person-organization fit. *Academy of Management Review, 14*, 333-349.

Coie, J., Watt, N. E, West, S. G., Hawkins, J. D., Asarnow, J. R., Markman, H. J., Ramey, S. L., Shure, M. B., & Long, B. (1993). The science of prevention: A conceptual framework and some directions for a national research program. *American Psychologist, 48*, 1013-1022.

Conger, R. D., Conger, K. J., Elder, G. H., Lorenz, R. O., Simons, R. L, & Whitbeck, L. B. (1992). A family process model of economic hardship and adjustment of early adolescent boys. *Child Development, 63*, 526-541.

Coohey, C. (1996). Child maltreatment: Testing the social isolation hypothesis. *Child Abuse and Neglect, 20*, 241-254.

Cornille, T. A., Boroto, D. R., Barnes, M. R., & Hall, P. K. (1996). Dealing with family distress in schools. *Families in Society, 77*, 435-445.

Coulton, C, & Pandey, S. (1992). Geographic concentration of poverty and risk to children in urban neighborhoods. *American Behavioral Scientist, 35*, 238-257.

Cowan, P. A., Cowan, C. P., & Shulz, M.S. (1996). Thinking about risk and resilience in families. In M. Hetherington & E. A. Blechman (Eds.), *Stress, coping, and resilience in children and families* (pp. 1-38). Mahwah, NJ: Lawrence Erlbaum.

Cox, G., & Powers, G. T. (1998). Against all odds: An ecological approach to developing resilience. In R. R. Greene & M. Watkins (Eds.), *Serving diverse constituencies: Applying the ecological perspective* (pp. 135-167). Hawthorne, NY: Aldine de Gruyter.

Crossette, B. (2000, August 15). U.N. to establish a war crimes panel to hear Sierra Leone atrocity case. *New York Times*, p. A6.

Denham, S. A., & Burton, R. (1996). A social-emotional intervention for at-risk 4-year-olds. *Journal of School Psychology, 34*, 225-245.

Dittrich-Mclnnis, K. (1996). Violence prevention: An ecological adaptation of systematic training for effective parenting. *Families in Society, 77*, 414-422.

Dubrow, N. R, & Garbarino, J. (1989). Living in the war zone: Mothers and young children in a public housing development. *Child Welfare, 68*, 3-20.

Duncan, G. J., Brooks-Gunn, J., & Klebanov, P. K. (1994). Economic deprivation and early childhood development. *Child Development, 65*, 296-318.

Elder, G., Jr. (1979). Historical change in life patterns and personality. *Life-Span Development and Behavior, 2*, 117-157.

Elder, G., Jr., Nguyen, T. V., & Caspi, A. (1985). Linking family hardships to children's lives. *Child Development, 56*, 361-375.

Ewalt, P. (1998). The revitalization of impoverished communities. In P. Ewalt, E. Freeman, & D. Poole (Eds.), *Community building: Renewal, well-being, and shared responsibility* (pp. 3-5). Washington, DC: NASW Press.

Fonagy, P., Steele, M., Steele, H., Higgitt, A., & Target, M. (1994). The Emmanuel Miller memorial lecture 1992: The theory and practice of resilience. *Journal of Child Psychology and Psychiatry, 35*, 231-257.

Franklin, C, & Streeter, C. L. (1992). Social support and psychoeducational interventions with middle class dropout youth. *Child Adolescent Social Work Journal, 9*, 131-153.

Fraser, M. (1997). *Risk and resilience in childhood.* Washington, DC: NASW Press.

Furstenberg, A., & Rounds, K. (1995). Self-efficacy as a target for social work intervention. *Families in Society, 76*, 587-595.

Gager, P. J., & Elias, M. J. (1997). Implementing prevention programs in high-risk environments: Application of the resiliency paradigm. *American Journal of Orthopsychiatry, 67*, 363-373.

Garbarino, J. (1995). *Raising children in a socially toxic environment.* San Francisco: Jossey-Bass.

Garbarino, J., & Asp, E. (1981). *Successful schools and competent students.* Lexington, MA:

Lexington Books.

Garbarino, J., & Kostelny, K. (1992). Child maltreatment as a community problem. *Child Abuse and Neglect, 76*, 455-464.

Garmezy, N. (1991). Resilience in children's adaptation to negative life events and stressed environments. *Pediatric Annals, 20*, 459-466.

Garmezy, N. (1993). Children in poverty: Resilience despite risk. *Psychiatry, 56*, 127-136.

Genero, N. P. (1998). Culture, resiliency, and mutual psychological development. In H. I. McCubbin, E. A. Thompson, A. I. Thompson, & J. A. Futrell (Eds.), *Resiliency in African-American families* (pp. 31-48). Thousand Oaks, CA: Sage Publications.

Germain, C. B. (1994a). Emerging concepts of family development over the life course. *Families in Society, 75*, 259-267.

Germain, C. B. (1994b). Human behavior in the social environment. In F. G. Reamer (Ed.), *The foundations of social work knowledge* (pp. 88-121). New York: Columbia University Press.

Gitterman, A., & Shulman, L. (1986). *Mutual aid groups and the life cycle.* Itasca, IL: F. E. Peacock.

Greene, R. R. (1999). *Human behavior theory and social work practice.* Hawthorne, NY: Aldine de Gruyter.

Greene, R. R. (2000). *Social work with the aged and their families.* Hawthorne, NY: Aldine de Gruyter.

Greene, R. R., & Watkins, M. (Eds.). (1998). *Serving diverse constituencies: Applying the ecological perspective.* Hawthorne, NY: Aldine de Gruyter.

Grotberg, E. H. (1995, September 27-30). *The international resilience project: Research, application, and policy.* Paper presented at the Symposio Internacional Stress e Violencia, Lisbon, Portgual.

Haight, W. L. (1998). Gathering the spirit at First Baptist Church: Spirituality as a protective factor in the lives of African American children. *Social Work, 43*, 213-221.

Hawley D. R., & DeHaan, L. (1996). Toward a definition of family resilience: Integrating life-span and family perspectives. *Family Process, 35*, 283-298.

Hendrix, C. C, Jurich, A. P., & Schumm, W. R. (1995). Long-term impact of Vietnam war service on family environment and satisfaction. *Families in Society, 76*, 498-506.

Hetherington, E. M. (1989). Coping with family transitions: Winners, losers, and survivors. *Child Development, 60*, 1-15.

Higgins, G. (1994). *Resilient adults: Overcoming a cruel past.* San Francisco: Jossey-Bass.

Hranjski, H. (2000, February 6). Church healing wounds in Rwanda. *Indianapolis Star*, p. 15.

Hulewat, P. (1996). Resettlement: A cultural and psychological crisis. *Social Work, 41*, 129-135.

Katz, M. (1997). Overcoming childhood adversities: Lessons from those who have "beat the odds." *Intervention in School and Clinic, 32*, 205-210.

Kirby, L. D., & Fraser, M. W. (1997). Risk and resilience in childhood. In M. W. Fraser (Ed.), *Risk and resilience in childhood: An ecological perspective* (pp. 10-33). Washington, DC: NASW Press.

Kirst-Ashman, K. K., & Hull, G. H. (1999). *Understanding generalist practice.* Chicago: Nelson-Hall.

Lee, J. (1994). *The empowerment approach to social work practice.* New York: Columbia University Press.

Leyser, Y., Heinze, A., & Kapperman, G. (1999). Stress and adaptation in families of children with visual disabilities. *Families in Society, 77*, 240-249.

Lifton, R. J. (1993). *The protean self: Human resilience in an age of fragmentation.* Chicago: University of Chicago Press.

Lorries, B. (2000, June). *Fostering resilience in health maintenance organizations: Oxymoron or reality?* Paper presented at the National Association of Social Workers Indiana chapter meeting, Indianapolis, IN.

Lyons-Ruth, K., Connell, D. B., & Gruenbaum, H. U. (1990). Infants at social risk: Maternal depression and family support services as mediators of infant development and security of attachment. *Child Development, 61*, 85-98.

Mallak, L. (1998). Putting organizational resilience to work. Industrial Management, 40, 8-14.

Masten, A. (1994). Resilience in individual development: Successful adaptation despite risk and adversity. In M. C. Wang & E. W. Gordon (Eds.), *Educational resilience in inner-city America: Challenges and prospects* (pp. 3-25). Hillsdale, NJ: Lawrence Erlbaum.

Masten, A. S., & Coatsworth, J. D. (1998). The development of competence in favorable and unfavorable environments. *American Psychologist, 53*, 205-220.

McCall, N. (1994). *Makes me wanna holler*. New York: Vintage Books.

McCubbin, H. I. (1998). Series preface. In H. I. McCubbin, E. A. Thompson, A. I. Thompson, & J. E. Fromer (Eds.), Stress, *coping, and health in families* (pp. xii-xviii). Thousand Oaks, CA: Sage Publications.

McCubbin, H. I., McCubbin, M. A., Thompson, A. I., & Thompson, E. A. (1998). Resiliency in ethnic families: A conceptual model for predicting family adjustment and adaptation. In H. I. McCubbin, E. A. Thompson, A. I. Thompson, & J. E. Fromer (Eds.), *Resiliency in Native American and immigrant families*. Thousand Oaks, CA: Sage Publications.

Miller, G. E., Brehm, K., & Whitehouse, S. (1998). Reconceptualizing school-based prevention for antisocial behavior within a resiliency framework. *School Psychology Review, 27,* 364-379.

Moncher, F. J. (1995). Social isolation and child abuse. *Families in Society, 76,* 421-433.

Moos, R. H. (1987). Person-environment congruence in work, school, and health care settings. *Journal of Vocational Behavior, 31,* 231-247.

Naparastek, A., & Dooley, D. (1998). Countering urban disinvestment through community building initiatives. In P. Ewalt, E. Freeman, & D. Poole (Eds.), *Community building: Renewal, well-being, and shared responsibility* (pp. 6-16). Washington, DC: NASW Press.

Nash, J., & Fraser. M. W. (1998). After-school care for children: A resilience-based approach. *Families in Society, 79,* 370-382.

Neimeyer, R. A., & Stewart, A. E. (1996). Trauma, healing, and the narrative employment of loss. *Families in Society, 77,* 360-375.

Nicholson, B. L. (1997). The influence of pre-emigration and postimmigration stressors on mental health: A study of Southeast Asian refugees. *Social Work Research, 21,* 19-31.

Ogbu, J. U. (1992). Understanding cultural diversity and learning. *Education Researcher, 21,* 5-14.

O' Keefe, M. (1994). Adjustment of children from martially violent homes. *Families in Society, 75,* 403-415.

Olson, M. R., & Haynes, J. A. (1993). Successful single parents. *Families in Society, 74,* 259-267.

Petty, G. L, & Balgopal, P. R. (1998). Multigenerational conflicts and new immigrants: An Indo-American experience. *Families in Society, 79,* 410-423.

Pierce, C. (1969). Violence and counter violence: The need for a children' s domestic exchange. *American Journal of Orthopsychiatry, 39,* 553-568.

Pinderhughes, E. (1983). Empowerment for our clients and for ourselves. *Social Casework, 64,* 331-338.

Poindexter, C. C. (1997). In the aftermath: Serial crisis intervention for people with HIV. *Health and Social Work, 22,* 125-132.

Proctor, S. D. (1995). *The substance of things hoped for*. New York: G. P. Putnam' s Sons.

Reed-Victor, E., & Pelco, L. E. (1999). Helping homeless students build resilience. *Journal for a Just and Caring Education, 5,* 51-72.

Reiss, D. (1981). The family' s construction of reality. Cambridge, MA: Harvard University Press.

Richman, J. M., Rosenfield, L. B., & Bowen, G. (1998). Social support for adolescents at risk of school failure. *Social Work, 23,* 309-323.

Rutter, M. (1979). *Fifteen thousand hours*. Cambridge, MA: Harvard University Press.

Rutter, M. (1985). Resilience in the face of adversity: Protective factors and resistance to psychiatric disorder. *British Journal of Psychiatry, 147,* 589-611.

Rutter, M. (1987). Psychological resilience and protective mechanisms. *American Journal of Orthopsychiatry, 57,* 316-331.

Rutter, M. (1989). Pathways from childhood to adult life. *Journal of Psychology and Psychiatry, 30,* 23-51.

Safyer, A. W. (1994). The impact of inner-city life on adolescent development: Implications for social work. *Smith College Studies in Social Work, 64,* 153-167.

Sampson, R. J., Raudenbush, S. W., & Earls, F. (1997). Neighborhoods and violent crime: A multilevel study of collective efficacy. *Science, 277,* 918-924.

Schorr, L., & Schorr, D. (1988). *Within our reach: Breaking the cycle of disadvantage*. New York: Anchor Books.

Schriver, J. M. (2001). *Human behavior and the social environment*. Boston: Allyn & Bacon.

Seligman, M. (1991). *Learned optimism*. New York: Pocket Books.

Solomon, B. B. (1976). *Black empowerment: Social work in oppressed communities*. New York: Columbia University Press.

Terkelsen, G. (1980). Toward a theory of the family cycle. In E. A. Carter & M. McGoldrick

(Eds.), *The family life cycle: A framework for family therapy* (pp. 21-52). New York: Gardner.

Thomlison,, B. (1997). Risk and protective factors in child maltreatment. In M. W. Fraser (Ed.), *Risk and resilience in childhood: An ecological perspective* (pp. 50-72). Washington, DC: NASW Press.

Thompson, E. A., McCubbin, H. I., Thompson, A. I., & Elver, K. M. (1998). Vulnerability and resiliency in Native Hawaiian families under stress. In H. I. McCubbin, E. A. Thompson, A. I. Thompson, & J. E. Fromer (Eds.), *Resiliency in Native American and immigrant families* (pp. 115-132). Thousand Oaks, CA: Sage Publications.

Thompson, M. S., & Peebles-Wilkins, W. (1992). The impact of formal, informal, and societal support networks on the psychological well-being of black adolescent mothers. *Social Work, 37,* 322-328.

Tracy, E. M. (1990). Identifying social support resources of at-risk families. *Social Work, 35,* 252-258.

Tracy, E. M., & Whittaker, J. K. (1990). The social network map: Assessing social support in clinical practice. *Families in Society, 71,* 461-470.

Tseng, W. S., & Hsu, J. (1991). *Culture and family: Problems and therapy.* New York Haworth.

Vosler, N. R. (1990). Assessing family access to basic resources: An essential component of social work practice. *Social Work, 35,* 434-441.

Walsh, F. (1996). Strengthening family resilience: Crisis and challenge. *Family Process, 35,* 261-281.

Walsh, F. (1998). *Strengthening family resilience.* New York: Guilford Press.

Wang, M., Haertel, G., & Walberg, H. (1994). Educational resilience in inner cities. In M. C. Wang & E. W. Gordon (Eds.), *Educational resilience in inner-city America: Challenges and prospects* (pp. 45-72). Hillsdale, NJ: Lawrence Erlbaum.

Werner, E. E. (1993). Risk, resilience, and recovery. Perspectives from the Kauai longitudinal study. *Development and Psychopathology, 5,* 503-515.

Werner, E., & Smith, R. (1992). Overcoming the odds: High risk children from birth to adulthood. Ithaca, NY: Cornell University Press.

Winfield, L. F. (1994). *Developing resilience in urban youth* (NCREL monograph, No. 1, NCREL Urban Education Program). Available: http://ncrel.org/sdrs/areas/issues/educatrs/leadrshp/leOwin.htm.

Wolin, S.,& Wolin, S.(1995). Resilience among youth growing up in substance abusing families. *Pediatric Clinics of North America, 42,* 415-429.

Ziefert, M.,Brown, K.S.(1991). Skill building for effective intervention with homeless families. *Families in Society, 72,* 212-219.

Zunz, S.,Turner, S.,& Norman, E.(1993). Accentuating the positive: Stressing resiliency in school-based substance abuse prevention pograms. *Social Work in Education, 15,* 69-76

제4장
방법론적 오류와 이론적 블랙홀

William H. Barton

기술적으로, 우리는 여기에서 아직 경험적으로 구체화되지 않은 개념을 다루고 있다. 그럼에도 불구하고, 그것은 전가된 개별적 특성에 대한 또는 사건들 중 한 범주의 이름에 관련된 경험적 지위를 주장한다.

BARTELT, 1994, p. 99

20세기 후반기에 풍부하고 다양한 연구들이 이루어졌으며, 그들 중 상당수는 종단적인 것이었다. 여러 학문 분과들이 아동기로부터 생애과정을 거쳐 성인기 적응에 이르는 경로를 묘사하고자 하였다. 심각하고 끈질긴 정신질환, 범죄, 약물남용, 가정폭력과 같은 병리적 결과들의 예측요인들을 찾는 데서부터 시작한 연구들은 결국 방정식의 다른 측면, 즉 긍정적 적응의 예측요인들에 관심을 갖게 되었다. 특히 이러한 긍정적 결과들은 확률을 무시하는 것처럼 보였으며, 병리현상이 잘 예상될 수 있는 곳에서 발생하였다. 이 책 전반에 걸쳐서 언급된 이러한 연구들은 다양한 방법론을 채택하고, 다양한 문화와 여러 시기의 조사자들과 참여자들을 포함하고 있다. 21세기가 시작되었을 때, 이러한 연구결과들은 어떤 조건 하에서 어떤 요인들이 긍정적인 적응을 촉진하거나 위협하는가에 대한 훌륭한 일반적 아이디어를 제공하며 수렴되는 것처럼 보였다.

이 장에서는 이러한 연구들 중 눈에 띄는 일부 연구들을 살펴보고, 지식에 대한 그들 주장의 지위를 비판적으로 검토한다. 간략한 개념적 개관과 선택된 연구

121

들을 요약한 다음에, 핵심적인 이론적 개념, 조작화, 그리고 그들 간의 관계를 탐색하기 위해 사용된 연구설계에 대해 더욱 자세하게 살펴볼 것이다. 우리는 적어도 이러한 지식이 일상적으로 기술되는 방식에 대해서는 일반적으로 가정되는 것보다 덜 알고 있지만, 역설적으로, 사회복지실천에는 상당히 유용할 것이라는 점을 제안하고자 한다. 이 장은 사회복지 실천과 연구에 대한 탄력성 함의를 논의하며 마칠 것이다.

개념적 영역

이 책에서 중점을 두고 설명한 탄력성은 생애과정의 이론적 보편성에 있어서 하나의 중요한 개념이다. 위험요인, 보호요인, 취약성, 그리고 자산 등은 다른 더욱 친숙한 주요 용어들에 포함된다(2장 참조). 탄력성 연구에 사용된 방법들을 비판적으로 검토하기 전에, 몇 가지 개념을 분명하게 밝힐 필요가 있다.

어떤 개인의 미래의 결과를 분명히 예측할 수 없다고 하더라도, 결과와 논증가능한 연관을 가진 일부 특성 또는 경험을 공유하는 사람들의 집단에 대한 특정한 결과의 위험이나 통계적 확률을 추정할 수 있다. 예를 들어, 어떤 연구에서는 가정폭력에 노출된 아동이 성인이 되었을 때 폭력적인 행동을 할 가능성이 더 높다는 것을 보여주었다. 따라서 가정폭력에 대한 노출은 이후의 폭력적 행동의 위험요인이다. 위험요인들은 구체화되거나, 즉 위 예에서처럼 특정한 결과의 예측요인, 일반화, 즉 다양한 문제결과들과 연관될 수 있다. 예를 들어, 다른 문제들 중에서 빈곤과 낮은 학업성취는 다양한 부정적 결과들과 관련되어 왔다(Kirby & Fraser, 1997). 위험요인들은 생물학적, 심리적, 신체적 또는 사회환경적 측면들을 포함한 개인의 특성일 수 있다. 위험요인들은 개별적으로 작동할 수도 있지만 다중적인 위험요인들이 존재할 때 결과가 더욱 악화된다는 주목할 만한 증거들도 있다(예를 들어, Newcomb & Felix-Ortiz, 1992; Pollard, Hawkins, & Arthur, 1999; Rutter, 1990).

위험요인들이 직접적인 원인 또는 다른 더욱 가까운 인과적 과정의 표식

(marker)으로 기능하는지가 항상 분명한 것은 아니다(Fraser, Richman, & Galinsky, 1999). 예를 들어, 부모가 심각한 정신질환을 가지고 있다는 것은 정신질환을 발병시키는 위험요인이 된다. 부모의 정신질환은(일정한 범위에서) 직접적인 생물학적 원인을 제공할 수 있으며, 양육행동에 대한 그것의 영향이 아동의 적응에 영향을 미칠 수 있다.

취약성은 개인이 위험을 경험할 가능성을 높이거나 위험 노출의 영향을 확대시킬 수 있는 요인들을 말한다. 개인들은 특정한 위험이나 일반적인 위험에 대한 상대적인 취약성에 따라 위험요인의 존재에 상이하게 반응할 수 있다. 주어진 요인, 예를 들어, 빈곤이 위험요인 또는 취약성으로 간주되어야 하는가가 늘 분명한 것은 아니다.

위험요인의 존재가 문제 결과의 확률을 증가시키는 것과 마찬가지로 보호요인의 존재는 위험요인의 영향을 예방하거나 완충함으로써 긍정적 적응의 확률을 증가시킨다. 위험요인들과 마찬가지로, 이들 보호요인들은 구체적인 또는 일반적인 보호를 제공할 수 있으며, 개인, 가족 또는 더 넓은 환경에서 발견할 수 있다. 문헌들에서 자주 발견되는 보호요인들에는 개인의 낙관적 기질, 지능, 보호제공자나 다른 성인들과의 긍정적 관계, 환경속의 경제저 자원 등이 포함된다.

Masten(1994)이 사회적 자산을 위험의 반대말로 언급하기는 했지만, 더 정확하게 말하면 취약성과 대조될 수 있다. 사회적 자산들은 위험에 노출되든 그렇지 않든 간에 잠재적으로 긍정적 적응을 촉진할 수 있는 자원들이다. 위험요인들이나 취약성과 마찬가지로 주어진 요인이 자산 또는 보호요인으로 간주되어야 하는가는 종종 불분명하다.

탄력성에 대한 관심은 발달론 연구자들이 많은 사람들을 실패하도록 만드는 맥락과 역사, 스트레스들에도 불구하고 분명히 성공한 이들 경험적 예외자들에 대해 당황스러워하면서 등장하였다. 정신질환 부모를 둔 많은 아동들이 스스로 문제를 발전시킴에도 불구하고 모두가 그런 것은 아니었다(Anthony, 1987; Worland, Janes, Anthony, McGuinnis, & Cass, 1984). 아동학대를 경험한 많은 아동들이 성인기까지 영향을 받고, 자신의 양육행동에서도 똑같은 학대행동을 보여주기는 하지만, 모두가 그런 것은 아니었다(Egeland, Jacobvitz, Sroufe, 1988).

사회적으로 해체된 도시 근린지역의 경제적으로 빈곤한 가정에서 자란 아동들이 학교 생활에 어려움을 겪고, 비행 등을 경험하기도 하지만, 모두가 그런 것은 아니었다(Furstenberg, Cook, Eccles, Elder, & Sameroff, 1999; Gordon & Song, 1994; Long & Vaillant, 1989; Luthar, 1991). 만약 부모의 정신질환, 부적절한 양육 행동, 학대, 빈곤, 자원이 부족한 근린지역과 같은 요인들이 다양한 기능 영역들을 포괄하는 빈약한 총체적 결과들의 분명하고도 강력한 예측 요인이라면, 왜 그리고 어떻게 그렇게 많은 사람들이 그렇게 엄격한 통계적 예측을 벗어날 수 있었는가? 연구자들은 그들의 관심을 이러한 탄력성의 특성에 대한 질문으로 돌렸으며, 그것에 대한 우리의 이해가 그러한 현상의 조건들을 만들고, 성장시키며, 창출하려는 행동 시도들에 대해 더욱 폭넓게 알려줌으로써 더 많은 사람들이 예외에 도전하도록 하였다.

양적 연구

Nash와 Fraser(1997)가 규정한 것처럼, 거의 모든 탄력성 연구들은 인식론적 연구의 양적 방법들을 채택해 왔다. 가장 단순한 수준에서, 광범위한 인구를 대상으로 한 서베이들은 발달적 결과들과 개인과 그 환경들의 특성 간의 관계를 드러낼 수 있다. 비록 그들이 인과관계의 이슈를 언급할 수 없더라도 말이다. 두 가지 일반적인 인식론적 접근들은 동년배 연구와 사례—통제 연구들이다. 동년배 연구들은 잠재적인 위험과 보호요인들에 대한 노출이라는 점에 있어서 상이한 두 가지 유사한 집단을 가지고 시작한다. 그리고 나서 이들 집단들에 대한 이후의 결과 발생을 추적하게 된다. 이후 두 집단에 대한 결과의 상대적 위험을 계산하게 된다. 사례—통제 연구들은 이미 문제 또는 결과를 보인 집단(사례 집단)을 확인하고, 이후 그 결과를 보이지 않는 통제 집단을 찾음으로써 시작한다. 그리고 나서 예상되는 위험(또는 보호) 요인들에 대한 집단의 상대적인 노출을 측정한다. 상대적인 노출 비율은 확률로 표현된다(예를 들어, 결과가 발생한 사람은 그렇지 않은 사람보다 위험요인에 노출되었을 가능성이 X배 높다). 생존분석, 또는 사건사 분석은 생애표, 생존 분포도, 위험함수를 활용하여 생존기간을 추정하기 위한 또 다른 수단이다.

의욕에 넘친 횡단적 서베이의 예를 7학년에서 12학년 사이의 미국 청소년들에 대한 종단적 연구인 Add Health national study의 초기 결과보고서에서 찾을 수 있다(Resnick et al., 1997). 그 결과는 개인적 특성뿐만 아니라 가족과 학교 환경이 청소년기의 건강한 행동이나 위험한 행동과 연관되어 있다는 생각을 지지했다. 미국 고등학교들 중에서 체계적 무작위 표집을 하여 80개의 고등학교를 표집하였다. 그 연구의 구성요소 중 하나는 표본 학교 학생들(N=12, 118)의 무작위 표본에 대해 가정 내 면접을 실시하는 것이었다. 학생들 중 3/4은 학교 내 서베이도 완성하였다. 또한 대부분(85.6%)의 부모들이 30분 정도의 면접을 완결하였다. 응답자들은 거의 같은 규모의 탐색과 타당도 표본으로 무작위로 나누어졌다. 결과는 타당도 표본에 대해 보고되었다. 7~8학년과 9~12학년 간에 분리 분석을 수행하였다. 종속변수에는 정서적 디스트레스, 자살, 폭력, 약물남용(담배, 알콜, 마리화나), 첫 성경험 연령, 임신력에 대한 측정이 포함되었다. 독립변수에는 가족 상황, 학교 상황, 개인적 특성들의 몇 가지 측면들을 포함한 탄력성 문헌에서 추출된 스트레스요인들과 보호 요인들에 대한 측정을 포함하였다. 독립변수들은 다음 두 가지 세트로 구분되었다. 일반(부모-가족 연결성, 학교 연계성, 자아존중감을 포함한 모든 종속변수와 연관된 것으로 기대되는) 변수들과 영역별로 구체적인(구체적인 종속변수에 적용되는) 변수들이 그것이다. 각 종속변수에 대한 각 독립변수 집단(가족, 학교, 개인적 특성들)들의 독립적 기여를 추정하기 위해 단계적 회귀분석 전략을 사용하였다.

부모-가족 연결성과 인식된 학교 연계성은 임신력을 제외한 모든 건강 위험 행동에 대해 보호적이었다. 가정 내 총기에 대한 접근 용이성은 자살 및 폭력과 관련이 있었다. 가정 내 약물에 대한 접근은 담배, 알콜, 마리화나의 복용과 연관되었다. 일주일 당 20시간 이상의 노동은 고등학교 학생들 사이에서 정서적 디스트레스와 약물남용에 연관되어 있었다. 고등학생들 사이에서 연령의 증가는 정서적 디스트레스 및 자살과 연관되어 있었으며, 연령의 증가는 모든 학생들 사이에서 약물남용과 더 이른 성경험과 연관되어 있었다. 유급은 모든 학생들에게 정서적 디스트레스를 주었으며, 고등학교 저학년들의 흡연과 관계가 있었다. 반대로 학교 성취에 대한 부모의 기대는 낮은 건강 위험행동 수준과 연관된 반면에, 조기 성경험에 대한 부모의 반대는 늦은 성경험 발생 연령과 연관되었다.

여기에 보고된 결과들은 횡단적 연구에서 나온 것이며, 일부 변수들 간의 관계와 인과적 방향에 대한 의문이 있을 수 있다. 예를 들어, 위험한 행동들은 주위의 다른 방법들보다 청소년의 학교나 가족관계를 위험에 빠뜨리게 할 수 있다. 간단히 말해서, 이처럼 믿을 수 없을 만큼 야심만만하고 값비싼 연구는 이미 알려진 것을 재확인해 주는 것 이상의 아무 것도 하지 못하는 것으로 보인다. 그러나 표집 범위가 넓기 때문에 보여진 관계를 일반화하는 데 약간의 신뢰감을 가질 수 있다. 아마도 Add Health research는 이어지는 자료수집 과정 이후의 후기 단계에서 보다 가치있는 결과들을 만들어낼 것이다.

탄력성에 대한 풍부한 통찰을 해온 종단적 연구들 중에서 아마도 가장 잘 알려진 것은 Werner와 그의 하와이 동료들이 수행한 예측연구일 것이다(Werner, Bierman, & French, 1971; Werner & Smith, 1977, 1982, 1992). 이 연구는 카우아이 섬에 사는 1955년생 동년배 집단(N = 837)을 연구한 것으로 인구통계학적, 태아기, 주산기의 자료들을 이용할 수 있었다. 그리고 2세(n = 734), 10세(n = 698), 18세(n = 614), 31/32세(n = 505) 때 추후조사를 실시했다. 거의 모든 아동들은 아시아계나 폴리네시안계였으며, 절반 이상이 빈곤 가족 출신이었다. 자료는 부모와 동년배 구성원들과의 면접, 임상심리적 평가와 공공기관의 기록 등을 통해 수집되었다. 장기간에 걸친 많은 추후조사를 통해 출생부터 성인기까지 생애과정 전반에 걸친 일관성과 비일관성의 매우 상세한 그림을 얻을 수 있었다.

Werner와 Smith(1982)는 아동과 청소년기의 심각한 대처문제들에 대한 몇 가지 초기 예측요인들을 확인하였다. 이러한 예측요인들은 생물학적 변수(약간 강한 정도의 태아기 스트레스, 출생시 선천적인 결함, 10세까지 약간 두드러진 신체적 장애), 보호제공 환경(낮은 수준의 태교, 낮은 생활수준, 낮은 정도의 가족 안정성), 그리고 행동 변수(1세 때 낮은 유아기 활동 수준, 낮은 IQ, 정신건강 서비스에 대한 인식된 욕구, 학습장애 학급 배치)들을 포함하였다. 이러한 변수들로부터의 예측은 중산층 가정 아동들보다 빈곤 가정 아동들에게서 더 강하게 나타났다. Werner와 Smith는 다음과 같이 언급했다. "2세 아동의 기록에서 이러한 4가지 이상의 예측요인들이 존재한다는 것은 10세나 18세 때 심각한 학습과 행동 문제를 발전시킨 아이들과 성공적으로 대처할 수 있는 아이들 간의 실제적인 구분선이 되어야 할 것으로 나타났다"〔원문에서 강조〕(p. 47).

그러나 2세 전에 4가지 이상의 좀더 심각한 위험요인에 직면한 아이들 중 약 1/3 정도가 성공적으로 적응하였다. 이들이 Werner와 Smith의 탄력성에 대한 탐색의 초점이었다. Werner와 Smith(1992)는 이렇게 말했다. 31세 또는 32세였을 때, "개인적 능력과 결단력, 배우자나 친구들로부터의 지지, 그리고 신뢰는 탄력적인 아동들이 성인이 되었을 때 갖는 공통적인 특징이었다. 거의 예외 없이, 그들은 그들의 아동기를 특징지어왔던 외상적인 가정 내 장면들과 상당히 다른 맥락에서 일도 잘하고 애정 관계도 좋았다"(p. 74). 그들은 더욱 높은 수준의 교육을 받았으며, 또래들의 전국 평균보다 더 높은 고용수준을 가지고 있었다. 덜 성공적인 또래들에 비교하면 더 말할 것도 없이……. 하지만 그들은 또한 스트레스와 관련된 건강 문제들을 더 많이 경험하였으며, 대인관계에서 무관심한 태도를 보여주었다.

종단적 설계를 통해 카우아이 연구자들은 탄력적인 아동들을 동일하게 높은 위험을 가지고 있지만 덜 성공적인 또래들과 차별화하는 초기 영향요인들을 확인할 수 있었다. 이러한 요인들에는 몇 가지 개인적 특성들(예를 들어, 유아기 때보다 낙천적인 기질, 보행가능한 연령 때 더 높은 기민함과 자율성, 사회적 지향성, 그리고 더 높은 관심과 학업 태도, 노력, 수행, 더 높은 성취지향성, 주장성, 독립성 등)과 가족 요인들(더 적은 형제 수, 주 보호제공자로부터의 짧은 분리, 최소한 한 보호제공자와의 친밀한 유대), 그리고 외부 요인들(예를 들어, 최소한 한 명의 친밀한 친구, 과외 활동 참여 등)이 포함된다.

카우아이 연구의 부가적인 중요한 기여는 10대 임신, 비행 또는 정신건강 문제 등을 포함한 청소년기 심각한 대처문제들을 발전시켜 온 아동들의 이후 궤도에 대한 기록을 남겼다는 점이다. 대부분의 아동들은 31세나 32세 때 그들의 상황에서 실질적인 향상을 보여주었다. 십대모의 대부분(90%)은 유급 채용되었으며, 대다수(60%)는 추가로 학교를 다녔다. 청소년기 범죄 기록이 있는 대다수(남자의 75%와 여자의 90%)는 성인기에 범죄를 저지르지 않았으며 아동기나 청소년기에 정신건강 서비스가 필요했던 이들 중 절반 정도가 긍정적인 적응의 모습들을 보여주었다. 인생의 궤도에서 이러한 긍정적 변화와 연관된 것으로 보이는 요인들은 지역사회 대학교육과 군대에서 습득한 교육 및 직업기술, 교회나 종교 공동체와의 연결 등으로 보인다(Werner & Smith, 1992).

카우아이 연구와 같은 연구들이 수년 간 예측적 자료수집을 수반한 반면에, 다른 연구자들은 새로운 통찰을 제공하기 위해 다른 연구에서 수집된 이차적 자료분석을 실시했다. James와 Paul(1993)은 다음과 같이 이차적 분석의 몇 가지 이점들을 지적해 왔다. 즉, (1) 새로운 자료를 수집하지 않고 새로운 의문들을 제기할 수 있는 능력, (2) 더 크거나 상이하게 구성된 표본들에 대한 연구 질문들을 확장할 가능성, (3) 현존하는 횡단적 또는 종단적 연구들에 대한 추적조사를 수행, (4) 이론적 진보의 측면에서 질적 자료를 재입력하고 재분석할 잠재력이다.

예를 들어, Caspi와 Elder, Herbener(1990)는 초기 아동기 기질과 성인기 적응 간의 관계를 검토하기 위해 Berkeley Guidance Study 자료를 사용했다. 이 연구는 1928~1929년에 시작되었으며, 19개월 동안 캘리포니아주 버클리 시에서 매 3번째 태어난 아기들을 표집하여 전체 214명의 표본을 대상으로 하였다. Caspi 등은 남아(n = 102, 이들 중 87명은 성인기까지 추적조사됨)들만을 연구하였다. 자료는 임상가들이 평가하는 면접과 교육과 직업, 결혼상태, 부모됨과 관련한 생활기록들에서 수집되었다. 연구자들은 아동들을 세 가지 유형으로 분류하였다. 즉, 병적 기질(38%), 수줍어함(28%), 의존(33%). Caspi 등은 세 가지 유형에 대해 특징적인 생애과정 패턴들을 기록했다. 병적 기질을 가진 아동들은 더 제한된 교육과 제한된 직업 성취와 같은 성인기 문제들을 보였다. 또한 수줍어하는 아동들이 늦게 전환하는 반면에 병적 기질을 가진 아동들은 성인 역할로 보다 일찍 전환하는 경향이 있었다. 하지만 이러한 후자의 발견에 대한 맹목적이고 규범적인 해석은 다소 의문의 여지가 있다. 왜냐하면 의존적 아동에게 발생하고 "표준"으로 간주되는 제때에 맞는 전환이 표본의 전체 평균으로 정의되었기 때문이다. 사람들은 병적 기질을 가진 아동들이 제때에 맞는 것이고 다른 모든 아동들이 늦었다거나 수줍어하는 아동들이 제때에 맞고 다른 모든 아동들이 이르다고 쉽게 결론지을 수 있다. 더욱이 사람들은 원래의 분류 구조에 의문을 제기할 수도 있다. 수줍음, 의존성, 병적 기질 중 어느 것도 보이지 않는 아동은 없었는가? 라고 말이다.

질적 연구

몇몇 연구자들은 행위자의 인식이나 맥락, 경험, 사건 구성의 역할에 주의를 기울이지 못하는 것이 엄격한 양적 접근의 한계라는 것을 확인해왔다. 따라서 연구자들을 포함한 많은 사람들에게 스트레스 사건으로 보일 수 있는 것들이 일부 다른 사람들에게는 중립적인 것으로 또는 오히려 긍정적인 도전으로 인식될 수 있다. 의미의 주관적 구성은 관여된 개인에게 미친 사건의 영향에 대한 이해를 완전히 달라지게 할 수 있다. 예를 들어, Gore와 Eckenrode(1994)는 십대 딸의 임신이 편모의 우울을 촉발시킬 수 있는데, 그것은 임신과 그 부수적인 물질적 부담 때문이 아니라, 그것이 양육 실패의 지표로서 의미를 갖기 때문이다. 많은 탄력성 이론가들이 탄력성 과정에 대한 개인의 적극적 참여를 언급해 왔지만(예를 들어, Egeland, Carlson, & Sroufe, 1993), 극소수의 양적 연구들만이 개인의 경험에 대한 주관적 기술을 포함하고 있다. 질적 방법들은 이러한 과제들에 더 잘 들어맞는다(5장 참조).

예를 들어, Gilgun(1999)은 폭력적 행동의 발전과 가해자가 자신의 폭력적 행위를 어떻게 경험하는가에 대한 자신의 연구에서 해석학적 현상학적 방법을 사용했다. 66명의 성인 표본(2/3 정도가 심각한 폭력을 저지름)과 면접을 하는 과정에서, 그녀는 탄력성에 대한 통찰을 제공한 7명의 표본을 확인하였다. 이들은 아동기의 불운과 폭력 행동력에도 불구하고 면접 때까지 성인기로의 발달을 잘 유지해왔으며, 이들은 탄력성에 대한 정의적 지침인 "건전한 애정관계(loving well), 적절한 업무수행(working well), 충분한 잠재력(expecting well)"을 충족시켰다(p. 48). 심층면접에서 Gilgun은 이들이 가지고 있는 일반적 패턴을 확인했다.

오랜 시간에 걸친 다중적 위험을 경험함, 대처하기 위해 자신과 환경 내의 자원을 활용함, 기관에 대한 친사회적 감각을 발전시킴. 위험발생시 대처하고 적응하고 극복하며 미래에까지 유지함. 매일의 스트레스를 다루는 데 있어서 지지적이고 도움이 되는 성인 관계.(p. 51)

또다른 질적 연구에서 Gordon과 Song(1994)은 "불평등한 것에 대항해 성공한" 26명의 아프리카계 미국인에 대한 회고적 생애사 분석을 수행하기 위해 근거이론 틀을 사용하였다. 드러난 요인들은 친사회적 목적과의 연결 노력, 발달을 위한 타인으로부터의 지지(예를 들어, 부모), 자율성(내적 통제소), 의미있는 타인과의 친밀한 관계, 맥락에 대한 주관적 의미(예를 들어, "우리는 결코 자신을 가난한 자라고 생각해 본 적이 없다"), 영적 연결성 등이 포함된다.

이들 질적 연구들의 결과가 양적, 인식론적 연구에서 발견된 결과들과 일관된 것이기는 하지만, 응답자의 말에서 세부적인 기술들은 위험 축적, 사회적 지지, 인생에 대한 통제감과 같은 개념들을 가져오도록 돕는다. 또한 그것들은 개인의 맥락과 경험에 귀인하는 주관적 의미의 역할을 강조한다.

탄력성 연구의 한계

모든 연구 접근들은 한계가 있다. 순수한 횡단적 서베이는 여러 변수들 간의 관계를 확인할 수 있지만 그 변수들 간의 어떤 인과관계의 특성을 파악하는 데는 거의 아무것도 하지 못할 수 있다. 몇 가지 결과들(예, 정신질환, 범죄)을 보여주는 하나의 표본과 그렇지 않은 통제집단을 비교하여 "예측요인들"을 파악하고자 하는 사례—통제 설계는 하나의 개선점을 보여준다. 그러나 유사한 예측요인들의 패턴을 보이면서도 그러한 결과를 나타내지 않는 다른 사람들은 어떠한가? 이러한 경향은 주장된 예측요인의 중요성을 과대추정하는 것이다.

탄력성 연구는 인생—과정 관점에 주의를 기울일 것을 요구한다. 이것은 세 가지 상호작용적인 "차원들"—개인, 환경, 그리고 시간—을 동시에 고려하는 것과 같다. 따라서 종단적 연구, 특히 카우아이 연구처럼(Werner & Smith, 1992) 예측적인 동년배 설계는 이러한 세 가지 차원 모두를 잘 포착한다. 그러나 종단적 연구들은 매우 비용이 많이 들고, 논리적인 것에 도전을 받고 있어서, 연구자들은 상대적으로 작은 표본을 사용하곤 한다. 더군다나 그러한 연구들은 중복되는 여러 동년배들을 거의 결합하지 않는다. 따라서 예측적, 종단적 동년배 설계는 종종 표본과 동년배 효과로 인해 일반화가 제한되어 왔다. 또한 Coie 등(1993)이 지적한 것처럼, "제한된 발달기 동안에만 발생하는 효과들과 지체된 효과들을 함께 파악하기 위해서는 측정하는 시기에 그러한[예측적]설계에 신중을 기하여야 한다"(p. 1015).

종단적인 연구이든 아니든 간에, 변수 중심의 연구들은 총체적인 분석을 하는 데 있어서 생태학적 오류를 범하기 쉽다. 변수 중심의 다변량 모델들은 이들 예측요인들에 대한 개별 값의 총계로부터 이끌어진 예측요인들의 가중치 결합을 기술한다. 그러나 어떠한 개별적 욕구도 가중치 결합을 보여주지 않는다. 반대로, 개인중심의 접근(예, Magnusson & Bergman, 1990)은 예측요인들의 존재 여부 패턴을 보여주는 개인들에 대한 분류학을 발전시키고 유형과 결과들 간의 관계를 검토한다.

모든 양적 설계들은 모형 특수성의 이슈에 직면하게 된다. 즉, 불완전한 설명에 기인한 변량의 오류는 어느 정도인가? 탄력성이 종종 다변량적인 위험-예측 모형의 오류 변량으로부터 추론되기 때문에, 오류가 실제로 탄력성을 반영하는 것인지 아니면 더욱 구체화된 모형이 더 많은 변량을 설명할 수 있을지 결정하는 것은 불가능하다.

측정된 구성체는 어느 정도 범위까지 이론적으로 의미를 가지는가 아니면 어떤 다른 것을 위한 "표식"이 되는가? "역조작주의", 즉 우리가 측정한 것을 구체화된 개념으로 취급하는 잠재적 문제가 있다(Bartelt, 1994). Rigsby(1994)가 지적한 것처럼

탄력성을 적용해 온 생활경험의 각 범주에 대해, 연구자는 기대된 결과와 기대하지 않은 결과, 위험과 자산(개인과 사회 모두), 주어진 위험과 자산에 의해서 성공적인 적응의 가능성을 점치는 평가에 대한 판단을 내려왔다. …… "탄력적인" 개인들은

그 적응이 예측 방정식으로부터 극단적으로 긍정적인 잔차를 나타내는 사람들이었으며, 적응은 위험과 자산의 선형 조합으로부터 예측된 것이다.(p. 88)

이제 이전에 논의한 것처럼 주관적이고 간(間)주관적인 "의미"의 역할에 대한 의문이 남아 있다. 의미는 거의 네 번째 차원으로 간주될 수 있다. 질적 연구들은 이것을 탐색할 필요가 있지만, 그 자체로 위험과 보호요인들, 그리고 결과들 간의 복잡한 관계에 대한 완전한 그림을 그릴 수는 없다.

탄력성 연구의 가장 큰 한계는 아마도 이론적 문제들의 결과일 것이다. 우선, 위험요인, 취약성, 보호요인, 기회 또는 자산을 어떻게 차별화할 수 있을 것인가?(예를 들어, 빈곤은 위험요인인가 아니면 맥락적 취약성인가? 사회적 지지는 보호요인인가 아니면 위험이 존재할 때만 적절한 완충요인인가, 아니면 위험이 드러나거나 그렇지 않을 때 결과를 강화하는 직접적인 기회요인인가?) 예를 들어, Seifer와 Sameroff(1987)는 Werner와 Smith(1982)가 높은 사회경제적 지위(SES)와 가족 지지행동을 완충요인으로 설정하고, 주산기와 관련한 위험을 정의했지만, 좋은 주산기 상태를 보호요인으로 설정하고, 사회경제적 지위를 일차적인 위험 지표로 선택할 수 있다고 지적하였다.

두 번째, 탄력성은 동등하게 의미있는 것인가 아니면 문화적으로 강요되거나(미국인을 원형으로 하여), 인위적이거나 불필요한 개념은 아닌가(즉, 우리의 이론들이 탄력성을 포함할 필요가 있는가 아니면 그것들은 다른 발달적 개념들의 다양한 아마도 복잡하고 쌍방향적인 조합적 구조를 정교하게 함으로써 더 나아질 것인가?). 예를 들어, Rigsby(1994)는 탄력성이 개별화와 이동성 추구를 강조한다는 점을 들어 "본질적으로 미국적인 개념"이라고 주장했다(p. 85). 그는 개념 뒤에 숨은 다음의 몇 가지 함축적인 가정들을 확인했다.

1. 모든 사람은 "앞으로 나아" 갈 수 있고, 나아가도록 노력해야 한다.(이것은 다른 사람들을 넘어서는 것을 수반할 것이라는 점에서 함축적이다)
2. 앞으로 나아가기 위한 경쟁의 영역은 열려있고, 공정하며 모두에게 접근가능하다.(인종, 성별, 문화 등에 의해 규정되는 집단들을 향한 어떠한 구조적 장애도 없음)

3. 앞으로 나아가기 위한 경쟁은 지속되는 게임처럼 구조화되어 있다.……, 누구든 항상 스스로 함께 할 수 있으며 경쟁에 다시 들어갈 수 있다.

4. 성공의 기회에 영향을 미치는 약점들은 개인적인 것이며 개인적인 노력에 의해 극복할 수 있다.(p. 87)

한쪽 극단에서, Search Institute의 Peter Benson(1997)과 같은 일부 연구자들은 자산과 보호요인들을 촉진하고, 위험요인들을 무시함으로써 탄력성에 대해 배타적으로 초점을 둘 것을 주장한다. 이는 후자(위험요인들)가 개인의 강점보다 결점을 강조하는 것으로 보기 때문이다. 지역사회로 하여금 청소년들의 발달적 자산을 촉진하도록 격려하는 Search Institute의 접근은 최근 몇 년 간 많은 지역사회에서 열렬한 지지를 받아왔다. Rigsby(1994)의 관점을 공유하는 사람들에 따르면, 탄력성을 강조하는 데 있어서 잠재적 위험은, 위험에 대한 사람들의 차별적 노출과 민감성의 좀더 구조적인 원인을 제시하는 정책과 프로그램에 덜 관심을 가짐으로써 문제 결과들을 발전시킬 차별적 가능성이 있다는 것이다. 탄력성이 개인과 환경의 상호작용을 포함하는 과정이라는 좀더 현학적인 철학자들의 주장이 있기는 하지만, 그 개념에는 고유한 개인주의적인 의미가 있다(Tolan, 1996). 또한 위험요인들을 무시하는 것은 다양한 문제 결과들과의 관련성을 기록한 풍부한 경험적 증거들을 볼 때 잘못된 것으로 보인다. Pittman과 Cahill(1991)이 말한 것처럼, 긍정적 적응을 촉진하는 것이 그저 문제 결과들을 회피하거나 감소시키는 것 이상을 의미한다는 것이 사실일지도 모르지만, 위험을 감소시키고 자산과 보호요인을 촉진하는 것 모두에 주의를 기울여야 할 것이다(Pollard et al., 1999).

탄력성과 생애과정

탄력성은 인간발달의 생애과정 관점에 뿌리내린 개념이다. 생애과정 관점의 다소 단순화된 윤곽을 다음과 같이 거칠게 그릴 수 있다.

- 각 개인들은 그들의 장기적인 발달 결과에 있어서 다양한 모습을 보인다. 즉, 어떤 사람들은 긍정적인 내적, 외적 적응을 보여주지만 다른 사람들은 그렇지 않다.

- 각 개인들은 시간이 지남에 따라 내부적으로, 그리고 적응의 "질"에 있어서 역할/행동의 영역들에 따라 다양한 모습을 보인다.

- 생물학적인 수준에서 거시 사회적인 수준에까지 다양한 수준에서, 다양한 단계의 다양한 긍정적 발달 결과들과 관련되는 경향이 있는, 개인과 그 환경의 몇 가지 알려진 속성들이 있다.

- 이와 마찬가지로, 개인과 환경의 다른 속성들은 부정적인 발달 결과들과 관련되는 경향이 있다.

- "예측요인들"과 "결과" 간의 관계는 복잡하다. 그것들은 단순한 선형, 부가적 모형으로는 완전히 포착할 수 없다. 관계들은 상호작용, 억제, 확대, 호혜적 인과관계를 포함한다.

- 결과는 동귀결성(즉, 특정한 결과로 가는 하나 이상의 경로가 있다)과 다중귀결성(주어진 예측요인들이 상이한 개인들 또는 심지어 상이한 시간이나 상이한 영역에 있는 동일한 개인에게 상이한 결과를 만들어 낼 수 있다)으로 특징지어진다.

생애과정 관점과 탄력성 개념을 다음의 가설적 시나리오에 적용해 보자. 16세인 저스틴은 큰 규모의 도시지역 고등학교에 다니고 있으며, 지금은 10학년 말이다. 그는 대부분 A와 B학점을 받았으며 출석도 잘하고 몇 가지 과외활동에 참여하는 등 학교에 잘 다니고 있다. 그에겐 2명의 동생이 있으며 부모는 모두 일을 하고 있고 그들의 자녀들에게 지속적으로 교육의 중요성을 강조해왔다. 가족은 집 근처의 교회에 정기적으로 다닌다. 저스틴은 대개 "멋진 녀석"으로 간주되어 왔으며, 차분한 성격에 똑똑하고 다른 사람들의 감정과 복지에 대해 적절히 관심을 보여주었다. 그는 기복은 있지만 꾸준히 여자친구를 사귀고 있으며, 학급 아이들 중에서 다른 친구 집단과 사귀고 있다.

이들 친구 중 하나가 제임스이다. 그의 프로파일은 다소 다르다. 뛰어난 학생은 아니었지만, 그는 어려운 가정환경에도 불구하고 학교에서 상당히 잘 해왔다. 그의 아버지는 알콜중독자인데, 제임스가 10살 때 가족을 떠났으며, 제임스와 그의 어머니를 여러 번 신체적으로 학대해 왔다. 그의 어머니는 꾸준히 직업을 가지고 있을 수 없었다. 제임스는 컴퓨터에 대한 관심을 나누는 저스틴을 포함하여 학교에 몇 명의 친구들이 있다.

정말 따뜻한 어느 봄날 낮에, 제임스는 저스틴에게 수업을 빼먹고, 시외에 있는 공원으로 운전해 가서, "신나게 놀자"고 제안하였다. 저스틴이 갈 것이라 생각하는가? 나아가 이러한 결정과 그 다음의 결과가 저스틴의 이후 성인기 적응 결과에 어떤 함의를 가질 것인가?

아마도 대부분의 사람들은 이렇게 대답할 것이다. "아니오, 저스틴은 수업을 빼먹고 불법 약물을 복용하는 그런 아이가 될 것 같지 않습니다." 그러나 왜? 이 시나리오에서 당신이 보고 있는 전통에 일치하는 "예측요인"은 무엇인가? 강력한 가족? 신앙 공동체와의 연결? 밀접한 또래 관계? 훌륭한 학교 적응과 성취, 관여? 공감? 긍정적인 자아개념? 이런 것들이 모두 많은 연구들에서 환경적 스트레스나 위험을 대할 때 긍정적이거나 탄력적인 결과를 예측하는 "자산" 또는 "보호요인"으로 확인되어 온 예들이다. 저스틴으로 하여금 비행에 참여하도록 하는 또래의 "스트레스"에 저항하도록 하기 위해, 단일한 요인에 의해서든 아니면 여러 요인에 의해서든 이들 중에서 필요하거나 충분한 요인은 무엇인가? 반대로, 저스틴과 같은 자산들을 가지고 있지 않은 것처럼 보이는 학급친구들은 일탈하는 또래와 함께 갈 것으로 기대되는가? 나아가 저스틴이 상황을 인식하는 방법과 그가 자신과 초대, 잠재적 결과 등을 기술하기 위해 사용하는 용어가 중요한 것인가?

이러한 가설적 시나리오를 지속하기 위해, 한번 더 마찬가지로 저스틴이 그의 친구와 함께 가고, 가엾게도 두 소년이 마리화나 소지 혐의로 체포되었다고 가정해 보라. 저스틴과 제임스에 대한 이러한 환경적 스트레스의 영향이 같을 것이라고 보는가 아니면 다를 것이라고 생각하는가? 더 많은 자산을 가진 것으로 보이는 저스틴이 더 탄력적이어서 이러한 경험을 예외적인 것으로 보고 재빨리 그의 성공적인 적응 경로로 돌아갈 것이라고 기대하는가?

아니면, 아마도 제임스가 이전의 더 큰 위험 노출의 결과로 탄력적인 전략들을 발전시킬 더 많은 기회를 가져왔기 때문에 더욱 탄력적일 수도 있을 것이다. 탄력성 영역에서 최근의 생각과 연구는 어느 한쪽의 예측을 지지하기 위해 사용될 수 있으며 따라서 유용하지 않다.

거기에는 탄력성의 개념과 관련된 문제가 놓여 있다. 탄력성이 앞으로 언급될 Masten(1994)이 정의한 것처럼, 선호하지 않는 차이를 극복하고 위험을 대할 때 능력을 유지하며, 외상으로부터 회복되는 것으로 정의된다면, 그 개념은 "사실 이후", 말 그대로, 환경적 스트레스에 노출된 이후에만 적용될 수 있을 것이다. 그처럼, 그것은 대처 개념을 넘어 실제로 어떤 부가적인 이론적 명확성을 제공하고 있는가?

주어진, 정적인 시점에서 요인들의 접합점을 정확하게 지적하는 것이 어려운 것처럼, 시간이 지남에 따라 한 인생에 역동적으로 펼쳐지는 융단을 명료하게 하기 위한 도전들을 상상해 보라. 우리의 연구 도구들, 그리고 우리의 매일의 언어조차 역동적인 과정보다는 정적인 조건의 기술에 훨씬 더 적합하다. 측정 행위들은 시간을 얼어붙게 하며, 그 결과 종단적 연구들조차 다중적인 틀을 조립하는 것 이상을 하지 못한다. 틀 사이로 경과되는 시간은 너무나 커서 만화책의 한 칸(빠르게 볼 때 움직이는 것처럼 보이는 착각을 주는 개별적이고 정적인 그림들)처럼 "생기있는" 것이 되지 못하도록 한다. 따라서 우리는 우리가 측정할 수 있는 것과 기술할 수 있는 것을 가지고 머물러 있다.

생애과정 모델은 상징적 "상호작용주의"의 관점에서 만들어졌다(Blumer, 1969). 상징적 상호작용주의는 의미의 중심성을 인간행동을 이해하기 위한 "상호작용 속의 행위자"에 의해 구성되는 것으로 가정한다. 한 개인은 (1) 사회적 상호작용의 역사로부터 이끌어진 현재의 지위에서 그의 정체성, (2) 하나의 의지, 분명하게 형성된, 또는 바라는 임박한 만남의 결과, (3) 이전 경험이나 유사—정형적인, 학습된 과잉일반화들의 몇 가지 조합으로부터 이끌어진 다른 사람에 대한 지각, (4) 다른 사람들이 의도하고 그렇게 할 가능성이 높은 것에 대한 기대, (5) 처음의 또는 반응적 행동의 결과적 계획을 갖추고 만남에 접근한다. "다른" 사람들은 유사하게 갖춘 채 도달하게 된다. 교환이 진행되면서, 처음에 기대의 관점에서 해석된 자기와 타인의 행동들은 그 요소들의 일부 또는 전부를 변형시킬 수 있다. 부드러운 상호작용을 통해, 교환은 빠르게 해석적 합의를 이루어내고, 이전의 학습을 강화하거나 새로운 대인관계 학습을 주입시키지만 이것이 항상 발생하는 것은 아니다.

이러한 교환 직후에, 그 결과가 어떠하든지, 사람들은 이러한 경험을 자기 인생의 지속적으로 전개되는 주관적 이야기로 통합해야만 한다. 다양하고 잘 알려진 심리적 과정을 통해(예를 들어, 선택적 지각, 귀인, 인지 부조화 감소), 이 특정한 경험과 개인에게 미리 존재하는 구성체는 일부 이야기 일관성의 형식을 양산하기 위해 순응하고 동화한다.

이제, 이러한 관점을 생애과정에 적용하기 위해, 어느 시점에서든 사람은 이전 경험, 현재의 동기와 인지에 의해 형성되고 알려진 다중적인 이야기 줄거리를 가지고 그의 전개되는 이야기 속에 살게 된다. 물리적 환경과 사회적 환경 모두 이러한 이야기 구성의 관점에서 그 의미를 찾게 되고, 행동은 그에 수반된다. 행동의 결과는 개인적 희망이나 예측일 수도 있고 그렇지 않을 수도 있지만, 그럼에도 불구하고, 개선되든 개악되든 그것들은 역동적으로 전개되는 이야기로 통합되며, 개인이 다음 만남에 가져오는 "꾸러미"의 일부가 된다. 시간이 지남에 따라 사람들은 이야기가 분명하게 강화되거나 수정되는 중요한 "결정적 순간"이나 "전환점"을 따라 자신과 타인의 삶에 존재하는 패턴을 볼 수 있다.

생애과정 연구자는 개인의 삶에서 하나 이상의 시점을 연구할 수 있으며, 자산 및 취약성과 더불어 위험과 보호요인을 서술하고, 현재의 결과를 회고적으로 해석하거나 미래의 결과를 예측하기 위해 예측적인 시도를 할 수 있다. 회고적 해석은 과대추정된다. 즉, 어떤 결과와 그 반대 결과에 대한 논리적인 회고적 설명을 구성하는 것이 늘 가능하다. 반대로 미래적 예측은 상당히 과소추정되는데, 이는 일차적으로 이야기 구성의 주관적 요소들이 체험 이상의 어떤 것을 포착할 수 없기 때문이다.

사회복지실천에 대한 탄력성 연구의 가치

탄력성이 모호하고 공허한 개념이라면, 그리고 생애과정 연구가 고도로 절충된 것이라면, 사회복지실천은 이러한 모험으로부터 어떻게 도움을 받을 수 있을 것인가? Haggerty와 Sherrod(1994)는 4가지 중요한 주제가 탄력성과 관련된 연구에서 등장했으며 이것이 개입 또는 예방 프로그램에 대한 함의를 가지고 있다고 제안했다. 이들 주제는 (1) 위험요인과 문제 결과 간의 상호관계성, (2) 탄력성과 스트레스에 대한 민감성에 책임이 있는 요인들에 존재하는 개인 간 그리고 개인 내적 변량, (3) 다중적인 스트레스요인들을 다중적인 결과에 연결시키는 과정들과 기제들을 검토할 필요성, (4) 이전의 3가지 주제들—연결 기제에 따른 상호관련성과 개인적 변이성—에 대한 인지로부터 설계될 수 있는 스트레스와 불리한 결과들 간의 연결고리를 끊기 위한 개입과 예방 프로그램 등을 포함한다.

그 한계들에도 불구하고 다양한 방법을 활용한 전반적인 탄력성 연구들은 명확한 이론적 해결책이 없는 경우에도 실천과 정책에 유용한 정보를 제공할 수 있는 수렴적인 결과들을 만들어 왔다. 그 모든 불명확성에도 불구하고, 탄력성 개념은 연구자들과 실천가들 모두 상황 내 개인의 긍정적 잠재력을 지향하도록 도왔다. 긍정적인 결과들이 "탄력성"이라고 불리는 어떤 것에 귀인하는지 아니면 보다 복잡한 위험요인, 보호요인, 취약성, 자산들의 조합에 귀인하는지는 실천에 있어 그리 결정적인 것이 아닐 수도 있다.

중요한 것은 위험, 탄력성, 보호에 대한 연구들이 광범위하게 다양한 양적, 질적 방법들을 활용해 왔다는 것이다. McGrath(1982)는 주어진 방법론이 특정한 강점과 한계점을 가지고 있는 반면에, 방법의 조합은 결국 다른 것의 각 한계들을 나타낼 수 있기 때문에 복합적인 방법을 사용한 연구 프로그램을 설득적으로 옹호했다. 따라서 복합적 연구방법에 의해 이끌어진 발견들을 수렴하는 것은 단일 방법을 활용하는 연구의 대부분을 구성하는 일련의 연구들로부터 얻어지는 결과들보다 큰 신뢰를 준다. 탄력성 영역에서 종단적, 횡단적, 양적, 질적 연구들은 고려할 만한 위험이 있는 경우나 없는 경우 모두 긍정적인 인생 결과들과 연관되는 개인적 특성, 가족 특성, 그리고 그 이상의 거시적 영향요인들의 유사한 조합들을 지적해 왔다. 예를 들어, Masten(1994)은 다음과 같이 목록화했다. "효과적인 양육, 다른 유능한 성인들과의 연결, 다른 사람들, 특히 성인에 대한 호감, 훌륭한 지적 기술들, 자신과 타인이 가치있게 여기는 재능이나 성취의 영역들, 자기효능감, 자기가치와 잠재력, 종교적 믿음이나 참여, 사회경제적 이점, 훌륭한 학교와 다른 지역사회 자산들, 행운"(p. 14). 나아가 이러한 촉진 요인들은 매우 일반적인 것으로 보인다. 즉, 다른 문화들과 좋지 않은 다양한 결과들의 위험을 대하게 되었을 때 적용할 수 있다. 이러한 영향요인 중 일부는 다른 것들보다 유연하며, 정책과 프로그램 개입의 표적을 제공할 수 있다. 긍정적인 발달을 강화하기 위한 정책과 프로그램의 표적화는 단순히 다중적이고 구체적인 문제 결과들의 예방과 치료만을 범주적으로 언급하는 데 의존하는 것을 넘어설 수 있다(14장 참조).

그러나 동시에 우리는 우리의 대상 중 일부를 차별적으로 에워싸는 매우 실제적이고 강력한 위험에 대해 지속적으로 언급해야만 한다. 이러한 위험들은 또한, Hawkins와 그의 동료들의 연구에서 요약된 것처럼 잘 이해할 수 있다(Hawkins, Catalano, & Associates, 1992; Pollard et al., 1999). 결론적인 실천적 함의는 지역적인 위험과 보호요인들의 확산에 대해 지역사회 이해당사자들을 교육하고, 위험을 감소시키고 보호를 강화하기 위해 지역사회들을 동원하며, 개별 클라이언트와 일할 때 다중체계적 관점과 강점관점을 적용하는 광범위한 노력들을 지지해야 한다는 것이다(Fraser & Galinsky, 1997).

미래를 위한 연구 과제

알려지지 않은 채로 남아있는 것들이 주어졌을 때, 탄력성과 관련 개념들에 대한 우리의 지식을 심화시키기 위해 여러 문화, 실재적인 영역들, 역사적 시대들에 적용되는 양적 방법과 질적 방법을 혼합하는 것이 바람직하다. 연구는 생애과정 궤도의 패턴을 지속적으로 명료화해야 한다. 이들 연구 중 일부는 변수 중심적이기보다 인간 중심적이어야 한다. Rutter(1994)에 따르면, 앞으로의 연구는 다음과 같은 것들을 검토해야 한다.

- 장애에 대한 전반적 책임: 생활사건과 경험들은 정신병리 장애에 대한 전반적 책임에 영향을 미치는가?
- 위험 기제란 무엇인가?
- 인과적 기제에 대한 검사
- 스트레스에 대한 취약성에서 개인적 차이: 유전적 요인들이 있는가?
- 위험 노출에 있어서 개인적 차이: 왜 어떤 사람들은 상대적으로 적은 위험 노출을 경험하는가? 이것은 기질, 상호작용, 또는 상황의 결과인가?
- 스트레스 효과를 향해 나아감: 신경 그리고/또는 인지적 효과가 있는가?
- 탄력성을 강화하기 위해 설계된 개입의 효과성

비슷하지만, Masten(1994)은 다음과 같이 제안했다.

- 문화와 상황들을 넘어서는 기본적인 인간의 적응 과정들을 확인하고 상술하기 위한 탐색(예를 들어, 양육, 자기유능감)
- 특정한 상황에서 작동하는 독특한 보호적 과정에 대한 더 좁은 범위의 초점 연구(예를 들어, 중 · 고등학교로의 진학)
- 개입 프로그램의 결과 평가

사회복지사에게 있어서, 연구의 최우선순위는 다양한 체계 수준—지역사회, 특정 조직(예: 학교), 가족, 개인—에서 개입의 효과성을 평가하는 일일 것이다. 앞에서 제시한 것처럼, 우리는 잠재적으로 적절한 개입을 설계할 만큼 긍정적이고 발달적인 결과들을 촉진하거나 위협하는 요인들에 대해 충분히 알고 있다. 남아있는 문제는 이것이다. 어떻게 해야 이러한 개입들이 특정한 사회문화적 맥락에서 잘 작동하게 될까?

참고문헌

Anthony, E. J. (1987). Children at high risk for psychosis growing up successfully. In E. J. Anthony & B. J. Cohler (Eds.), *The invulnerable child* (pp. 147-184). New York: Guilford Press.

Bartelt, D. W. (1994). On resilience: Questions of validity. In M. C. Wang & E. W. Gordon(Eds.), *Educational resilience in inner-city America: Challenges and prospects* (pp. 97-108). Hillsdale, NJ: Lawrence Erlbaum.

Benson, P. L. (1997). *All kids are our kids: What communities must do to raise caring and responsible children and adolescents.* San Francisco: Jossey-Bass.

Blumer, H. (1969). *Symbolic interactionism: Perspective and method.* Berkeley: University of California Press.

Caspi, A., Elder, G. H., Jr., & Herbener, E. S. (1990). Childhood personality and the prediction of life-course patterns. In L. N. Robins & M. Rutter (Eds.), *Straight and devious pathways from childhood to adulthood* (pp. 13-35). Cambridge: Cambridge University Press.

Coie, J. D., Watt, N. E, West, S. G., Hawkins, J. D., Asarnow, J. R., Markman, H. J., Ramey, S. L., Sure, M. B., & Long, B. (1993). The science of prevention: A conceptual framework and some directions for a national research program. *American Psychologist, 48,* 1013-1022.

Egeland, B., Carlson, E., & Sroufe, L. A. (1993). Resilience as process. *Development and Psychopathology, 5,* 517-528.

Egeland, B., Jacobvitz, D., & Sroufe, L A. (1988). Breaking the cycle of abuse. *Child Development, 59,* 1080-1088.

Fraser, M. W., & Galinsky, M. J. (1997). Toward a resilience-based model of practice. In M. W. Fraser (Ed.), *Risk and resilience in childhood: An ecological perspective* (pp. 265-275). Washington, DC: NASW Press.

Fraser, M. W., Richman, J. M., & Galinsky, M. (1999). Risk, protection, and resilience: Toward a conceptual framework for social work practice. *Social Work Research, 23,* 131-144.

Furstenberg, F. E, Jr., Cook, T. D., Eccles, J., Elder, G. H., Jr., & Sameroff, A. (1999). *Managing to make it: Urban families and adolescent success.* Chicago: University of Chicago Press.

Gilgun, J. F. (1999). Mapping resilience as process among adults with childhood adversities. In H. I. McCubbin, E. A. Thompson, A. I. Thompson, & J. A. Futrell (Eds.), *The dynamics of resilient families* (pp. 41-70). Thousand Oaks, CA: Sage Publications.

Gordon, E. W., & Song, L. D. (1994). Variations in the experience of resilience. In M. C. Wang & E. W. Gordon (Eds.), *Educational resilience in inner-city America: Challenges and prospects* (pp. 27-13). Hillsdale, NJ: Lawrence Erlbaum.

Gore, S., & Eckenrode, J. (1994). Context and process in research on risk and resilience. In R. J. Haggerty, L. R. Sherrod, N. Garmezy, & M. Rutter (Eds.), *Stress, risk, and resilience in children and adolescents: Processes, mechanisms, and interventions* (pp. 19-63). Cambridge: Cambridge University Press.

Haggerty, R. J., & Sherrod, L. R. (1994). Preface. In R. J. Haggerty, L. R. Sherrod, N. Garmezy, & M. Rutter (Eds.), *Stress, risk, and resilience in children and adolescents: Processes, mechanisms, and interventions* (pp. xii-xxiv). Cambridge: Cambridge University Press.

Hawkins, J. D., Catalano, R. E, & Associates (1992). *Communities that care: Action for drug abuse prevention.* San Francisco: Jossey-Bass.

James, J. B., & Paul, E. L. (1993). The value of archival data for new perspectives on personality. In D. C. Funder, R. D. Parke, C. Tomlinson-Keasey, & K. Widaman (Eds.), *Studying lives through time: Personality and development* (pp. 45-63). Washington, DC: American Psychological Association.

Kirby, L. D., & Fraser, M. W. (1997). Risk and resilience in childhood. In M. W. Fraser (Ed.), *Risk and resilience in childhood: An ecological perspective* (pp. 10-33). Washington, DC: NASW Press.

Long, J. V. F., & Vaillant, G. E. (1989). Escape from the underclass. In T. F. Dugan & R. Coles (Eds.), *The child in our times: Studies in the development of resiliency* (pp. 200-213). New York: Brunner/Mazel.

Luthar, S. S. (1991). Vulnerability and resilience: A study of high risk adolescents. *Child Development, 62,* 600-616.

Magnusson, D., & Bergman, L. R. (1990). A pattern approach to the study of pathways from childhood to adulthood. In L. N. Robins & M. Rutter (Eds.), *Straight and devious pathways from childhood to adulthood* (pp. 101-115). Cambridge: Cambridge

University Press.

Masten, A. S. (1994). Resilience in individual development: Successful adaptation despite risk and adversity. In M. C. Wang & E. W. Gordon (Eds.), *Educational resilience in inner-city America: Challenges and prospects* (pp. 3-25). Hillsdale, NJ: Lawrence Erlbaum.

McGrath, J. (1982). Dilemmatics: The study of research choices and dilemmas. In J. McGrath, J. Martin, & R. Kulka (Eds.), *Judgment calls in research* (pp. 69-102). Beverly Hills, CA: Sage Publications.

Nash, J. K., & Fraser, M. W. (1997). Methods in the analysis of risk and protective factors: Lessons from epidemiology. In M. W. Fraser (Ed.), *Risk and resilience in childhood: An ecological perspective* (pp. 34-49). Washington, DC: NASW Press.

Newcomb, M. D., & Felix-Ortiz, M. (1992). Multiple protective and risk factors for drug use and abuse: Cross-sectional and prospective findings. *Journal of Personality and Social Psychology, 51,* 564-577.

Pittman, K., & Cahill, M. (1991). *A new vision: Promoting youth development* (Commissioned Paper No. 3). Washington, DC: Academy for Educational Development, Center for Youth Development and Policy Research.

Pollard, J. A., Hawkins, J. D., & Arthur, M. W. (1999). Risk and protection: Are both necessary to understand diverse behavioral outcomes in adolescence? *Social Work Research, 23,* 145-158.

Resnick, M. D., Bearman, P. S., Blum, R. W, Bauman, K. E., Harris, K. M., Jones, J., Tabor, J., Beuhring, T., Sieving, R. E., Shew, M., Ireland, M., Bearinger, L. H., & Udry, J. R. (1997). Protecting adolescents from harm: Findings from the National Longitudinal Study on Adolescent Health. *Journal of the American Medical Association, 278,* 823-832.

Rigsby, L. C. (1994). The Americanization of resilience: Deconstructing research practice. In M. C. Wang & E. W. Gordon (Eds.), *Educational resilience in inner-city America: Challenges and prospects* (pp. 85-94). Hillsdale, NJ: Lawrence Erlbaum.

Rutter, M. (1990). Psychosocial resilience and protective mechanisms. In J. Roll, A. S. Matsen, D. Cicchetti, K. H. Nuechterlein, & S. Weintraub (Eds.), *Risk and protective factors in the development of psychopathology* (pp. 181-214). Cambridge: Cambridge University Press.

Kirby, L. D., & Fraser, M. W. (1997). Risk and resilience in childhood. In M. W. Fraser (Ed.), *Risk and resilience in childhood: An ecological perspective* (pp. 10-33). Washington, DC: NASW Press.

Long, J. V. F., & Vaillant, G. E. (1989). Escape from the underclass. In T. F. Dugan & R. Coles (Eds.), *The child in our times: Studies in the development of resiliency* (pp. 200-213). New York: Brunner/Mazel.

Luthar, S. S. (1991). Vulnerability and resilience: A study of high risk adolescents. *Child Development, 62,* 600-616.

Magnusson, D., & Bergman, L. R. (1990). A pattern approach to the study of pathways from childhood to adulthood. In L. N. Robins & M. Rutter (Eds.), *Straight and devious pathways from childhood to adulthood* (pp. 101-115). Cambridge: Cambridge University Press.

Masten, A. S. (1994). Resilience in individual development: Successful adaptation despite risk and adversity. In M. C. Wang & E. W. Gordon (Eds.), *Educational resilience in inner-city America: Challenges and prospects* (pp. 3-25). Hillsdale, NJ: Lawrence Erlbaum.

McGrath, J. (1982). Dilemmatics: The study of research choices and dilemmas. In J. McGrath, J. Martin, & R. Kulka (Eds.), *Judgment calls in research* (pp. 69-102). Beverly Hills, CA: Sage Publications.

Nash, J. K., & Fraser, M. W. (1997). Methods in the analysis of risk and protective factors: Lessons from epidemiology. In M. W. Fraser (Ed.), *Risk and resilience in childhood: An ecological perspective* (pp. 34-49). Washington, DC: NASW Press.

Newcomb, M. D., & Felix-Ortiz, M. (1992). Multiple protective and risk factors for drug use and abuse: Cross-sectional and prospective findings. *Journal of Personality and Social Psychology, 51,* 564-577.

Pittman, K., & Cahill, M. (1991). *A new vision: Promoting youth development* (Commissioned Paper No. 3). Washington, DC: Academy for Educational Development, Center for Youth Development and Policy Research.

Pollard, J. A., Hawkins, J. D., & Arthur, M. W. (1999). Risk and protection: Are both necessary to understand diverse behavioral outcomes in adolescence? *Social Work Research, 23,* 145-158.

Resnick, M. D., Bearman, P. S., Blum, R. W, Bauman, K. E., Harris, K. M., Jones, J., Tabor, J., Beuhring, T., Sieving, R. E., Shew, M., Ireland, M., Bearinger, L. H., & Udry, J. R. (1997). Protecting adolescents from harm: Findings from the National Longitudinal Study on Adolescent Health. *Journal of the American Medical Association, 278*, 823-832.

Rigsby, L. C. (1994). The Americanization of resilience: Deconstructing research practice. In M. C. Wang & E. W. Gordon (Eds.), *Educational resilience in inner-city America: Challenges and prospects* (pp. 85-94). Hillsdale, NJ: Lawrence Erlbaum.

Rutter, M. (1990). Psychosocial resilience and protective mechanisms. In J. Roll, A. S. Matsen, D. Cicchetti, K. H. Nuechterlein, & S. Weintraub (Eds.), *Risk and protective factors in the development of psychopathology* (pp. 181-214). Cambridge: Cambridge University Press.

Rutter, M. (1994). Stress research: Accomplishments and tasks ahead. In R. J. Haggerty, L. R. Sherrod, N. Garmezy, & M. Rutter (Eds.), *Stress, risk, and resilience in children and adolescents: Processes, mechanisms, and interventions* (pp. 354-385). Cambridge: Cambridge University Press.

Seifer, R., & Sameroff, A. J. (1987). Multiple determinants of risk and invulnerability. In E. J. Anthony & B. J. Cohler (Eds.), *The invulnerable child* (pp. 51-69). New York: Guilford Press.

Tolan, P. H. (1996). How resilient is the concept of resilience? *Community Psychologist, 29*, 12-15.

Werner, E. E., Bierman, J. M., & French, F. E. (1971). *The children of Kauai.* Honolulu: University of Hawaii Press.

Werner, E. E., & Smith, R. (1977). *Kauai' s children come of age.* Honolulu: University of Hawaii Press.

Werner, E. E., & Smith, R. (1982). *Vulnerable, but invincible: A longitudinal study of resilient children and youth.* New York: McGraw Hill.

Werner, E. E., & Smith, R. (1992). *Overcoming the odds: High risk children from birth to adulthood.* Ithaca, NY: Cornell University Press.

Worland, J., Janes, C. L, Anthony, E. J., McGinnis, M., & Cass, L. (1984). St. Louis Risk Research Project: Comprehensive reports of experimental studies. In N. F. Watt, E. J. Anthony, L. C. Wynne, & J. Rolf (Eds.), *Children at risk for schizophrenia: A longitudinal perspective* (pp. 105-147). Cambridge: Cambridge University Press.

제5장
소녀들에게 귀기울이기
탄력성 연구

Marie L. Watkins

청소년기의 끝에 있는 소녀들에게 귀를 기울이면서, 나는 그들의 혼란과 싸움, 이해를 위한 악전고투에 대해 이야기하는 것, 그리고 누군가 귀기울여 들어주는, 믿을 만한 관계를 갖고 싶고, 사적인 권한을 가지고 아는 것들을 알고 싶어하는 위대한 열망을 들었다.

GILLIGAN, 1990, p. 65

위 Gilligan(1990)의 인용문은 청소년기 소녀들이 젊은 여성에 대해 적대적인 환경에서 성장의 장애를 극복하면서 발전시키는 핵심적인 탄력성 전략들을 포착하고 있다. "싸움"(Robinson & Ward, 1991), "이해를 위한 악전고투"(Gilligan, Rogers, & Tolman, 1991), 그리고 "믿을 만한 관계"(Brown, 1990; Brown & Gilligan, 1992; Taylor, Gilligan, & Sullivan, 1995; Watkins, 1995) 등의 용어들은 소녀기에서 여성기로의 통로를 가로지르려는 탄력적인 시도들을 표현한 것이다. 특별한 배경을 가진 청소년기 소녀들을 연구한 Gilligan과 그 동료들의 초기 연구 중 일부는 능력 있는 성인이 되기 위한 그들의 폭넓은 적응적 행동들에 초점을 두었다. 그 결과들에 따르면 소녀들이 사용하는 전략들이 전통적으로 정의된, 사회적으로 기대되는 여성들의 "친절하고 상냥한" 행동을 넘어 "싸움과 투쟁"과 같은 저항의 형식을 포함하는 것으로 이동하고 있는 것으로 나타났다. 원조과정에서 이러한 탄력성 전략들을 사용함으로써 실천가는 더욱 소녀 중심적이고, 강점에 기반하며, 관계지향적인 사회복지실천을 할 가능성이 높아진다. 마찬가지로 6명의 초기 청소년기 소녀들의 발달을 검토한 이 장의 한 질적 연구에서 제시된 결과는 독자들로 하여금 위험과 탄력성의 신념을 개별화하도록 할 수 있을 것이다. Gilligan의 연구에 제시된 집단과 이 소녀집단 간의 차이점은 소녀들이 가지고 있는 환경적 위험요인들—빈곤가정에서의 성장, 불안전한 근린지역에서의 생활, 자원이 부족한 학교 출석의 영향—이다. 소녀들의 이야기는 빈곤, 여성, 낮은 교육수준 등의 위험을 가지고 성장한 경험에도 불구하고, 그들의 탄력성이 어떻게 그들로 하여금 성공적으로 개인적 관계들을 중재하고 사회적 환경들을 항해하도록 했는지를 명확하게 보여준다. 그들의 이야기는 그들이 가족과 학교, 지역사회에 존재하는 위험요인들에 대항하여 보호하기 위한 완충 행동들을 사용할 때 나타나는 그들의 탄력성에 대한 증언을 제공한다. 사회복지사가 대개 저항으로 인식하는 행동들—싸움, 학교에 가지 않는 것, 가족, 친구들과의 다툼 등—은 적대적인 지역사회와 학교, 가정 환경에서 생존하기 위해 필요한 탄력성 전략으로 재구성된다. 이 장에서 제시된 사례연구들은 이러한 다양한 전략들이 소녀들로 하여금 어떻게 자기 자신을 지지하고 관계들과 거리에서 안전하게 생활하도록 하는지 설명해준다. 또한 이 장은 소녀들과의 사회복지실천에 대한 자산—기반, 관계지향적 접근에 기반한 탄력성 전략들을 촉진하기 위한 소녀중심적인 청소년 발달모델을 개관한다.

초기 청소년기 소녀들의 위험 요인들

위험 초점 모델은 청소년 관련 문제들의 가능성을 잠재적으로 증가시킬 수 있는 사회, 가정, 학교, 개인, 그리고 동료 위험요인들을 보여준다(Hawkins, Catalano, & Miller, 1992). 위험요인들은 보다 많은 위험들이 존재할 때 더 크게 나타난다. 또한 위험요인들은 다양한 행동문제들을 예측하며 상이한 인종, 문화, 계급을 넘어 일관적인 영향을 미친다(Hawkins et al., 1992). 나아가 다중적인 상호작용적 위험요인들은 초기 청소년기 여성의 발달에 영향을 미친다. 생물학적, 인지적, 정서적, 사회적 변화들이 지역사회, 가족, 학교의 위험들과 서로 얽히고 연결되어 있다(Garbarino, 1995; Garbarino, Dubrow, Kostelny, & Pardo, 1992). 초기 청소년기 여성들에게 있는 위험요인들은 구조적인 위험요인들 만큼이나 광범위한 것일 수 있는데, 이는 월경이 일찍 시작되었다거나 초등학교에서 중학교로 진학, 신체 외형의 변화, 성적 괴롭힘과 같은 스트레스 생활사건 등을 포함한다(Werner & Johnson, 1999).

13세의 연구참여자의 다음과 같은 언급에서, 성숙해가는 여성이 부딪칠 난제들을 볼 수 있다.

내가 더 어렸을 때는 재미있었어요. 그리고 내가 나이 들기 시작하면서 점점 어려워지기 시작하는 것 같았죠. 글쎄, 직업을 가지고, 어머니를 돕고 학교에 가면서, 당신은 다른 단계들을 겪어 왔죠. 그리고 내가 7학년이 되었을 때 그랬던 것처럼, 당신이 자라감에 따라 이런 것들이 더욱 더 어려워질 것이기 때문에 정말 힘든 것이죠. 이런 어려움들 때문에 당신은 섹스와 모든 것을 "가지고 가면서" 소유하기를 좋아하는 남자아이들과 함께 그 단계들을 통과해 온 거죠(p. 241).

기존 연구들은 아동기 동안 소년들이 소녀들보다 경제적 곤란, 불충분한 보호, 신체적 학대의 영향에 더 취약하다는 것을 보여주었다(Mann, 1997; Werner & Johnson, 1999). 그러나 이러한 경향은 청소년기 동안 역전되는데, 이때는 소녀들이 소년들보다 더욱 취약해진다. 이는 특히, 십대 임신의 가능성 때문이다. 청소년들이 위험에 처하는 요인들은 훨씬 더 부정적인 영향을 미치고 있으며 청소년기 소년들보다 소녀들의 정서적, 신체적 건강에 더 높은 대가를 치르게 하고 있다.

빈곤, 부모의 낮은 교육수준, 불안정한 가족 구조, 지리적 이동, 학대나 방임의 경험, 그리고 부정적인 가정환경의 영향은 소녀들의 정서적, 신체적 건강에 대한 부정적 영향을 훨씬 더 악화시킨다(Eckenrode, Laird, & Doris, 1993; Garnier, Stein, Jacobs, & Jennifer, 1997). Harris와 Associates(1997)에 따르면, 4명 중 1명의 소녀들이 우울 증상을 보이며, 소녀 중 1/5이 신체적으로 학대받거나 성적으로 괴롭힘을 당해왔고(대개, 가족 구성원에 의해), 4명 중 1명의 소녀들이 적절한 건강보호를 받지 못하고 있다. 십대 임신과 약물복용, 알코올과 흡연 등은 소녀들에게 해당하는 주요한 건강 이슈다(Brooks, Whiteman, Gordon, Nomura, & Brook, 1986; Centers for Disease Control, 1997).

다른 도전들에는 학교를 떠나도록 하는 압력이 포함되는데, 이는 자원의 결핍과 교직원, 부모, 여학생들 사이의 어려움 때문이다(Eckenrode et al., 1993; Fine, 1987; Garnier et al., 1997). 유급을 반복하거나 퇴학당하는 소녀들은 심각한 결과들을 만나게 된다. 즉, 그들은 또래 소년들보다 학교에 돌아와 학업을 마칠 가능성이 낮다. 퇴학이나 자퇴는 기본적인 학습기술과 언어능력을 부족하게 하고 권한을 가진 사람들과의 관계에서 무능력하게 만든다(delPortillo & Segura, 1996).

탄력성은 "확인가능한 위험요인들에 노출된 사람이 이러한 위험들을 극복하고 비행과 같은 장기적인 부정적 결과들을 피하기 위해 활용하는 역량이다"(Rak & Patterson, 1996, p. 368). 탄력성 접근은 위험에 초점을 맞추는 것을 넘어 건강한 발달을 촉진하는 조건이나 보호적 요인들을 검토하는 방향으로 이루어진다(Pittman, 1993; Pittman & Fleming, 1991). 어려운 조건에도 불구하고 어린 십대 소녀들이 성공할 수 있는 능력을 기르는 데 도움을 줄 수 있는 요인은 무엇인가? 역경과 인생의 어려움을 만나 대처하고 적응하고 살아남은 청소년기 여성들의 탄력성을 기록한 두드러진 연구들이 여러 조건을 제시하였다.

고전적인 연구들(Coles, 1964; Konopka, 1976; Ladner, 1971; Stack, 1974)뿐만 아니라 최근의 연구들(Gilligan, Brown, & Rogers, 1990; Taylor et al., 1995; Wolin & Wolin, 1993)도 청소년기 소녀들, 특히 "위험에 처해 있는" 것으로 확인된 소녀들의 적응 기술에 대한 증거를 보여주고 있다. 이러한 생산적인 연구들을 토대로 하여, 저자는 위험에 처해 있는 것으로 생각되는, 도시 지역에 사는 6명의 초기 청소년기 소녀들의 일상 경험을 검토하기 위해 질적 연구를 수행하였다. 자료수집을 위해 기술적, 민족지학적, 현상학적 접근을 선택하였다. 심층면접과 함께 소녀들이 선택한 장소에서 "살면서" 참여관찰 활동을 병행했다. 이는 연구자로 하여금 적극적인 참여자가 되도록 했다. 그러한 관계지향적 방법론이 소녀들이 상호작용하는 장소에서 간섭이나 변화를 최소화할 것으로 생각하였다(Bogdon & Biklen, 1982; Patton, 1990; Strauss & Corbin, 1990; Taylor & Bogdan, 1984).

　면접 지침서는 여성 심리학과 소녀들의 발달에 대한 하버드 프로젝트에서 채택한 일련의 질문들을 활용하여 발전시켰으며, 소녀들로부터 피드백을 받았다(Graduate School of Education, Harvard University, 1990-1995). 다음 기준들로 인디애나폴리스에 사는 참여자들을 선발하였다. 즉, 11세에서 14세 사이이며, 근로 가능한 빈곤 가족이나 빈곤 가족 출신이고, 자발적으로 연구참여에 동의한 소녀들이다. 또한 그들은 위험 프로파일에 적합해야 했다. Gilligan과 Taylor(1992)의 연구에 기반한 위험 기준(At-risk criteria)에는 학년 평균 연령보다 나이가 많아야 하며, 학교에 장기결석과 지각을 하고 있고, 학교 자원 프로그램에 참여해야 하는 것 등이 포함되어 있다.

　연구에 참여한 6명의 소녀들 중 3명은 아프리카계 미국인 소녀였으며, 3명은 코카시안계 소녀였다. 그들을 소개하면 다음과 같다.

　앨리스. 앨리스는 5피트 정도의 키에 몸집이 작고 맵시있는 11살 짜리 아프리카계 미국인 소녀이다. T셔츠와 데님 반바지를 통해 볼 수 있는 신체 곡선은 그녀가 조숙함을 말해준다. 앨리스의 암사슴을 닮은 눈은 가늘게 그려진 검은색 아이라이너로 또렷해 보이고, 그녀의 입술 전체는 암적색 립스틱으로 그려졌다. 그녀는 밝은 갈색 피부를 가졌으며, 세 개의 금색 체인들과 테가 있는 큰 금귀걸이로 꾸미고 있었다.

　처음 만났을 때, 앨리스는 3명의 청소년기 소년들에게 "빌어먹을 짓들을 그만두고 나를 혼자 내버려둬"라고 소리지르며 방으로 달려들어갔다. 연구자에게 자신을 소개한 후 그녀는 "녀석"에게 사과했다. 그녀는 소년들의 괴롭힘으로부터 자신을 보호하기 위한 시도였다고 기술했다. "그 애들은 내가 임신했다고 말했어요. 하지만 난 아직 그것들 모두에 대해 준비가 안됐어요. 나는 아직 11살이예요." 그녀가 "그것들 모두"에 대해 준비가 안 되었다고 인정했음에도 불구하고 그녀는 주위의 남자아이들이 그녀의 몸의 변화에 대해 "그런 관심을 갖는 것이" 재미있다고 말했다.

　써니. 또 다른 11살 소녀인 써니는 폭력성이 있으며, 키가 큰 코카시안계 소녀이고, 자연스러운 금발이 눈에 띠는 숱이 많은 갈색 직모를 가지고 있다. 그녀의 앞머리가 이마에 흩뿌려져 있었으며 클립으로 뒷머리의 한쪽을 묶고 있었다. 써니는 자신의 걸음걸이 만큼 껑충 뛰고는 함박웃음을 지으면서 연구자가 앉아있는 곳으로 뛰어내려왔다. 써니의 엷은 녹갈색 눈은 그녀가 말할 때 반짝였다. "안녕하세요! 면접할 준비 됐어요!" 그 상황을 위해서, 써니는 보통 입고 다니던 헐렁하고 큰 티셔츠와 무릎정도에서 자른 데님 반바지, 고무창 운동화 대신 깨끗하게 세탁하고 다림질한 셔츠와 반바지를 입고, 말아내린 땀흡수용 양말을 신고 왔다.

세티카. 세티카는 12세의 아프리카계 미국인 소녀이며 키가 크고 말랐다. 그녀는 자신을 "나는 당신이 밝은 피부라고 부르는 그런 사람이에요"라고 기술했다. 그녀의 이마와 코, 뺨에는 (그녀가 "피부 융기"라고 부르는) 청소년기 여드름이 눈에 띄었다. 세티카의 갈색 머리는 붉은 빛이 감돌았는데, 고무밴드로 그녀의 귀 뒤로 묶여져 있었다. 그녀는 자신의 머리가 "어떻게 되기를 원한다"고 설명했지만, 그녀의 어머니는 퍼머하는 데 필요한 비용을 줄 수 없었다. 세티카는 매우 부드럽게 말했으며 인터뷰 과정을 설명하는 동안 망설이듯 눈을 마주쳤다.

신디. 신디는 12세이며 수정 같은 녹색 눈을 숨기고 있는 곧고 검은 머리 사이로 바라보았다. 그녀의 크림색 피부는 흠이 없었다. 그녀는 들창코의 콧날 위에 있는 주근깨를 가리키면서 "난 주근깨가 싫어요. 애들이 나를 '점박이 얼굴'이라고 불러요." 그녀는 자신의 친구가 재미있다고 해서 프로젝트에 참여하기를 원했다고 했다.

페이쓰. 페이쓰는 키 크고 마른 13세의 아프리카계 미국인 소녀로, 검은 아이라이너로 그린 아몬드 모양의 눈을 가지고 있었으며, 그녀의 입술에는 연자주빛 립스틱이 깔끔하게 발라져 있었다. 그녀의 새까만 머리는 짧은 옷에 어울리는 빨간 스카프로 숙련되게 감싸져 있었다. 그녀의 친구가 그녀에게 "백인 여자와 이야기하는 것"에 대해 잔소리를 퍼부어 댈 때, 페이쓰는 연구자에게 "신경쓰지 마세요. 당신의 프로젝트를 도울게요"라고 격려했다. 면접 일정이 정해졌을 때, 페이쓰는 연구자에게 앞으로 이틀 내에 낙태를 할 계획이지만 여전히 도와주기를 원한다고 말했다.

데이지. 데이지는 13살된 코카시안계 소녀로, 완전히 균형잡힌 엉덩이와 가슴을 가진 몸집이 작고 맵시있는 소녀였다. 굵게 파마한 어두운 금발 머리는 어깨까지 내려왔으며 리본으로 묶어서 작고 가깝게 몰린 회색 눈을 가리지 않도록 했다. 데이지는 "데이지 듀크"—줄무니 셔츠와 어울리는 짧은 반바지—를 입었다. 부드럽고 잔잔한 목소리로, 데이지는 누구도 "내 비밀을 발견하지" 못할 거라는 걸 보장받을 수 있을 때만 프로젝트를 기꺼이 도울 것이라고 분명히 말했다. 그녀는 "그 전에는 나에 대해 결코 말하지 않을 거예요. 그리고 그게 나를 도울 수 있을 거구요. 때때로 당신만 듣기 위해 다른 누군가와 이야기하는 건 좋아요."라고 말했다.

결 과

6명의 십대 소녀들로부터 얻은 연구 결과들은 그들의 탄력적인 능력에 대한 수많은 예들을 보여주었다. 그들은 상이한 환경 내에서 건강을 향상시키고 역량을 촉진하는 주요 관계들과 경험들을 추구했다. 예를 들어, 그 연구는 소녀들이 그들의 자존감을 강화시키도록 돕는 긍정적인 역할 모델을 찾아 동일시하였음을 보여주었다(Hemlex, 1993). 또한 십대들은 그들이 위험 노출에 대항하는 예방적 수단으로 작용하는 청소년 서비스기관의 방과후 기술개발 프로그램에 참여했음을 밝혀주었다(Health & McLaughlin, 1993). 또한 면접 결과들은 소녀들이 내적 통제감을 발전시켰을 때 자기효능감을 경험하였으며, 장기적인 목적을 달성하기 위해 즉각적인 만족을 지연시킬 수 있었다는 것을 보여주었다(Watkins, 1995).

소녀들이 그들의 탄력성을 향상시키는 보호요인들을 명료하게 나타냄으로써 3가지 중요한 주제가 나타났다. 즉, (1) 관계의 중심성, (2) 저항 전략의 중요성, (3) 신체적 저항 욕구이다. 이러한 주제들은 탄력성 발달을 위한 다음 주요 구성요소들을 확인해 온 연구들과 일치한다. 그것은 1명의 성인 보호자를 갖는 것(Bernard, 1992; Garbarino, 1995), 개방된 기회에 접근하는 것(Bernard, 1999; Garbarino et al., 1992), 그리고 자기효능감을 발달시키는 것이다(Rutter, 1987).

관계의 중심성

연구자들은 낙천적인 기질—다른 사람들로부터 긍정적인 반응을 이끌어낼 수 있는—이 탄력성을 이끌어내는 아동의 긍정적 관계 발달의 예측요인임을 발견해왔다. 관계 맺을 수 있는 누군가가 존재하는 것과 관계를 형성하는 능력은 모두 그러한 개인적으로 매력적인 자질과 연결될 수 있다(Masten & Coatsworth, 1998; Werner, 1984). 앞서의 질적 연구는 이러한 관점을 지지한다. 관계를 발전시키고 유지하는 소녀들의 능력은 다양한 기질적 성향들을 선회하는 것으로 나타났다. 예를 들어, 써니는 그녀가 다른 사람들에게 "친절하고 상냥하다"는 것을 자랑했다. 소녀들은 자주 "친절하고, 명랑하며, 재미있거나", "멋진 사람이 되는 것", 그리고 "도움이 되는" 존재가 되는 것이 다른 사람들에 의해 높이 평가된다고 말했다.

이론가들은 최소한 한쪽 부모나 다른 준거인물과의 안정적인 정서적 관계를 형성하는 능력과 가족외부에 있는 사람들의 사회적 지지가 "사회적으로 해로운 환경"에서 성장하는 아동의 생활에서 중요한 보호요인으로 작용할 수 있다고 지적해왔다(Garbarino, 1995, p. 4). 탄력성 연구자들은 위험에 처한 청소년들 중에서 "최소한 1명의 성인보호자와 관계를 맺고 있는 청소년들은 유사한 관계를 갖고 있지 않은 또래들보다 빈곤, 부모의 중독, 가족의 정신질환, 가족불화 등을 포함한 부정적인 영향들을 더 잘 견딜 가능성이 높다"는 것을 증명해왔다(U. S. Department of Justice, 1998, p. 12). 앞서의 결과들은 그 연구를 실증해준다. "당신의 세계에서 당신에게 중요한 것은 무엇입니까?"라는 질문에 답할 때, 소녀들은 그들의 어머니와 아버지, 그리고 좋아하는 "고모, 이모"들을 들었다.

어머니, 아버지와의 관계

소녀들 사이에서 나타난 일관된 결과는 일하는 어머니의 영향과 관련된 것이었다. 네 소녀의 어머니들이 재정적으로 지불능력이 없는 가족을 돕기 위해 두

가지 직업을 가지고 있었다. 세 소녀의 어머니들은 그 가정의 유일한 소득 제공자였으며, 두 소녀는 아버지가 일은 하지만 낮은 수준의 급여를 받는 가정에서 살고 있었다. 소녀들은 어머니들이 가지고 있는 재정적 압박과 그것을 끝마치려는 노력에 대해 논의했다. 또한 소녀들은 학교 일에 참여하거나 매일의 도전들을 해결하는 데 있어서 어머니들이 도울 수 없다는 것에 대해 논의했다.

또한 각 소녀들은 아버지와 관계를 가지는 것이 중요하다고 말했다. 소녀들이 부녀관계의 중요성을 인정함에도 불구하고, 그들은 아버지와 관계가 제한되어 있거나, 때로는 전혀 없다고 기술했다. 유일하게 신디의 아버지만이 가족과 함께 온종일 생활했다. 그럼에도 불구하고 아버지의 형상에 대한 시각은 각 소녀들의 이상적인 관계들에서 크게 확대되어 나타났다.

나는 2월에야 아빠를 보기 시작했어요. 아빠는 결코 주위에 있지 않았고, 이제 감옥에 있는 동안 잃어버린 세월을 채우고 싶다고 말해요. 그것은 내 인생에서 내가 아버지를 가질 자격이 있다는 걸 알게 해주었기 때문에 나를 행복하게 해주었어요.(Watkins, 1995, p. 135)

다른 성인들과의 관계

탄력적인 아동들은 종종 그들을 무조건적으로 받아들이고, 인도해주고, 보살펴주는 최소한 1명의 의미있는 사람이 있었다. 이러한 돌보는 성인에는 아동의 발달 과정 전체에 걸쳐서 멘토링 역할을 한 청소년 사회복지사, 코치, 성직자, 이웃, 교사, 그리고 그 밖의 사람들이 포함된다(Anthony & Cohler, 1987; Brooks et al., 1986; Rhodes, Gingiss, & Smith, 1994). 그러한 관계들은 나이어린 이들에게 "개인적 연결성, 수퍼비전과 이끌어 줌, 기술 훈련, 경력 또는 문화적 확대 기회, 영성과 가치에 대한 지식, 자기 가치감 그리고 아마도 가장 중요한 미래의 목적과 희망"을 제공해 줄 수 있다(U. S. Department of Justice, 1998, p. 12).

그들의 부모를 넘어 다른 사람들과의 관계를 추구하는 소녀들의 풍부한 자원은 탄력성 전략으로 볼 수 있다. 모든 소녀들에 의해 확인된 의미있는 관계는 "이모" 또는 "아줌마"로 언급되는 중요한 성인 여성과의 관계였다. 생물학적인 친척 또는 다른 누군가일 수도 있는 이모 또는 아줌마는 소녀들에게 중요한 지지 역할을 제공하는 것으로 나타났다. 정보 제공, 교통수단 제공, 활동 공유 등은 소녀들의 편에서 이모들이 수행하는 일차적인 기능이었다. 예를 들어, 데이지는 그녀의 이모 샐리와 자신의 관계가 "그녀는 다른 사람들처럼 나에게 소리지르지 않았기 때문에" 좋았다고 결론지었다.

아프리카계 미국인 소녀들은 그들의 이모를 "내가 어떤 일에 대해 말할 수 있는 사람"으로 기술했다. 이모들은 절친한 친구로, 생활 기술과 도시 물정에 밝은 보호전략들에 대한 자원으로 행동했다. 소녀들의 진술은 호혜성, 상호성, 어머니, 가족, 공동체와의 연결을 강조하는 아프리카 중심주의의 주장과 일치하는 것이다(Ladner, 1971; Stack, 1974; Tatum, 1995). 이러한 관계들은 분리나 자율성을 기대하도록 하기보다 친밀감을 발전시키도록 한다.

이모들과의 일상적인 상호작용에 더하여, 교사들은 각 소녀들의 생활에 정기적으로 정보를 제공한다. 소녀들은 교사들이 학교에서의 성공이나 실패에서 중요한 인물이었음을 밝혔다. 그러나 소녀들은 그들이 긍정적 관계를 가진 교사들의 이름을 밝히지는 않았다. 소녀들은 끊임없이 학교 세팅과 교사의 역할에 있어서 일부 부정적인 부분들을 강조했다. 데이지는 다른 모든 소녀들이 표현한 관심거리들을 제기했다.

> 교사들은 우리에게 모든 것을 의미해요. …… 그들은 우리에게 소리치고, 우리를 홀로 내몰죠. 나는 주의를 끌지 못했기 때문에 소리를 지르곤 했어요. …… 나는 말하고 있었죠. 〔교사들은〕조용하라고, 그렇지 않으면 나를 교장에게 보낼 거라고 말했죠. 그래서 나는 조용해졌는데, 우리는 교장선생님 가까이에는 어떤 곳이라도 가고 싶어하지 않아요. 왜냐하면 교장선생님은 큰 매를 가지고 있거든요.(Watkins, 1995, p. 156)

한편, 소녀들은 소년소녀 클럽(1999)들의 직원을 소녀들에게 보호와 지지의 자원으로 일한 관계로 보았는데, 이들은 소녀들 자신과 교사들, 또래들 간의 갈등적 관계를 중재하려고 시도했다. 써니는 다음과 같이 말했다.

나는 새로운 아이에게 거기(클럽 하우스)에 있는 사람들은 너를 혼내지 않을 거니까 겁내지 말라고 말해요. 네가 하고자 하는 모든 일은 데이브와 그들(다른 직원들)에게 가서 말해. 그들은 우리에게, 만약 어떤 사람이 너를 혼란스럽게 한다면 우리들(직원들)에게 와서 말해라, 너를 괴롭히도록 놔두지 않을 거다라고 말해요. 그건 내가 상처받거나 다른 일들을 당하지 않아도 되는 것이기 때문에 기분이 좋아지도록 해요. 왜냐하면 데이브는 그 아이들이 좋은 감정상태가 아니거나 싸우려 할 때 아이들을 도울 것이기 때문이죠.(Watkins, 1995, p. 175)

또래 관계

소녀들이 동일시하는 주요 또래 관계들에는 그들의 (여자) 친구들과 "함께 지내는" 소년들이 포함된다. 친구들과 활동하는 것은 각 소녀들에게 중요한 적응 전략으로 확인되었다. 활동을 함께 하는 것, 함께 어울려 지내는 것, 비밀을 지키는 것, "문제들로부터 나를 지켜주는 것" 등이다. 신디가 말한 것처럼, "그들이 내 친구인지 아는 방법은 그들이 나를 어려움으로부터 끌어내 주려고 하는가하는 것이다". 또한 페이쓰도 활동에 참여하도록 격려하고 그녀를 보호함으로써 어려움에서 벗어나도록 도운 친구가 있다.

내가 어려움에 처해 있을 때, 내 친구 조디는 나와 함께 어려움을 나누죠. 그녀는 누구도 나를 괴롭히지 않도록 하고, 그녀가 주위에 있을 때는 내가 어떠한 어려움에도 처하지 않도록 할거예요.(Watkins, 1995, p. 195)

남자친구들도 소녀들이 "중요하다"고 인식하는 또다른 관계였다. "함께 지내는" 또는 "관계를 가지고 있는" 소년은 "특별한 느낌을 주고" 상이한 관계적 역동성―전화로 이야기하고, 함께 지내고, 성적인 실험을 포함하는 성인 커플의 역할을 탐색하는 것―으로 들어가도록 하는 수단이었다. 그러나 소녀들이 소년들과의 상호작용을 기술할 때 불신과 괴롭힘에 대한 이야기 주제들이 나타났다. 예를 들어, 데이지는 다른 소녀들에게 "주위에 있는 남자애들을 조심해라. 남자애들은 여자애들을 해치거나 강제로 성행위를 요구하는 등 나쁜 일들을 할 수 있으니까"라고 경고했다고 말했다(Watkins, 1995, p. 206).

탄력성 전략들

　연구결과에 따르면 소녀들은 다른 사람들과 관계를 가지면서 유능감과 자신감을 유지하기 위한 상이한 유형의 저항 전략을 발전시켰다. 저항은 자신 혹은 타인으로부터의 분열을 막기 위한 대처기제이다. 즉, 소녀들은 그들 자신에게 정직할 수 있도록 노력했다. 그들은 타인과의 관계를 유지하기 위해 사회적으로 받아들여질 수 있는 행동을 선택하거나 하지 않을 수 있다. 이러한 전략들은 디스트레스에 저항하는 한 가지 형식인 심리적 저항과 심리적 건강을 유지하기 위한 수단인 정치적 저항으로 볼 수 있다(Gilligan, 1991; Gilligan & Taylor, 1992). 심리적 저항은 심리적 디스트레스와 항복의 징후이다. 예를 들어, 어떤 소녀는 그녀의 의견을 공개적으로 말하거나 그녀가 알고 있는 것을 드러내지 않을 수 있다. 이 소녀는 피하고 싶거나 혼자 있고 싶을 것이다. '잘 모르겠어요' 나 '이상하게 들리겠지만', '아마도 이상하게 들릴 텐데'와 같은 말들을 자주 사용하는 것은 심리적 저항의 다른 지표들이다. 데이지의 말에서 한 예를 찾았는데, 그녀는 친구에게 동의하지 않을 때 "작은 목소리"로 말하여 그들이 "화를 내고 나를 떠나지 않도록" 한다. 이러한 비밀엄수 유형은 관계를 위태롭게 할 수 있으며, 기분을 변화시키거나 수면이나 과식의 비율을 증가시킬 수도 있다(Gilligan & Taylor, 1992).

　한편, 정치적 저항은 심리적 건강의 신호이며, 하나의 주장을 설명하고, 자신이 보고들은 것을 기꺼이 말하고 인정하도록 한다. 이러한 상황에서 소녀들은 그들의 사회적 환경에 대한 예리한 관찰력을 보여줄 수 있으며, 그들이 보고 생각하고 느낀 것을 높은 수준으로 분명히 표현할 수 있다는 것을 증명해준다. 연구 참여자들 간의 정치적 저항 전략들은 "지배, 억압, 왜곡된 관계"에 대항하여 의식적으로 발설하거나 행동화하는 것으로 또는 항복 행위에 대항하여 방어하기 위해 자기침묵, 자기희생 또는 자기부정과 같은 관습적인 여성 행동들을 약화시키는 것으로 표현된다(Gilligan & Taylor, 1992, p. 103). 예를 들어, 그 연구에서 소녀들은 그들의 어머니, 친구, 남자친구들과 논쟁하거나 의견차이를 보이거나 싸웠다고 말했다. 소녀들의 싸움은 정치적 저항 또는 친밀감을 유지하고 강화하기 위한 시도로 재구성할 수 있다. 이는 싸움이 청소년들의 독립 욕구와 관계에 대한 두려움의 징후라는 전통적 함의를 넘어서는 것이다(Gilligan et al., 1990; Taylor et al., 1995).

소녀들이 처음에는 관계를 협상하거나 상처받기 쉬운 상호작용을 무시하려는 시도를 할 수 있다는 점을 지적하였지만, 그들은 결국 "우리는 그냥 싸워야만 된다"고 말했다. 데이지는 예외로 하고, 도시지역의 소녀들은 자기지식과 외재적인 사회적 압력 간의 긴장을 해결할 때 완전감을 유지하기 위해 "당신의 얼굴 앞에서"라는 자세를 가정한다. "똑똑하게 행동하고", "똑똑하게 말하고", "행동하고", "어려움에 대처"하는 소녀들의 정치적 저항 전략들은 그들을 그들의 세계 내에서 적극적인 참여자로 유지시켜준다.

역설적이지만, 소녀들의 "그곳 밖에서 그리고 당신의 얼굴에서"라는 자세는 개인적인 이익과 사회적 비용들을 제시해준다. 개인적 이익에는 그들이 자신의 내적 목소리나 진실한 자기에 연결되어 머무를 수 있는 보다 긴 기간이 포함된다. 왜냐하면 이들 소녀들은 근린지역 거주의 장점, 학력, 인종, 사회적 계층, 그리고 그들이 많은 부담을 지우지 않은 완벽한 소녀 또는 멋진 소녀가 되어야 한다는 기대에 의해 사회의 "비유적인 가장자리"에 서있기 때문이다(Gilligan & Taylor, 1992). 완벽한 소녀가 되려는 시도—경제적으로 그리고 교육적으로 특혜 받은 환경에 있는 소녀들에게는 두드러진 주제—는 그 연구에 참여한 소녀들 사이에서 지배적인 위치를 차지하지 않았다. 연구참여자들은 사회에서 보다 덜 가시적인 공간을 차지하고 있었다(Brown, 1990; Brown & Gilligan, 1992; Watkins,

1995). 따라서 그들은 심리적인 저항 전략을 덜 사용하며, "세계 내에서 밖이 되는" 또는 정치적인 저항 태도를 더 자주 활용하는 경향이 있다.

그러나 정치적 전략을 유지하기 위한 사회적, 물질적 비용은 비싼 것이었다. 소녀들은 그들이 보고 아는 것들에 대해 말해왔을 수 있지만 이러한 표현의 결과는 성인들에 의한 사회적 억제와 검열이었다. 소녀들은 종종 추방되거나 처벌받는 듯한 느낌을 가졌다. "영리하게 말대답 하고", "도망나가며," "뭐든 말하는", 눈을 굴리고 이를 빼는, "태도를 취하는" 등과 같은 정치적 저항 행동들은 종종 깜짝 놀라게 한다. 가족과 또래 집단의 구성원들은 "소리를 지르며 야단치고", "내 이름이 아닌 이름으로 나를 부르거나", "내 얼굴에서 나를 훔쳐" 왔을 수 있다. 학교 당국은 "정학시키거나", "퇴학시키거나", "소년원으로 보낼 수 있다."

학교 맥락은 탄력성 전략으로서 정치적 저항의 복잡성을 신랄하게 보여준다. 연구에 참여한 소녀들은 교사에 대한 접근성의 부족과 교육의 질에 어떻게 도전했는지에 대해 말해주었다. 써니의 진술은 모든 소녀들의 고립감을 반영해준다. "교사에 대해서는 신경쓰지 않아요. 나는 그저 거기에 앉아서 내 일을 해요" (Watkins, 1995, p. 194). "내 일을 하고", "좋은 학점을 받으려는" 소녀들의 시도는 그들의 학업적 어려움과 일관된 보충적 지원의 부족에 의해 더욱 좌절되었다.

앞으로 나아가려는 열망과 지지의 부족은 자존감의 형성에서 갈등을 일으킬 수 있다. 소녀들은 그들이 좋은 학점을 받을 수 있는 방법으로 고군분투하면서 자신에 대해 좋게 느낀다. 그들은 학교에서의 사회적 갈등을 피하기 위해 열심히 일한다—즉, "말썽일으키지 않고 그저 내 일만 한다." 다른 사람의 주목을 끌려는 소녀들의 시도가 실패하게 되면, 그들은 행동화하며 비난의 원천이 되었다. 각 소녀들은 특별반으로 옮겨가서 나중에는 "선생을 씹는 것" 때문에 학교로부터 정학을 당하거나 퇴학을 당한 경험들을 분명하게 얘기하였다.

신체적 저항 욕구

연구결과들은 잠재적인 위험과 신체적 저항 욕구를 지속적으로 인식하게 하는 불안전한 관계들과 도시 상황에 대한 소녀들의 감정을 나타냈다(Watkins, 1995). 소녀들은 모퉁이 가게로 걸어갈 때 여행 길동무를 신중하게 조정할 것이다. 위험을 피하기 위해 그들은 거리를 통과할 경로를 정밀하게 표시할 것이다. 그들은 개인적인 안전 계획이나 "길거리에 살지" 않는 것과 같은 다른 신체적 저항 전략들을 발전시켰다.

소녀들은 신체적 저항 전략들을 기술했는데, 여기에는 숙련된 관찰과 행동이 수반된다. 예를 들어, 소녀들은 길 위에서 "교통"의 유형을 관찰하고 측정하였다. 즉, 그들은 약물을 사용하고, 거리를 활보하거나 "펑크 스타일"의 다른 사람들을 의식적으로 확인하고 회피했다. 또한 소녀들은 거리에서와 공격적인 관계에서 자신을 보호하기 위한 방어적인 싸움 기술로 자신을 무장하고 있었다. 그리고 소녀들은 한 친구의 집으로부터 다른 친구의 집으로 가는 보호적인 통로를 위한 "안전한 사람"과 "안전한 장소"와의 접촉에 대해 이야기했다.

연구결과에 제시된 것처럼, 심리적 저항은 소녀들을 위한 비밀스러운 은신처를 제공한다. 정치적 저항은 관계에서 "그 밖에 머물러 있도록" 하는 수단으로 작용한다. 신체적 저항은 정서적으로 건강할 뿐만 아니라 신체적으로도 안전하게 남아있도록 하는 기본적인 신체적 자기보호 수단들을 제공한다. 소녀들의 이야기는 그들이 보호 전략을 사용할 때와 청소년기부터 탄력적인 성인으로 등장하려고 시도할 때 나타나는 그들의 강점을 보여준다.

사회복지실천: 소녀중심적인 청소년 발달 접근

6명의 초기 청소년기 소녀들의 이야기는 불리한 환경 조건에서, 매일의 생존 전략의 중요성에 대한 증거를 제공한다. 결과들은 사회복지전문직에 깊은 함의를 가지고 있다. 소녀들의 이야기는 사회복지사들이 청소년기 소녀들의 생존과 탄력성 전략에 대해 더 많이 이해해야 할 필요가 있다는 점을 보여주었다. 더욱이 소녀들과의 사회복지실천의 핵심적인 구성요소는 사회복지사가 그들의 개인적인 신념체계와 실천전략들을 재평가하는 것이다.

청소년기 소녀들에 대한 사회복지사의 개인적 신념은 소녀들과 효과적인 사회복지실천을 함에 있어 중심적인 것이다. 어린 청소년의 관점에 근거하여 이해하려는 사회복지사의 능력은 소녀에 대해, 소녀를 위해, 소녀에 의한 것이 아니라 소녀와 함께 관계를 형성하고 의사결정을 하며, 힘을 공유하는 것의 핵심에 놓여있다.

더 구체적으로, 사회복지사들에게는 아래 사항들이 필요하다.

- 그들의 성 사회화 성향과 성 차별적 가치체계의 개인적 내재화에 대해 인식해야 한다.
- 수용가능하거나 수용가능하지 않은 소녀들의 행동, 옷, 언어, 그리고 다른 표현 수단 방식의 개념에 관련된 그들의 편견을 인식해야 한다.
- 다양한 인구집단들로부터 온 소녀들의 역량과 능력에 대한 편견을 인식해야 한다.
- 언어적, 비언어적 의사소통의 스타일과 패턴에 조화를 이루어야 한다.
- 클라이언트와 사회복지사 관계의 범위를 사정하여 상호 간에 결정되고 이해되도록 해야 한다.
- 소녀들이 그들의 개인적 현실에 대해 권위를 가지고 있다는 것을 수용해야 한다.
- 소녀들이 그들의 힘에 대한 감각에 따라 행동할 때 겸손과 수용을 실천해야 한다.

또한 소녀들의 이야기는 사회복지사들이 전통적인 기법과 기술들을 수정하여, 실천전략들이 "관계적"이고 "연결된" 상태로 남아 있기를 바라는 소녀들의 욕구를 존중할 것을 제안한다(Jordan, Kaplan, Miller, Stiver, & Surrey, 1991; Stern, 1990). Bernard(1999)는 다음과 같이 탄력성을 위한 연결성의 중요성을 강조한다.

탄력성에 대한 연구는 연결성이나 소속감을 형성하려는 분야로, 이는 청소년들이 서로 돌보아주고 존중하는 관계를 가지며 의미있는 참여의 기회를 발견할 수 있는

"심리학적인 가정"이 되도록 가정과 학교, 지역사회를 변화시킴으로써 이루어진다.(p. 272)

탄력성을 강화하기 위해, 사회복지사들은 "소녀들을 교정하는" 치료적 개입을 넘어서서 "소녀를 준비시키는(prepare a girl)" 청소년 발달의 패러다임으로 이동해 가기 위해 더욱 많은 것을 할 필요가 있다. 청소년 발달 패러다임은 발달적 접근에 기반하는데, 이는 자산 형성을 강조하며, 성인기를 위한 준비에 초점을 두고, 관계를 통해 청소년의 역량을 형성하며, 기술 개발과 소녀들의 환경과의 상호관계성을 촉진하는 것이다(Hawkins & Catalano, 1993).

더욱이 청소년 발달 모델은 위험요인과 보호요인들 간의 상호관계성에 초점을 둔다. 이러한 상황에서, 사회복지사는 탄력성을 형성하기 위한 "호혜적, 교류적 관계에서 상호작용하는" 환경적 요인들과 성격 요인들을 언급하게 된다(Bernard, 1999, p. 270). 이러한 강조는 탄력성이 고립되어 검토될 수 없다고 가정하는 총체적 관점을 제공한다. 오히려, 청소년의 발달에 기반한, 탄력성 지향적인 모델은 사회복지사들로 하여금 생물학적, 심리적, 사회적, 환경적 위험요인들과 보호요인들의 상호관계성을 검토하고 이해하도록 격려하는 체계 접근을 구현한다. 한편, 이것은 "위험요인을 최소화하면서 보호요인이나 탄력성 요인들을 최대화하려고 시도하는" 개입을 격려할 수 있다(Lesher, 1999, p. 2).

또한 청소년 발달 모델은 탄력성의 형성에 있어서 청소년들과 그들 환경 간의 상호관계성을 인정하는 생태학적 모델과도 협력한다(Watkins & Iverson, 1997). 환경은 청소년들이 자라고 배우는 상이한 맥락과 네트워크, 가족과 친척, 또래, 학교, 청소년 기관, 지역사회의 상호작용적 체계 등으로 구성된다. 이들 모두는 건강한 발달에 있어 중요한 기여자들이다(Bronfenbrenner, 1979). 또한 청소년 발달 모델은 사회복지사들에게 소녀들의 탄력성과 관계들, 긍정적인 저항 전략들을 촉진시키는 기획과 분석, 평가틀을 제공해준다.

소녀 중심의 청소년 발달 개입은 다음과 같은 기회들을 포함할 수 있다.

• 가깝고 지속적인 관계를 어떻게 형성하는가를 배우고(그들이 단기간 동안

생활하더라도)

• 건설적인 집단에서 가치있는 공간을 찾아내며

• 한 사람으로서의 가치를 느끼며

• 정보를 활용한 선택(informed choice)을 하기 위한 믿을 만한 토대를 구축하고

• 이용가능한 지지 체계를 어떻게 활용할 수 있는지 알고

• 건설적인 호기심과 탐색적 행동들을 표현하며

• 다른 사람들에게 도움이 될 수 있는 방법들을 찾고

• 실제적인 기회를 가지고 가능성 있는 미래를 믿는다.

실천의 통합을 통해, 그러한 전략들은 소녀들의 "소속감과 유용성, 힘, 유능감"을 강화하며, 어린 십대들은 "대담해지고, 영리해지고, 강해질" 수 있다(Girls, Inc., 1996).

역경을 극복해 온 사람들은 우리에게 탄력성은 궁극적으로 관계성—사람들, 이해관계, 궁극적으로는 삶 자체에 연결되는—의 과정이라고 말한다.(Bernard, 1999, p. 72)

참고문헌

American Institutes for Research. (1998 J. *Gender gaps: Where schools still fail our children*. Washington, DC: American Association of University Women Educational Foundation.

Anthony, E. J., & Cohler, B. J. (Eds.). (1987). *The invulnerable child*. New York: Guilford Press.

Barton, W., Watkins, M., & Jajoura, R. (1997). Youth and communities: Towards comprehensive strategies for youth development. *Social Work, 42*, 483-493.

Bernard, B. (1992). *Mentoring programs for urban youth : Handle with care*. Portland, OR: Western Regional Center for Drug-Free Schools and Communities, Far West Laboratories.

Bernard, B. (1999). Application of resilience: Possibilities and promise. In M. Glantz & J. Johnson (Eds.), *Resilience and development: Positive life adaptations* (pp. 269-280). New York: Kluwer Academics Plenum.

Bogdan, R., & Biklen, S. (1982). *Qualitative research for education: An introduction to theory and methods*. Boston: Allyn & Bacon.

Boys and Girls Clubs. (1999). *Annual report*. Atlanta: Author.

Bronfenbrenner, U. (1979). *The ecology of human development*. Cambridge, MA: Harvard University Press.

Brooks, J. S., Whiteman, M., Gordon, A. S., Nomura, C, & Brook, D. W. (1986). Onset of adolescent drinking: A longitudinal study of intrapersonal and interpersonal antecedents. *Advances in Alcohol and Substance Abuse, 5,* 91-110.

Brown, L. (1990). A problem of vision: The development of relational voice in girls ages 7 to 16. *Women's Study Quarterly, 19,* 55-71.

Brown, L, & Gilligan, C. (1992). *Meeting at the crossroads: Women's psychology and girls development*. Cambridge, MA: Harvard University Press.

Carnegie Council on Adolescent Development, Task Force on Youth Development. (1992). *A matter of time: Risk and opportunity in non-school hours*. New York: Carnegie Corporation.

Carnegie Council on Adolescent Development, Task force on Youth Development. (1995). *Great transitions: Preparing adolescents for a new century* (Executive Summary). New York: Carnegie Corporation.

Centers for Disease Control. (1997). *National Youth Risk Survey*. Atlanta: U.S. Department of Health and Human Services, Public Health Service. Available: www.cdc.gov/nccdphp/dash.

Center for Youth Development and Policy Research. (1994). *Enriching local planning for youth development: A mobilization agenda*. Washington, DC: Academy for Educational Development.

Coles, R. (1964). *Children of crisis: A study of courage and fear*. New York: Dell.

DelPortillo, R., & Segura, M. (1996). Foreword. In J. A. Burciaga (Ed.), *Cada cabezza es mundo/Each mind is a World*. Sausalito, CA: California Latino-Chicano High School Dropout Prevention Project.

Eckenrode, J., Laird, M., & Doris, J. (1993). School performance and disciplinary problems among abused and neglected children, *Developmental Psychology, 29,* 53-62.

Fine, M. (1987). Silencing in public schools. *Language Arts, 64,* 157-174.

Garbarino, J. (1995). *Raising children in a socially toxic environment*. San Francisco: Jossey-Bass.

Garbarino, J., Dubrow, N., Kostelny, K., & Pardo, C. (1992). *Children in danger: Coping with consequences of community violence*. San Francisco: Jossey-Bass.

Gamier, H., Stein, J. A., Jacobs, J. K., & Jennifer, K. (1997). The process of dropping out of high school: A 19-year perspective. *American Educational Research Journal, 34,* 395-419.

Gilligan, C. (1990). Teaching Shakespeare's sister: Notes from the underground of female adolescence. In C. Gilligan, N. Lyons, & T. Hammer (Eds.), *Making connections: The relational worlds of adolescent girls at Emma Willard School* (pp. 65-82). Cambridge, MA: Harvard University Press.

Gilligan, C. (1991). Women's psychological development: Implications for psychotherapy. In C. Gilligan, A. Rogers, & D. Tolman (Eds.), *Women, girls & psychotherapy: Reframing resistance* (pp. 5-33). New York: Haworth Press.

Gilligan, C, Brown, L, & Rogers, A. (1990). Psyche embedded: A place for body, relationships, and culture in personality theory. In A. Rabin, R. Zucker, R. Emmons, & S. Frank (Eds.), *Studying persons and lives* (pp. 86-147). New York: Springer.

Gilligan, C, Lyons, N., & Hanmer, T. (Eds.). (1990). *Making connections: The relational worlds of adolescent girls at Emma Willard School*. Cambridge, MA: Harvard University Press.

Gilligan, C, Rogers, A.G., & Tolman, D. L. (1991). *Women, girls, and psychotherapy: Reframing resistance*. New York: Harrington Park Press.

Gilligan, C, & Taylor, J. (1992). *Final report: A study of urban girls considered to be at-risk*. Indianapolis, IN: Lilly Endowment.

Girls, Inc. (1996). *Becoming strong, smart and bold: Girls Incorporated program directors as change agents*. Indianapolis, IN: Girls Incorporated National Resource Center.

Graduate School of Education, Harvard University. (1990-1995). *Project on the psychology of women and the development of girls*. Cambridge, MA: Author.

Harris, L., & Associates, Inc. (1997, September). *The Commonwealth Fund of the health of adolescent girls*. New York: Commonwealth Fund.

Hawkins, J. D., & Catalano, R. F. (1993). *Communities that care: Risk-focused prevention using the social development model*. Seattle, WA: Developmental Research and Programs.

Hawkins, J. D., Catalano, R. F., & Miller, J. Y. (1992). Risk and protective factors for alcohol and other drug problems in adolescence and early adulthood. *Psychological Bulletin, 112*, 64-105.

Heath, S., & McLaughlin, M. (1993). *Identity and inner-city youth*. New York: Teachers College, Columbia University.

Jordan, J., Kaplan, A., Miller, J., Stiver, I., & Surrey, J. (1991). *Women's growth in connection: Writings from the Stone Center*. New York: Guilford Press.

Konopka, G. (1976). *Young girls: A portrait of adolescence*. Englewood Cliffs, NJ: Prentice Hall.

Ladner, J. (1971). *Tomorrow's tomorrow: The Black woman*. New York: Doubleday.

Lesher, A. (1999). Introduction. In M. Glantz & J. Johnson (Eds.), *Resilience and development: Positive life adaptations* (pp. 2-25). New York: Kluwer Academics Plenum.

Mann, J. (1997, October 10). A perilous age for girls. *The Washington Post*, p. E3.

Masten, A., & Coatsworth, J. D. (1998). The development of competence in favorable and unfavorable environments. *American Psychologist, 53*, 205-220.

New York State Department of Child and Family Services. (2000, August). *Promoting positive youth development in New York State: Moving from dialogue to action* (Adolescent Partners Team: Partners for Children). Albany: Author.

Patton, M. Q. (1990). *Qualitative evaluation and research methods*. London: Sage Publications.

Pittman, K. (1993). *Stronger staff, stronger youth* (Conference Summary Report, October 1992). Washington, DC: Academy for Educational Development, Center for Youth Development and Policy.

Pittman, K., & Fleming, W. (1991). *A new vision: Promoting youth development*. Washington, DC: Academy for Educational Development, Center for Youth Development and Policy.

Rak, C. F., & Patterson, L. E. (1996). Promoting resiliency in at-risk children. Journal of *Counseling and Development, 74*, 368-373.

Rhodes, J. E., Gingiss, P. L, & Smith, P. B. (1994). Risk and protective factors for alcohol use among pregnant African-American, Hispanic, and white adolescents: The influence of peers, sexual partners, family members, and mentors. *Addictive Behaviors, 8*, 555-564.

Robinson, T, & Ward, J. V. (1991). A belief in self far greater than anyone's disbelief: Cultivating resistance among African-American female adolescents. In C. Gilligan, A. Rogers, & D. Tolman (Eds.), *Women, girls & psychotherapy: Reframing resistance* (pp. 87-104). New York: Haworth Press.

Rutter, M. (1987). Psychological resilience and protective mechanisms. *American Journal of Orthopsychiatry, 57*, 316-331.

Stack, C. (1974). *All our kin: Strategies for survival in a black community*. New York: Harper &Row.

Stern, L. (1990). Conceptions of separation and connections in female adolescents. In C. Gilligan, N. Lyons, & T. Hanmer (Eds.), *Making connections: The relational worlds of adolescent girls at Emma Willard School* (pp. 73-87). Cambridge, MA: Harvard University Press.

Strauss, A., & Corbin, J. (1990). *Basics of qualitative research: Grounded theory, procedure and techniques*. Newbury Park, CA: Sage Publications.

Tatum, B. (1995, March 10). *Racial identity and relational therapy: Black women in white communities*. Paper presented at the 20th Annual Feminist Psychology Conference, Indianapolis, IN.

Taylor, J. M., Gilligan, C, & Sullivan, A. M. (1995). *Between voice and silence: Women and girls, race and relationships*. Cambridge, MA: Harvard University Press.

Taylor, S., & Bogdan, R. (1984). *Introduction to qualitative research: The search for meanings*

(2nd ed.). New York: Wiley.

U.S. Department of Justice, Office of Juvenile Justice and Delinquency Prevention. (1998). *Juvenile mentoring program: 1998 report to Congress.* Washington, DC: Author.

Watkins, M. (1995). *Where are the girls? A study of the relational experiences of early adolescent girls considered to be at-risk.* Unpublished doctoral dissertation, Syracuse University, Syracuse, New York.

Watkins, M., & Iverson, E. (1997). Youth development research-teaching-service field units. In R. R. Greene & M. Watkins (Eds.), *Serving diverse constituencies: Applying the ecological perspective* (pp.167-197). New York: Aldine de Gruyter.

Werner, E. E. (1984). Resilient children. *Young Children, 40,* 68-72.

Werner, E. E., & Johnson, J. (1999). Can we apply resilience? In M. Glantz & J. Johnson (Eds.), *Resilience and development: Positive life adaptations* (pp. 259-268). New York: Kluwer Academics Plenum.

Wolin, S., & Wolin, S. (1993). *The resilient self: How survivors of troubled families rise above their adversity.* NY: Villard Books.

제6장
정신건강
관점의 전환

Robert Blundo

잠자던 어린 두 소녀는 유리가 깨지는 소리에 잠에서 깼고, 곧 익숙한 두려움과 불길한 예감에 쌓였다. 아버지가 집에 돌아왔고, 고통스러운 의식이 다시 재연되기 시작하였다. "저는 엄마가 유리를 먼저 깼는지 아니면, 그(아빠)가 그랬는지 잘 모르겠어요. 그렇지만 엄마는 아빠가 자신을 다시 때리면, 아빠를 죽여버리겠다고 했어요. 우리는 식탁이 엎어지는 소리를 듣고, 침대에 파묻혀 흐느껴 울며 전율하다가, 복도로 뛰쳐나갔고 문 뒤에 숨어서 아빠가 유리조각을 집어서 엄마의 팔에 긋는 것을, 그래서 엄마의 팔에 길고 깊게 베인 자국이 난 것을 목격했어요—우리는 우리가 본 것을 생생히 기억합니다. 그러고도 아빠는 성에 안 찼는지, 엄마를 더 심하게 때렸어요. 머리를 세게 때리자, 엄마는 바닥에 쓰러졌는데 바닥엔 피가 철철 흘렀어요. 우리는 너무나 무서워서 아무 것도 할 수 없었어요. Florence는 너무나 놀라고 무서워했어요.

누가 전화했는지는 모르지만, 엄마는 결국 병원에 실려갔고, 그 후 얼마 되지 않아 돌아가셨어요".

BOLTON, 1994, pp. 17-18

이러한 잔혹 행위에 아이들이 반복적으로 노출된다면 어떻게 될까? 그들이 고통스러운 삶과 감정적 격변 말고 과연 무엇을 기대할 수 있을까? 이러한 외상이 손상을 초래해 인생이 평생 고통스럽고 채워지지 않음으로 쇠약해 가는 것이 당연한 것은 아닐까? 이러한 삶은 우리가 알고 있는 정신질환의 전조인가 아니면 그와 관련 있는 정신건강의 전조인가?

사회복지사로서 우리는 이 두 소녀, Ruthie와 Florence, 그리고 그들과 같은 경험을 한 아이들에 대해 무엇이라고 말할 수 있을까? 우리는 이러한 개인과 가족들의 삶을 이해하기 위해 어떠한 훈련과 전문적인 용어 교육을 받았는가? 사회복지사들과 기타 전문가들은 이 어린 소녀들의 이야기에 묘사된 고통과 괴로움에 주목한다. 반사적으로, 실천가들은 이러한 훈련과 지식 기반을 통해 이 아이들에게 가해진 상처를 보게 되고, 사회복지사가 전문가로서 "이 상처받은 이들"을 고치거나 치료할지에 대해 생각하게 된다. 임상가들의 생각과 이들이 내린 결론이 너무나 옳고 자연스럽고 분명한 것으로 보여져서 이 아이들을 치료하는 데 있어 이 아이들 자신의 생각을 물어보거나 적절한 계획을 세워보도록 하는 것에 대해서는 전혀 생각해 보지 못하게 된다. 사회복지사들이 개입을 하지 않는다면, 이 아이들이 상처를 받고, 손상을 입고, 이들의 삶에 상흔이 남게 되리라는 것이 명백하지 않은가? 그리고 우리는 종종 매우 비관적인 관점에서 그 아이들이 "결코 회복되지 못할 것"이라고 가정하지는 않는가? 그러나 어린 소녀들의 이야기는 계속된다. 우리의 어린 소녀, Ruthie는 우리가 금방 읽었던 이야기를 토대로 예측컨대, 궁핍, 고통뿐만 아니라 더 극심한 어려움 속에서 자라날 것이다.

그렇다면 Ruthie에게 무슨 일이 일어났을까? 그녀가 자신의 이야기를 했을 때, 그녀는 많은 것을 배우게 되었고, 몇 년 동안 많이 변화하였다. 그녀는 자신을 보호하기 위한 노력을 "강인해진" 것으로 표현한다.

> 나는 내가 강하다는 것을 증명해야 했다. …… 아빠가 나를 때릴 때에는, 주님, 내가 고통을 느끼지 않도록 하소서라고 기도하곤 했다. 그러면 고통을 느끼는 것 같았다가, 다시 고통을 느끼지 않았다. …… 나는 나 자신을 강하게 만들었다. 남자들에게 대해서. 모든 이에 대해서. 나는 아무 것도 느끼지 않는 법을 배웠다.(Bolton, 1994, p. 190)

그녀는 후에 Ray Bolton을 만나 결혼했다. 비록 그녀가 "강인하고", "남자들에 대해 냉정하다고" 하더라도, 그녀는 예전엔 전혀 모르는 사람이었으며, "남자"

인, Ray에 대해 알게 되고, 그와 관계를 맺는 방법을 알아갔다. Ruthie는 적어도 그녀의 눈으로는 너무 좋아서 믿기 어려운 한 남자와 그 가족들에게 자신의 마음의 문을 열었다.

Boltons 가족들은 내가 다시 감정을 느낄 수 있도록 해 주었다. 그들은 나에게 어떻게 느낄 수 있는지를 알려 주었다. 당신은 정말로, 깨어나야 한다. 나는 종종 당신이 꿈속에서 살아왔다고 생각하고 정말로 깨어나야 한다고 생각한다. 이 일은 정말 깨어나는 것처럼 빠르게 일어난다. 당신은, 나와 같은 인생 경험이 있는 사람이 내면을 변화시키기 위해 내가 한 일을 하려면 많은 시간이 걸릴 것이라고 생각하는지 모른다. 나를 바꾸는 데 많은 시간이 걸리기 때문에, 나를 완전히 변화시키거나, 내 행동 방식을 바꾸는 것이 아니라 내면을 변화시키는 것이다. 이것은 마치 내가 기다리고 있어 왔던 것 같았다. 이 가족을 기다리면서, 나는 마침내 나 자신을 열게 되었다. 이 사람들이 내 옆에 있다는 것이 믿어지지가 않았다. 이들은 너무나 친절하고 이해심이 많다.(Bolton, 1994, p. 190)

Ruthie는 한 남자만이 아니라 그의 가족들과도 관계를 맺을 수 있었다. 더 중요한 사실은, 비록 Ruthie의 엄마가 돌아가셨어도, 그녀는 내내 엄마와 함께 해 왔다: Ruthie는 "엄마는 내 머리 속에 있어요. 오늘까지도요. 나는 아직도 엄마와 얘기를 나눠요. 얼마 전에도 그랬어요. 나는 '엄마, 내가 이 책을 쓰고 있어요. 엄마가 볼 수 있다면…….' 나는 엄마 대신 나 자신에게 '그래, 내가 보고 있단다, 아가야. 내가 너를 지켜보고 있단다. 울지 말아라. 걱정하지 말아라'"라고 덧붙였다(Bolton, 1994, p. 273).

의심할 여지없이, 많은 아이들이 마음의 상처를 입고, 아마도 인생에 있어 상흔을 갖게 될 것이다. 그러나 신기하게도, 많은 개념적, 실천적 이론에 따른 연구 결과에서, 학대받고 위탁가정에 보내진 아이들의 많은 사례에서 기대하지 않은 탄력성을 실제적으로 나타내고 있음을 볼 수 있다(Festinger, 1983). 예를 들어, Ruthie 이야기에서 어린 아이였다가 후에 성숙한 여성이 된 그녀는 자신의 자서전, *Gal: A True Story*(소녀: 실화)를 저술하였다(Bolton, 1994). 저자 Ruthie

Bolton은 학교를 졸업하고, 좋은 직장에 다니면서 3명의 자녀를 둔 행복한 결혼생활을 하고 있다. 이것은 사회복지사들이 아동들과 그 가족들이 스스로 문제를 해결하도록 내버려 두어야한다는 것을 의미하는 것은 아니다. 오히려, 이것은 우리 전문가들의 시각이 부정적인 측면에만 초점을 맞출 때에 인간정신의 강점과 탄력성에 대한 많은 부분을 놓치고 있음을 말해주고 있다. 병리와 장애로 보려는 우리의 전통적 관점은 어떠한 도전에도, 세상 속에서 일종의 행보를 발견하기 위한 이러한 인간의 능력에 중심을 맞추려는 입장을 어렵게 하고 있다.

이 장에서는 사회복지교육과 실천에 있어서 일반적인 기본 가정에 대한 의미 있는 대안을 제시하고 있다. 이것은 특히 정신질환 및 정신건강 이론과 관련하여, 인간발달과 실천에 대한 사회복지사들의 사고를 재교육하고자 하는 의도에서 나온 것이다. 대안은 인간발달의 병리와 잘못되거나 망가진 것을 강조하는 사회환경에 초점을 맞춘 전통적 결정론으로부터 멀리 옮겨가는 것이다. 오히려, 사회복지사들은 개인, 가족, 그리고 지역사회 내에 존재하는 자기치유, 탄력성, 강점들을 이해하는 쪽으로 옮겨갈 필요가 있다. 사회복지사들은 이해하고, 교육하고, 실천하는 데 있어 우리가 함께 일할 대상들의 강점과 탄력성에 우리의 중심을 맞추는 것이 중요하다.

전통적 인간행동 결정론의 영향

전통적으로, 인간행동 이론에서의 사회복지의 내용은 일반적으로 결정론적 모델 관점에서 세상을 바라본다. 이런 관점에서 훈련받은 사회복지사들은 "전형적인" 발달단계에 해당되는 성장과 발달의 규범적 기대에 근거하여 개인의 실패와 그 실패의 원인을 규명하려는 경향이 있다. 결정론적 모델은 모든 사람들은 인생을 살아가면서 반드시 거쳐야 하는 일련의 단계가 있다고 가정한다(Schriver, 2001). 이러한 규범에 의하면, 각 단계완성의 실패는 되돌이킬 수 없는 것으로 간주되는 어떤 병리적 유형 혹은 해로운 정서적, 심리적 곤경상태를 야기한다. 사회복지사들은 손실을 복구하기 위해 이러한 결함과 실패를 다루고, 손상을 치유하고, 발달단계상 손상된 개개인의 재활을 돕고자 실천한다.

사회복지 전문화는 인간행동 및 실천의 수많은 사회복지이론의 근간을 형성해 온—지금도 여전히 형성하고 있는—정신의학과 심리학으로부터 파생한 결정론적 임상이론에 기초하여 성립되어 왔다. 이 전통적 교육의 결과, 사회복지사들의 초점은 사람들이 엄청난 굴욕과 황폐한 환경에서 살아남을 수 있게 하는 것이 무엇인지 이해하는 것에서부터 멀어지게 하였다. 이러한 전통적 관점은 사회복지이론가들이 개인과 가족의 탄력성과 퇴행 혹은 억압적 환경에 처한 지역주민의 유지능력에 대해 이해하는 것을 방해해 왔고 계속해서 방해하고 있다(Schriver, 2001).

그렇다면, 왜 인간행동에 대한 전통적인 이론들이 유지되는가? 일반적으로, 인간행동이론은 사회복지사들이 클라이언트의 복잡한 삶을 다룰 때 "객관적이고", "이해하는" 감각을 제공하는 것으로 보인다. 사회복지사들은 인간환경 그리고 계속되는 변화의 복잡성 속에서 인간발달이론의 안정적 기초를 발견하고자 한다. Erikson(1959)의 발달단계이론으로 예를 들면, 사회복지실천가들은 복잡하고 이해하기 힘든 청소년이 왜 학교에서 특정한 행동을 하는지에 대해 쉽게 설명해주는 답변—발달단계상의 실패—을 제시한다. 그래서 인간발달에 대한 은유 또는 이론들은 "세상에 대한 일관된 관점"과 [사회복지사들이] "반드시 해야 하는 것이 무엇인지에 대한 분명한 기대들"을 제공한다(Lakoff & Johnson, 1980, p. 220). 사회복지사들은 사람들의 삶에 대한 설명을 들을 수 있고, 자아기능이 명백하게 퇴행한 삶, 혹은 예를 들면, "뒤얽힌 가족"으로 "이해"할 수 있다. 이러한 개념화는, 마치 사회복지사들이 바라보는 것들은 그들 자신의 개념적 체계 밖의 사실처럼, 사회복지사들이 바라보는 삶을 이해하는 조직화된 체계와 같은 필터역할을 한다. 사회복지사들은 그러한 가정들에 대해 의문을 품지 않고, 오히려 개인과 가족을 이해하고 파악할 수 있는 편안함을 찾는다. 이러한 편안한 개념체계의 결과로 지배적인 결정론적 그리고 병리적 현상에 초점을 맞춘 전문이론은 쉽게 혹은 자주 변화되지 않는다.

사회복지 전문성이 채택한 인간발달단계의 범주들은 전문직에서 일할 때 사회복지사가 이러한 가정을 하지 않는 것이 거의 불가능한 정도로 구체화되었다.

초기 로마인들의 대변자인 키케로(Cicero)가 지적한 것처럼, "생각은 사물을 바라보는 습관적 관찰에 익숙해지게 되고, 사물이 항상 그렇게 보이는 이유에 대해 궁금해하거나 탐구하려고도 하지 않게 된다"(Montaigne, 1958, p. 133). 클라이언트를 이해하고 클라이언트와 상호 작용하는 방법에 대해 사회복지실천가들이 습관적인 편안함과 의문을 제기하지 않는 시각의 심각성은, 인내력을 보여주고 성공에 도달한 개인에게 내재된 탁월한 탄력성과 강점들을 바라보지도 못하고 이해하지도 못하는 데 있다.

정신건강 분야에서, 사회복지사들은 전통적으로 병리, 일탈, 발달적 결함, 병전상태를 찾도록 훈련받았다. 사실 정신질환이라고 분류된 행동의 가짓수는 1907년 59종에서 1992년 292종으로 증가하였다(Goode, 1992). 인간의 삶에 대한 수많은 표현가운데 병리를 "발견하려는" 경향은 "현저하게 나타나는 수많은 사람들의 다양성이…… 증후군과 질병의 단순한 집합체로 될 수 있는 위험으로 치닫는다"고 하는 비판을 불러일으켰다(Goode, 1995, pp. 26-27). 이러한 경향이 시사하는 바는, 사회복지사가 정신질환과 정신건강의 개념과 관련하여 인간행동을 어떻게 이해해야 하는지, 또 그들은 이러한 개념을 어떻게 다르게 봐야 하는지 생각해야 한다는 것이다.

정신건강과 정신질환

정신건강과 정신질환이 개인, 가족, 혹은 지역사회를 설명하는 데 사용될 경우 그 의미가 무엇인가? 어떤 점에서 보면, 정신건강은 건강과 질병의 정도를 포함하는 개인 혹은 (일부 이론가들에게는) 지역사회의 전반적인 정신적 상태를 일컫는 총괄적 용어이다. *Merriam Webster's Collegiate Dictionary* 10판에 의하면 정신건강은 "외부의 실재에 대한 개인의 정서적, 지적 반응의 총체"를 의미한다. 정신질환이란 말이 종종 단독으로 쓰일 경우에는 정신 나간, 미친, 얼간이, 머리가 돈, 정신병자, 정신이상, 정신장애, 부적응 등과 동의어로 사용되기도 한다(Rodale, 1978). 정신건강 혹은 정신질환의 개념이 어떤 의미가 있는가에 대한 이론화과정은 오랜 역사를 갖고 있다. 왜냐하면 이것들은 경험상의 사실들을 설명하기 위해 사회적으로 구조화된 개념들이기 때문에, 이들 용어를 정의하고자 하는 시도들은 너무나 많아 이 단원에서 일일이 열거하기조차 어렵다. 그러나 몇몇 통찰력있는 개념들은 매우 유용하다. 예를 들어, Marie Jahoda(1958)는 이러한 방식으로 용어 정의를 시도하였다.

"정신건강"이라는 용어 만큼이나 오늘날의 심리학적 사고에서 모호하고, 난해하고, 애매한 용어도 없다. 그것은 수많은 사람들에게 아주 좋지 못한 다양한 의미를 갖고 있다. 많은 사람들이 특유의 의미로 구체화하려는 시도조차 하지 않고 사용하고 있는데, 그 용어는 정신건강을 증진시키고자 하는 사람들과 체계적인 심리학적 이론과 연구로 정신건강에 대해 관심을 끌려는 사람들 모두에게 상황을 더욱 악화시키고 있다.(p. 3)

Jahoda(1958)의 관심은 정신건강의 의미를 구체화하지 못한 1955년의 Mental Health Study Act에 반응하여 처음으로 나타나게 되었다. 그녀의 견해는 인간 환경과 그 변화를 이해하려고 수세기의 동안 시도된 역사적 맥락과 관찰의 모호성을 반영하고 있다. 그녀의 의견은 오늘날에도 아주 의미가 있는데, 현재 우리가 갖고 있는 지식상태를 집약하고 있다는 것이다.

Kraepelin(1917)은 정신건강을 정상성으로 간주하고 있다. 즉, "한 사람의 삶의 정신병적 특성들을 인식하는 데 사용하고 있는 기준은 비효율적 방향으로 그 사람이 평균으로부터 이탈한 것을 의미한다"(p. 295)는 것이다. Freud(1963)는 정신건강을 어느 누구도 달성할 수 없는 이상적인 개념으로 파악하고 있었다. 그는 정상적인 자아 또는 정상성 개념을 "이상적인 허구이며…… 모든 정상인들은 단지 정상에 가까울 뿐이다"라고 보았다(p. 253). 이것은 일상생활에서 정신병리에 대해 그가 신봉하는 이론체계였다. Menninger(1942)는 사람들을 둘러싸고 있는 세계와의 성공적인 관계 속에서 개인의 효과성과 행복이라는 용어로 정신건강을 규정하고 있다. Menninger가 제시한 그러한 정의에서조차, 그것은 탄력성과 강점에 대한 연구라기보다는 오히려 사회복지이론과 사고의 주류를 이루는 정신건강의 지표로서 병리와 질환이 지배적으로 나타난다.

질환 연구로부터 벗어난 연구조사와 고찰은 질환이 아닌 상태를 이해하기 위해 반드시 추정할 필요는 없다(8장 참조). 개인 속에 존재하고 있다고 가정하는 심리적 혼돈상태는 병리를 넘어선 인간의 복잡성에 대한 이해를 반드시 구하지도 않고, 또한 건강이란 병리가 존재하지 않는 단순한 의미를 제외한, "정상" 조건을 명백하게 하는 것도 아니다. 질환이 없는 건강을 설명하는 것이 가능할까?

Walsh, Walsh 그리고 Shapiro(1983)는 사람들의 건강을 조사하는 것은 어떤 클라이언트들이 그렇게 되고, 어떻게 그렇게 되었는지, 그렇지 않은 다른 사람은 왜 그런지, 그리고 소망한다면, 사람들이 보여준 방향으로 어떻게 옮겨 갈 수 있는지에 대한 몇 가지 통찰력을 제공해 줄 수 있다는 가능성을 제시하였다. 1998년 미국심리학회(American Psychological Association) 개회연설에서, Martin Seligman은 "사회과학은 오늘날 삶을 최악의 상태로 만드는 특성들에 대해 전혀 설명을 해주지 못하고 있다" 라고 주장하였다(Monmaney, 2000, p. A1). Seligman은 지난 30년 동안 우울증에 대해 46,000건 이상의 심리학 연구논문이 발표되었다고 보고하였다. 그러나 같은 기간 동안에 즐거움에 대해서는 단지 400편의 연구논문이 출간되었다. 그 당시 미국심리학회장으로 새로 선출된, Seligman(1999)은 심리학 원칙에 대한 새로운 미션을 호소하였다:

나는 정신질환의 비극을 예방할 수 있는 인간의 강점을 이해하고 성숙시키는 새로운 사회과학과 행동과학을 주시하고 있다. 어떠한 명상이나 치료기법도 인간강점이 행하는 것 만큼이나 정신질환에 대해 완충기로서 기능을 보유하지 못한다는 것이 나의 신조이다.(p. 561)

그렇다면 정신건강이란 무엇인가? 또한 정신질환은 무엇인가? 아마도 이것들은 모두 그릇된 질문이라고 볼 수 있는데, 왜냐하면 정신건강이냐, 정신질환이냐라는 것은 사회복지사로 하여금 질병의 반대개념이 건강이라고 생각하게 하기 때문이다. 즉, 두 질문은 우리로 하여금 의료모델의 관점에서 이해하도록 한다. 이 두 가지 질문은 "[마치] 취약한 정신구조로 꽉 찬 약하고 위험한 세상에서 살고 있는 것처럼 모든 문 뒤에서 잠복해 있는 병리"를 항상 바라보도록 하는 구조화된 전문적 언어보다는 다른 사람들과 함께 일하는 사회복지사들을 생각하게끔 한다(Duncan & Miller, 2000, p. 213). 이러한 딜레마의 부분적 반응은 일상의 "실패, [성공], 혼란, 사회적-개인상호 간[개입포함] 거부, [이득], 그리고 상실-도전가치가 있으므로 지속해서 삶에 직면하기 위한 능력을 유지하며"을 헤쳐나가는 시도에 있어서 사회복지사들은 그들과 전혀 다르지 않게 다른 사람들을 고려해야 한다는 것이다(Rowen & O' Hanlon, 1999, p. 164).

아마도 사회복지사들은 정신건강이나 정신질환이라는 용어를 생각하는 대신, 자기반영의 의미를 통해 자신들이 어떻게 행동해야 될지 그리고 클라이언트와 어떤 관계를 형성해야 할지 생각해야 한다. 이러한 생각은 "때로 내가 편하게 **정신건강으로 향한 동인**(인용자가 강조함)이라고 부르는 경향의—인간으로서의 효율성, 만족 그리고 그의 삶에서의 성공"을 보여주는 하나의 지속적인 과정으로서 Harry Stack Sullivan의 정신건강이론과 다소 유사하다 (Sullivan, 1953, p. 100). 만일 사회복지사들이 그 동인을 그들 자신의 기복이 있는 일상생활의 과정이라고 생각한다면, 정신건강이 궁극적으로 성취해야 할 목표라기보다 정신건강 그 자체가 이러한 동인일 것이다. 심지어 누군가 환청과 같은 명백한 정신분열 증상을 보여 진단을 받았다 하더라도, 그의 대부분의 시간은 주로 환청이 아닌 제정신 상태이다. 마찬가지로 탄력성은 인생전반에 걸쳐 어떤 운명이 닥쳐올지라도 작용하는 하나의 과정이다.

정신건강과 복지의 개념

아동의 정신건강에 가장 심각한 위험 혹은 스트레스를 주는 사건의 영향에 대한 연구는 연구대상 아동들 중 대다수가 스트레스 사건과 명백한 심리적 문제들에 압도당하지 않는 경향이 있음을 보고하고 있다(Rutter, 1979). 또한 매우 우울한 삶의 사건들과 관련해서, 대부분의 사람들은 우울증에 걸리지 않았다(Paykel, 1978). 우울증적 사건에서도 개개인은 대다수 인지-행동치료의 기조를 이루는 우울증과 기능성의 다양한 정도를 경험한다. 쟁점은, 그러한 상황에서 작용되는 보호 과정 혹은 탄력성의 증거는 무엇인가 하는 것이다. 이러한 보호요인의 이해는 사회복지사들이 탄력성을 이해하는 중요한 요소가 된다. 예를 들면, 부모와 자녀를 위한 입원준비 프로그램은 입원기간 동안의 정서적 장애를 감소시키는 데 효과적이다(Rutter, 1977). 그것은 병원입원기간과 관련하여 이미 입증된 개선효과, 즉 표면상 탄력적 행동에 수반되는 특정 기질 혹은 능력이 아닌 바로 과정인 것이다. "탄력성의 증진은 스트레스의 회피에 달려있지 않고 오히려 적절한 책임감과 주도감을 통해서 자기확신과 사회적 역량을 증진하는 방향으로 스트레스에 대해 자신을 갖게 하는 것에 달려있다"(Rutter, 1985, p. 608).

의미심장하게도, 탄력성은 시대를 뛰어넘어 사람들이 위험과 도전에 맞닥뜨렸을 때 형성된다(Rutter, 1979). 예를 들어, Sarah Moskovitz(1983)의 연구는, 극도의 깊은 좌절과 상실에서조차도 다양한 연령대의 사람들은 삶을 지속적으로 유지하는 능력이 있다고 밝히고 있다. Sarah는 홀로코스트(Holocaust) 생존자들과 대화하면서 그들은 삶의 역경에 직면하여 "불굴의 인내"뿐 아니라 현저한 "삶에 대한 확고함"을 확실하게 보여주고 있다고 보고하였다(p. 233). 그녀가 면접한 생존자들 중 어느 누구도 정신과적 질병의 증거가 없었다고 한다.

이러한 관찰과 보다 최근의 연구들은, 클라이언트는 그의 모든 독특성과 복잡성 속에서 그리고 관계의 복합성 내에서 자신들이 원하는 방식대로 이해될 필요가 있다고 제시하고 있다. 바로 클라이언트 스스로가 "치유자"로 여겨지는 것이다.

탄력성과 정서적 복지의 이해

Dennis Salecbey(1988b)는 사회복지의 전통은 사회복지사들이 "클라이언트의 내적 및 외적 자원들을 이끌어내고 명료하게 하는 실천에 집중하여 말로 하는 서비스 정도"를 지속해서 제공하도록 지시했다고 언급하였다(p. 3). 이러한 전통적인 시각에 눌린 사회복지사들은 클라이언트의 약점, 결함, 그리고 병리를 명확히 하는 데 여전히 초점을 두고 있다. 클라이언트에 대한 이러한 관점 혹은 교육의 결과 사회복지사들은 개개인의 희망, 가능성, 자원, 그리고 탄력성보다는 오히려 병리와 재활로의 편향성을 갖추도록 훈련된다. 탄력성으로 변화된 관점의 영향은 지역사회 내에서 그리고 인간관계에서 사회적 지지와 강점을 향상시키는 변화를 가져온다. 개인의 결함 중심으로부터 대인관계 및 지역사회관계를 지지하는 것으로 초점이 전환되는 것이다. 어떤 면에서 보면, 클라이언트를 원조하는 성공적 전략으로의 초점변화는 환경 속의 인간이라는 사회복지개념에서 표현되는 기본적인 생각을 포착하는 것이다. 이러한 변화는 인간이 살아가는 삶 속에서 상호의존, 보호환경 또는 상호교류의 사회적 과정을 구축하는 기회를 제공한다. 이러한 관점에서 보면, 실천가들은 진행중인 체계의 변화와 변형 과정의 외부에서 개별적인 클라이언트를 이해할 수 없게 된다. 오히려, 실천가들의 노력은 개인, 대인관계, 그리고 지역사회의 강점을 이용하기 위한 지지적인 환경과 기회를 이해하고 고양하도록 하고 있다. 이러한 경향에 따르면, 정신건강은 보호적 요인 혹은 "어떤 환경적 위험에 대한 사람들의 반응을 수정하고, 완화하고, 변형하는 작용들"을 향상시키는 개입들에 의해 지지된다(Rutter, 1985. p. 600).

개별적 사회체계망과 학교, 교회, 주간보호시설, 그리고 여타 지역사회 기관들은 보호요인과 탄력성의 증진에 있어 중요하다. 예를 들면, Pritchard와 Rosenzweig(1942)는 제2차 세계 대전 기간에 영국이 폭격을 당하는 동안 아동들의 탄력성이 중요함을 증명하였다. 불타는 건물 내에 갇히거나, 무너지는 건물에 묻히거나 혹은 다치는 엄청난 영향에도 불구하고, 그들은 "아이들은 만일 간단하고 변별력 있는 측정이 이루어진다면 대단한 적응력을 보이며 공습 효과(air-raid effects)로부터 빠르게 회복한다는 일치된 의견이 있다"라고 설명하였다(p. 331). 가장 중요한 요소는 익숙한 환경에서 아동들을 부양하는 것 그리고 가족과 친구들로부터 아이들을 격리하지 않는 것이다. 즉, 지역사회감각 혹은 결속감을 유지하는 것이다. 이들 아동들을 연구한 다른 사람들은 가족들은 없지만 더욱 안전한 지역으로 아동들을 옮기는 아동들의 "안전"을 위한 격리는 우울, 분노, 그리고 히스테리와 같은 매우 직접적이며 더 큰 장기간의 상처를 초래한다고 주장하고 있다(Klein, 1944). 이러한 내용 및 기타 연구결과들을 반영하면서 Klein은 다음 내용을 제시하고 있다.

정신건강은 단지 희망하는 생각의 위험, 개인적 갈등, 그리고 유사한 성질의 정신병적 개념들뿐만 아니라, 많은 위험의 국면에서 훈련된 용기의 포용력을 강조함으로써 향상될 수 있다. 곤란에 처하였을 때 모든 사회계층의 사람들은 난관을 인식하기 위해 보다 균형 잡힌 평가를 내릴 것이다. 그리고 그러한 균형잡힌 평가는 정신질환 등에 있어서 괄목할 만한 증가없이 역경을 극복하는 사람들처럼 우리가 전쟁과 같은 국가위기와 절망에서 아주 적절한 적응능력을 어떻게 발휘하는지를 깨닫게 해준다. 인간 유기체의 탄력성은 취약성보다 더욱 놀라운 능력을 가지고 있다. [이러한 사실들에 대한 인식은] 정신생활에 대한 비정상적 연구결과에 지나치게 사로잡혀 왜곡된 관점을 갖고 있는 사람들의 모호한 이해에 유용한 대책을 제공한다.(p. 434)

이러한 사람들의 "난관"에 대한 교육은 사회복지사들의 사고를 역기능, 장애, 혼돈, 결함의 관점에서부터 강점과 탄력성, 그리고 기관과 추진력(힘)의 관점으로 전환시키고 있다. 덧붙여, 개인과 다른 사람들 간의 관계뿐만 아니라, 넘쳐나는 탄력성에 대한 기회를 제공하거나 방해하는 사회구조와 사회정책 간의 관계에 초점을 두고 있다.

지금 해야 할 작업은 인생의 어떤 시점상의 역경을 어떻게 극복하도록 도와줄 것인가를 이해하는 일이다(Garmezy, 1994; Wolin & Wolin, 1993). Dennis Saleebey(1998a)는 개인의 탄력성, 집단의 권한부여, 그리고 지역사회개발 사이의 연결을 시도해 왔다. 그는 "탄력적 행동, 관계, 그리고 기관들을 이끌어내고 지탱하는 요소들, 즉 일부는 작용을 하고 있고 다른 것들은 절박한 요소들"이 있다는 점을 지적하였다(p. 199).

생각해 보면 병리와 취약성을 유발하는 그러한 환경들이 항상 그렇게 작용되는 것은 아니다(Werner & Smith, 1992; Wolin & Wolin, 1993). 대부분의 개인들이 견디어 낼 수 없다고 생각하는 사건이 반드시 미래의 기능을 방해하는 사회적, 심리적 결함을 만들어내는 것은 아니라고 이들의 연구결과는 보여주고 있다. 이러한 연구결과들은 사회복지사들이 스트레스와 손상을 유발하는 고통과 두려움을 무시해도 된다라는 것을 의미하는 것이 아니라, 이러한 결과에도 불구하고 사람들은 놀라울 정도로 잘 적응한다는 것을 보여주고 있다. 탄력성, 혹은 Emmy Werner 와 Ruth Smith(1992)가 "자기복원" 경향으로 명명한 이들 용어들은 개인의 선천적 기질과 생애를 통해 반드시 겪어야만 하는 세계 사이에서 시간이 흐르면서 연출되는 요소들의 복잡한 궤도이다. Anthony와 Cohler(1987)는 아동들에 대해, 아이들 세계의 초기인생경험과 실제적인 보호요인와의 관계에서 개별적 특성과 같은 요소들의 혼합은 역경과 도전에 직면하였을 때 이 모두가 탄력성에 기여한다는 사실에 주목하였다.

학교중퇴, 범죄행동, 정신건강과 같은 이슈들에 대해 1950년대 초반에서 현재까지 시행된 연구의 대부분은 이미 연구자들에 의해 문제가 있다고 보여진 아동과 성인들의 삶에 대한 발달과 배경을 검증하여온 것이다. Werner와 Smith(1992)는 이러한 "회고적 접근 연구는 생존자들이 아닌 인과관계상의 삶만을 조사하기 때문에, 만일 아동들이 빈곤, 태아기 외상, 혹은 부모의 심리적 병리에 노출된다면 좋지 않은 결과가 불가피하다는 생각을 줄 수 있다"라고 지적하고 있다(p. 189). 다른 유사연구뿐만 아니리, 탄력성에 관한 그들의 40년 간의 종단연구는, 가정된 가능성에 반하는, 탄력적인 아동으로부터 분류한 보호요인들을 다음과 같이 설명하고 있다:

- 평균 지능
- 청소년들이 가족성원과 낯선 사람으로부터 긍정적인 반응을 끌어내는 것을 가능케 하는 기질—우리가 용기, 열정, 그리고 활동적인 사회적 기질이라고 설명한 것. 그들은 고민스런 습관과는 자유로운 것으로 특징 지워지는, "유순한/편한" 아이들로 보여진다.
- 중요한 타인이나 부모 대리인, 조부모, 손위형제, 혹은 선생님, 청소년담당 사회복지사와 같은 멘토 성향의 성인들 그리고 이후에는 가까운 친구, 배우자, 혹은 동료와의 정서적 유대관계. 우리는 이러한 관계들이 아동 및 이후의 성인에게 신뢰, 자율성, 그리고 솔선성을 촉진함을 발견하였다. 이들 중

요 타인들은 역할모델과 상담자로서 역할을 한다.
- 청소년들의 역량감을 지지하고 그들에게 응집감을 제공하는 학교, 교회, 혹은 청소년집단과 같은 외부지지체계의 가용성.
- 아동과 이후의 성인이 그들의 활동적인 외향적 기질과 보상된 그들의 역량을 강화하고 유지하는 환경을 조성해주는 전반적인 개인적 기질.

Werner와 Smith(1992)는 "장벽을 성공적으로 극복하는 것으로부터 가정에서, 교실에서, 운동장에서 또는 이웃에게서 희망은—우리 각자가 아동과 나눌 수 있는 선물—용수철처럼 튀어 오른다" 라고 결론 맺고 있다(p. 209).

과정으로서의 탄력성

Walsh(1998)는 탄력성은 가족 내 그리고 가족 간에서 뿐만 아니라 문화적 사회경제적 지역사회 내에서와 같은 보다 크고 더 복잡한 관계 속에 깊이 내재된 필연적인 개인적 변화의 복합성에 연루된 체계적, 상호 교환적 과정으로 이해되어야 한다고 지적하였다. Walsh는 탄력성을 태어나서 죽을 때까지 살아가는 "삶의 과정을 거쳐 관계형성과 경험의 직포에 짜여진 하나의 과정"으로 기술하였다(p. 12).

그러므로 탄력성은 현재 혹은 어떤 특정시기의 특성이나 능력이 아니고, 또한 하나의 발달단계도 아니다. 탄력성은 어느 연령에서나 어떤 환경 하에서도 발생할 수 있는 하나의 과정이다. 종단연구는 생애에 걸친 탄력성 과정의 변이성을 묘사할 뿐 아니라 역경으로부터 복원하기 위한 능력과 변화가 어떠한 연령대에서도 반복적이고, 다양한 방법으로 발생할 수 있다는 증거를 보여준다(Falicov, 1998; Werner & Smith, 1982).

Werner와 Smith(1982)는 어떤 장단기 연구결과에서도 초기 생애사의 결과로 "후의 삶에 영향을 미치지" 못한다라는 것을 발견하였다. 예를 들면, 부모의 유기에 대한 반응은 관계상실에 대한 미래의 반응을 예측하지 못한다. 어떤 경우,

안정적인 관계는 초기 성인기가 되면 성공적인 미래에 대한 안정감을 제공해주는 배우자와 함께 형성된다(Werner & Smith, 1982, 1992). 동시에 발생하는 수많은 생체심리사회적 변수들의 합류는 과거의 반응 혹은 반동에 근거하여 예측될 수 없는 개량된 결과를 가져올 수도 있다.

Werner와 Smith의 연구결과들은 Masten, Best, 그리고 Garmezy(1990), Wyman, Cowen, Work, 그리고 Parker(1991)와 여타 연구자들의 연구에 의해 지지되었다. 이해의 측면에서 이러한 모든 연구물들은 "긍정적인 삶의 궤도에서 지속성을 갖고 상호 강화하는 영향을 갖는 확대가족, 친구 그리고 이웃들에 의해 형성된 관계망"에서 표현되는 인간의 탄력성 혹은 "인간 잠재력의 유동성을 보이고 있다."(Walsh, 1998, p. 14)

자기치유자로서의 클라이언트

Bergin과 Garfield(1994)는 심리치료에 대한 연구결과물들에 대해 언급하면서, "몇 가지 예외도 있겠지만…… 심리 치료적 기법들은 뚜렷한 효과가 없다는 수많은 증거가 있다"고 지적하였다. 즉, 개입 기법들 자체가 심리치료회기에서 변화를 만드는 것은 아니라는 것이다(p. 822). Bohart와 Tallman(1999)은 심리치료에서 변화의 공통요소들에 대한 복합배열 연구를 장기간 고찰한 후, 치유 혹은 "치료는 클라이언트의 자기-치유를 자극하고, 지지하고, 혹은 촉진하는 환경, 경험, 그리고 사건들의 한 보조적인 기술을 제공하는 것"이라고 결론짓고 있다(p. 114).

기본적으로, 클라이언트는 "무슨 일이 일어나고 있는지를 알고, 대안을 생각하고, 경험을 재고하고, 가능한 해결책을 도출하고, 대안에 따른 결과를 가정하고" 그리고 환경 속에서 작은 행동들을 가정하고 취하면서 실제로 시도해본다(Tallman & Bohart, 1999, p. 112). 대부분의 개인과 가족들은 전문가의 원조없이 해결책을 찾아낸다는 결과도 있다.

Lambert, Shapiro와 Bergin(1986)은 정신질환의 "자연회복률"은 약 40퍼센트

정도라고 추정하고 있다. 대부분의 경우에, 사람들은 개인적 관계들과 같은 그들 고유의 자원들을 활용하기 때문에 회복한다. Gurin, Veroff 와 Feld(1960)는 문제에 직면하는 대부분의 사람들은 정신건강전문가들보다는 그들이 알고 지내는 사람들과 접촉한다는 점에 의견일치를 보고 있다. Weiner-Davis, de Shazer과 Gingerich(1987) 그리고 Lawson(1994) 또한 클라이언트의 60퍼센트 이상은 정신건강전문가와 전화예약한 이후로도 그들의 문제들에 대해 어느 정도 해결을 본다는 사실을 발견하였다. Rosenbaum(1994)은 많은 사람들이 단지 한번의 회기 이후에 개선되었음을 밝히고 있다. Bergin과 Garfield(1994)는 "치료자들이 클라이언트의 자원들을 활용하였을 때, 더 많은 변화가 생기는 것 같다"라고 보고하였다(p. 826). 이러한 연구결과들은 "인간의 심리적 발달은 매우 완충적이며 자기복원"적이라는 생각을 지지하는 것이다(Masten et al., 1990, p. 438).

게다가, Tallman과 Bohart(1999), Prochaska(1999), Rennie(1994), 그리고 White와 Epston(1990)의 연구와 저서들은 치료적 관계에 있어서 변화의 가능성을 향상시키는 특정 조건들을 수렴하였다. 다음의 내용들은 정신건강영역에서 사회복지사가 클라이언트의 탄력성과 강점들을 촉진하기 위해 취할 수 있는 자세를 제시하고 있다:

- 명상적 사고와 대조되는 생성적 사고를 촉진한다.
- 새로운 관점들을 촉진한다.
- 대화를 외향화시키거나 "문제"를 거리를 두고 볼 수 있도록 촉진한다.
- 상호 협력적, 공동문제해결 기회를 촉진한다.
- 희망과 자신감을 촉진한다.
- 결과에 대한 가능한 해결책과 희망의 생성을 촉진한다.
- 배려하고 대화하기 위한 시간과 더불어 공간을 확보하면서 안전을 촉진한다.
- 사람들의 고유한 이해와 느낌늘에 대해 전문가로서 청취, 존중, 고찰하는 경험을 촉진한다.
- 지지적인 사회 및 지역사회체계망을 촉진한다.

사회복지 교과과정에 대한 함의

인간행동과 사회환경은 다양성과 독특성 속에서 인간 삶의 복잡성을 학생들에게 보여주어야 한다. 따라서 환경 속의 인간의 전통에 의해 표현된 것으로 인간노력들의 맥락적 본질에 대한 초점은 교과내용의 기본을 이루어야 할 것이다. 근본적으로, 교과내용은 삶에서 직면한 외상에 고통과 두려움이 없다기보다 그들이 이전에 가져보지 않았을 수 있는 성장과 강점을 갖고 사람들이 현격히 잘 행한다는 사실에 대한 깊은 존중과 믿음을 반영할 필요가 있다(Saleebey, 1998a). Felsman과 Vaillant(1987)의 연구는 "우리의 인생에서 잘못된 사건이 영원히 우리를 저주하는 것은 아니다" 라고 말하고 있다(p. 298).

빈곤, 전쟁, 차별, 범죄, 약물중독, 정신질환 가운데에서 살고 있는 아이들은, 사회복지사들이 인간발달의 이론을 가지고 예측했던 것과는 달리, 성공적으로 자신들의 삶에 책임을 지며 살아가고 있음을 보여주고 있다(Coles, 1964). 사회복지사들은 인간 삶의 복합성을 거의 고려하지 않고, 대신에 단지 상처받은 부분—어떤 사람이 처한 "상태들"—만을 주로 조명하기 때문에 최악의 결과를 가정하고 있다. 실천가들은 인간이 생존 이상의 것을 행하기 위한 놀랄 만한 잠재력이 있다는 것을 인식할 필요가 있다.

예를 들면, 소아정신과 의사이며 자유훈장 수상자로 알려진 Robert Cole의 어린 친구로 New Orleans 학교의 인종차별을 폐지한 Ruby Bridges는 그녀에게 보인 잔혹한 행위를 초월할 수 있었으며 자신을 죽이려했던 사람들에게 배려와 관심으로 반응했다. Ruby Bridges는 법원의 명령에 의해 새로 설립된 New Orleans의 인종통합 초등학교에 입학한 최초의 유일한 흑인 아동이었다. 백인부모들은 자신들의 자녀들을 집에 머물게 하면서 등교를 거부하였다. 이러한 많은 부모들은 매일 아침과 오후에 Ruby를 조롱하고 괴롭히기 위해 학교 밖에 서 있었기 때문에 연방보안관은 매일 등하교길에 그녀와 동행하였다. Ruby는 자신을 해치고 위협하는 바로 그 사람들을 위해 학교에 도착하기 바로 직전에 멈추어 기도를 하였다. Ruby는 Robert Cole과의 장기간의 접촉을 통하여 건강하고 행복한 사람으로 남게 되었다. 그러한 예들은 인간의 잠재능력은 강화되기 전의 상처받은 경험으로부터 발생한다는 것을 강조하고 있다. 어느 누구도 사람들에게 용기를 북돋아 주기 위해 어떠한 형태의 상처와 고통을 받게 하지는 않지만, 역경에 직면한 인간의 잠재능력은 두드러지며 언제나 놀랍다라는 사실은 분명하다.

강점관점, 해결중심 가족치료, 그리고 심리 치료적 개입효과성의 이해를 위한 노력에서 발전된 연구와 실천경험은 비슷한 결론들을 내리고 있다: 개인이 스트레스와 인생의 위험들을 어떻게 감수하는지에 강력한 영향을 보여주는 것은 바로 강점, 탄력성, 사회적 지지, 그리고 자기결정권이다. 탄력성에 대한 이러한 연구와 실천경험은 사회환경과 실천에서 인간발달을 생각할 때 고려해야만 하는 관점에 있어서 많은 변동을 시사하고 있다. 다음 목록은 Walsh(1998), Werner와 Smith(1992), Wolin과 Wolin(1993), Garmezy(1991), Bronfenbrenner(1979), Higgins(1994) 그리고 기타 연구자들의 연구내용을 반영하고 있으며 그들은 탄력성 연구로부터 도출되고 있는 사고의 보다 완벽한 그림을 그리고자 시도하고 있다. 이 목록은 실천원칙의 근간일 뿐 아니라 인간 행동과 사회환경적 학습과 사고내용의 기초를 형성하는 환경의 맥락 속에서 사람에 대해 사고하는 방법을 알리고 있다.

- 맥락적 관계(대인관계, 가족, 사회, 지역사회, 및 제도적)의 결합 속에서 인간발달을 이해한다.
- 사회복지사들은 고난받은 개인과 가족을 상처받은 대상이 아니라 성공과 성장을 위해 잠재력을 갖고 도전받은 것으로 보도록 시각을 바꾼다.
- 탄력성은 특성이 아니라 사회적 맥락 내에서 일어나는 상호작용의 과정이라고 인식한다. 탄력적 회복력은 천성과 육성의 양측면이다.
- 개인과 가족이 파괴적인 삶의 도전에 대항하고 다시 원상태로 복원될 수 있도록 하는 상호작용의 과정을 규명하고 강화할 필요성을 인식한다.
- 모든 개인과 가족은 인생의 도전에서 회복할 수 있는 잠재력을 가지고 있다는 믿음을 유지한다
- 직면한 도전들에 의해 복원되는 것뿐 아니라 강화되는 개인과 가족의 능력에 대한 믿음을 유지한다.

- 탄력성은 뚫을 수 없는 갑옷 같은 것이 아니라 용기와 고통의 중간에서 "투쟁을 잘 하는"것으로 이해될 수 있다는 하나의 과정으로 인식한다(Higgins, 1994).
- 탄력성은 종종 역경의 중앙에 놓여있는 것으로 인식한다; 오로지 도전의 맥락에서 이전보다 더욱 강하게 되튕겨 복원하기 위한 기회가 생길 수 있다.
- 인생의 체계적 본질과 인간 관계가 사람들의 성장과 삶에 대한 노력을 지지하도록 어떻게 강화될 수 있는지를 인식해야 한다.

또 하나의 중요한 이슈가 여기서 다루어져야만 한다. 사회복지 전문성은 개인적 역경의 문화적 정신상태에 대한 탄력성을 놓쳐서는 안 된다. 연구는 개인적 능력 혹은 단순한 의지력의 문제로 탄력성을 설명하고 있지 않다. 그보다 그것은 복잡한 과정으로 이해되어야 한다. 정신질환의 측면에서 보면, 개인적 책임감이라는 신화는 오늘날 여전히 많은 사람들에 의해 유지되고 있다. Mechanic (1999)은 대부분의 경우에, 사람들은 신체적인 질환을 가진 개인들에 대한 일반적인 태도와 비교하여, 정신질환을 가진 것으로 나타난 개인들을 자신의 상태에 대해 책임이 있기 때문에 그 상태를 없애야 할 책임이 있는 것으로 본다. 동일한 것은 DSM IV(American Psychiatric Association, 1994)에 따라 정신 상태들로 분류될 필요가 없는 조건들에도 들어맞는다.

탄력성은 어려움을 겪고 있는 개인과 가족들에게 직접적으로 "다른 사람들이 더 심한 상황도 극복했기 때문에, 기운을 차려서 책임을 져야 한다"는 생각을 지지하지는 않는다. 그것은 복잡한 관계의 문제이다. 조사연구는 아이들이 "이겨낸다"고 할 때 그들은 개인들을 보호하고 환경을 변화시키는 지역사회의 구조 속에서 이겨낸다는 것을 보여주고 있다. 예를 들면, Aseltine, Gore, and Colten(1994)은 청소년들이 가족관계에서의 스트레스 수준이 높은 경우, 그들은 가족 관련 스트레스를 줄이기 위해 가족으로부터 떨어져 친구들에게 의지한다는 사실을 발견하였다. 그러므로, 아동들은 가족을 피하거나 혹은 부정하지 않고 필요한 대안―탄력적으로 회복하려는 행동―들을 발견해낸다. 최상의 전문가 판단을 강요하기보다는 클라이언트 자신이 대안으로 낸 해결책에 관심을 두는 것이 탄력성을 만드는 기회를 제공한다.

결 론

모든 명백한 재능, 많은 꿈과 다양한 두려움을 지닌 인간의 복잡성은 병리를 측정하
는 제한된 변수로 개인을 설명하고 이해하려고 치료자들이 "과학적"인 노력을 다
하더라도 모호하기만 하다.

FARBER, 1993, p. 8

"무엇이 잘못인가", "무엇 때문에 이런 일이 일어났는가" 라는 우리들의 문화
적 그리고 전문적 편견은 언제나 존재해 온 지속적 사실을 이해하기 어렵게 만들
고 있다. 어떠한 모든 상황들도 어떤 특별한 상황에 노출됐다고 해서 모두에게 위
험으로 조명되지 않으며, 모든 사람에게 위험의 결과가 동일한 것도 아니다. 우리
스스로 통제할 수 있는 내부와 외부의 문제에 있어 세상은 온통 위험과 "취약성"
투성이라는 사실은 명백한 것이다. 이것이 자명한 진실임에도 불구하고, 이러한
인식이 실천에서 뿐만 아니라 대부분의 인간행동과 사회환경 과목의 설명을 위
한 이론으로 매우 미미하게 다루어진다는 것이 사실이다.

사회복지사들이 클라이언트를 강점과 탄력성 관점으로 생각하기 시작할 때,
우리는 어떠한 내용이 인간행동과 실천 교과과정에 포함되어야 하는지에 대한
기본적 가정들을 바꿀 수 있다. 즉, 이것은 결정론적 모델과 단계가 아닌, 가능성
이라는 용어로 인간에 대해 생각하는 방법을 말하는 것이다. Norlin과 Chess
(1997)는 이것의 취지는 "인간의 사회적 기능에서 문제와 결함을 찾는 데서부터
개인, 가족, 지역사회, 그리고 조직시스템이 갖고 있는 강점과 능력으로" 관점을
바꿀 필요가 있는 것이라고 했다(p. 11). 그들은 이러한 전환은 "어떻게 [이러한
체계]들이 건강함을 유지하는가, 어떻게 성장하고 발달하는가" 의 방향으로 전개
되어야 한다고 주장하고 있다(Norlin & Chess, 1997, p. 11). 실천은 사람의 가능
성 속에서 구축되는 강점과 해결중심 노력들의 방향에서 움직여야 하고, 개인,

186

가족, 지역사회가 가능성을 전환하고 강인함을 구축하도록 하는 탄력적 행동에 관여하도록 기회를 제공함으로써 삶의 도전들에 직면할 수 있도록 한다.

이러한 점이 실천에서 어떻게 보여질 수 있는가 하는 것은 클라이언트에게 아주 다른 질문을 하는 방식으로 사례를 들 수 있다. 이는 우리가 진실로 모르는 삶에 대해 "무지" 혹은 진정한 호기심의 자세를 가정하고 있다(Anderson & Goolishian, 1992). 우리는 클라이언트의 삶에 대한 모든 국면을 다 알지 못한다. 만약 우리가 병리나 무엇이 잘못되었는지에 초점을 맞추면, 우리는 클라이언트의 삶에 있어서 무엇이 잘 되고 있는지와 무엇이 옳은지를 간과하게 된다. 우리는 과거와 현재 상황에 대한 합류점이나 보다 나은 삶에 대한 열망, 또는 보다 나은 인생을 만들기 위해 행해온 것들을 결코 완벽하게 이해할 수 없다. 사회복지사에게 알지 못함이라는 것은 클라이언트에게 가정을 만드는 것이 아니라, 그들의 생활상황에 대해 그들에게 묻는 것이다.

탄력성과 강점관점으로 일하는 것은 앞으로 무엇이 잘 될 것인지를 포괄하는 초점을 추가한다. 가족담당 사회복지사는 문제가 무엇인지를 묻기 이전에 "당신이 지속되었으면 하는 잘되고 있는 일이 무엇입니까?"라는 질문으로 "다중적 문제"를 가진 것으로 보이는 가족들과 대화를 시삭할 수 있다. 이 질문과 잇따르는 질문들은 가족성원의 인식들을 확인해주기 때문에 사회복지사는 그 문제를 신중하게 받아들이며 이해하고 있다는 느낌을 전달하게 된다. 이러한 접근법은 종종 방어, 비난, 그리고 지지와 이해를 받지 못한다고 느낄 수 있는, 무엇이 잘못되었고 왜 이런 일이 생겼는지에 대해 클라이언트에게 질문하는 것과는 대조를 이룬다. 탄력성과 강점의 과정에 초점을 맞추는 것은 사회복지사로 하여금 미래에 초점을 두고 무엇인가를 잘 하도록 이끈다. 이 접근법은 신뢰와 역량을 강화하도록 도와줄 것이다.

사회복지사가 가족 성원들에게 상태가 조금이라고 좋았을 때는 무엇이 달랐는지에 대해 물어보거나 상태가 좋아지기 위해 무엇이 가족 성원들에게 희망을 주는가에 대해 물을 때, 실천가는 가능성과 희망 및 권한 부여의 분위기를 만드는 데 지속적으로 초점을 맞추고 있는 것이다. 예를 들어, 사회복지사가 심지어 아동구타가 어떠한 문제를 해결하려는 시도이거나 (어찌되었든) 다소의 해결을 보았다고 인정한다면, 실천가들은 그 행동이 수용될 만한 것이라고 받아들이는 것이 아니라, 해롭지 않은 대안을 논의하기 위한 대화를 이끌어가는 데 도움을 주는 관계 형성을 위한 다리를 세우는 것이다(Berg & Kelly, 2000; Dejong & Berg, 1998).

이 장에서 기술한 관점은 정신질환과 정신건강 이론들에 근거한 전통적 관점에 대한 대안이다. 이 대안의 비전은 무엇이 잘못되었는지, 어떤 손상을 입었는지에 대해 조망하기보다는 스스로 바로잡기 위해 사람의 능력을 구축하는 것이다. 이 관점은 사회복지사가 최상의 해답을 갖고 있다고 가정하지 않는다. 탄력성과 강점 맥락에서의 사고는 사회환경 내에서 인간 행동을 이해하기 위한 우리의 지식기반과 우리가 사회복지실천을 하기 위한 접근법을 구축하기 위해 매우 다른 시발점을 제공한다.

참고문헌

American Psychiatric Association. (1994). *Diagnostic and statistical manual of mental disorders TV*. Washington, DC: Author.

Anderson, H., & Goolishian, H. (1992). The client is the expert: A not knowing approach to therapy. In S. McNamee & K. J. Gergen (Eds.), *Therapy as social construction* (pp. 25-39). London: Sage Publications.

Anthony, E, & Cohler, B. (Eds.). (1987). *The invulnerable child*. New York: Guilford Press.

Aseltine, R. H., Jr., Gore, S., & Colten, M. E. (1994). Depression and the social developmental context of adolescence. *Journal of Personality and Social Psychology, 67*, 252-264.

Berg, I. K., & Kelly, S. (2000). *Building solutions in child protective services*. New York: W.W. Norton.

Bergin, A. E., & Garfield, S. L. (1994). *Handbook of psychotherapy and behavior change* (4th ed.). New York: Wiley.

Bohart, A., & Tallman, K. (1999). *How clients make therapy work: The process of active healing*. Washington, DC: American Psychological Association.

Bolton, R. (1994). *Gal: A true life*. New York: Harcourt Brace.

Bronfenbrenner, U. (1979). *The ecology of human development*. Cambridge, MA: Harvard University Press.

Coles, R. (1964). *Children of crisis: A study of courage and fear*. New York: Dell.

Dejong, P. E., & Berg, I. K. (1998). *Interviewing for solutions*. Pacific Grove, CA: Brooks/Cole.

Duncan, B. L, & Miller, S. D. (2000). *The heroic client: Doing client-directed, outcome informed therapy*. San Francisco: Jossey-Bass.

Erikson, E. (1959). *Identity and the life cycle*. New York: International University Press.

Falicov, C. J. (1998). *Latino families in therapy: A guide to multicultural practice*. New York: Guilford Press.

Farber, S. (1993). *Madness, heresy, and the rumor of angels: The revolt against the mental health system*. Chicago: Open Court.

Felsman, J. K., & Vaillant, G; (1987). Resilient children as adults: A 40-year study. In E. J. Anthony & B. Cohler (Eds.), *The invulnerable child* (pp. 289-314). New York: Guilford Press.

Festinger, T. (1983). *No one ever asked us*. New York: Columbia University Press.

Freud, S. (1963). Analysis terminable and interminable. In P. Rieff (Ed.), *Therapy and technique* (pp. 233-271). New York: Collier. [Original work published 1937]

Garmezy, N. (1991). Resiliency and vulnerability to adverse developmental outcomes associated with poverty. *American Journal of Orthopsychiatry, 57*, 159-174.

Garmezy, N. (1994). Reflections and commentary on risk, resilience, and development. In R. J. Haggerty, L. R. Sherrod, N. Garmezy, & M. Rutter (Eds.), *Stress, risk, and resilience in children and adolescents: Processes, mechanisms, and interventions* (pp. 1-18). New York: Cambridge University Press.

Goode, E. E. (1992, February 10). Sick, or just quirky? *U.S. News & World Report, 112*, p. 49.

Goode, E. E. (1995). Broad definitions of mental illness may be harmful. In W. Barbour (Ed.), *Mental illness: Opposing viewpoints* (pp. 24-28). San Diego, CA: Greenhaven Press.

Gurin, G., Veroff, J., & Feld, S. (1960). *Americans view their mental health*. New York: Basic Books.

Higgins, G. O. (1994). *Resilient adults: Overcoming a cruel past*. San Francisco: Jossey-Bass.

Jahoda, M. (1958). *Current concepts of positive mental health*. New York: Basic Books.

Klein, D. B. (1944). *Mental hygiene: The psychology of personal adjustment*. New York: Henry Holt.

Kraepelin, E. (1917). *Lectures on clinical psychiatry* (3rd ed.). New York: William Wood.

Lakoff, G., & Johnson, M. (1980). Metaphors we live by. Chicago: University of Chicago Press.

Lambert, M. J., Shapiro, D. A., & Bergin, A. E. (1986). The effectiveness of psychotherapy. In S. L. Garfield & A. E. Bergin (Eds.), *Handbook of psychotherapy and behavior change* (3rd ed., pp. 157-212). New York: Wiley.

Lawson, D. (1994). Identifying pretreatment change. *Journal of Counseling and Development, 72*, 244-248.

Masten, A. S., Best, K. M., & Garmezy, N. (1990). Resilience and development: Contributions from the study of children who overcome adversity. *Developmental Psychopa-thology, 2*, 425-444.

Mechanic, D. (1999). *Mental health and social policy: The emergence of managed care* (4th ed.). Boston: Allyn & Bacon.

Menninger, K. (1942). *The human mind* (2nd ed.). New York: Alfred Knopf.

Monmaney, T. (2000, January 8). Optimist may have the last laugh [on-line]. *Los Angeles Times*. Available: http://www.post-gazette.com/healthscience/20000108optimism2.asp.

Montaigne. (1958). *Complete essays of Montaigne* (D. M. Frame, Trans.). Stanford, CA: Stanford University Press.

Moskovitz, S. (1983). *Love despite hate*. New York: W. W. Norton.

Norlin, J. M., & Chess, W. A. (1997). *Human behavior and the social environment: Social systems theory* (3rd ed.). Boston: Allyn & Bacon.

Paykel, E. S. (1978). Contribution of life events to causation of psychiatric illness. *Psychological Medicine, 8*, 245-253.

Pritchard, R., & Rosenzweig, S. (1942). The effects of war stress upon childhood and youth. *Journal of Abnormal and Social Psychology, 37*, 329-344.

Prochaska, J. O. (1999). How do people change, and how can we change to help more people? In M. A. Hubble, B. L. Duncan, & S. D. Miller (Eds.), *The heart and soul of change* (pp. 227-258). Washington, DC: American Psychological Association.

Rennie, D. (1994). Storytelling in psychotherapy: The client's subjective experience. *Psychotherapy, 3*, 234-243.

Rodale, R. J. (1978). *The synonym finder*. New York: Warner Books.

Rosenbaum, R. (1994). Single-session therapies: Intrinsic integration. *Journal of Psychotherapy Integration, 4*, 229-252.

Rowan, T., & O'Hanlon, B. (1999). *Solution-oriented therapy for chronic and severe mental illness*. New York: John Wiley & Sons.

Rutter, M. (1977). *Separation, loss and family relationships*. In M. Rutter & L. Hersov (Eds.), Child psychiatry: Modern approaches. Oxford: Blackwell Scientific Publishers.

Rutter, M. (1979). *Protective factors in children's response to stress and disadvantage*. In M. W. Kent, & J. E. Rolf (Eds.), Primary prevention of psychopathology, Vol. 3: Social competency in children. Hanover, NH: University Press of New England.

Rutter, M. (1985). Resilience in the face of adversity: Protective factors and resistance to psychiatric disorder. *British Journal of Psychiatry, 147*, 598-611.

Saleebey, D. (1998a). Community development, group empowerment, and individual resilience. In D. Saleebey (Ed.), *The strengths perspective in social work practice* (2nd ed., pp. 199-216). New York: Longman.

Saleebey, D. (1998b). Introduction: Power to the people. In D. Saleebey (Ed.), *The strengths perspective in social work practice* (2nd ed., pp. 3-21). New York: Longman.

Schriver, J. M. (2001). *Human behavior and the social environment* (3rd ed.). Needham Heights, MA: Allyn & Bacon.

Seligman, M.E.P. (1999). The president's address (Annual Report). *American Psychologist, 54*, 559-562.

Sullivan, H. S. (1953). *The psychiatric interview*. New York: W. W. Norton.

Tallman, K., & Bohart, A.C. (1999). The client as a common factor: clients as self-healers. In A. H. Hubble, B.L. Duncan, & S. D. Miller (Eds.), *The heart and soul of change: What works in psychotherapy* (pp. 91-121). Washington, DC: American Psychological Association.

Walsh, E (1998). *Strengthening family resilience*. New York: Guilford Press.

Walsh, R., Walsh, R, & Shapiro, D. H. (1983). *Beyond health and normality: Explorations of exceptional psychological well-being*. New York: Van Nostrand Reinhold.

Weiner-Davis, M., de Shazer, S., & Gingerich, W. (1987). Building on pretreatment change to construct the therapeutic solution: An exploratory study. *Journal of Marital and Family Therapy, 13*, 359-346.

Werner, E., & Smith, R. (1982). *Vulnerable, but invincible: A longitudinal study of resilient children and youth*. New York: McGraw Hill.

Werner, E., & Smith, R. (1992). *Overcoming the odds: High risk children from birth to adulthood*. Ithaca, NY: Cornell University Press.

White, M., & Epston, D. (1990). *Narrative means to therapeutic ends*. New York: W.W. Norton.

Wolin, S. J., & Wolin, S. (1993). *The resilient self: How survivors of troubled families rise above adversity*. New York: Villard.

Wyman, L, Cowen, W, Work, W, & Parker, G. (1991). Developmental and milieu correlates of resilience in urban children who have experienced major life stress. *American Journal of Community Psychology, 19*, 405-426.

제7장
학교사회사업의
탄력성 기반 모델을 향하여
전향적 조언자

Gerald T. Powers

우리의 가장 큰 영광은 결코 넘어지지 않는 데 있는 것이 아니라, 우리가 넘어질 때마다 다시 일어서는 데 있다.

공자

수많은 학자들이 자신의 삶을 바쳐 탄력성에 대해 연구해왔다(그 중 일부만을 예로 들더라도 Anthony, 1987; Garmezy & Rutter, 1983; Smokowski, 1998; Werner & Smith, 1992의 연구들이 있다.). 종합해서 보면, 그들의 연구는 탄력성이라는 구성체(construct)의 발생과 인간행동에 대하여 결점에서 강점기반 개념으로 연이은 전환을 연대기 순으로 기록한 것이다. 위험요인들과 보호요인들에 대한 독립적인 이론들이 탄력성이라는 복잡한 현상을 어떻게 설명하는가에 대한 연구가 많았지만(Fraser, Richman, & Galinsky, 1999; Luthar & Zigler, 1991), 그에 대응하는 행동 이론에 관해서는 상대적으로 거의 쓰여진 바가 없다. 이로 인해 많은 사회복지사들이 대개는 강점관점을 인정하면서도, 이에 대해 설명하라고 했을 때 이러한 관점이 일상적인 실천에서 어떻게 적용되는지 정확하게 표현하는 데 곤란을 겪고 있다. 이 장에서는 강점기반 접근에 관련된 전문적 가치와 전문적 실천 사이의 단절감을 극복하고자 한다. 또한 나 자신의 삶에서 탄력성의 의미를 탐색하고, 그렇게 함으로써 기초적 실천원칙들을 희망적으로 제시하고자 한다.

배 경

탄력성 개념은 "왜 어떤 아동들은 심각한 위험에 노출되었음에도 역경을 다루는 능력을 지니고 있는가?"라는 당황스러운 질문에 대한 응답으로 약 40년 전부터 학술적 문헌에서 부각되었다. 그 사이 수십 년 간 이 질문은 대인서비스 현장에서 점점 더 많은 연구자들과 실천가들의 상상력을 사로잡아왔다. 그러한 질문 자체는 인간발달에 대한 지배적인 관점에 있어 중요한 개념적 변화가 있음을 보여준다. 1950년대와 그 이전의 지배적인 패러다임은 인성(personality)이 상대적으로 고정된 발달단계와 연관된 일련의 도전들에 대한 반응으로, 시간이 지남에 따라 진화한다는 선형적인 개념에 연결되어 왔다(Erikson, 1950; Kelly, 1955). 이 모델에 따르면, 인성의 구성요소들은 심리성적 발달(psychosexual development)이 형성되는 기간에 대부분 결정된다고 가정된다. 일단 인성의 틀(personality template)이 자리를 잡으면, 조만간에 그 틀은 다소 동결되고, 삶의 과정에서 바뀌지 않는다고 믿어져 왔다.

이러한 개념에 기반하여, Moss와 Susman(1980)이 수행한 것과 같은 수많은 종단적 연구들이 인성의 유형과 다양한 발달단계상 문제특성 사이의 일관적인 패턴을 확인하려고 시도했다. 비록 이러한 종단적 연구들이 인성과 발달단계가 함께 성장해야 한다는 잠재된 이론적 가정을 지지하는 데 실패하였지만, 그 연구 자체는 개인을 자신에게 외적으로 부여된 한계의 희생자로 특징짓는 관점, 즉 인간행동의 결점 관점을 강화하는 데 기여하였다. 불행하게도 하나의 크기에 모든 것을 맞추려는 인간발달에 대한 개념은 개인의 독특성에 부합하는 특이한 능력과 강점의 조합을 적절하게 인식하는 데는 실패하였다. 1962에는 이미 Murphy가 다음과 같은 사실을 관찰하였다.

급속한 팽창과 과학기술적 성취를 뽐내는 어떤 국가가 그렇게 많은 "문제" 문헌—종종 곤란, 사회적 실패, 막혀버린 잠재력, 패배 등을 표현하는 연구문헌—들을 발달시켜야만 했다는 것은 역설적이다. 어그러진 성인과 경험하면서 형성된 임상적 사고방식을 적용하면서, 우리는 인생의 도전에 대처하기 위해 적절한 언어가 어떻

게 정신과학의 연구주제가 될 수 있는지 좀처럼 보려고 하지 않았다.(p. 17)

결점 모델의 발달과 함께, 연속적인 생활 경험의 특성과 유형에 따라 역경을 포함한 초기 인생의 사건들에 대해 사람들이 개별적으로 매우 상이하게 반응한다는 것을 가리켜 주는 상당한 수의 역학적 연구들이 이루어져 왔다(Clarke & Clarke, 1984). 아동을 포함한 많은 사람들은 그들이 살고 있는 다양한 유해 환경들 속에서도 단순히 이론가들이 생각하는 것과 같은 방식으로 행동하지는 않는다. 실제로 Rutter(1989)는 만약 이후의 양육환경이 좋다면, "유아기에 있었던 대부분의 불운한 경험이 이후의 발달에 위험으로 거의 적용하지 않는다"는 것을 발견했다(p. 23).

Rutter의 주장(1999)을 지지하는 인상적이고 광범위한 연구들이 있다. 예를 들어, 빈곤이 낮은 학업성취도와 관련되어 있다는 기록이 있다(Sherman, 1994). 그러나 모든 가난한 아동이 학업에서 실패하는 것은 아니다(Duncan, Brooks-Gunn, & Klebanov, 1994). 또한 문헌에 따르면, 성인학대자는 학대가족에서 성장하였을 가능성이 더 크다. 그렇다 해도 학대받은 아동의 대다수는 결코 학대자가 되지 않는다(Faber & Egeland, 1987). 비록 정신분열증이 있는 부모를 가진 자녀가 질병을 발전시킬 위험이 분명히 더 크지만(Rende & Plomin, 1993), 이러한 아동들 중 약 90% 정도는 전 생애 동안 증상없이 지낸다(Garmezy, 1987). 약물남용 가족에서 성장한 자녀(아동들)에게서 뿐만 아니라 이혼 자녀에게도 똑같은 역설적인 발견들이 적용된다(Wolin & Wolin). 그들이 성장기 동안 경험한 불행한 조건들에도 불구하고, 대부분의 어린이들은 자라서 보람있고 생산적인 삶을 가꾼다. Garmezy가 지적했듯이, 이러한 아이들은 "우리의 예측틀을 뒤집고 좋은 또래관계, 학업성취, 교육과 의도적인 삶의 목적에 대한 헌신이라는 역량을 증명하는 가시적인 지표를 아동기에 지닌다"(Masten & Coatworth, 1998, p. 206 인용).

Rutter(1985)는 "가장 심각한 스트레스와 가장 강렬한 역경이 있다고 해도, 절반 이상의 아동이 굴복하는 것은 이상하다."는 것을 발견했다(p. 598). 우리는 이렇게 명백한 비정상성을 어떻게 설명할 수 있을까, 그리고 다소 이상해 보이는 사람들의 삶으로부터 우리가 배울 수 있는 것은 무엇일까? 부정적인 생활환경의 해로운 영향으로부터 아동들을 보호해주고, 번영하고, 궁극적으로 잘 성장할 수 있도록 어느 정도 역량을 강화해주는 완화요인이나 보호요인은 무엇일까? 가장 중요하게는, 이 지식이 학교사회사업가들로 하여금 아동들에 대한 개입을 효과적으로 지도해 줄 수 있도록 하는 실천원칙으로 어떻게 재인식될 수 있을까?

이 장의 목적은 개인적 관점에서 이러한 이슈들을 탐색하고자 하는 것인데, 이러한 관점은 원조를 위한 강점 기반 접근의 목적을 받아들이는 데 있어서 그것이 의미를 가지는 누군가의 관점에서 나오는 것이다. 이것은 돌보는 성인과의 관계가 어떻게 저자의 삶의 과정을 영원히 바꾸어 놓았는지에 대한 자서전적인 이야기이다. 이 이야기는 탄력성 준거틀의 맥락에서 설명을 시도하는데, 개인적인 경험에 대한 1일칭적인 설명으로부터 많은 경험적 연구들에 의해 지지되는 이론적 정당화까지 전후로 이동하며 설명한다. 이러한 경험으로부터 얻은 교훈이 어떻게 기존 연구들과 일치하는 학교 기반의 사회복지실천을 위한 탄력성 모델에 기여할 수 있는지 논의하면서 결론을 내린다.

문 제

내가 학교를 혐오한다(hate)는 사실을 처음으로 인식하게 된 때가 언제인지 정확하게 말하기는 어렵다. 내가 1학년에 들어가던 날에 학교를 혐오한다는 것은 분명히 아니었는데, 해가 가면서 그것은 점점 명백해졌다. 처음에 그것은 어떤 특별한 것과 분명히 관련된 것은 아니지만 일반적으로 싫어하는(dislike) 그런 것이었다. 6살 때, 나는 내가 왜 그렇게 나의 가장 가까운 친구들과 다른지 분명하게 이해할 수 없었다. 그들 모두는 학교에서 보내는 시간을 고대하는 것처럼 보였던 것이다. 나는 수업이 끝났다고 울리는 3시 종이 쳤을 때 매번 안도감을 느꼈던 것을 기억한다. 3시가 되면 질서는 여하튼 우주로 복귀한다. 나는 지난 8시간 동안 나를 멍청이로 간주했던 것으로 확신하는 친구들과 다시금 동등하게 경쟁할 수 있었다.

학교에 대한 나의 혐오가 내가 읽지 못하는 것과 어느 정도 연결되어 있다는 것을 알게 된 것은 바로 2학년 때였다. 대부분의 다른 아이들은 읽기 수업과 관련된 받아쓰기를 점점 더 즐기는 것처럼 보였다. 대부분의 아이들이 크게 읽어서 선생님의 관심을 끌기 위해 열심히 경쟁하는 반면에, 나는 아이들 앞에서 망신당하고 난처해질까봐 겁이 났다. 내가 마음의 평정을 유지하려고 하면 할수록, 나는 더욱 불안해졌다. 내가 가장 간단한 단어를 더듬을 때, 다른 학생들이 낄낄거리던 것이 기억난다. 나는 자주 혼나고 체벌을 받으면서 충분히 노력하지 않아서 이렇게 되었다는 가정을 강화시켰고, 좌절하고 분노하게 만든 메시지를 강화시켰다. 모든 허세를 부려서 수치심 끝에 나온 눈물을 거둘 수 있었다.

대부분의 일이 그런 것처럼, 매우 간단하고 제한적인 문제로 시작했던 것이 점점 훨씬 더 깊은 수준으로 의미를 띠어 갔다. 나는 학교생활에서 어려움을 겪고 너무 조용해지고 수줍어해서 친구들과 친척들의 걱정 또한 커져갔다. 3학년 때까지, 나의 부모님을 비롯한 모든 사람에게 내가 읽을 수 없다는 것이 학업성취의 모든 측면에 실제적으로 영향을 미친다는 것이 분명해 보이게 되었다. 이때 나는 신체적인 증상들을 경험하기 시작하였다. 내가 읽으려고 시도할 때마다, 눈물이 나기 시작하였고 구역질이 나기도 하였디. 내 생각에는 안과의사에게 이끌리어 가게 된 것이, 내 부모님의 간절한 소망에서 나온 한 형태였던 것으로 기억한다. 아마 시력이 나쁜 것이 죄였을 것이다. 아마 안경이 있으면, 이 곤란한 딜레마를 마술 같이 해결할 수 있을 것이다. 내 시력은 좋았다. 어른들이 "그 문제"를 풀지 못했기 때문에, 내게 그 결점이 있다는 것은 내게 점점 더 분명하게 되었다.

이 어려웠던 시기를 돌아보면서, 1940년대에 오늘날의 매니지드 케어(man-aged-care) 환경이 있었다면 결점 모델의 맥락속에서 이 일군의 증상들이 어떻게 보여질까 상상할 수 있다. 최소한 그 문제는 정신장애에 관한 진단과 통계 매뉴얼(DSM-IV; 미국정신의학협회, 1994)에 축II-315.9라고 부호화된 학습장애로 분류될 가능성이 높을 것이다. 즉, "그 사람의 연령, 측정된 지능, 연령에 적합한 교육을 고려하였을 때, 개별화되어 시행된 읽기 정확도나 이해에 관한 표준화된 시험에 의해 측정된, 읽기 성취도가 기대보다 실제적으로 낮다." 2차적 진단으로 과도한 불안을 수반하였다는 점에서, 축I의 300.02 일반화된 불안장애로 내려도 놀랍지 않을 것이다. 불행하게도, DSM-IV와 같은 결점 모델을 이끌어가는 규칙은 사람들에게 뭐가 잘못되었는가를 알아내는 것이 필수적인 것이라는 점이다. 어느 정도는 개인의 경향성과 한계가 전문가가 가지는 주된 핵심 관심사이지만, 개인의 강점은 무시되기 쉽고, 체계적인 요인들은 배경으로 희미해지고, 사람들과 그들의 환경 간의 상호작용에 대한 관심은 대부분 사라진다. 그 결과, 해결은 거의 개별적 결점을 치료하기 위한 노력에만 맞추어진다. 그러한 모델들은 클라이언트를 낙인화할 뿐만 아니라 그들이 살고 있는 환경과 모든 개인에게 있는 것으로 여겨지는 당연하고 주목할 만한 강점들을 의미있게 고려하는 대신에 관심을 딴 데로 돌리게 하는 경향이 있다.

돌보는 어른과의 관계

나는 50년 전에 Pennsylvania의 한 작은 탄광촌에서 자랄 때 얻은 몇 가지 단순한 축복들에 감사하고 있다. 아이러니하게도 그 축복 중의 하나는 공식적인 대인서비스 조직망이 전혀 없었다는 점이다. 그 당시 그 곳에서는, 문제들이 발생하면 대개 확대가족 중 한 명 이상의 일부 구성원들이 비공식적으로 그 문제들을 다루었다. 나의 경우에는, 삼촌인 Edgar가 문제를 다루었다. 나는 항상 내가 그의 삶에서 특별한 위치에 있었다고 느껴왔기 때문에 이 위기 동안에 그가 나를 그의 날개 아래 두는 것이 불가피하면서도 매우 자연스러워 보였다.

그 때는, 탄력성 개념과 강점기반의 실천이라는 개념이 전문적 지평에 나타나기 훨씬 전인 1947년이었다. Edgar 삼촌은 행동과학에 관한 공식적인 훈련을 받은 적이 없지만, 탄력성과 강점의 개념에 대한 통찰력을 가지고 있는 듯 했다. 어떻게 그가 이러한 통찰을 가지게 되었는지 내게 명확하지는 않았다. 나는 그것이 그가 놀랄 만한 개인적인 성취와 임청난 개인석 비극이라는 인간 상황의 양극단을 경험하여 갖게 된 산물이라고 늘 생각해 왔다. 그는 여러 개의 매우 성공한 사업에 투자를 시작했었는데 1929년 주식시장 대폭락의 결과로 파산했다. 그는 나중에 교통사고로 편마비와 청각장애를 갖게 되었다. 이러한 개인적 좌절에도 불구하고, 그는 나 자신을 포함하여 실제로 그를 아는 모든 사람들이 전염되고 존경하는 불굴의 정신, 낙관주의, 자신감을 가지고 있는 것으로 보였다.

Edgar 삼촌은 나를 특별하게 만들어주기 위해 항상 각별히 노력했다. 나는 그의 꼭 필요한 작은 도우미, 프로테제(protégée)가 되었다. 중요한 일이 있을 때마다, 그는 나의 도움이 없었더라면 그 일은 절대 끝낼 수 없었던 것처럼 느끼게 만들어 주었다. 나는 단순히 이 모든 것을 도움을 주는 사람이 도움을 받는 사람들의 눈에 어떻게 보여지는지에 대한 중요성을 강조하기 위해 언급한다. 아동의 탄력성에 가장 긍정적으로 관련된 것으로 발견된 보호요인들은 돌보는 성인들의 이용가능성(availability)이다(Smokowski, 1998). 사회복지사들은 항상 돕는 관계의 중요성이 의미있는 변화를 위한 충분조건은 아니라 하더라도 필요조건이라고 강조해왔다. 특별히 인격의 형성기 동안에, 아동들은 그들이 존경하는 행동을 하는 역할모델의 인도를 따르는 자연스러운 경향을 가지고 있는 것으로 보이는데, Edgar 삼촌의 경우에 분명히 그러했다.

돕는 과정

나는 기대 속에 2주에 한 번씩 완전히 새로운 세상을 열어준 Edgar 삼촌의 아파트에 방문하던 때의 흥분을 생생하게 기억한다. 그는 나무 공작과 같은 모든 종류의 독특하고 재미있는 활동들에 참여시킬 기회를 제공해주었기에, 나 자신에 대해 기분 좋게 느낄 수 있었다. 우리가 함께 한 첫 프로젝트는 여닫을 수 있는 지붕을 가진 새집을 짓는 것이었다. 그는 이 경우에 지시 사항과 모든 도구의 안전상의 유의점을 인내심을 가지고 크게 읽어주었는데, 나는 나중에 그것이, 우리가 읽을 줄 아는 것이 얼마나 중요한 것인지 교묘한 방법으로 시범을 보이는 의식이었다는 것을 알게 되었다. 이 경험들은 항상 그것들을 패배보다는 흥미로운 도전들로 여길 수 있도록 해주는 새로운 길을 열어주었다. 이러한 만남 동안에 그의 당면 목적은 나의 자신감을 세워주는 것이었다는 사실을 지금 나는 분명하게 알고 있다. 그는 내 마음에 두는 어떤 것을 내가 성취할 수 있다는 것을 믿기

원하였다. 그것이 시작이었다.

우리가 실제로 앉아 함께 읽었던 첫 시간을 기억할 수 있다. 그는 그가 엊그제 시작한 단편을 잠깐 읽는 시간을 가져도 좋겠는지 내게 물어보았다. 그는 우리가 다음 나무공작 작업을 하기 전에 그 이야기가 어떻게 끝나는지 알기를 간절히 원했다. 그의 오른 팔을 내 어깨에 올리고 그의 허벅지 위에 불안하게 놓인 그 책을 균형잡는 데 왼손을 사용하며, 우리는 나란히 앉았다. 이 날, 나는 페이지를 가로질러 가며 각 단어를 좇아가는 그의 마른 검지를 따라가면서, 내 곁에 있는 그의 몸이 따뜻하고 안전하다고 느꼈다. 그것은 다른 행성에서 온 존재가 살고 있는 섬에 어린 소년이 표류했다는 호기심을 유발하는 미스테리물이었다. 그 책은 내가 매일 학교에서 보낸 겉으로 보기에 끝없는 시간들 동안 경험한 여러 감정들을 잘 붙잡아주었다. 몇 년이 지나서야 내 관심과 상상력을 끌기 위해 노력한 그가 얼마나 영리했는지 온전히 평가하게 되었다. 가장 흥미로운 부분에서, 그는 그의 머리를 뒤에 기대고, 눈을 비비고, 머리가 아프다고 말했다. 그는 내가 계속 그 이야기를 읽어서 우리의 영웅의 운명을 발견할 수 있는지 알고 싶어했다.

그 순간에는, 내가 그 줄거리에 너무 몰두해 있어서 읽기를 시작했는지 실제로 알지 못하였다. 그는 지속적으로 내가 정확히 발음하려고 한 노력을 인정해주었고 내가 탁월하게 잘했다고 늘 확신시켜 주었다. Edgar 삼촌과 첫 읽기 모임을 가진 것은 내 인생의 전환적인 경험이었다. 내 생애 처음으로 읽기가 정말로 재미있다는 것을 깨닫게 되었다. 우리가 함께 읽으면 읽을수록, Edgar 삼촌은 기초 원칙을 가르치는 데 더욱 적극적이 되어 갔다. 그의 강조는 항상 이해에 있었으나, 점차 내 단어를 확장시켜 나갔다. 세상에서 어떤 사람도 발음을 알지 못하는 한 단어를 공유할 것이라고 Edgar 삼촌이 밝힌 한 특별한 철자 강화 수업을 기억한다. 그는 나에게 그와 나 이외에는, 이 특별한 단어를 읽기 선생님을 포함한 어느 누구도 발음할 수 없을 것이라고 보증했다. 실제로, 그의 주장이 확실하다는 것을 강조하려는 듯, 읽기 선생님에게 이 신비로운 단어를 발음해 보도록 도전하라고 제안했다. 그러나 공평하게 내가 선생님에게 적어도 3번 그 위업을 달성할 기회를 주어야 한다고 주의를 주었다.

바로 그 순간, 내가 얼마나 흥분하고 기대로 가득했었는지 설명하기란 불가능하다. Edgar 삼촌이 아무도 엿듣지 않도록 확인하듯이 어깨 너머로 보면서, 거의 들리지 않는 목소리로 천천히 발음하고 혼돈스런 단어 "S-Y-Z-Y-G-Y"를 발음했다. 그는 그 단어는 "siz-i-gee"라고 발음한다고 했다. 내가 기억하기에, 그것은 천체의 궤도 및 태양과 뭔가 관련이 있는 것이었다. 그러나 그 특별한 순간에는 그것이 중요하지 않았다. 내가 지금 Edgar 삼촌과 나를 제외하고는 아무도 어떻게 발음하는지 모르는 단어를 가지고 있다는 사실이었다. 나의 읽기 선생님이 이 새롭게 발견된 어려운 문제에 직면할 때를 기다릴 때, 나는 흥분을 거의 억제할 수 없었다. Edgar 삼촌이 예측했듯이, 그는 세 차례나 주어진 시도에도 그 마법적인 단어의 신비를 풀어낼 수 없었다. 내가 얻은 통찰과 그 순간에 느껴진 개인의 만족감과 권한부여의 감각은 지금까지도 내게 남아있다. 그것은 전환점이었다. 나는 내 삶의 중요한 부분에 대한 통제력을 얻었다고 느꼈다. 나는 내 학업수행의 모든 영역에서 실제로 영향을 미치기 시작한 자신감을 새롭게 발견할 수 있었다.

Werner와 Smith(1992)는 개인들에게 자기복원경향(self-righting tendencies)을 강화해주는 방법들에서 개인적이고 환경적인 현상들의 수렴에 대해 언급했다. 그들은 자기복원능력을 촉진하는 요인이나 과정들이 "특정 위험 요인들과 스트레스가 있는 생활사건이 주는 영향보다 불리한 환경 하에서 성장한 아동들의 생애과정에 더욱 큰 영향을 미친다(p. 202)"고 말했다. 모든 사람들이 최소한 몇몇의 타고난 자기복원능력을 가지고 태어난다는 의견은 White(1959)가 "effectance"라는 용어로 만들어낸 이전의 동기부여 개념과 일치한다. Effectance 는 우리의 영향(influence)을 느끼게 하고 능력있는 방식으로 과업들을 주관할 수 있도록 노력하는 데 있어서 아마도 우리 각자의 안에 존재하면서 우리의 환경에 적극적으로 관여하도록 촉구하는 선천적인 충동을 말한다.

내적 능력이 그럴 듯함에도 불구하고, 적절한 환경 조건이 없을 때 그 능력이 실현될 수 있다는 근거로 제시할 증거는 거의 없다. 개인의 능력은 환경 내에서 이용가능한 기회가 개인의 잠재력을 충족시킬 수 있도록 허용하고 가능하게 하는 정도까지 자라난다. 만약 아동 환경의 사회적 생태가 적절한 보호요인을 보유하고 있다면, 위험에 대한 취약성은 실제적으로 완화될 수 있다고 주장하는 연구들이 사실상 점차 늘어나고 있다(Luthar & Zigler, 1991; Mrazek & Haggerty,

1994). Coie와 그의 동료들(1993)은 보호요인들이 위험의 영향을 완충해 주는 역할을 할 뿐만 아니라, 기존의 역기능을 직접적으로 감소시킴으로서 개입을 촉진시킨다는 것을 발견하였다.

사용가능한 보호요인 중에서 내게 특별히 중요하게 여겨지는 것은 두 가지였는데, 지지적이고 헌신적인 가정 분위기, 위험으로부터 탄력성으로 변화를 주는 데 필요한 관심과 기술을 지닌 긍정적인 성인역할모델이다. 내 부모님의 강력하고 일관적인 지지가 없었다면 위에서 언급된 어떤 사건들이 일어나지 않았을 것이지만, 현재의 논의를 할 목적으로, Edgar 삼촌과의 관계 맥락에서 배운 교훈을 강조할 것이다. 건설적인 변화를 위해 주된 촉매 역할을 한 것은 바로 Edgar 삼촌이었다. 모든 실천적인 목적을 향해, 그는 Bernard(1991)가 전향적 멘터(turn-around mentor)[1]라고 언급한 역할, 사리를 잘 아는 사회복지사라는 나의 비전과 가장 가깝게 다가오는 역할을 수행했다.

내가 배운 교훈들

어린 시절의 경험들은 학교 환경 내에서 전통적인 사회복지실천 개입과도 완전히 일치할 뿐만 아니라 탄력성에 관한 현재의 연구들과도 완전히 일치하는, 강점기반의 실천관점을 직접적으로 언급하는 수많은 실천 관련 원칙들을 제시해 준다.

탄력성 원칙에 기반한 실천은 강점에 기반한 관점을 가정하고 있으며 인간관계를 통해 수행된다. 즉, 탄력성은 위험에도 불구하고 변형시키고 변화시키는 개인의 인적 능력으로 간주될 수 있다. 이것은 Werner와 Smith(1992)가 모든 인간에게 존재하는 "타고난 자기복원 기제"(p. 202)라고 언급한 것이다. 보호요인은 위험 노출에 대하여 완충하는 것으로 알려진 데 반해, 위험에 대한 노출은 어려워질 가능성이 높다. 위험요인이 많이 존재할수록 위험도 커진다. 비록 어떤 아

---

1) 인생의 방향을 바꾸어주는 정신적 스승 (역자주)

이가 한 가지 위험 요인에 노출된다고 해서 이후의 삶에 문제를 겪게 되는 것은 아니지만, 수많은 위험 요인에 노출되면 젊은 사람의 위험은 급격하게 증가한다 (Hawkins, Catalano, & Brewer, 1995). 즉, 둘 이상의 위험이 복합적으로 존재한다면 부가적인(additive) 효과보다는 몇 배의(multiplicative) 효과가 발생할 가능성이 높다.

어떤 위험 요인들은 빈곤, 인종차별, 불충분한 교육기회, 부모갈등과 같은 대부분의 아동기 문제와 공통적이다(Coie et al., 1993; Luthar & Zigler, 1991; Mrazek & Haggerty, 1994). Fraser 등(1999)은 그것들을 **핵심 위험(keystone risks)**, 즉 "아동을 문제에 대해 가장 취약하게 만들고, 만약 주의를 기울이지 않고 놔둔다면, 문제를 유지하거나 악화시키게 되는 조건들 또는 과정들. 결국, 핵심 위험들이 개입을 위한 표지(p. 132)"라고 하였다. 그러나 주어진 위험 요인의 상대적인 영향은 다양한 인구통계학적 변수들(예를 들어, 인종, 민족, 성, 연령 등)과 개인적 특성들(예를 들어, 어떤 이의 유전적 성향, 생물학적 능력)의 기능에 따라 매우 다양하게 나타날 수 있다. 어떤 아이가 학교에서 성공을 거둘 가능성은 그 아이가 다니는 학교가 적절한가(Rutter, 1983)와 정적으로 관련되어 있고, 학업경력의 초기단계 동안 어느 정도의 성공을 경험한 아동들이 학업을 계속할 가능성이 더욱 높다(Bernard, 1995; Comer, 1984). 이러한 유형의 일반화에도 불구하고, 어떻게 변수들이 다른 아이들보다 더 큰 위험에 처하도록 하는 방식으로 상호작용하는지를 풀어내는 것은 어렵다. 주변의 보호기제가 어떻게 위험 주기에 개입하여 기능했는지에 따라서, 또한 특정 아동의 상대적인 발달과정에 따라서, 같은 위험들에 노출되어 있어도 아동들에게 다른 영향을 미치는 것처럼 보인다(Masten, 1994; Rutter, 1987, 1994).

비록 어떤 아동들이 다른 아동들보다 더욱 위험에 처하는 요인들을 이해하는 것이 상당히 많은 도움이 되지만, 주의 사항이 있다. 우리가 위험중심의 사고방식을 발전시키려는 경향에 맞서 나가야 한다는 것이 매우 중요하다. 그러한 사고방식을 발전시킬 때 위험한 것은 강점보다는 문제를 찾도록 하며, 실천가들이 자신이 돕는 아동들을 보는 방법에 영향을 줄 수 있다는 것이다. 또한 그것은 아동을 자신의 삶에 의미있는 변화를 만들어 낼 수 있는 역량있는 자원들로 보기보다는, 희생자로 범주화하는 경향이 있다는 것이다.

Winfield(1994)는 "우리는 위험, 결점, 정신병리를 강조하는 데서 보호, 강점, 자산들을 활용하는 방향으로 우리의 접근을 변화시킬 필요가 있다(p. 3)."고 주장했다. 이것이 Edgar 삼촌이 나에게 해주었던 것의 본질이다. 그는 나를 부정적인 결과로 기울기 쉬운 기질적이고 상황적인 조건들을 직관적으로 이해하는 것으로 평가했다. 그의 접근이 이러한 요소를 고려한 것처럼 보이는 반면, 그는 내가 가지고 있었을 결점을 언급하는 것, 그가 생각하기에 나와 인접한 주변환경에 존재하는 강점에서 우리 관계를 세우는 데 벗어나 있는 어떤 결점을 언급하는 것을 철저히 피하였다. 나의 "문제"는 성장을 위한 기회일 뿐 아니라 도전으로 재조명되었다. 1952년 초, French는, 희망의 불꽃 없이는 개인은 그들의 삶의 조건을 변화시키는 데 필요한 투자를 하지 않을 가능성이 높다고 말했다. Edgar 삼촌은 내가 그 동안 상상해 온 것보다 더욱 유능하다는 무조건적인 신뢰와 지속적인 믿음을 바탕으로 돌보는 관계의 형태로 기적을 공급했다.

학교는 아동의 탄력성을 발달시키는 촉매제로 작용하도록 이상적으로 자리매김되어 있다. 탄력성에 대한 다수의 연구들은, 학교들은 탄력적 아동의 발달과 매우 관계있는 것으로 알려진 학문적, 개인적, 사회적 역량들을 증진시켜주는 이상적인 환경들을 제공해 주는데, 이러한 요인들은 효과적인 성인기 적응의 전조가 되는 것으로 밝혀졌다. Doll과 Lyon(1998)이 제시했듯이, 학교들은 대부분의 미국 아동들의 삶의 수많은 발달과정에서 존속하는 "편재해 있는 보호제공 환경들(p. 356)"이다. 현존하는 다른 어떤 사회제도도 탄력성에 대한 최근의 연구들을 실천으로 변환하려는 우리의 노력을 위한 효과적인 촉매제의 역할을 할 만큼 잘 정립되어 있지 않다.

비록 학교들이 세상의 모든 질병에 대한 만병통치약으로 비쳐져서는 안 되겠지만, 아동의 탄력성을 양성하는 학교들은 연구문헌에서 자주 인용되는 보호요인들과 기회구조의 범위를 구체화하는 것으로 알려져 있다. 예를 들어, 탄력성을 연구한 Benard(1991)의 검토에 따르면, 학교는 "모든 아이들에게 높은 기대를 확립시키고 그것들을 성취하는 데 필요한 지지를 제공하며 믿을 수 없을 정도로 학업적 성공의 확률을 높인다.(p. 11)" 마찬가지로 아동들의 학업성취에 대한 가장 믿을 만한 예측요인 중의 하나는 동반하는 가족의 관여 수준이다. 많은 부모들은 자신의 아동들을 법에 의해 보내야 하는, 바로 그 학교가 권리를 박탈했다고 느낀다(Cox & Powers, 1998). 따라서 이처럼 유사한 부모들의 상당수가 학교의 일상적인 생활에 적극적으로 관여하는 데 주저하는 것은 놀라운 일이 아니다. 그럼에도 불구하고, 연구에 따르면 부모의 관여는 학생의 성취, 학교출석, 졸업률과 긍정적으로 관련되어 있는 것으로 일관적으로 나타났으며(Chan, 1987; Epstein, 1987; Moles, 1982), 이는 인종적, 민족적, 사회계급별 차이를 넘어서는 것으로 보이는 발견들이다(Peterson, 1989).

아동들은 대개 역량있는 돌보는 성인들에게 노출되는 학교에서 대략 하루의 1/3을 보낸다. 대부분의 학교는—적어도 가장 효과적인 것으로 알려진—높은 성과 기대가 중시되고 아동들을 긍정적으로 고려하려 하는 지지적인 환경을 제공한다(Comer, 1980; Friedber, Prokosh, Treister, & Stein, 1990; Rutter, Maughan, Mortimore, Ouston, & Smith, 1979). 또한 학교기반의 가족관여 프로그램이 효과적이었다는 주장을 지지하는 명백한 증거가 있다(Graue, Weinstein, & Walber, 1983; Maughan, 1988). 사실, 학교 활동에 부모를 관여시키는 노력은 학생들만을 표적으로 한 프로그램보다 더 긍정적인 결과를 낳는 것으로 알려져 왔다(Comer, 1986; Walberg, 1984; Weikart, Epstein, Schweinhard, & Bond, 1978). 전국에서 실행되는 가족 관여 프로그램들의 유형은 매우 광범위하고 가족단위의 탄력성을 강화하는 것과 직·간접적으로 관련된 이슈를 다루는데, 예를 들어, 학교 운영에 대한 가족들의 참여, 직업훈련, 직업상담, 건강보호, 정신건강, 사회적 지지를 포함한다(Wang, Haertel, & Walberg, 1992). 그러한 모든 프로그램은 역량을 강화하는 영향을 가지고 있으며, 위험에 처한 가족이 경험하는 스트레스의 수준을 감소시키는 것으로 보인다.

따라서, 아동들을 배우도록 동기부여하는 열쇠는 부모들이 자기 아동들의 교육에 적극적으로 참여하도록 하는 방법으로 부모들에게 권한부여하는 우리의 능력과 긴밀하게 관련되어 있는 것으로 보인다. 결국, 탄력성을 양성하는 보호요인의 종류를 확인할 때, 연구에서 언급하듯이, 대부분의 아동들에게 부모들은 돌보는 성인과 멘터(mentors)가 된다(Masten, Best, & Garmezy, 1990). Masten 등

(1990)은 우리에게 상기시키길, 부모는

> 신체적 성장뿐만 아니라 지배력, 동기부여, 자존감을 길러준다. 부모는 정보, 학습 기회, 행동모델, 다른 자원과 연결시켜준다. 이러한 상호작용이 일어나는 보호과정 이 없거나 상당기간 동안 제한된다면, 아동은 낮은 자존감, 불충분한 정보, 사회적 기술, 세상을 배우고 상호작용하는 것에 대한 거리낌, 사람들을 자원으로서 불신함 으로 인해 이후의 적응에서 상당히 장애를 겪게 될 수 있다.(p. 438)

이러한 중요한 기능은 학교가 학교의 일상생활에 의미있는 관여를 위한 기회를 각 아동의 확대가족 구성원들에게 제공하는 범위까지 지지되고 강화될 수 있다. 이러한 목적을 달성하기 위해서, 학교사회사업을 위한 탄력성 모델은 아동중심의, 가족에 초점을 둔, 근린지역 기반의 준거틀에 기반한 더 넓은 생태학적 맥락에서 고찰되어야 한다. 이것이 바로 가장 근접한 수준에서 학교사회복지사가 아동과 그 가족의 삶에 즉각적이고 의미있는 영향을 주는 것이다. 이러한 내용들을 제시하는 것이, 거시적 수준에서 설명되는 공공 정책의 형태로 더 넓은 사회적 변화를 추구하는 옹호자로서 우리의 역할이 가치있고 중요하다는 것을 무시하는 것은 아니다. 실제로, 아동들이 개인적 수준에서 경험하는 종류의 문제들은, 차별, 불충분한 주거, 보편적인 건강보호의 결핍을 포함한, 하나의 전체로서 사회가 안고 있는 보다 광범위한 공공의 쟁점들에 뒤엉켜 묶여 있다. 그러나 Masten(1994)이 지적했듯이, 다양한 상황에도 다소간 보편적으로 발견되어 온 아동의 개인적 탄력성과 관련된 요인들은 미시적 수준에서 다음과 같이 가장 전형적으로 나타나는 요인들을 제시한다.

- 효과적인 양육
- 다른 역량있는 성인과 연결
- 다른 사람들, 특히 성인에 대한 매력
- 본인과 다른 사람들에게 가치있다고 인정된 재능이나 성취 영역들
- 자기효능감, 자기가치감, 희망

- 종교적 신념이나 종교활동 참여
- 사회경제적 이점들
- 좋은 학교와 다른 지역사회의 자산들
- 행운

만약 이러한 보호요인 모두가 없는 것이 아니라면, 개별 가족들, 학교들, 이웃들이 의도적인 방법으로 상호작용할 때 존재하는 생태학적인 적재적소 내에서 영향을 가장 많이 줄 기회들은 이미 존재하는 것이다. 비록 이러한 미시체계들 중 하나가 잠재적으로 아동의 발달에 잠재적으로 긍정적인 영향을 줄 수 있다 하더라도, Epstein(1987)이 말한, "가정, 학교, 또래들, 그리고 더 넓은 지역사회가 함께 일하고 있을 때, 일관된 방향으로 작용한다면 더 큰 영향을 미칠 수 있다"(p. 122)는 주장 뒤에는 몇 가지 증거와 강력한 논리가 있는 것이다.

탄력성은 지배적인 사회적 규범의 맥락에서만 의미를 가지는 가치가 담긴 개념이다. 우리가 탄력성라는 개념을 이상화시키고, 그것을 어떤 아동에게 고난이 닥쳐왔을 때 기적적으로 발생하는 타고난 능력인 것처럼 여기고 싶어하지만, 그러한 생각을 지지해주는 경험적 증거는 기의 없다. 그럼에도 불구하고 때때로 탄력성이라는 구성체를 실체화하려는 경향과, 어떤 아동은 가지고 있는 것처럼 보이고 다른 아동은 그렇지 않은, 특이한 인간의 특성과 특질로만 그것을 다루려는 경향이 있었다. 그러한 관점은 탄력성은 창조하거나 양성할 수 없다는 탄력성의 유전적 기반을 가정한다(Rigsby, 1994).

물론 이처럼 탄력성에 대한 협소한 개념을 가지고 있으면 문제가 있다. 그것은 사후 설명이 필요하다. Bartelt(1994)는 "탄력성은 결코 직접적으로 관찰되지 않는다. 그것은 늘 귀인된다."라고 정확히 지적하였다(p. 101). 탄력성의 존재는 단지 어떤 인식된 역경에 대한 개별적 반응에 기초하여 단지 추론될 수 있는 것이지, 수반된 일련의 환경적 조건의 맥락을 제외하고는 과학적인 의미에서 개념을 타당화하는 것은 불가능하다. 이성적으로 보면 어떤 사람이 실패가 예측되는 일련의 상황에도 불구하고 그 사람이 그럭저럭 승리를 해왔다고 가치판단을 내린다. 사람들이 그 가능성에 도전하면, 우리는 그들을 탄력적이라고 분류한다.

그들이 그렇게 하는 데 실패하면, 그들은 탄력적이지 않은 것으로 가정된다.

Bartelt(1994)는 이 논리에 대해 두 가지 측면에서 의문을 제기했다. "우선, 이 논리는 탄력성을 연구자의 성취모델의 가공물, 특정 인과모델의 통계적 오차로 만든다. 둘째, 이 논리는 사회적으로 용인된 목적에 대한 적응과 개인적인 의미를 가질 수 있는 목적에 대한 적응을 구분하지 못한다"(p. 101). 아동이 사회적으로 용인된 일련의 기대들에 반응하는 방식으로 적응했을 때, 관찰자들은 그들을 탄력적이라고 생각하는 경향이 있다. 그들이 어떤 다른 기대를 성취하는 방식으로 적응을 할 때, 사람들은 그들을 덜 우호적으로 생각하는 경향이 있다. 따라서 그 핵심에 있어서 탄력성 개념은 지배적인 사회적, 정치적 편견을 불가피하게 전달하는 어떤 규범적인 준거틀의 맥락에서 볼 때를 제외하고는 의미가 없다는 것을 명심하는 것이 중요하다.

탄력성의 맥락적인 속성을 고려할 때, 성공을 정의하는 데 사용될 기준에 대해 불가피하게 의미와 내용을 부여하는 가치 이슈들에 대해 세심하게 고려하면서 탄력성을 양성하도록 고안된 프로그램을 만드는 것을 포함한 논의를 시작하는 것이 중요하다. 이러한 가치들은 불가피하게 주요 이해당사자들의 관점을 반영해야 하는데, 학교기반 프로그램의 경우에는 학생들과 그들의 가족들, 교사들, 학교행정가들, 그리고 학교가 위치해 있는 더 넓은 지역사회의 대표자들을 포함한다.

탄력성은 개인, 환경, 가용한 기회들을 포함한 복잡한 상호작용 체계에 대한 반응이다. Oxley(1994)는, 학교 공동체를 묘사하면서, 개별적(personal)이고 실리적인(utilitarian) 유대로 묶여진 사회적 집단으로 본 Max Weber의 사회학적 공동체 개념에 적용했다. 그녀는 "공동체의 구성원들은 공유된 가치와 경험을 기반으로 서로 관심을 가져주고, 서로를 위해 실제적인 기능을 수행한다. 공동체들은 소속감과 정체감을 부여한다"(p. 181)고 주장했다.

이러한 관계적 유대는 학교의 벽과 가족의 관여를 넘어서도 잘 유지된다. 거기에는 예를 들어 교회, 기업체, 신업체, 경찰서, 지역사회센터(community center), 의료 서비스 등을 포함한 공통된 비전을 공유하는 인접한 근린지역과 주변 사회제도들이 포함된다. 이렇게 다양한 학교와 지역사회의 요소들이 함께 나타나기 시작할 때, 위험을 줄이고 보호과정을 증가시키는 결과를 낳는 시너지 효과가 있다. Rigsby(1994)가 지적했듯이, "탄력성은 개인, 사회적 상황, 개인을 위한 기회나 요구의 상호작용에서 성장한다"(p. 89). 동시에, Wang 등(1992)은 학교가 "자원을 동원하는 데 기여하고, 가족의 힘을 부여 하는 역할을 강화하는 긍정적인 태도와 행동을 촉진하고, 학생의 성공적인 학습을 보장하는 학교/지역사회의 연결을 파악하려는"(p. 66) 일치된 노력을 시작할 필요가 있다고 경고했다.

탄력성 구성체에 대한 이러한 맥락적 관점은 미 국립정신건강연구소(1996)가 수행한 주제에 대한 최근의 연구분석 결과와 일치한다. "지금까지의 연구에 따르면, 탄력성이나 취약성의 근원은 한 가지가 아니다. 오히려 많은 상호작용하는 요소들이 기여를 한다. 그 요소들은 온화함, 인성, 지능 등 지속적인 양상들로 나타나는 개인의 유전적인 성향뿐만 아니라, 사회 기술과 자존감 같은 자질을 포함한다. 다시 말해 이러한 요소들은 다양한 환경적 영향요인들에 의해 형성된다."

Doll과 Lyon(1998)은 연구문헌 검토 결과, 실제로 아동의 탄력성에 대한 모든 연구에서 "역경에 대한 탄력성은 아동들 자신의 특성 만큼이나 아동들이 발달한 중요한 맥락(예: 가족, 학교, 지역사회)의 특성에 의존하는 것으로 나타났다"(p. 356). Masten과 Coatsworth(1998) 또한 "탄력적인 아동들이 신비롭거나 독특한 자질을 가진 것으로 보이지는 않는다. 오히려 그들은 인간발달에서 기본적인 보호 체계를 대표하는 중요한 원천을 보유하거나 지켜왔다. 다시 말하자면, 설령 역경의 상황이 임박해도 일반적으로 역량을 길러주는 기본적인 체계가 아동을 보호하고 발달에 대한 위협에 대응하도록 작동하고 있다면, 역경 가운데서 역량이 발달하게 된다"(p. 212). 이러한 일련의 생활주기 상의 내재적, 외재적 상호작용들 간의 역동적인 상호작용은 그림 7.1[2)]에 표현되어 있다. 이 준거틀의 함의는 탄력성이 역동적인 현상이며, 복잡한 일련의 항상 변화하는 복잡한 내재적, 외재적 변수들과의 관계에서 그 속성과 강도가 변화한다는 가정이다.

비록 탄력성이 긍정적인 발달 경험으로 증진된다고 알려져 있지만, 개인의 탄력성 역량은 어떤 주어진 시점에서 만나는 위험요인이나 보호요인들 간의 복잡한 상호작용에 의해 강화되거나 손상될 수 있다. 만약 그렇다면 학교사회사업가

---

2) 원서에 빠져 있어 싣지 못함 (역자주)

는 아동들의 탄력성을 가장 효과적으로 증진시킬 수 있는 것으로 알려진 학교들에서 나타나는, 다음과 같은 공통적 경험에 접근할 수 있도록 돕는 역할을 하는 것이 바람직할 것이다. 여기에는 (1) 성인들이나 또래들과의 지지적 관계, (2) 응집력있고 조직화된 학습경험 (3) 성취와 참여를 향한 높은 기대 (4) 자기 지시(self-direction)와 발달을 위한 기회의 증가(Oxley, 1994).

마지막으로, 이 장을 집필하면서 나는 유년기의 기억으로 되돌아갈 수 있었다. 그러나 기억은 우리가 그 동안 채택해온 우리의 상상력과 가치, 관점에 의해 큰 영향을 받는 적극적인 재범주화와 재구조화의 과정이라고 Edelman(1992)은 주의를 주었다. 게다가 이러한 유형의 일화적 경험으로부터 얻게되는 어떤 교훈들은 약간은 에누리를 해서 받아들여야 한다. 연구자들은 한 인구집단으로부터 일반화하려는 시도와 관련한 방법론적 모험에 매우 익숙해져 있다. 이러한 한계에도 불구하고 그러한 구조화가 유용할 수 있는데, 그것들은 우리가 우리 삶의 외형을 정의하는 사건들에 부여하는 주관적 의미를 포함하는 인간적 조건의 현상학적 특성들에 말을 걸기 때문이다.

참고문헌

American Psychiatric Association. (1994). *Desk reference to the diagnostic criteria from DSM-IV*. Washington, DC: American Psychiatric Association.

Anthony, E. J. (1987). Risk, vulnerability, and resilience: An overview. In E. J. Anthony & B. J. Cohler (Eds.), *The invulnerable child* (pp. 3-48). New York: Guilford Press.

Bartelt, D. (1994). On resilience: Questions of validity. In M. Wang & E. Gordon (Eds.), *Educational resilience in inner-city America* (pp. 97-108). Hillsdale, NJ: Lawrence Erlbaum.

Benard, B. (1991). *Fostering resilience in kids: Protective factors in the family, school and community*. Portland, OR: Northwest Regional Educational Laboratory.

Benard, B. (1995). *Fostering resilience in children* (ERIC Clearinghouse on Urban Education, Digest EDO-PS-95-9, University of Illinois, Urbana-Champaign). Available: http://resilnet.uiuc.edu/library/benard95.html.

Chan, Y. (1987, November 16). *Parents: The missing link in educational reform*. Prepared statement presented at the Hearing Before the Select Committee on Children, Youth, and Families, House of Representatives, 100th Cong. (MF01/PC06), Indianapolis, IN.

Clarke, A.D.B., & Clarke, A. M. (1984). Consistency and change in the growth of human characteristics. *Journal of Child Psychology and Psychiatry, 25*, 191-210.

Coie, J. D., Watt, N. E, West, J. D., Hawkins, J. R., Asarnow, H. J., Markman, S. L., Ramey, S. L., Shure, M. B., & Long, B. (1993). The science of prevention: A conceptual framework and some directions for a national research program. *American Psychologist, 48*, 1013-1022.

Comer, J. P. (1980). *School power*. New York: Free Press.

Comer, J. P. (1984). Home-school relationships as they affect the academic success of children. *Education and Urban Society, 16*, 322-337.

Comer, J. P. (1986). Parent participation in the schools. *Phi Delta Kappa, 67*, 442-446.

Cox, G., & Powers, G. (1998). Against all odds: An ecological approach to developing resilience in elementary school children. In R. Greene (Ed.), *Serving the diverse constituencies of social work: Contributions of the ecological perspective* (pp. 135-166). Hawthorne, NY: Aldine de Gruyter.

Doll, B., & Lyon, M. (1998). Risk and resilience: Implications for the delivery of educational and mental health services in schools. *School Psychology Review, 27*, 348-363.

Duncan, G. J., Brooks-Gunn, J., & Klebanov, P. K. (1994). Economic deprivation and early childhood development. *Child Development, 65*, 296-318.

Edelman, G. M. (1992). *Bright air, brilliant fire: On the matter of the mind*. New York: Basic Books.

Epstein, J. (1987). Toward a theory of family-school connections: Teacher practices and parent involvement. In K. Hurrelmann, F. Kaufmann, & F. Losel (Eds.), *Social intervention: Potential and constraints* (pp. 121-136). New York: W. Aldine de Gruyter.

Erikson, E. (1950). *Childhood and society*. New York: W. W. Norton.

Farber, A., & Egeland B. (1987). Invulnerability among abused and neglected children. In E. Anthony & B. Cohler (Eds.), *The invulnerable child* (pp. 253-288). New York: Guilford Press.

Fraser, M., Richman, J., & Galinsky, M. (1999). Risk, protection, and resilience: Toward a conceptual framework for social work practice. *Social Work Research, 23*, 131-143.

Freidberg, H., Prokosch, N., Treister, E., & Stein, T. (1990). A study of five at-risk inner city elementary schools. *Journal of School Effectiveness and School Improvement, 1*, 5-25.

French, T. (1952). *The integration of behavior: Basic postulates*. Chicago: University of Chicago Press.

Garmezy, N. (1987). Stress, competence, and development: Continuities in the study of schizophrenic adults, children vulnerable to psychopathology, and the search for stress-resistant children. *American Journal of Orthopsychiatry, 57*, 159-174.

Garmezy, N., & Rutter, M. (Eds.). (1983). *Stress, coping, and development in children*. New York: McGraw-Hill.

Graue, M., Weinstein, T., & Walberg, H. (1983). School-based home instruction and learning: A quantitative synthesis. *Journal of Educational Research, 76*, 351-360.

Hawkins, J. D., Catalano, R. E, & Brewer, D. D. (1995). Preventing serious, violent and chronic juvenile offending. In J. C. Howell, B. Krisberg, J. D. Hawkinns, & J. J. Wilson (Eds.), *Serious, violent, and chronic juvenile offenders: A source book* (pp. 47-60). Thousand Oaks, CA: Sage Publications.

Kelly, E. L. (1955). Consistency of the adult personality. *American Psychobgist, 10,* 659-681.

Luthar, S., & Zigler, E. (1991). Vulnerability and competence: A review of research on resilience in children. *American Journal of Orthopsychiatry, 61,* 6-22.

Masten, A. (1994). Resilience in individual development: Stressful adaptation despite risk and adversity. In C. Wang & E. Gordon (Eds.), *Educational resilience in inner-city America: Challenges and prospects* (pp. 3-23). Hillsdale, NJ: Lawrence Erlbaum.

Masten, A., Best, K., & Garmezy, N. (1990). Resilience and development: Contributions from the study of children who overcame adversity. *Development and Psychopathology, 2,* 425-444.

Masten, A. S., & Coatsworth, J. D. (1998). The development of competence in favorable and unfavorable environments: Lessons from research on successful children. *American Psychologist, 53,* 205-220.

Maughan, B. (1988). School experiences as risk/protective factors. In M. Rutter (Ed.), *Studies of psychological risk: The power of longitudinal data* (pp. 200-220). Cambridge, MA: Cambridge University Press.

Moles, O. (1982). Synthesis of recent research on parental participation in children' s education. *Educational Leadership, 40,* 44-47.

Moss, H. A., & Susman, E. J. (1980). Longitudinal study of personality development. In O. J. Brim & J. Kagam (Eds.), *Constancy and change in human development* (pp. 530-595). Cambridge, MA: Harvard University Press.

Mrazek, P. J., & Haggerty, R. J. (Eds.) (1994). *Reducing risks for mental disorders: Frontiers for preventive intervention research.* Washington, DC: National Academy Press.

Murphy, L. B. (1962). *The widening world of childhood.* New York: Basic Books.

National Institute of Mental Health, Committee on Prevention Research. (1996). *A plan for prevention research for the National Institute of Mental Health* (Rep. No. 96-4093). Washington, DC: Author.

Oxley, D. (1994) Organizing for responsiveness: The heterogeneous school community. In M. Wang & E. Gordon (Eds.), *Educational resilience in inner-city America: Challenges and prospects* (pp. 179-189). Hillsdale, NJ: Lawrence Erlbaum.

Peterson, D. (1989). *Parent involvement in the educational process.* ERIC Clearinghouse on Educational Management, University of Illinois (ED 312 776), Urbana, IL.

Rende, R., & Plomin, R. (1993). Families at risk for psychopathology: Who becomes affected and why? *Development and Psychopathology, 5,* 529-540.

Rigsby, L (1994). The Americanization of resilience: Deconstructing research practice. In M. Wang & E. Gordon (Eds.), *Educational resilience in inner-city America* (pp. 85-94). Hillsdale, NJ: Lawrence Erlbaum.

Rutter, M. (1983). Stress coping and development: Some issues and some questions. In N. Garmezy & M. Rutter (Eds.), *Stress, coping and development in children* (pp. 1-41). New York: McGraw-Hill.

Rutter, M. (1985). Resilience in the face of adversity: Protective factors and resistance to psychiatric disorder. *British Journal of Psychiatry, 147,* 598-611.

Rutter, M. (1987). Psychosocial resilience and protective mechanisms. *American Journal of Orthopsychiatry, 37,* 317-331.

Rutter, M. (1989). Pathways from childhood to adult life. *Journal of Child Psychology and Psychiatry, 30,* 23-51.

Rutter, M. (1994). Stress research: Accomplishments and tasks ahead. In R. Haggerty, L. Sherrod, N. Garmezy, & M. Rutter (Eds.), *Stress, risk and resilience in children and adolescents: Process, mechanisms, and interventions* (pp. 354-385). Cambridge: Cambridge University Press.

Rutter, M., Maughan, B., Mortimore, P., Ouston, J., & Smith, A. (1979). *Fifteen thousand hours: Secondary schools and their effects on children.* Cambridge, MA: Harvard University Press.

Sherman, A. (1994). *Wasting America' s future: The Children' s Defense Fund Report on the costs of child poverty,* Washington, DC: Children' s Defense Fund.

Smokowski, P. R. (1998, September). Prevention and intervention strategies for promoting resilience in disadvantaged children. *Social Service Review,* pp. 337-364.

Walberg, H. (1984). Families as partners in educational productivity. *Phi Delta Kappa, 65,* 397-400.

Wang, M., Haertel, G., & Walberg, H. (1992, October). *The effectiveness of collaborative school-linked services.* Paper presented at the CEIC School/Community Connections Conference, Leesburg, VA.

Weikart, D., Epstein, A., Schweinhard, L, & Bond, J. (1978). *The Ypsilanti Preschool Curriculum Demonstration Project: Preschool years and longitudinal results*. Ypsilanti, MI: Monographs of the High/Scope Educational Research Foundation.
Werner, E., & Smith, R. (1992). Overcoming the odds. Ithaca, NY: Cornell University Press.
White, R. W. (1959). Motivation reconsidered: The concept of competence. *Psychological Review, 66*, 297-333.
Winfield, L. F. (1994). *Developing resilience in urban youth* (NCREL Urban Education Monograph, p. 3).Washington, DC: North Central Regional Education Laboratory.
Wolin, S., & Wolin, S. (1995). Resilience among youth growing up in substance abusing families. *Pediatric Clinics of North America, 42*, 415-429.

제8장
신체적 건강
Physical Health

Joyce Grahl Riley

건강이란 무엇인가? "우리는 건강하지 않을 때 건강을 잘 알 수 있다"(Weil, 1995, p. 41). 즉, 건강은 몸이 좋지 않다고 느낄 때 알 수 있다. 또한 우리가 고통을 느끼거나 우리 몸에 뭔가 이상이 있다는 다른 징후가 있을 때에야 알 수 있다. 하지만 건강은 단지 질병이나 허약함이 없다는 것만을 의미하지 않는다. 건강은 완벽한 신체적, 정신적, 사회적 복지를 의미한다. 많은 사람은 영적인 안녕도 포함하기를 원한다. 미국 총체주의 보건협회(American Holistic Health Association)에 따르면, "질병이나 신체의 특정 부분에 초점을 맞추는 것이 아니라, 건강에 대한 고대적[총체적(holistic)] 접근은 총체적인(whole) 사람과 그 사람이 자신의 환경과 어떻게 상호작용하는지를 고려한다. 그것은 정신, 신체, 영혼의 연결을 강조한다"(더 많은 정보는 www.ahha.org를 참조 바람).

최적의 건강을 위해서는 우리 존재의 모든 측면들에서의 균형―희망, 낙관주의, 긍정적인 태도를 유지하는―이 필요하다. 사람들이 이러한 이상적인 상태를 달성하기 위해서는, 끊임없는 변화에 대처해야만 한다. 그리고 건강에 대해 온전히 이해하기 위해서, 건강을 "인간을 구성하고 있고 둘러싸고 있는 모든 요소와 힘의 역동적이고 조화로운 평형상태"(Weil, 1995, p. 52)로 이해해야 한다. 건강과 질병의 경계는 명확한 것이 아니며, 문화적, 사회적, 심리적으로 고려하면 모호해진다(Engel, 1977). 심리사회적, 생물학적 설명을 제공하고 검토하는 데 실패한 개념적이고 분석적인 모델들은 건강과 질병에 대한 이해를 제한한다(Fermont & Bird, 1999).

한편, 모든 사람은 그들의 신체적 건강에 영향을 줄 수 있고 통제할 수 없는 일련의 위험요인들, 예를 들어, 그들을 창조한 유전적 물질, 자궁에서 겪었던 어머니의 생활경험, 그들이 태어난 사회적, 지리적 환경 등을 가지고 세상에 태어난다. 살아가면서, 자신이 내린 결정이나 다른 사람이 그들을 위해 내린 결정들로 인해 질환, 질병, 외상의 위기가 증가하거나 감소할 수 있다. 유아기와 아동기에 충분히 영양섭취를 했는가? 적절한 예방주사를 맞았는가? 식사와 건강에 영향을 미칠 수 있는 흡연과 같은 다른 생활방식에 관해 어떠한 선택을 하였는가? 위험요인들은 병리 그 자체와 관련되어 있을 수 있다. 어떤 단계에 있는 것으로 진단되었는가? 신체가 얼마나 많이 손상되었는가? 그러나 똑같은 수준의 위험 요인들로 보이는 신체적 건강 위기에 접할 때도, 어떤 사람들은 다른 사람들보다 훨씬 잘 지낸다. 이것이 탄력성의 본질이다. 원조 전문가로서, 그것은 실천가들이 이해하기를 원하고 클라이언트로 하여금 자신에게서 발견하도록 돕기를 바라는 자원들이다. 또한 이것은 총체적 건강의 본질이다.

일부 임상실천가들에 의해 채택된 건강에 대한 총체적 관점은 탄력성에 관한 최근의 인식과 긴밀하게 연결되어 있다. 사실 탄력성의 다양한 차원들은 건강과 안녕의 관점(health and wellness perspective)과 유사점을 가지고 있다. 예를 들어, 많은 탄력성 이론가들은 결점 모델에서 사람들이 건강함을 유지하도록 돕는 요인들이 무엇인지 탐색하는 것으로 전환하였다(McCubbin, Thompson, Thompson, & Fromer, 1998). 또한 이론가들은 어떤 심리사회적 자원이 스트레스와 질병의 영향을 완충해주는지 검토하고 있다(Fiorentino & Pomazal, 1998). 질병과 같은 역경이나 스트레스를 극복하는 능력은, 효과적으로 변화에 대처하고 희망을 유지하는 능력과 관계되어 있다는 증거가 있다(Werner & Smith, 1992). 게다가 탄력성과 건강개념은 모두 점차 생태학적 관점에서 이해되고 있는데, 그것들은 미시체계들과 거시체계들의 상호관련성에 의해 영향을 받는다(Engel, 1982). 나아가 건강과 탄력성은 다른 사람들과의 긍정적인 연결이나 관계성을 통해 강화되는 것으로 보인다.

이 장에서는 탄력성과 건강 간의 관계를 탐색할 것이다. 보다 구체적으로 말하면 사람들의 탄력성—희망, 낙관주의, 긍정적인 태도와 믿음을 유지하는—이

질환이나 질병을 다루는 그들의 능력에 어떻게 영향을 미칠 수 있는지 검토할 것이다. 사회적 지지와 질병의 회복 사이의 관계도 검토한다. 또한 이 장은 사회복지사들이 클라이언트에 대한 서비스에 어떻게 총체적이고 생물심리사회적(biopsychosocial) 관점을 도입할 수 있는지 기술한다. 총체적인 건강 모델을 사용하는 실천가들은 건강에 기여하는 많은 요인들을 고려한다. 또한 그들은 클라이언트를 그들의 치유에 있어서 한 참여자로 관여시키며, 복지를 촉진하기 위해 탄력성으로 알려진 내적 자원에 접근한다. 의료보호 영역에서 일하는 사회복지사들의 탄력성 관점은—클라이언트를 그저 어떤 조건이나 질병이 아닌 하나의 전체로 보며—클라이언트의 대처기술을 증진시키고, 지지하고, 개발하는 능력을 강화시킨다(Berkman, 1996). 그렇게 함으로써, 실천가들은 클라이언트가 건강을 유지하고, 질병으로부터 회복하며, 질병에 대처하도록 돕는 데 독특한 기여를 할 수 있다.

최근의 건강 쟁점들

건강 및 건강보호와 관련되어 있는 많은 쟁점들은 클라이언트로 하여금 그들의 삶의 질을 향상시키고 탄력성을 기르도록 클라이언트와 효과적인 파트너십을 형성하는 사회복지실천과 사회복지사의 능력과 관련되어 있다. 주된 관심은 건강보호에 쓰이는 GDP의 비율이 점진적으로 증가한다는 점, 보호 세팅의 변화, 보호에 대한 상환과 지불이 이루어지는 방법, 보험적용 범위 등을 포함한다. 연간 건강보호 비용은 이제 30억 달러를 넘어섰다(Levit et al., 2001). 다양한 요인들과 경제적 영향으로 인해, 개인당 건강보호지출, 특히 의료서비스 비용이 증가했다(Sultz & Young, 1999; Thorpe, 1999). 개인 건강보호 비용에 영향을 주는 주요 요인은 의료 서비스의 사용과 강도에 있어서의 변화이다. 다시 말해 건강보호의 강도는 인구의 변화, 새로운 기술의 도입과 접근성, 건강보험이나 상환 기제의 이용가능성과 특성에 의해 영향을 받는다(미국건강보험협회, 1998; Lee & Estes, 1994; Sultz & Young, 1999; Thorpe, 1999).

노령 인구가 그들이 차지하는 인구비율보다 상당히 많은 건강보호 서비스를 사용하고 있기 때문에, 노령기까지 살아남은 사람들의 증가가 건강보호에 영향을 주는 주된 요인이 된다. 전에 없는 인구의 증가는 수명 연장에만 관계되어 있는 것이 아니라 "베이비 부머(baby boomer)"로 불리는 제2차 세계대전 이후 태어난 동년배 집단의 노화와도 관련된다(Takamura, 1999). 2030년도가 되면 이 노인연령 집단이 미국인의 20%를 차지할 것으로 예측된다(미국 국립보건통계센터, 1999).

기대수명의 증가는 분명히 전체 인구의 건강이 향상되었다는 것을 나타내주는 지표이다. 그러나 노화는 질병에 대한 취약성을 증가시킨다. 70대 이상의 연령집단에서는, 3/4 이상(79%)이 적어도 한 가지 이상의 만성적 조건을 보고하고 있는데 관절염이 가장 흔하다. 노인인구의 증가로 인해 사회가 보건과 장기보호 서비스의 비용을 관리하고 감당하면서 건강, 독립성, 질적 보호를 촉진하는 환경을 제공할 수 있는지에 대한 우려가 생겼다(Takamura, 1999; 13장 참조). 이와 동시에 1980년대 중반에서 1990년대 중반까지의 기간 동안, 지역사회에서 살고 있는 미국 노인들의 장애 비율의 정도가 감소하였다(Kramarow, Lentzner, Rooks, Weeks, & Saydah, 1999). 이것은 전체적인 경제에 긍정적인 영향을 줄 수 있는 생체기술 연구와 발달의 파급효과이다(Pardes et al., 1999). 건강하게 노령이 된 사람들은 독립성을 유지할 것이고 노동인력으로 더 오랫동안 머무를 것이다. 노동력의 전반적인 건강 증진은 생산성의 향상을 의미하며, 또한 비보건분야 경제에도 이득을 줄 것이다.

건강보호가 권리인지 특권인지, 혹은 국가적 프로그램이 있어야 하는지 아닌지는 수십 년간 정치적, 사회적 논쟁거리였다. 현재 71%의 미국 시민은 일부 건강보호 비용을 사보험으로 충당하고, 이중 대부분은 고용을 통해 이루어진다(Mills, 2000). 하지만 의료보험대상에 포함되지 않는 사람들에 대한 관심이 계속 증대되고 있다. 기록이 처음으로 이루어진 1987년과 1998년 사이에 보험에서 제외된 미국인 수의 증가추세는 4천 4백만 명을 넘어섰다(Mills, 2000).

사회복지사들은 건강보호체계의 변화를 잘 알아야 한다. 특히 매니지드 케어(managed care)의 제공에 대해서 그러하다(Carleton, 1998; Greene & Sullivan,

2000). 이러한 변화들로 인해 건강문제에 대처하는 클라이언트는, 보호비용이 보험으로 충당이 되는지, 자신이 필요로 하는 서비스를 받을 수 있는지 등을 걱정함으로써 스트레스가 증가할 수 있다. 또한 클라이언트와 사회복지사가 언제, 어떻게, 얼마나 오랜 기간 동안 관여를 하게 될지 여부와 변화는 관계가 있다. 정보를 제공해줌으로써 클라이언트의 스트레스를 줄이고, 탄력성을 기르며, 필요한 다른 자원을 더욱 효과적으로 사용하도록 도울 수 있다.

건강, 탄력성, 위약효과

과학적 의학은 탄력성이라는 개념을 다루는 데 어려움을 겪고 있다. 탄력성과 신체적 건강의 아이러니는, 어떤 사람이 질병에서 회복하거나 치료에 대해 최적의 반응을 하는 데 있어서 탄력성이 엄청난 차이를 가져다 줄 수 있다고 대부분의 사람들이 동의할 것이라는 점이다. 그러나 의료인들은 과학적 근거에 기반을 두고 치료하는 데 익숙하다. 그들은 개인의 탄력성을 하나의 기여하는 힘으로 보지만, 치료에 의해 얻어지는 "진정한" 효과나 회복과는 구별되어야 하는 것으로 인식한다. 그러나 탄력성과 신체적 건강과의 관계에 대해 검토를 해보면, 우리 안의 어떤 힘, 우리의 신체적 복지에 영향을 미칠 수 있는 어떤 내적 자원들을 볼 수 있다. 이 내적 자원은 사람들이 받는 의료적 치료와 결합되어, 혹은 독립적으로 작용한다. 그것은 우리 몸의 질병을 예방하고 질병이 생기고 쇠약해질 때 치유를 돕는다. 의료전문가는 설명할 수 없는 치유를 구분하여 **위약효과(placebo effect)**"라고 부른다.

위약효과는 신체적 건강과 관련되어 있기 때문에 가장 순수한 형태로 탄력성의 예가 된다. 비록 위약효과가 의학이 아직 밝혀내지 못한 인간의 신체, 정신, 영혼의 수수께끼이기는 하지만, 그 영향을 이해하면 탄력성 현상에 대한 통찰을 얻을 수 있다. 위약효과는 치료나 요법에 대한 긍정적 반응이라고 할 수 있는데, 왜냐하면 그것이 가지고 있는 어떠한 치료적 효과나 치료 자체의 효용 가치 때문이 아니라 사람들이 그러한 결과를 기대하기 때문에 그러한 결과가 나온다. "나는 기쁠 것이다(I shall please)"라는 의미의 라틴어에서 나온, 위약(placebo)은 수세기 동안 치유의 기법과 연관되어 왔다(Straus & Cavanaugh, 1996). 17세기까지 치유자들이 사용해 온 많은 요법들에서 얻은 유익한 많은 효과들은 위약효과의 결과라는 주장이 제기되어 왔다(Shapiro, 1960). 1800년대 초기까지, 위약은 환자를 치료하기보다는 기쁘게 하는 데 활용된 의약품을 의미했다(Straus & Cavanaugh, 1996).

의약적 가치는 전혀 없는 "설탕 약"이 가장 보편적으로 알려진 위약이다. 1950년대까지, 약물이나 의약실험은 위약 통제집단을 사용한 난선화되고 이중맹검설계(double-blind)를 일관되게 사용하였다(Straus & Cavanaugh, 1996). 이러한 설계에서, 일부 대상자들은 위약 또는 설탕 약을 받는데 반해, 다른 대상자들은 연구중인 약물을 받게 된다. 그 약을 조제하는 사람들과 대상자들은 자신들이 진짜 약품을 주고받는지, 아니면 위약을 주고받는지 알지 못한다. 이를 통해 연구자는 대상자와 연구자 모두의 신념이 실험 결과에 미칠 수 있는 영향을 통제할 수 있다.

의학이 예술(art)에서 과학(science)으로 이동하였을 때, 위약효과는 연구에서는 오염물로 보여졌고 임상 보호에서는 제외되어야 할 요인으로 보여졌다. 생의학적 모델이 가장 높은 보호의 기준이라고 믿은 사람들은 위약효과가 생의학적 발견들의 성과를 줄이고 혼란스럽게 한다고 생각했다(Spiegel, 1997). 사실, 위약효과는 매우 일반적이고 강력하여 연구 자료들에서 어떻게 해서든 빼내어야만 하며 그 결과 치료의 "진정한" 효과를 파악하고 측정할 수 있다. 1955년, 15개의 연구들에 대해 최초로 검토한 결과, 긍정적인 결과와 치료 이익의 30%는 위약효과의 결과였다(Lipman, 1996). 이후 연구들에서, 일부 사례들에서는 100%에 가까운 긍정적인 성과, 더 높은 수준의 위약효과가 발견되었다.

위약효과의 구성요소 중 하나는 실천가와 클라이언트 또는 환자 사이의 관계에 생기는 신념이나 기대이다. 매사추세츠 종합병원에서 수행되고 *New England Journal of Medicine*(Egbert, Battit, Welch, & Bartlett, 1964)에 보고된 한 연구가 위약효과의 이러한 측면들을 예시해준다. 수술 후 통증 약물치료에 대한 욕구를 조사하면서, 연령, 성, 환자의 상태, 질환의 심각성, 수술의 유형에 의해 짝을 이룬

환자들이 두 집단 중 하나로 무작위로 배치되었다. 마취과의사가 수술 전날 밤에 두 집단을 방문하였다. 한 집단은 간단한 방문을 받았고 무성의한 태도로 모든 것이 괜찮을 테니 걱정하지 말라는 말을 들었다. 다른 집단은 감정이입이 가미된 따뜻하고 친밀한 방문과 함께 수술로부터 무엇을 기대해야 하는가에 대한 구체적인 설명을 받았다. 수술 후 환자를 보호한 사람들은 어느 집단에 어떤 환자가 배치되었는지 모르고 있었다. 수술 후 그 날에, 두 집단 모두 그들이 필요로 하는 어떤 통증 약물치료를 받았다. 자료를 분석했을 때, 따뜻하고 공감어린 방문을 받은 사람들은 유의미하게 적은 통증 약물치료를 필요로 했고 다른 집단보다 평균 이틀에서 반나절 일찍 병원에서 퇴원했다.

긍정적인 결과들이라기보다 오히려 부정적인 결과들이 어떤 사람의 신념체계의 특성에 의해 주도될 때, 이를 부정적 위약효과(nocebo effect)라고 부른다. 이러한 신념체계는 매우 강력하여 위약효과에 의해 고무된 내적인 탄력성을 파괴하거나 방해할 수 있다(Hahn, 1997). Spiegel(1997)은 부정적 위약효과가 발생되는 3가지 방식들을 알아냈다. 즉, (1) 건강보호 환경이나 실천가들이 주는 부정적 메시지들, (2) 그 사람의 사회적/문화적 신념체계에서 나오는 부정적인 메시지, (3) 만약 질병이나 질환의 결과로 그 사람에게 얻어지는 부차적인 이득이 있는 경우, 예를 들어 질병이나 질환으로 인해 지위가 향상되는 경우를 들 수 있다.

위약효과와 부정적 위약효과 모두 개인의 삶에서 질병이나 질환에 대한 개별적 반응에 영향을 주는 강력한 힘을 가지고 있다는 것을 고려하는 것이 중요하다. 사회복지실천가의 역할은, 좋든 나쁘든, 이러한 힘들을 결집시키고 유발시키는 데 특히 중요하다. 질병에 대한 생의학적–과학적 모델에서는, 이러한 힘들이 무시되거나 사실들에 이르기 위해 제거되어야 하는 오염물로 간주된다. 융통성이 없을 경우, 그 모델은 그 사람에게 경청하는 것을 방해하고 실험실 결과와 기술적 절차에 의존하게 한다(Engel, 1977; Spiegel, 1997). 그것은 "복잡한 현상은 단일한 원칙에서 궁극적으로 얻어진다는 철학적 관점인 환원주의, 그리고 신체적인 것으로부터 정신적인 것을 분리한다는 원칙인 정신–신체 이원론 모두를 포괄한다"(Engel, 1977, p. 130). 한편

위약이 우리에게 제시해 주는 것은, 우리는 우리 마음상태를 변화시켜 우리의 몸에 일어나는 것을 변화시킬 수 있다는 것이다. 따라서 마음을 변화시키는 과정들(예를 들어 명상, 최면술, 환상, 정신요법, 사랑, 마음의 평화)을 경험할 때, 우리는 변화와 치유의 가능성에 우리 자신을 개방시킨다.(Siegel, 1990, p. 120)

탄력성과 건강의 성과

위약효과와 함께, 의료적 치료의 성과는 사람들의 예측, 성향, 혹은 탄력성의 영향을 받을 수 있다. 점점 더 많은 수의 문헌에서, 우리 사회에서 주도적인 사망 원인인 심장질환에 대한 개인의 태도와 사고방식의 영향에 대해 연구해 왔다. 치료와 혈관질환의 결과에 대한 문헌들은 심장 수술로부터의 회복, 심장 발작으로부터의 회복, 죽음의 위험, 반복적인 심장 발작을 태도나 마음의 상태와 연결하여 왔다. 매년 수천 명의 사람들이 동맥혈관질환을 위한 대체혈관수술 치료를 받고 있다. 치료를 받는 사람들의 기질적 낙관주의와 긍정적인 기대는 낮은 재입원 비율(Scheier et al., 1999), 그리고 정상적인 생활로의 더욱 빠르고 호전된 복귀와 관련되어 왔다(Scheier et al., 1989). 심장이식을 받는 사람들 가운데, 수술 전의 긍정적인 기대는 수술한 지 6개월 후에 평가된 건강에 대한 긍정적인 효과와 관련이 있으며, 수술 후 의료 식이요법 처치에 보다 잘 순응하는 것과 관련이 있다(Leedham, Meyerwitz, Murihead, & First, 1995).

다른 관점을 가진 일부 연구자들은 부정적인 태도나 사고방식과 관련된 결과들을 검토하였다. 디스트레스, 우울, 사기저하는 높은 사망 위험과 관련되어 있고(Bruhn, Chandler, & Wolf, 1969; Garrity & Klein, 1975), 발작후 수술의 필요를 증가시키고(Kimball, 1977), 재입원할 위험을 증가시키며(Allison, Williams, Patten, Bailey, & Squires, 1995), 손상된 삶의 질과 관련된 치료에 대해 잘 반응하지 않도록 한다(Denollet, Vaes, & Brutsaert, 2000). 개복수술을 받는 여성들이 경험하는 수술 전 두려움은 진통제의 과다 사용과 수술 후 더딘 회복과 관련되어 있다(Sime, 1976). 혈관을 뚫는 외과 수술 후에도 적개심으로 인해 심장동맥이

다시 막힐 수 있다(Goodman, Quigley, Moran, Meilman, & Sherman, 1996). 전반적으로 만족할 만한 회복을 위하여 절실한 주의와 치료가 절실히 필요한데도 적대적이고 도움을 뿌리치며 부정적인 태도를 보이는 사람에게, 치료자는 시간을 최소한으로 쓰고 싶어한다(Scheier et al., 1989). 그러한 연구들은 적응적 기제로서 탄력성에 대해 더욱 많은 설명을 필요로 한다.

이득 찾기

Affleck과 Tennen(1996)은, 그들의 연구와 다른 사람의 연구를 검토하여, 이득 찾기와 어쩌면 부정적이었을 생활경험에서 몇 가지 긍정적인 측면들을 확인하는 것의 적응적인 유의미성을 검토하였다. 그들은 주된 의료적 문제를 경험하고 있는 사람들에게 초점을 맞추었다. 역경 상황에서 발견된다고 통상적으로 보고되는 이득에는 강화된 가족과 친구관계, 사물들을 긍정적인 관점으로 볼 수 있는 향상된 능력, 인내심과 감정이입과 같은 자아의 긍정적인 변화 등이 포함된다. 검토된 연구발견으로부터 얻은 증거에 의하면 역경 앞에서 이득이나 개인적인 이익을 파악하는 능력은 대처기제로 작용하고, 개인들에게 더욱 수용가능하고 편안한 현실을 수립하도록 돕는다. 이러한 대처과정은 정신적, 신체적 복지를 증진시켜준다. 이러한 연구결과들은 역경 사건의 생존자들이 부정적인 생활 사건에 대해 의미를 부여할 수 있을 때 더욱 잘 대처한다고 주장하는 탄력성 문헌들과 일치한다(Lifton, 1993).

검토된 여러 종단적 연구들은 이득 찾기가 향후 결과들을 예측하는 데 유의미하다는 것을 증명하는 데 사용되었다. 한 연구에서는 심장발작 생존자들의 동년배 집단을 검토하였다(Affleck, Tennen, Croog, & Levine, 1987). 이 연구에서 최초의 심장발작 7주 후에 그 사건을 통해 얻은 이득이 무엇인지 참여자들(모두 남성)에게 질문하였다. 반 이상(58%)이 이득이 있음을 밝혔다. 8년 후의 추수연구에서 연령, 사회경제적 지위, 초기 심장발작의 심각성을 통제한 후에도, 그 경험으로부터 이득을 발견한 사람들은 추가적인 심장발작을 경험한 비율이 유의미한

정도로 낮았고 혈관건강이 더 좋은 상태에 있었다.

이차 종단연구에서는 출산 후에 집중보호서비스(intensive care services)를 받아야 하는 신생아를 가진 어머니들 집단을 살펴보았다. 아기들이 중환자실에서 퇴원하기 전에, 어머니들에게 그 경험을 통해 얻은 이득이 있다면 어떤 이득이었는지를 물어보았다. 3/4의 참여자들이 적어도 한 가지 이상의 이득이 있다고 보고했다. 그 경험에서 아무런 이득을 발견하지 못한 부모들은, 6개월과 18개월 후에 측정해보았을 때, 더욱 많은 정동장애(mood disturbances)가 있었던 것으로 보고하였다. 어머니의 정서적 복지는 그러한 경험에서 긍정적인 것들을 발견하는 능력뿐만 아니라 18개월 이후 이루어진 발달검사에서 아동의 수행능력과도 관련되어 있었다. 정적관계의 유의미성은 아동의 의료적 문제의 심각성과 연령, 교육, 자녀의 수와 같은 어머니의 특성을 통제한 이후에도 유효했다.

Affleck과 Tennen(1996)은 대처기제가 위협적이거나 역경 상황에서 긍정적인 측면이나 이득을 파악하는 능력뿐만 아니라 매일의 스트레스 경험에 직면했을 때 이득 찾기를 도구로서 사용할 수 있는 능력이기도 하다는 점을 지적했다. 그들은 이 대처전략을 사용하는 것을 이득을 상기시켜 주는 것이라고 불렀다. 만성 통증을 지닌 35명의 여성들을 대상으로 이득을 상기시키는 것의 효과를 검토한 작지만 집중적인 연구가 있었다. 흥미롭게도, 많은 이득을 파악하는 능력은 이득을 상기시켜주는 것과 반드시 관련이 있는 것이 아닌 것으로 나타났다. 약간의 이득을 말한 사람들이 이득을 자주 상기시킨다고 말했음에도 불구하고, 많은 이득을 말한 일부 참여자들은 한번도 스스로 그 이득을 상기시키지 않았다. 연구 대상인 개인들 사이의 분석에서, 참여자들이 자신이 파악한 이득을 스스로 보다 자주 상기시키는 날, 그 날의 고통을 얼마나 강도 높게 평가하는지는 관계없이 긍정적인 기분을 기록할 가능성이 좀더 높았다.

이득 찾기와 치료적 개입

McMillen(1999)은 치료관계에서 이득의 내용을 도입하고 관리하기 위한 전략을 개발하였는데, 그는 이것을 이득에 있어서의 "REEP"라고 불렀다. REEP는 회상(Reflection), 격려(Encouragement), 탐색(Exploration), 계획(Planning)의 머리글자를 딴 것이다.

회상(Reflection) 이것은 클라이언트에게 이득의 개념을 소개하는 데 가장 좋다. 클라이언트가 사건을 회상할 수 있는 능력이 있고, 사건과 그것이 그들의 삶에 어떤 의미를 주었는지 논의할 때, 사회복지사는 위협적인 내용을 도입하고자 시도해야 한다. 일단 클라이언트에 의해 제시되었다면, 그들이 이득 내용을 포함하여 외상들에 어떻게 대처했는지 클라이언트와 돌아볼 수 있다. 이러한 회상은 치료적 관계에서 이후에 보다 심층적인 탐색을 가능하게 한다.

격려와 탐색(Encouragement and exploring) 사회복지사가 이득 개념을 도입하기 위한 다른 방법은 클라이언트에 의한 자기 사정을 격려하는 것이다. 사회복지사가 제기한 "언제가 가장 행복합니까? 언제가 만족스럽습니까?" 라는 질문, 클라이언트가 삶에서 가장 가치있어 하는 것에 대한 토론이 이러한 과정에 도움이 된다. 만약 클라이언트의 자기사정을 통해 자발적으로 이득 내용이 나오지 않을 경우, McMillen(1999)이 지적했듯이 사회복지사가 부드럽게 그 내용을 소개하는 것이 적절하다. 그 과정의 어떤 시점에, 사회복지사들은 클라이언트가 살아가면서 경험을 통해서 뭔가 긍정적인 것을 발견할 수 있었던 시간을 상상할 수 있는지 묻기를 원할 수도 있다. 클라이언트가 외상 사건들과 연관되어 있는 죄책감, 수치심, 피해의식을 이겨나가기를 돕고, 이득을 상기시키는 것을 통해 긍정적인 연상을 형성함으로써, 클라이언트가 대체로 더욱 낙관주의적인 인생관을 재정립하고, 그 사건에 대한 기억들을 다른 방식으로 처리하도록 할 수 있다.

계획(Planning) 자기사정과 인생에 대해 검토한 후, 클라이언트는 자신의 삶에서의 변화를 만들어내기를 원할 수 있다. 사회복지사는 클라이언트가 이러한 긍정적인 변화에 대한 계획을 세우고 실행해 나가는 것을 돕는 주된 역할을 수행할 수 있다.

이득에 대한 질문은 클라이언트의 강점을 두드러지게 하는 데 그치지 않고, 이러한 강점들에 대한 새로운 인식을 통해 사람들이 자신과 세상을 보는 방식, 그리고 그들이 세상을 보는 방식을 심오하게 변화시킬 수 있다. 비극적 사건을 어떤 중요한 방식으로 자신에게 이득을 주는 것으로 재구성하는 사람은, 자기 자신을 희생자로 보는 것을 멈추고, 자기 자신을 능력있는 사람의 이미지로 구조화하기 시작한다.(McMillen, 1999, p. 465)

탄력성, 사회적 관계, 건강

심각한 건강 문제를 지닌 사람들에게, 가족과 친구의 지지는 매우 중요하게 느껴진다. 마찬가지로, 탄력성은 다른 사람들과의 연결과 관계를 통해 증진되고, 가족의 지지에 의해 강화될 수 있다(3장 참조). 암 환자들에 대한 전국단위의 서베이에서, 참여자들은 암투병을 하며 살아가는 데 있어서 무엇이 가장 중요한지에 대해 답변했다. 1위는 "좋은 의료적 보호", 다음으로 2위(75%)가 "가족 내의 정서적 지지", "희망을 갖기"는 근소한 차이로 3위(73%)를 차지하였다(Clements, 2000). 반대로 말기나 만성질환자들은 버려졌다는 것과 고립된 것이 희망을 가지는 능력에 부정적인 영향을 주는 것으로 인식했다(Herth, 1990).

퇴역군인 건강연구에서 얻은 종단적 자료를 활용한 한 연구에서는 사회적 지지를 인지하면 정신적이고 신체적인 다양한 건강 척도에 유익한 영향을 받는 것으로 나타났다. 그러나 그 연구 결과, 건강이 좋지 않은 것이 사회적 관계에 참여하고 유지하는 능력에 장애가 될 수 있다는 점이 지적되었다(Ren, Skinner, Lee, & Kazis, 1999). 노령기에 삶의 질이 낮아지고 감소한다는 걱정이 그러한 연구에서 노인에 대해 초점을 두도록 만들었다(13장 참조). 구조적인 사회적 지지(가족과 친한 친구들과의 접촉)와 기능적인 사회적 지지(소속감, 평가, 실제적 지지)의 변화를 개인의 수준에서 검토할 때, 노년기의 삶은 중요한 사회적 자원이 감소되는 것으로 전형적으로 특징지어지지 않는다는 사실이 발견되었다(Martire, Schultz, Mittelmark, & Newsom, 1999).

그러나 노년기에 아동과 함께 있으면, 종종 그것이 일차적인 사회적 자원이 되는데(Cantor, 1994), 노년기의 복지에 완충 효과를 지니는 것으로 나타났다(Giranda & Atchison, 1999). 성공적인 노화에 대한 MacArthur 연구의 종단적 자료들은 신체적 기능의 변화에 대한 사회적 지지의 영향을 탐색하는 데 사용되었다(Unger, McAvay, Bruce, Berkman, & Seeman, 1999). 사회적 유대가 더 많은 사람일수록 시간 경과에 따른 기능적 감퇴가 적게 나타났다. 특히 남자들과 연구시작 시점에서 신체적 기능이 낮았던 사람에게 그러했다.

비록 사회적 관계가 건강과 복지에 영향을 주는 기제는 불명확하게 남아있지만, 건강상태에 대한 기초선을 통제한 예측적 연구들은 위태로운 (낮은 양 그리고/또는 낮은 질) 사회적 관계를 가진 사람들의 사망의 위험이 증대된다는 것을 일관하여 보여주고 있다(House, Landis, & Umberson, 1988). 사회적 지지로부터 생겨난 보호효과들에는 생활 스트레스에 대처하는 것을 촉진 하는 것(Thoits, 1995), 건강한 생활방식으로 이끌기 위한 격려(Mermelstein, Cohen, Lichtenstein, Kanmark, & Baer, 1986), 건강보호 서비스를 더 잘 활용하고 접근하는 것(Bleeker et al., 1995; Bloom, 1990) 등이 포함된다.

탄력성, 대처, 희망

질병에 효과적으로 대처하는 환자의 능력은 희망을 유지시키는 데 달려있다. 대처는 도전에 직면하는 데 사용되는 일련의 전략들을 수반할 수 있다. 이러한 전략들은 문제해결이나 행동과정에 대한 의사결정을 포함할 수 있다(Willis, Blechman, & McNamara, 1996). 대처 전략은 일반적으로 사람들이 상황에 대한 더 많은 통제감을 얻고 더 큰 효능감을 경험하도록 도우려는 의도를 가지고 있다(Masten, 1994). 1970년에서 2000년 사이의 대처에 관한 연구들을 검토한 결과, Folkman과 Moskowitz(2000)는 다음과 같은 합의를 도출했다.

1. 대처는 디스트레스를 조절하고 디스트레스를 일으키는 문제를 관리하는 것

을 포함하지만, 그것으로 제한되지는 않는 다중적인 기능들을 가지고 있다.

2. 대처는 통제가능성을 포함한 스트레스 상황의 인식된 특성에 의해 영향을 받는다.

3. 대처는 낙관주의, 신경질적인 특성, 외향성을 포함한 성격 기질에 의해 영향을 받는다.

4. 대처는 사회적 자원들에 의해 영향을 받는다.(p. 647)

위에서 언급했듯이, 대처는 낙관주의와 같은 성격 기질에 의해 영향을 받을 수 있다. 자신과 다른 사람의 미래에 대한 낙관주의와 긍정적인 기대는 다양한 희망에 대한 정의에서 발견되는 공통적인 요소이다(Herth, 1990; Hinds, 1988). 희망은 다차원적 개념이며 역동적인 과정이다(Morse & Doberneck, 1995). 그것은 존귀한 인간의 반응이며, 건강, 질병에서의 회복, 만성적 조건에서의 생활, 죽음에 직면하는 데 영향을 주는 대처 기제이다(Herth, 1990; Hinds, 1988).

희망은 "인생의 위협들과 개인적 도전들을 견디는 동안 편안함을 제공해준다"(Morse & Doberneck, 1995, p. 277). 말기질환을 가지고 사는 사람들에게, 희망은 "새로운 인식과 풍요로움을 지향하는 내적인 힘"으로 발견된다(Herth, 1990, p. 1257). "가장 좋은 의학과 가장 좋은 간병인도 희망이 없을 때에는 건강을 회복시키는 데 무기력하다"고 고백되어 왔다(Jevne, 1991, p. 149). 다음은 암과 싸울 때 희망의 중요성을 12세 소녀의 감정들을 통해 나타내준다.

희망은 중요하다. 당신이 미래에 대한 희망을 갖고 있지 않다면, 결코 좋아질 수 없다. 당신은 일어나고 싶지 않을 것이고, 그 모든 것을 하려고 하지 않을 것이다. 감정적으로 당신은 깨어지고, 죽은 것이나 다름없을 것이다. 당신은 여전히 몸을 가지고 있지만, 당신이 밀어붙이지 않기 때문에 쓸모가 없다. 당신이 삶과 미래를 포기하면, 그것은 당신과 가족, 친구들에게 더욱 가혹한 것이 된다. 당신은 모든 사람의 시간을 낭비하고, 결국 당신을 둘러싼 사람들은 희망을 잃고 아무 것도 하지 않을 것이다. 다른 사람들은 당신을 들여다보고 특히 여기(병원)에 있는 작은 아이들을 본다. 우리는 사람들이 희망을 보도록 희망을 가져야 한다. 만약 당신이 스스로 희망을 가지지 않는다면, 똑같은 상황에 있는 다른 사람을 도울 수 없을 것이다. 만약 당신이 그것을 희망적으로 재빨리 통과할 수 없다면, 당신은 곤란에 빠질 수도 있다.(Hinds, 1988, p. 87)

사회복지사의 역할

건강과 사회적 기능수행은 상호연결되어 있기 때문에, 사회복지실천은 의료적 위기를 다루고, 만성적인 건강상태를 안고 사는 것을 배우며, 말기 질병에 대처하는 클라이언트와 가족과 함께 일하면서, 건강보호체계에서 오랫동안 수립된 가치있는 역할을 맡고 있다(DuBios & Miley, 1999). 건강과 사회사업의 관계는 Bracht(1978)가 제시한 다음 5가지 기본 전제에 반영되어 있다.

1. 질병은 개인의 대처 능력에 부정적인 영향을 준다.
2. 개인의 기본적인 생물학적 요인들에 더하여, 사회적, 심리적 요인들이 건강을 유지하고 질병에서 회복되는 능력에 영향을 준다.
3. 의료적 치료는 사회적 지지와 상담에 의해 강화될 수 있다.
4. 건강보호에 접근하는 데 있어서의 장애물을 극복하기 위해서는 종종 지역사회 행동이 필요하다.
5. 종종 의료문제를 수반하는 심리사회적 복합성은 다학제적 전문가팀의 노력에 의해 더욱 잘 해결될 수 있다.

이 장에서 논의된 총체적 건강모델은 사회복지사들이 질환이나 질병과 연관된 도전을 극복하는 데 있어서 중요한 역할을 수행할 수 있음을 제안한다. 사회복지사들은 다양한 수준의 환경과 클라이언트의 역동적인 상호작용 관계를 수용하면서, 클라이언트 서비스에 생태학적 접근을 행한다. 그들은 개인의 대처능력에 영향을 주는 내적, 외적 요인들 모두를 인식한다(Zastrow, 1989). 생물심리사회적(biopsychosocial) 관점을 가진 이러한 접근은 사회복지사로 하여금 문제해결을 위한 강점을 개인 내에서 뿐만 아니라 가족과 지역사회에서 찾으려 한다. 나아가 사회복지사는 문화적, 사회적, 역사적 경험의 차이에 근거하여 인생 경로의 다양성을 이해한다.

아마도 건강보호에서 사회복지사의 중심적 역할은 희망을 사정하고 키우는 것이다(표 8.1, 8.2참조). 비록 심각한 의료적 위기를 겪는 동안에 희망을 가지고 유지하는 능력은 친구나 가족 구성원들과 함께 경험하는 호혜적인 사회적 지지 관계(Atrinian, 1984), 그리고 더 높은 존재나 신에 대한 개인의 신앙에 자주 의존하지만(Herth, 1990), 연구에 따르면 전문적인 보호제공자(간호사와 사회복지사)들이 이 영역에서 특별한 지지적 역할을 수행하고 있는 것으로 나타났다(Artinian, 1984).

지지적인 전문적 관계는 가족 구성원들이 경험하는 스트레스를 줄이는 데 도움을 줄 수 있다. 전문가들이 제공하는 지지는 다양한 형태를 가질 수 있다(Artinian, 1984). 즉, 그것은 평안함을 제공하는 생리학적 욕구를 충족시켜주는 것을 의미할 수도 있다. 그것은 가족 구성원들이나 클라이언트가 경험하는 분노나 좌절에 대한 안전한 배출구를 제공하는 것일 수 있다. 혹은 가족 구성원들과 클라이언트가 미래에 대한 현실적인 계획을 세우는 데 도움을 주는 것일 수 있다. 이러한 치료적이고 지지적인 관계는 감정적인 에너지를 보존하는 것을 도와주고, 클라이언트와 가족 간의 상호 지지적 관계를 통해 질병을 더욱 견딜만하게 하고, 클라이언트가 미래 계획을 세워 희망을 유지해가도록 도울 가능성을 높인다. 마지막으로 사람들이 자신을 스스로 치료하는 것에 대한 과장된 기대를 수립함으로써 긍정적인 태도의 가치가 때때로 왜곡될 수 있다(Creagan, 1999). 만약 질병의 차도가 없거나 치료가 비효과적이면, 과장된 기대는 개인은 충분히 열심히 싸우지 않았거나, 충분히 긍정적으로 생각하지 않았다는 방향으로 이끌 수 있다. 잘 낫는 데 실패한 것은 개인의 잘못이 되어 버린다. 그러나 긍정적인 결과의 가능성을 지지해주고, 불안과 고통을 줄이고, 회복에 대한 희망을 갖도록 하는 신념체계를 지닌 환경을 조성하는 책임있는 관계를 클라이언트와 갖는 것이 가능하다. 이것은 생물심리사회(biopsychosocial) 모델의 생물학적 측면을 배제하는 것이 아니라, 질병과 외상이 장애나 사망을 포함한 결과를 가지고 올 수 있다

표 8.1 희망을 기르는 전략들의 범주와 실천 적용을 위한 제안들

범주	실천 적용
연결성/ 다른 사람과 의미있는 관계의 존재	클라이언트와 가족, 또는 지지집단들 간의 보호관계를 양성하는 조건을 창조하는 촉매자로 일한다. 신체적, 정서적 평안함과 정보를 제공한다.
밝은 마음/ 기쁨, 환희, 재기발랄함	적절한 경우, 전문적 관계에서 유머와 놀이를 사용한다.
결단력, 용기, 침착함이라는 개인적 속성	이러한 개인적 속성들을 지지하고 격려한다. 그리고 적절한 경우, 클라이언트가 자신에게 있는 이러한 속성들을 인식하고 강화하도록 돕기 위해 가치명료화, 생활인식(life-awareness)활동과 같은 기법들을 사용한다.
달성 가능한 목표 / 현실적인 목적과 목표	적극적인 경청자가 된다. 클라이언트와 가족들이 그들의 상황에 맞는 현실적인 목적을 세우도록 돕는다.
영적인 신념과 실천	영적 신념과 실천의 표현을 지지하는 환경과 자원을 제공한다.
긍정적인 기억을 상기시킴	클라이언트와 가족들이 긍정적인 기억을 상기하고 공유하도록 지지하고 격려한다.
가치있고 수용된다는 느낌	클라이언트가 질병에 의해 비롯된 신체적 변화에도 불구하고 개인으로서 가치있다고 느낄 수 있는 환경과 전문적 관계를 형성한다. 가족들이 클라이언트의 변화를 수용하도록 하고, 클라이언트가 그들에게 여전히 소중하다는 것을 표현하도록 지지한다.

는 점을 수용한 것이다.

사회복지사는 항상 변화하는 건강보호 영역에 참여하여 도전에 응해야만 한다(Keigher, 1997, 1999; Keller, 1998). 사회복지사들은 건강보호팀에서 예방적이고 치료적이고 재활적인 서비스에 대한 클라이언트의 욕구를 제기하는 위치에 있다(Berkman, 1996). 권한부여를 격려하고 클라이언트의 강점을 찾아 나서는 전문직으로서, 사회복지실천은 때때로 클라이언트의 고분고분함을 엄청나게 강조하는 어떤 환경에서 오해를 받기도 한다(Keigher, 1997). 사회복지사들은 "클

라이언트들이 질병에 의해 발생한 신체적 변화에도 불구하고 한 개인으로 가치 있게 느끼는 환경과 전문적 관계를 조성할” 필요가 있다(p. 248).

표 8. 2 희망사정지침(Hope Assessment Guide)

희망의 단계 (보편적 구성요소)	전문적 사정	행동 징후	전략
1. 위협을 인식하기 (위협에 대한 실제적인 초기 사정)	사건의 영향이 감소하였는가?	·중언부언(reiterate)—말과 생각들에서 · 연결하기—다른 사람들과 중언부언(reiterate)하거나 분출하기(release) 위해 ·스트레스—상황에 의해 압도되는 때 · 일방적 정보 흐름—전혀 또는 거의 질문을 하지 않고 정보를 되뇌이거나 받아들임	정보를 제공하고 다음 전략들에 의해 인식 수준을 점검한다 1. 교육하기 ·내용: 상태/예후/일상적인 치료 결과 · 방법: 여러 시기에 정보를 제공한다(반복)/작은 단위로 정보를 제공한다/적절할 경우 오디오 녹음을 격려한다/질문을 장려한다 · 평가: 환자에게 상황을 설명하도록 요청한다, 내면화와 이해의 정도를 사정한다 2. 감정에 반응하기 ·공감이나 위로, 연민 등을 제공한다 · 이야기에서의 변화를 주의깊게 경청한다 · 휴식 또는 건강한 분출(releases)을 위한 시간을 제공한다
2. 계획 수립하기 (대안들을 떠올리고 목적을 설정한다/부정적인 결과들에 대비한다)	계획이 있는가? 환자들이 최악의 경우에 대비하고 있는가?	· 통계적 확률에 대해 질문하기 · “다음 단계”에 대한 방향 찾기 · 대안들을 평가하면서, 언어적으로 현실을 인정하기 · 경험이 있는 다른 사람들을 찾기 · 쌍방향 논의를 시작하기 · 실질적인 상상하기(physical envisioning) · 목적을 명료화하기—전반적인 또는 초점을 둔 목적	다음 전략들에 의해 계획의 형성을 지원한다 1. 대안들을 탐색하기 · 이용가능한 대안들을 모두 고려하도록 격려한다 · 가능한 부정적 결과들을 포함하여 고려되지 않은 대안들을 논의한다 · 현실적으로 질문에 대답한다. 어려운 현실로부터 환자를 “보호하지” 않는다 · 통계적, 경험적 정보 모두를 제공한다

(계속)

희망의 단계 (보편적 구성요소)	전문적 사정	행동 징후	전략
		· 부정적 결과들의 가능성을 인정하고 그것이 일어날 가능성을 구분하기 · 개인적 검토, 관련된 과거경험/내적 자원/외적 자원(인적 그리고 물적 자원)을 수행하기 · 보호와 연관된 의사들과 다른 사람의 평판을 확인하기 · "거기에 있는" 친구들의 능력을 평가하기	2. 연결하기 · 환자에게 성공적으로 관리해 온 다른 사람들을 소개한다(성공적인 역할모델들) 3. 지지하기 · 정서적인 지지와 숙고, 휴식, 건강한 분출(releases)을 위한 충분한 시간을 제공한다 4. 계획을 공유하기 · 보호에 있어서 상호적 목표를 촉진하는 목적을 명료화하도록 격려한다
3. 재고조사하기 (개인적/외적 자원과 조건들에 대한 현실적인 사정)	어떠한 자원들이 확인되었는가?	· 사명에 공감하는 다른 사람들을 찾기(새로운 관계와 기존의 관계들) · 목적이 변화함에 따라 지지하는 사람들을 변화시킬 수 있다	다음 전략들에 의해 완전한 사정을 촉진한다 1. 현실적인 자기사정을 지지하기 · 당연하게 여기기 쉬운 개인적 자원들 또는 특성들을 지적한다 · 건강한 분출을 논의하는 데 환자를 참여시킨다 2. 외적 자원들을 지향하기 · 고안된 계획을 지지할 수 있는 서비스들을 설명한다(서비스에 접근하는 방법, 자격요건, 기대되는 이익을 포함) 3. 지지망을 점검하기 · 치료 과정 전반에 걸쳐 내적 지지망과 외적 지지망 모두를 지속적으로 점검한다 · 치료가 진행됨에 따라 지역사회 (외적) 자원들의 이용가능성을 강화한다

(계속)

희망의 단계 (보편적 구성요소)	전문적 사정	행동 징후	전략
4. 사례 발굴하기 (상호 지지적인 관계들을 유도하기)	충분한 지지가 존재하는가?	· 정보의 명료화를 추구하기—특히 목적을 위해 필요한 만남의 가능성 · "만약 그랬다면"을 결정하기 위해 이전의 역사를 검토할 수 있다 · 재발의 증상에 대한 자가진단을 수행하기 · 다른 생존자들과 자신을 비교하기 · 그들이 헤쳐 나가도록 돕는 기법들을 사용하기(예를 들어, 거울 속의 훼손된 신체를 보는 것을 다루는 방법) · 에너지를 집중시키기 · 삶에 대한 새로운 관점을 표현하기	다음 전략들에 의해 지지적 관계를 보강해준다 1. 장면을 설정하기 · 지지적 관계가 풍성해지도록 하기 위해 자유로운 방문시간을 허용한다 · 이용가능한 지지 집단이나 관계망을 지향한다 · 적절한 경우, 지지적 상담을 추천한다 2. 필요하다면 그곳에 있어주기 · 계획을 알고 필요할 때 강화해준다 · 주의깊게 경청한다 · 지지적 관계를 상투적으로 가정하지 않는다
5. 징후를 찾기 (강화의 징후에 대한 지속적인 평가)	어떤 징후들이 받아들여지고 있는가?		다음 전략들에 의해 대화의 통로를 엶으로써 징후들을 지적한다 1. "징후"에 대한 해석과 진전에 대한 관점을 논의하기 2. 목적을 향한 진전에 대한 정직한 평가를 제공하기 3. 제시된 목적이나 계획들을 재형성하는 것을 지원하기

(계속)

희망의 단계 (보편적 구성요소)	전문적 사정	행동 징후	전략
6. 유지하기 (인내를 위한 결단)	이 사람이 끈기와 의지를 가지고 있는가?		다음 전략들에 의해 격려를 제공한다 1. 에너지 수준을 점검하기 · 그 사람이 바라는 만큼의 조용한 시간을 제공한다 · 방문자들의 패턴—누가 활력을 주고 누가 기운을 빼놓는가?—을 관찰한다 · 희망 작업을 위해 필요한 에너지에 대해 논의한다 2. 인내를 지지하기 · 진실한 칭찬과 격려를 제공한다 · 개인적 욕구에 따라 "허가"를 부여한다 · 건강한 분출을 가르쳐준다

출처: "Strategies for Assessing and Fostering Hope: The Hope Assessment Guide," by J. Penrod and J. Morse, 1997, *Oncology Nursing Forum, 24*, pp. 1061-1062. Copyright©1997 by *Oncology Nursing Society*. Reprinted with permission.

참고문헌

Affleck, G., & Tennen, H. (1996). Construing benefits from adversity: Adaptational significance and dispositional underpinnings. *Journal of Personality, 64,* 899-922.

Affleck, G., Tennen, H., Croog, S., & Levine, S. (1987). Causal attribution, perceived benefits, and morbidity after a heart attack: An 8-year study. *Journal of Consulting and Clinical Psychology, 55,* 29-35.

Affleck, G., Tennen, H., & Rowe, J. (1991). *Infants in crisis: How parents cope with newborn intensive care and its aftermath.* New York: Springer-Verlag.

Allison, T., Williams, D., Patten, C, Bailey, K., & Squires, R. (1995). Medical and economic costs of psychological distress in patients with coronary artery disease. *Mayo Clinic Proceedings, 70,* 734-742.

Artinian, B. (1984). Fostering hope in the bone marrow transplant child. *American Journal of Maternal Child Nursing, 13,* 57-71.

Berkman, B. (1996). The emerging health care world: Implication for social work practice & education. *Social Work, 41,* 541-550.

Bleeker, J., Lamers, L, Leenders, I., Kruyssen, D., Simoons, M., Trijsburg, R., & Erdman, R. (1995). Psychological and knowledge factors related to delay if help-seeking by patients with acute myocardial infarction. *Psychotherapy and Psychosomatics, 63,* 151-158.

Bloom, J. (1990). The relationship of social support and health. *Social Science and Medicine, 30,* 635-637.

Bracht, N. (1978). *Social work in health care: A guide to professional practice.* New York: Haworth Press.

Bruhn, J., Chandler, B., & Wolf, S. (1969). A psychological study of survivors of myocardial infarction. *Psychosomatic Medicine, 31,* 8-19.

Cantor, M. (1994). Family caregiving: Social care. In M. Cantor (Ed.), *Family caregiving: Agenda for the future* (pp. 1-9). San Francisco: American Society on Aging.

Carleton, S. (1998). *Does managed care measure up? Business & Health, 16*(4, Suppl. A), 53-56.

Clements. M. (2000, February 6). What we can learn from cancer. *The Baltimore Sun, Parade Magazine,* p. 12.

Creagan, E. (1999). Attitude and disposition: Do they make a difference in cancer survival? *Journal of Prosthetic Dentistry, 82,* 352-355.

Denollet, J., Vaes, J., & Brutsaert, D. (2000). Inadequate response to treatment in coronary heart disease: Adverse effects of type D personality and younger age on 5-year prognosis & quality of life. *Circulation, 102,* 630-635.

DuBois, B., & Miley, K. (1999). Social work in health, rehabilitation, and mental health. In B. DuBois & K. Miley (Eds.), *Social work: An empowering profession* (3rd ed., pp. 328-369). Boston: Allyn & Bacon.

Egbert, L, Battit, G., Welch, C, & Bartlett, M. (1964). Reduction of post-operative pain by encouragement and instruction of the patient. *New England Journal of Medicine, 270,* 825-827.

Engel, G. (1977). The need for a new medical model: A challenge for Biomedicine. *Science, 196,* 129-136.

Engel, G. (1982). Sounding board: The biopsychosocial model and medical education. *New England Journal of Medicine, 306,* 802-805.

Fiorentino, L. M., & Pomazal, R. L. (1998). Sense of coherence and the stress-illness relationship among employees: A prospective study. In H. I. McCubbin, E. A. Thompson, A. I. Thompson, & J. E. Fromer (Eds.), *Stress, coping, and health in families* (pp. 91-106). Thousand Oaks, CA: Sage Publications.

Folkman, S., & Moskowitz, J. (2000). Positive affect and the other side of coping. *American Psychologist, 55,* 647-654.

Fremont, A., & Bird, C. (1999). Integrating sociological and biological models: Editorial. *Journal of Health and Social Behavior, 40,* 126-129.

Garrity, T., & Klein, R. (1975). Emotional response and clinical severity as early determinants of six month mortality after myocardial infarction. *Heart Lung, 4,* 730-737.

Giranda, M., & Atchison, K. (1999). Social networks of elders without children. *Journal of Gerontological Social Work, 31,* 63-84.

Goodman, M., Quigley, J., Moran, G., Meilman, H., & Sherman, M. (1996). Hostility predicts restenosis after percutaneous transluminal coronary angioplasty. *Mayo Clinic Proceedings, 71,* 729-734.

Greene, R. R., & Sullivan, P. W. (2000). Managed care and the ecological perspective: Meeting the needs of older adults in the 21st century. In W. Peebles-Wilkins & N. Veeder (Eds.), *Managed care services: Policy, programs, and research* (pp. 163-186). Cambridge: Oxford University Press.

Hahn, R. (1997). The nocebo phenomenon: Concept, evidence, and implications for public health. *Preventive Medicine, 26,* 607-611.

Health Insurance Association of America. (1998). *Source book of health insurance data.* Washington, DC: Author.

Herth, K. (1990). Fostering hope in terminally-ill people. *Journal of Advanced Nursing, 15,* 1250-1259.

Hinds, P. (1988). Adolescent hopefulness in illness and health. *Advances in Nursing Science, 10,* 79-88.

House, I., Landis, K., & Umberson, D. (1988). Social relationships and health. *Science, 312,* 1551-1555.

Jevne, R. (1991). *It all begins with hope.* San Diego: LuraMedia.

Keigher, S. (1997). What role for social work in the new health care practice paradigm? *Health & Social Work, 22,* 149-248.

Keigher, S. (1999). Reflections on progress, health, and racism: 1900 to 2000. *Health & Social Work, 24,* 243-248.

Kelly, J. (1998). Social workers and the tradition of charity in the changing health care system. *Health & Social Work, 23,* 236-240.

Kimball, C. (1977). Psychological responses to the experience of open heart surgery. In R. Moos (Ed.), *Coping with physical illness* (pp. 113-133). New York: Plenum Press.

Kramarow, E., Lentzner, H., Rooks, R., Weeks, J., & Saydah, S. (1999). *Health, United States, 1999, with health and aging chartbook* (PHS 99-1232-1). Hyattsville, MD: National Center for Health Statistics.

Lee, P., & Estes, C. (1994). Introduction: Chapter 6. In P. Lee & C. Estes (Eds.), *The nation's health* (4th ed., pp. 248-251). Boston: Jonas and Bartlett Publishers.

Leedham, B., Meyerwitz, B., Muirhead, J., & Frist, W. (1995). Positive expectations predict health after heart transplant. *Health Psychology, 14,* 74-79.

Levit, K., Cowan, C, Lazenby, H., Sensenig, A., McDonnell, P., Stiller, J., Martin, A., & Health Accounts Team. (2000). Health spending in 1998: Signals of change. *Health Affairs, 19,* 124-132.

Lifton, R. J. (1993). *The protean self: Human resilience in an age of fragmentation.* Chicago: University of Chicago Press.

Lipman, M. (1996). Office visit: The power of placebos. *Consumer Reports on Health, 28,* 23.

Martire, L, Schultz, R., Mittelmark, M., & Newsom, J. (1999). Stability and change in older adults' social contact and social support: The cardiovascular health study. Journals of Gerontology, Series B, *Psychological Sciences and Social Sciences, 54,* S302-S311.

Masten, A. (1994). Resilience in individual development: Successful adaptation despite risk and adversity. In M. C. Wang & E. W. Gordon (Eds.), *Educational resilience in inner-city America: Challenges and prospects* (pp. 3-25). Hillsdale, NJ: Lawrence Erlbaum.

McCubbin, H. I., Thompson, E. A., Thompson, A. I., & Fromer, J. E. (1998). *Stress, coping, and health in families: Sense of coherence and resilience.* Thousand Oaks, CA: Sage Publications.

McMillen, J. (1999). Better for it: How people benefit from adversity. *Social Work, 44,* 455-468.

Mermelstein, R., Cohen, S., Lichtenstein, E., Kanmark, T., & Baer, J. (1986). Social support and smoking cessation and maintenance. *Journal of Consulting and Clinical Psychology, 54,* 447-453.

Mills, R. (2000). Health insurance coverage 1999. In U.S. Bureau of the Census, *Current Population Reports* (No. 211, P60 series). Washington, DC: U.S. Government Printing Office. Available: www.census.gov/prod/www/abs/popula.html.

Morse, J., & Doberneck, B. (1995). Delineating the concept of hope. *IMAGE: Journal of Nursing Scholarship, 27,* 277-285.

National Center for Health Statistics, U.S. Department of Health and Human Services. (1999). *Health, United States, 1999, with health and aging chartbook* (PHS 99-1232-1). Hyattsville, MD: Author.

Pardes, H., Manton, K., Lander, E., Tolley, H., Ullian, A., & Palmer, H. (1999). Effects of medical research on health care & the economy. *Science, 383,* 36-37.

Penrod, J., & Morse, J. (1997). Strategies for assessing and fostering hope: The hope assessment guide. *Oncology Nursing Forum, 24,* 1055-1063.

Ren, X., Skinner, K., Lee, A., & Kazis, L. (1999). Social support, social selection and self-assessed health status: Results from the veterans health study in the United States. *Social Science & Medicine, 48*, 1712-1734.

Scheier, M., Matthews, K., Owens, J., Magovern, G., Lefebvre, R. R., Abbott, R., & Carver, C. (1989). Dispositional optimism and recovery from coronary artery bypass surgery: The beneficial effects on physical and psychological well-being. *Journal of Personality and Social Psychology, 57*, 1024-1040.

Schier, M., Matthews, K., Owens, J., Schulz, R., Bridges, M., Magovern, G., & Carver, C. (1999). Optimism and rehospitalization after coronary artery bypass graft surgery. *Achieves of Internal Medicine, 159*, 829-835.

Shapiro, A. (1960). A contribution to a history of the placebo effect. *Behavioral Science, 5*, 398-430.

Siegel, B. (1990). *Peace, love & healing.* New York: Harper Perennial.

Sime, A. (1976). Relationship of preoperative fear, type of coping, and information received about surgery to recovery from surgery. *Journal of Personality and Social Psychology, 34*, 716-724.

Spiegel, H. (1997). Nocebo: The power of suggestibility. *Preventive Medicine, 26*, 616-621.

Straus, S., & Cavanaugh, S. (1996). Placebo effects: Issues for clinical practice in psychiatry & medicine. *Psychosomatics, 37*, 315-326.

Sultz, H., & Young, K. (1999). Financing health care. *In Health care USA: Understanding its organization and delivery* (pp. 206-252). Gaithersburg, MD: Aspen.

Takamura, J. (1999). Getting ready for the 21st century: The aging of America & the Older Americans Act. *Health & Social Work, 24*, 232-238.

Thoits, P. (1995). Stress, coping, and social support processes: Where are we? What next? *Journal of Health and Social Behavior* (Special Edition), 53-79.

Thorpe, K. (1999). Health care cost containment: Reflections & future directions. In A. Kovner & S. Jonas (Eds.), *Jonas & Kovner's health care delivery in the United States* (6th ed., pp. 439-473). New York: Springer.

Unger, J., McAvay, G., Bruce, M., Berkman, L., & Seeman, T. (1999). Variation in the impact of social network characteristics on physical functioning in elderly persons: MacArthur studies of successful aging. *Journal of Gerontology, 54B*, S245-S251.

Weil, A. (1995). *Health & healing.* New York: Houghton Mifflin.

Werner, E. R., & Smith, R. (1992). *Overcoming the odds: High risk children from birth to adulthood.* Ithaca, NY: Cornell University Press.

Willis, T. A., Blechman, E. A., & McNamara, G. (1996). Family support, coping, and competence. In E. Mavis & E. A. Blechman (Eds.), *Stress, coping, and resiliency in children and families* (pp. 107-134). Mahwah, NJ: Lawrence Erlbaum.

Zastrow, C. (1989). Over view of social work practice. In C. Zastrow (Ed.), *The practice of social work* (3rd ed., pp.3-28). Chicago, IL: Dorsey Press.

제9장
폭력에서 생존하기
미시적 수준에서의 탄력성 실행

Nancy R. Williams

새천년의 첫 번째 달, 1월의 차가운 어느 날 아침 조간신문에 총격사건이 보도되었다. 별거중인 남편이 아내가 살고 있던 집에 몰래 침입하여 5살과 18개월 된 자녀들 앞에서 부인에게 총을 쏜 후 자살을 한 것이다. 신문은 또한 현장에 출동한 경찰관의 말을 인용해 이 피살-자살 사건에 대해 공식적으로 언급하기에 너무나 광란적이었다고 싣고 있다. 한 가정이 파괴되었고 두 사람이 피살-자살로 인해 사망하였다. 부모를 잃은 두 아이에게 양육과 관련하여 극심한 잠재적 위험이 고통스러운 유산으로 남겨지게 되었으며, 친구와 가족성원들은 깊이 애도하였고, 이웃들은 충격을 받았다. 최소한 한 원조전문가가 충격을 받았고 지역사회는 시민을 보호하지 못했다는 무력감에 빠지게 되었다.

통계수치들은 매정하게도 유사하다. 이 특별한 총격사건은 미국 법무국(1999)의 자료와 일치한다―피해자의 54%가 면식범에 의한 것이고, 근친 폭력은 주로 여성에 대한 범죄이며, 근친 살인의 희생자 중 75%가 여성이다. 미국에서는 12살 이상 된 810만의 거주자들이 폭력 범죄로부터 생존한 자들인데, 이 통계는 신문기사의 예처럼 "간접 희생자"인 아동들을 포함하지 않은 수치이다. 신문을 읽거나 지역 TV뉴스를 시청하는 사람이면 누구나 거의 매일 사회 내에서의 폭력 사례를 접할 수 있다. 외상의 흔적에서의 생존, 회복 그리고 탄력성에 대한 이야기의 보도는 아직까지 활발하지 않다. 우리는 이 책을 출간할 즈음에 불행하게도 2002년 9월 11일의 세계무역센터와 미 국방부의 공격을 접하였는데 그것으로부터 자신들의 삶을 전진하기 위해 강점을 발견한 생존자들에게서 많은 것을 배울 수 있다.

이 장에서는 폭력과 탄력성 과정 사이의 관계, 그리고 극도의 역경에 직면했을 때 생존자가 탄력적 복귀를 정련하는 공통적 요소들에 대해 알아보고자 한다. 삶에서 폭력을 경험한 집단에 대한 최근의 연구는, 치유 과정을 강화하고, 장래에 발생할지 모르는 외상에 대한 보호를 제공하며, 예방과 교육에 목표를 둔 혁신적 프로그램을 개발하는 요소들에 대해 사회복지실천가에게 많은 정보를 제공한다. 예방의 개념을 확장하면서, 전문적인 사회복지사가 폭력에 대결하는 것에서부터 권한부여를 강화하는 해결과 성장을 위해 공격성의 방향을 전환하는 것뿐 아니라 클라이언트를 교육시키기 위해 갈등해결 기술들이 필요하다는 것에 논의의 초점을 두고 있다.

폭력과 탄력성: 이론적인 환경적 시각

폭력은 직접적인 신체적 또는 심리적 공격 둘 다를 포함하는 것뿐 아니라 피해자와 가해자 사이의 직접적 관계가 없는 파괴적인 행동까지 포함하는, 한 개인이 타인을 상해하는 행동 혹은 상황으로 정의된다(Bulhan, 1985; Salmi, 1993). 폭력은 또한 본질상 다중 수준의 억압조건들을 반영하고 있는 행동의 표현으로 개념화될 수 있다(Van Soest & Bryant, 1995; 11장 참조). 이러한 수준들을 개념화하기 위한 틀은 Van Soest와 Bryant에 의해 하나의 삼각형으로 가정되었는데, 그 삼각형의 맨 꼭대기수준이며 가장 가시적인 것은 개인이나 소유물에 대한 폭력의 영향이다. 그 다음은 "인간잠재력의 자생적 표현을 방해하는 사회제도와 그 제도의 다양한 조직단위들에 의한 위해(危害) 행동"으로 묘사하고 있는 제도적 수준이다. 이 삼각형의 안정적인 기조는 개인적 그리고 제도적인 수준에서 표현되는 폭력에 영향을 미치는 사회문화에 내재되어있는 구조적—문화적 수준으로서 개념화된다.

많은 사회복지실천가들이 채택한 생태학적 관점은 사람과 그들 환경 간의 복합적 관계를 개념화하는 데 유용한데, 왜냐하면 그 관점이 폭력 사건들의 맥락적 함의의 이해를 제공하기 때문이다. 이 관점은 또한 실천가들로 하여금 역경의 영향을 극복하기 위한 생존자들의 가능성을 인식하도록 한다. Miley, O' Melia 그리고 DuBois(1998)는 폭력과 외상의 희생자와 함께 일을 하는 사회복지사들은 "폭력에 반응하기 위한 올바른 방법은 없지만, 생존자들이 대처함으로로써 자신들 고유의 발전된 강점을 만든다는 것을 인식할 필요가 있다"는 것을 지적했다(p. 227). 사회복지사는 실천에 강점기반의 접근, 자기결정, 그리고 지역사회 권한부여를 강조하는 전문직의 통합방법 교과과정에 기초하여 폭력에 직·간접으로 영향을 받는 사람들을 위해 복잡한 문제를 뚫고 나가기 위한 적절한 전문가로 보인다. 이러한 관점은 갖가지 유형의 폭력의 영향과 심도 있는 지식의 근원을 위한 틀을 창출하는 폭력의 여파에서 보여지는 탄력성의 영감적인 공적들 간의 강한 연계를 창출한다.

그러나 사회복지 전문직은 폭력의 개념과 관련해 주도성이 부족하여 고민에 처해 있다고 제시하고 있는 학자의 비판을 받고 있다(Van Soest & Bryant, 1995). 역량 있는 사회복지사들은 폭력으로부터 삶에 영향을 받고 있는 사람들을 효과적으로 다루기 위한 많은 능력을 갖고 있다. 미시적 실천가로서 사회복지사들은 생존자가 위기로 인한 혼미, 두려움, 고통, 슬픔을 뚫고 나가도록 원조해주는 코치나 촉진자이다. 그들은 생태체계적 틀 내에서 생존자의 욕구를 사정하고 이미 비극적 사고 이전부터 있던 사회와 지역사회지지로 연결되도록 한다. 사회적 상황 속에서 개인 발달에 대한 지식을 실행함에 있어 사회복지사들은 예를 들어, 서론에 소개된 신문기사의 이야기에서 18개월 된 아동의 욕구와 상실에 대한 이해는 5세 아동과는 다르지만 두 아동 모두에게 실재할 것이라는 것을 이해할 것이다. 사회복지사는 엄청난 상실에 따른 고유의 애도과정과 아동의 행동 상에 미치는 영향을 이해할 것이고, 시간의 경과에 따라 아동을 지지하는 최선의 방법과 관련하여 교사들과 관련된 성인들을 원조할 것이다.

부가적으로, 사회복지사들은 경찰관의 정서적인 욕구를 지지하기 위해 떨쳐내기 과정에서 자문과 훈련을 제공하는 것이 필요하다는 것뿐 아니라 외상이 친구, 가족, 이웃에 미치는 영향에 대해 인식할 것이다. (직물과 같이)완전하게 상호 엮어졌다는 것은 사회복지사가 이해하고 존중함에 있어—그 지역사회 내의 많은 강점과 자원이 가능함을 알면서— 민감하게 되는 사회적/인종적/민족적 틀 내에서의 가족을 의미하는 것이다. 중도수준(mezzolevel)의 기술을 실행할 때, 사회복지사들은 이 과정에서 교육자와 옹호자가 되면서 생존자들과 가능하다면 가해자들까지 서비스와 집단에 연결할 것이다. 거시적 관점에서 보면, 실천가들은 억압의 근원에 대한 자신들의 이론적인 이해에 기초한 사회정책 개발과 옹호를 통해 보다 인간적인 사회에 영향을 미치기 위한 사회적, 정치적 변화를 향해 일을 할 것이다. 그러나 아마 가장 중요한 것은 사회복지실천가들은 이상적으로 삶이란 언제나 발생한 나쁜 일을 예방하는 것과 관련된 것이 아니라, 그들의 역할이 건설적이고 삶을 긍정하는 방법 속에서 어떤 삶이라도 나쁜 일들을 대처하도록 사람들을 돕기 위한 것임을 이해하고 수용해야 한다는 것이다.

취약한 사람들: 위험에서 탄력성으로

폭력은 오랫동안 인종차별과 빈곤과 관련되어왔으며 억압문화의 결과로서 조명될 수 있다(Van Soest & Bryant, 1995). 그러나 현재 폭력에 대한 사회적 경험은 모든 문화, 민족, 계층, 그리고 성별노선을 포함하고 있으며 최근에는 고소득의 이웃과 학교가 있는 교외지역의 분별없는 학교폭력에서 가장 격심하게 표면화되고 있다. 특별히 아동을 대상으로 아동이 범하는 폭력적 행위의 급증은 "여기서는 결코 일어날 수 없어" 혹은 누구든지 정말로 "안전해" 등으로 폭력적 행위를 거부하는 다수 문화를 깨뜨리고 있다. 비록 사회복지사가 역사적으로 좀더 위험에 처해 보이는 사람들과 더불어 일해 왔을지라도, 전체 인구가 위험에 처한 것으로 간주될 수 있으며 그 위험과 폭력행위의 여파는 전 지역사회에 영향을 미친다는 것은 명백하다.

억압된 사람 누구나 입증할 수 있는 것처럼, 폭력은 다양한 형태로 온다. 신체적 공격은 극한 신체 폭행으로 나타나지만, 위협—힘, 통제, 협박의 표현—과 같은 것으로도 경험할 수 있다. 자신들에게 직접적인 두려움, 폄하, 그리고 무서운 폭력의 의미를 경험한 취약한 집단들은 유색인종, 아동, 여성, 노인, 동성의 성 취향을 가진 사람들을 포함하고 있다. 사회경제적인 것 또한 범죄와 폭력희생에 있어 취약성에 영향을 준다. 미 법무국(Bureau of Justice) 통계(1999)에 의하면, 연간 $7,500 이하 수입의 주부들은 $75,000 이상 수입의 주부들과 비교했을 경우 높은 폭력 범죄율을 경험하고 있다. 희생자가 되는 경험은 제도적 인종차별과 집단배척의 압도적이고 난해한 것에서부터 직접적인 신체 혹은 성폭력의 단순한 테러에까지 이른다.

폭력, 혹은 폭력의 위협은 협박을 통한 통제의 수단이거나 혹은 통제의 상실에 대한 두려움의 반응으로 사용된다. 이성관계에 있어 여성에 대한 구타는 특별히 위협의 유형과 힘의 오용을 반영하고 있다. 아동은 특별히 다른 아동에 비해 신체적으로 작거나 허약하다면, 타 아동을 포함한 타인의 위협에 취약하다. 아동기 발달에 있어 폭력의 영향은 점차적으로 연구조사의 관심을 받게 되었다(Lorion & Saltzman, 1993; Richters & Martines, 1993). 실제의 폭력은 시간의 흐름에 따라서 가정 내에서 폭력을 목격하는 것; 가족, 다른 성인, 동료, 다른 아동, 혹은 낯선 사람으로부터 사람에 대한 폭행과 같은 폭력을 경험하는 것; 혹은 지역사회나 가정에서 무분별한 폭력을 목격하는 것 등을 포함한다. 그러나 연구는 아동이 폭력에 노출되어 있지만, 폭력의 직접적인 피해자가 아닐 경우 시간이 흐름에 따라 희망감을 유지 혹은 회복할 수 있다고 지적하였다(Hinton-Nelson, Roberts, & Snyder, 1996; Mandic-Martinez, 1998). 이러한 연구는 위기와 회복 그리고 폭력과 탄력성 사이의 근본적인 연결과 부합되는 것이다.

1970년대 이래, 탄력성 연구는 아동에 대한 역경의 영향과 상대적으로 아동기에 상처입지 않은 것을 통해 획득된 아동의 잔여부분을 돕기 위해 나타나는 보호요인들에 초점이 맞춰지고 있다. 아동의 발달에 있어 폭력노출의 영향과 관련하여 논쟁도 지속되고 있다. 한 연구는 탄력성, 취약성, 그리고 보호요인들이 아동의 정서적이며 행동적인 발달에 있어 가족폭력의 노출영향을 중재하는 것으로 기대된다고 보고하였다(Kolbo, 1996). 가족폭력에 노출된 상태는 소녀들 사이의 행동적 문제들과 연결되며 소년들 사이에서 자존감에 영향을 미침을 발견하였다. 임상가들이 제시한 이 결과들은 비공식적으로 관찰되어온 것으로, 폭력에 노출되는 것은 직접적 희생자로 폭력을 경험하는 것과 마찬가지로 위험에 부정적이다.

탄력성의 발달: 사례

16세인 Kameka가 학교상담가에게 "봐요, 나는 집에 가지 않을 거예요. 차라리 죽어버리는 편이 나아요."라며 외쳤을 때, 위험으로부터 탄력성으로의 전환점이 발생하였다. 이 표현은 폭력과 희생으로 가득찬 생활—성적 · 신체적 폭력, 심각한 방임, 극도의 빈곤, 계속되는 자기-학대—로부터 치유하기 위해 그녀의 길을 전환하는 중요한 신호였다. 도시 내 만연된 범죄환경에서 약물중독인 어머니에 의해 양육된 그녀는 수차례의 자살시도와 자기-훼손을 포함하여, 자신의 대처방법으로서 자해행위를 택하였다. 더 이상의 대안이 없고 유일한 선택은 자신이 끔찍하게 생각하던 삶으로 돌아가는 것이라는 것을 인식한 시점에서, 그녀는 도움을 주는 내적 자원을 발견하였다. 불과 5년 후인 21세에, Kameka는 대학에 입학하여 저소득 아프리카계 미국 청년들을 위한 예술학부에서 열정적으로 새출발을 하였다. 특별히 주목할 만한 것은 남자와 친밀한 관계를 형성하는 것과 같이, 그녀 삶에 있어 대인관계의 치유를 받아들일 준비가 되어있다는 것이었다. 그녀는 명료하며 통찰력이 있어 이전의 삶의 모든 도전들로부터 자신이 배운 것에 대해 감사하는 감정을 보였다(Williams, Lindsey, Kurtz, & Jarvis, 2001).

이 젊은 여성이 이전에 자신이 겪은 희생과 폭력의 삶을 초월하여 긍정적인 삶의 방향을 선택하기 위해 필요한 내적 강점에 어떻게 접근할 수 있었는가? 이전의 가출소년이나 청년노숙인들에 대한 질적 연구에서, 연구자들은 수차례 심각한 외상을 견디어 낸 젊은이들이 희생자로서가 아니라 생존자로서 그들의 개인적인 힘을 개척하도록 하는 중추요인을 조사하였다(Williams et al., 2001). 그 요인들로는 (자기)결정, 자신을 돌봄, 도움의 수용, 호의적이며 더 큰 영향력을 지닌 영적관계를 포함하여 개인의 경험 속에서 의미를 발견하는 것들이다. Kameka의 경우 타고난 양질의 지능을 소유했을 뿐 아니라 삶의 궤도를 전환하는 능력에 중대하게 기여한 그녀의 성취들을 통해 확고한 자기효능감의 소유자임을 보여주고 있다. Kameka의 증상들과 (부)적응적인 행동들은 그녀가 노출되었던 본질적인 위험요인들—빈곤, 성학대, 심각한 신체 및 정서적 방임, 애착수준에서의 상처, 가족자원의 결핍—에 영향을 받은 것이다. 그러나 입원과 자기-파괴적인 행동을 거쳐, 그녀는 방향을 바꾸기 위해 자신의 내적 강점들을 분명하게 쌓아갔다. 십자가의 성 요한은 이러한 과정을 "영혼의 캄캄한 밤(the dark night of the soul)"으로 묘사하고 있다(Peers, 1946). Kameka가 결국에 취했던 많은 행동들—(자기)결정, 독립의 추진, 새로운 기술의 학습, 그리고 특별히 유용한 전문 원조자들을 활용하는 것에 대한 준비—은 그녀의 외상적 경험을 좀더 강하고 현명하게 표출하도록 하였다. 이러한 것이 바로 강점에 기초한 접근이며 이 예외적인 젊은 여성에 대해 본 장 후반부에서 재언급함으로써 좀더 면밀히 고찰하도록 하겠다.

탄력성에 대한 연구

탄력성에 대한 조작적 정의와 관련해서 몇 가지 논쟁이 있는데, 이는 많은 연구자들이 이를 하나의 분리된 현상이기보다 행동의 군집으로 묘사하고 있기 때문이다. 많은 지표들이 인간종족에게 존재하는 성장과 발달을 위한 생물학적 필요를 제시하고 있나. Benard(1996)는 "우리 모두는 탄력적인 생존자들에게서 공통적으로 발견되는 특성들을 개발하기 위한 능력을 지닌—사회적 역량, 문제-해결, 자율성, 밝은 미래에 대한 목적감과 신념—선천적인 탄력성을 갖고 태어난다"고 단언하였다(p. 2).

탄력성 이론은 왜 어떤 아동은 다른 아동의 발달에 불리한 영향을 주는 도전들을 극복하고 성공하게 되는가?, 어떤 아동들이 자상한 성인, 지지적 지역사회 기관들 그리고 안정적 가족 환경과 같은 상황적 요인들인 외생요인들에 의해 외상적 사건의 부정적 영향으로부터 보호될 수 있는 반면, 다른 아동들은 이러한 보호에 취약한가?의 질문에 대한 해답을 모색하는 시도를 하였다. 또한 문제해결기술, 미래감, 사회적 역량과 같은 내적 자산들은 아동들이 도전받고 있는 환경을 어떻게 극복하는가에 영향을 미치는 것으로 보고되고 있다(Werner & Smith, 1992). 그 문헌은 아동이 외상에 대처하도록 원조할 때 강한 보호요인이 되는 것으로 온화함, 자상 그리고 응집으로 특징되는 명백한 가족의 지지로 일관되고 있다. 그러나 교사, 성직자, 친구, 상담가들과 같은 지역사회 내의 다른 지지적인 성인들은, 가족이 최적의 지지적 환경을 제공해 줄 수 없는 아동들의 탄력성 발달에 있어서 중요한 역할을 수행해 오고 있다(Lindsey, Kurtz, Jarvis, Williams, & Nackerud, 2000; Werner & Smith, 1992).

1970년대 이래 탄력성 연구에 있어 주도적인 초점은 미래의 역경에 대항하는 보호요인으로서 기능하는 특질의 발달뿐 아니라 역량—측정될 수 있는 생활과업에 기초한 좋은 결과의 실제—에 있었다. 이 연구는 사회경제적인 수준에서 뿐 아니라 생애과정 전반을 통해 개인과 가족의 발달과정을 연구했던 연구조사들과 혼합되었다. 탄력성 분야에서 선구적 연구자인 Rutter(1985)는 특별히 정신건강 분야에서 탄력성을 조명하는 데 도움이 되는 틀을 구체화하였다. 그는 아동이 미래의 외상적 사건에 좀더 잘 대처하도록 하는 "보호요인들"로 명한 일련의 특질과 자원들을 기술하였다. 다른 사람들과 함께(Dugan & Coles, 1989; Howard, 1996; Luthar & Zigler, 1991; Masten, Best, & Garmazy, 1990; Simeonsson, 1995), 그는 삶의 위험에서 아동을 보호 혹은 예방하는 요인들에 초점을 두었다. 환경적으로 생성된 이들 보호요인들은 아래와 같이 광범위하게 분류될 수 있다(Benard, 1996):

- 기본적인 신뢰를 경험하게 한 보호 관계—이 관계는 이상적으로 가족 내에서 발생한다. 그러나 아동이나 청소년의 안전과 수용을 제공하고 역할 모델을 제공하는 사람은 가족 외의 어른들일 수도 있다.
- 아동의 타고난 역량에 대한 기대와 믿음을 전달하는 그리고 궁극적으로 자기-효능감을 촉진할 수 있는 메시지의 수령
- 의사결정, 가치 명료화, 기여에 대한 인정이 발생하도록 생산적이고 유용하다고 느끼기 위한 그리고 도움을 제공할 수 있고 가치 있다고 느낄 수 있는 기회들

Wolin과 Wolin(1993)은 아동기 역경에서 생존하기 위한 방법모색의 결과로서 발전된 개인의 속성들을 포함하기 위해 탄력성의 정의를 확대하였다. 그들은 환

경적 조건과의 관계에서 생존적 적응으로서 탄력성을 조명하였다. 아동이 자신의 곤란한 상황의 가족으로부터 자신들을 보호하기 위해 채택한—**생존기술들**로 명명되는—창의적인 방법들은 그들의 탄력성의 증거이다. 이러한 특질들이 성인 관계에서 장애물들이 될 수 있을지라도 외상적인 아동기 생존을 위한 불후의 강점으로 조명되었다. 그러나 이러한 강점들은 역량에 대한 표준척도로 포착되지 않는다. Wolin과 Wolin은 아동기 역경에 대해 자신들의 경험을 자세히 말한 성인들로부터 도출한 7가지 탄력적 요소들을 정의하였다—통찰, 독립성, 관계, 솔선성, 창의성, 유머, 도덕성.

하와이의 카우와이섬에서 역경과 빈곤 속에서 살고 있는 200명 이상의 아동에 대해 30년 간 진행한 종단연구에서, 연구자들은 고난과 장애에도 불구하고 이들의 거의 1/3이 역량있고, 자상하며 확신에 찬 성인으로 성장하였다는 것을 발견하였다(Werner & Smith, 1992). 이 연구는 태평스러운 기질, 높은 지능, 내적 통제 소재, 높은 자아-존중감, 강한 자기-효능—비록 필수 불가결한 것이 아닐지라도—같은 개인의 특질과 행동이 탄력성 발달에 기여하는 것으로 보인다고 기술하고 있는 연구자들의 연구와 일치하였다. 그들은 카우와이 아동들이 초기 고위험 생활을 경험하는 것은 이후 삶을 결정짓는 것이 아님을 발견하였고, 탄력성은 생애과정의 어떤 시점에서도 발달될 수 있다고 결론짓고 있다(Werner & Smith, 1992). 다른 연구자들은 초기 외상은 극복될 수 없다는 말에 도전함으로써 이러한 탄력성의 관점과 부합하고 있다. 가족연구자의 말에 의하면, "탄력성의 특질들은 사람들로 하여금 고통스러운 상처를 치유하도록 하고 자신들의 삶에 책임을 지게 하며 삶을 충만하게 하며 사랑을 잘 하도록 한다"(Walsh, 1998, p. 4).

탄력성 연구는 병리모델로부터의 중대한 전환을 대표하고 있는데, 이는 탄력성 연구자들이 개인과 가족을 비난하기보다 광범위한 사회적 렌즈를 통해 위험을 조명하기 때문이다(Benard, 1999). 사회복지사가 위험과 병리에 대해 우리가 알고 있는 생각의 이면으로 이동하도록 도전을 주는 개인(Kameka와 같은)의 삶의 이야기를 도출하면서, 탄력성 연구는 낙관주의와 희망을 촉진한다. 이 패러다임을 적용하는 것은 특별히 가족의 유형, 폭력과 외상에 대한 태도, 정신건강에 대한 정의 등을 평가함에 있어 다중문화상황에서 일을 할 때 유용하다(6장 참조). 생존자에 대한 이야기들이 회복과 탄력성 과정을 이해하기 위해 사용되는 사회-구성주의 접근은 폭력을 해석하는 아동을 탐색할 때 특히 유용하다 (Markward, 1997).

이 관점은 개인의 독특한 대처과정들이 맥락 속에서 조명되어야 한다는 실천을 위한 강점-기반접근을 지지하고 정당화하기 때문에 이 전문직에 매우 적절하다(Bachay & Cingel). 상실과 역경의 생활시기에서 나온 강한 대처기술의 예는 여성의 자아-개념에 있어 장기 빈곤의 영향을 연구한 50명의 빈곤 아프리카계 미국여성집단을 면접하였을 때 알려졌다(Black & Rubinstein, 1998-1999). 면접과정에서, 연구자들은 자녀가 있는 사례여성 중 45명이 살해, 약물 혹은 기타 폭력형태로 자신의 자녀를 잃었음을 발견하였다. 드러난 주된 논지들은 빈곤과 유기에 대한 경험들, 삶이 고통을 포함하고 있음에 대한 기대와 수용, 그리고 이 비탄의 여성을 원조함에 있어 종교적 신앙의 중요한 역할에 초점을 맞추고 있다. 따라서 자아-수용, 낙관주의, 영적 연계성 그리고 지역사회와 같은 특질들은 그들의 회복과정에 충분히 분포되어있다.

나치 수용소에서 생존한 독일계-유대인 정신과의사인 Viktor Frankl(1959)은 고통이라는 것은 인간 존재의 일부이며 사람들은 자신의 경험의 최종 의미를 발견할 수 있는 한 고통을 초월할 수 있다고 가정하였다. 무차별 폭력과 같이 불가해한 것에 대해 상식적으로 이해하기 위한 시도에 있어, Frankl은 외상과 고통으로부터의 자아-초월을 강조하였고 사람이 끌어 낼 수 있는 내적 강점의 보관소를 제공하는 방편으로서 자아의 내적 자유를 역설하였다. Frankl의 철학은 클라이언트가 이야기하는 비애에 침몰될 수 있거나, 고통에서 벗어나는 방향을 제공하는 것에 대해 무력감을 느끼는 실천가들에게 하나의 방편을 제공한다.

원조전문가들은 특별히 자신의 삶의 경험과 유사한 외상 생존자들과 더불어 일을 할 때 스스로 위험에 처할 수 있다(Carbonell & Figley, 1996). 이러한 전문가들은 신체적 그리고 정서적 양 측면에서 도구들과 지지 그리고 해결방법의 "축적"이 필요하다. 장애물을 재구조화하기 위한 역량—삶이 레몬을 지녔을 때 레몬에이드를 만드는 능력[3]—개발은 생존이야기에서 많이 볼 수 있으며 탄력성 발달의 중대 측면으로 나타난다(Bachay & Cingel, 1999). 사회복지사들은 외상회복과정을 통해서 사람들을 원조하기 위한 그리고 클라이언트가 비극을 넘어서도록 하기 위한 강력한 개입 도구로서 이 기술을 사용할 수 있다. 다시 말해, 이러한 태도는 클라이언트가 희생자로서 자신들의 정체감을 벗어버리도록 권한부여를 하면서, 닥쳐온 변화들을 클라이언트가 기꺼이 받아들일 수 있도록 돕는다. Frankl(1959)의 연구는 클라이언트와 실천가 모두에게 깊은 영감을 줄 수 있다. 그의 가르침들은 외상을 경험한 사람들에 대한 효과적인 안내를 위해 사회복지사들은 치유, 낙관주의, 삶과 역경의 의미에 대한 그들 자신의 기본적 신념을 기꺼이 타진해야만 한다는 사실을 강조하고 있다.

청소년기의 위험과 탄력성

통계자료는 청소년과 폭력과 관련해서 냉정하다. 1999년 미 법무국에 따르면:
- 12~24세 연령층은 다른 연령층에서 보다 더 높은 폭력희생비율을 유지하고 있다.
- 16~19세 연령층은 50~64세 연령층의 35배나 많은 강간이나 성폭력을 당했다.
- 16~19세 연령층은 강탈을 당할 가능성이 25~34세 연령층보다 2배, 65세 이상 연령층보다 12배 높았다.

청소년의 탄력성을 연구함에 있어, 청소년기가 많은 중대한 결정에 직면하는 인간발달의 중요한 단계이며 어린 아동들이 행한 것보다 더 그들 자신의 발달경로에 영향을 미치는 많은 능력을 가지고 있는 단계라는 것을 고려함은 매우 유용하다(Crockett & Crouter, 1995; 5장 참조). 발달심리학자들은 발달에 영향을 미치는 개인의 특성과 상황적 요인의 2가지 기본적인 요소를 강조해왔다. 상황적 영향은 청소년들이 경험하는 규범적이고 비규범적인 사건들뿐 아니라 청소년들이

---

3) 시고 씁쓸한 맛이 나는 레몬을 달콤한 레몬에이드로 만든다는 것으로 음을 양화하는 능력을 말함(역자주)

성장하고 있는 환경(예를 들어, 가정, 학교, 동료, 이웃)의 특성을 포함하고 있다. Crockett과 Crouter(1995)에 의하면 비규범적인 사건들의 영향은 "그 시기에 경험하는 다른 발달적 그리고 상황적 변화와 함께 일어나기 때문에 청소년기에 특히 결정적"으로 여겨진다. 그들은 "기질, 특정 유형의 긴장에 대응하는 생물학적 성향, 지력, 극복유형, 그리고 사회적 기술"(p. 5) 등을 포함하여, 도전에 대한 개인의 반응에 영향을 미치는 몇 가지 개인적 특성에 대해 다른 연구자들과 견해를 같이하였다.

유럽 문화권의 많은 청소년들은 청소년에서 젊은 성인으로 성장하려고 할 때 다소의 개인적, 가족적 어려움을 경험한다. 비록 청소년기는 청소년과 그들의 가족에게 도전을 주지만, 대부분의 청소년들은 성인으로 성장하면서 가족 성원으로 남아서 가족의 지지를 받으며 비교적 성공적으로 이러한 어려움을 무사히 뚫고 나아갈 수 있다. 그러나 8명의 아동 중 1명은 18세 이전에 가출하고 그들 중 40%는 가출전의 생활환경으로 돌아오지 않는다(Whitbeck & Simons, 1990). 그들이 집을 떠나는 이유와 무관하게 가출 청소년은 다양한 형태의 희생에 처할 위험이 더 크다.

자살(자신에 대한 폭력)은 청소년 사망의 주요 원인 중 하나이다. 비록 10대 소녀들이 소년들보다 자살을 시도할 가능성이 더 크지만, 소년들은 더 치명적인 방법을 사용하기 때문에 자살시도 시에 사망할 가능성이 더 크다. 특히 위험한 경우는 성 정체성 문제로 고민하는 소년들이다. 청소년들의 자살위험의 증가와 관련된 다른 요인들로는 우울, 가족해체, 낮은 학업성취, 약물과 알코올남용, 스트레스 증가, 비현실적 기대충족에 대한 압력 등이다(Huff, 1999). 자아 존중감은 청소년들이 일상의 부정적인 생활사건들에 대항하는 데 사용할 수 있는 탁월한 예방수단으로 밝혀졌다. 또한 문제해결 극복전략은 청소년이 스트레스와 우울증을 대처하도록 도와주는 수단이 된다(Dumount & Provost, 1999).

젊은 사람들이 자아 존중감과 자기-효능감 개발을 가능하도록 하는 경험에 접하는 것의 중요성은 연구결과 밝혀져 왔다(Rutter, 1985; Werner & Smith, 1992). 어느 정도로 보다 탄력적으로 되는 과정은 자기-강화(self-reinforcing)이다. 사람들이 그들의 삶을 바꾸고, 자신을 돌보고, 긍정적으로 자립을 주장하고,

다른 사람의 도움을 받아들이고자 결정하기 시작했을 때 그들은 그들의 노력을 강화하는 성공을 경험하게 된다. 우리 사례에서 Kameka는 청소년에서 성인이 되면서 그녀의 인생을 근본적으로 변화시키는 학습강령으로서 고통스런 경험을 사용할 수 있었다. 이러한 것이 일어나기 위해서는 "최악의 상태에 처함(hitting bottom)"의 과정이 삶의 방향을 부정적인 것에서 긍정적인 것으로 변화하도록 유도하는 태도와 행동의 변화를 선행하는 것으로 보인다.

자아존중과 자기효능감은 타인을 돕는 행동을 통해서도 개발되는 것으로 보고되기도 한다(Williams et al., 2001). 개입접근은 지역사회에 대한 인식과 다른 사람에 대한 감수성을 개발하는 데 초점을 둔 활동으로 형성될 수 있다. 청소년들은 또한 타인을 돕는 것을 포함할 수 있는 교정적 자기존중 경험을 필요로 한다. 다른 사람을 돕는 경험과 관련된 것은 낙관주의적 감각이다. 비록 통제 불가능한 사건에 노출되는 것은 더 큰 문제를 야기하지만 이러한 특성은 가정과 지역사회에서 폭력에 노출된 청소년들에게 긍정적인 순응을 촉진하는 중요한 개인적 요소의 하나로 인용되어 왔다(Egger, 1998). 도전적인 상황을 극복하도록 장려함으로써 낙관적 믿음을 목표로 하는 개입은 청소년들에게 적응과 자기존중을 향상시키는 수단을 제공할 수 있다.

자기존중과 같은 내적 자원 이외에 사회적 지지 또한 청소년들이 아주 취약한 스트레스의 효과를 완화하는 중요한 보호요인이다. 사회적 지지는 청소년들이 스트레스를 덜 인지하게 하고 더 큰 신체적 건강과 심리적 안녕에 기여하는 역할을 한다(Pierce, Sarason, & Sarason, 1992; Weigel, Devereux, Leigh, & Ballard-Reisch, 1998). 반대로, 연구결과에 의하면 청소년과 젊은 성인들에게 사회적 지지에 대한 불만은 자살 또는 다른 사람에 대한 공격과 같은 충동적, 자기파괴적 행동으로 나타나는 우울증 또는 정신 신체적 징후와 불안과 흔히 연관된다. Huff(1999)는 발달문제를 다루고 청소년들에게 스트레스를 극복하는 기술을 가르치는 종합적이고 다학제의 접근을 권고하고 있다. 많은 실천가들은 지지형성, 감정처리, 문제해결, 의사소통, 기술구축, 갈등해결, 부모와 동료와의 문제해결 등의 주제들을 다루기 위해 청소년들을 위한 지지집단을 제공한다.

탄력성에서 영성(靈性)의 역할

영성은 사람들에게 자신과 타자의 연계감과 삶에 더 큰 의미나 목적을 알도록 하는 능력을 준다는 점에서 폭력이나 외상 생존자의 회복과정에 있어 중요한 요소가 된다(Shuler, Gelberg, & Brown, 1994). 또한 영성은 보호와 일상의 어려움을 극복하는 방법을 제공해 준다(Feinstein, 1997). 영성은 역경을 개인의 성장과 발전을 위한 기회로 보는 가능성을 허용함으로써 개인의 가치와 관점을 깊이 있게 하고 확대시켜 준다. 그것은 불가해한 것을 이해하기 위한 맥락을 제공하는 것으로서 사람들이 그들의 결점을 받아들이는 것을 가능하게 하며 자기수용과 다른 사람에 대한 관용에 기초를 제공한다. 가장 중요한 것은 탄력성의 발달이 고난에 직면하여 희망을 갖고 확신을 찾는 능력과 연결되어 있다는 것이다. 많은 사람들에게 이러한 지지와 양육은 조직화된 영적 사회나 상위의 힘과의 개인적 관계 속에서 찾을 수 있다. 영성은 사회복지 전문가들의 자기결정과 종교적 중립성에 대한 윤리적 헌신과 충돌되는 것처럼 보이지만 최근에 치료와 탄력성 분야 연구의 실질적인 초점으로 대두되고 있다. 사회복지 학문은 최근 실무의 한 차원으로 영성의 개념화를 포함하는 방향으로 가고 있다(Smith, 1995; 6장 참조).

탄력적 어린 여성 Kameka의 경우, 그녀의 영성은 무조건적인 지지와 수용의 원천이 되었다. 전통적인 종교적 경험이 그녀가 필요한 자양분을 제공하지 못했기 때문에 많은 청소년처럼 그녀는 비종교적 상황에서 위안을 찾았다. 그녀는 "나는 다른 사람들이 믿는 신을 믿지 않지만 상위의 힘을 항상 믿었다. 그리고 나에게는 그저 나보다 위대한 무언가가 충분하기 때문에 내가 여기에 있다고 말할 수밖에 없다. 그것이 무엇인지 알 수는 없지만 무엇엔가 기도할 수 있고 누군가에게 도와달라고 말할 수 있고 누군가에게 알려줄 수 있다. 당신은 당신의 상위 힘에게 당신이 원하는 무엇이든 말할 수 있고 그들은 당신을 판단하거나 내려와 당신을 치려고 하지 않을 것이다" 라고 설명했다.

사정과 개입

외상의 희생자들에게 위안, 지지 그리고 재안정을 제공하는 등 도움을 주는 전문가의 중요한 역할은 아무리 강조해도 지나치지 않다. 사회복지사는 구체적인 자원에 접근하는 것에서부터 자연적인 지지망을 동원하는 것과 핵심정보를 전파하는 등 중요한 리더십을 제공한다. 그들은 또한 교정적 애착경험을 형성하기 위해 치료적 관계를 이용하여 폭력의 생존자를 돕는 깊이 있는 치유작업을 촉진하는 데 핵심역할을 할 수 있다. 이러한 현상은 성인으로서 적응적 관계를 갖지 못하여, 더 많은 만족을 추구하는 아동기 외상의 성인생존자들과 함께 작업하는 경우에 특히 효과적이다. 이 절에서는 애도작업(grief work)과 중대사건 떨쳐내기 등 회복과정에 필요한 치유작업에 관한 몇 가지 일반적인 치료방법을 소개하고자 한다. 또한 이 절에서는 가정에서 의사소통의 향상을 촉진하고 아동을 성인으로 준비시키기 위한 핵심적 예방기법이며 유능하고 준비된 실천가에게 필수적인 기능인 갈등해결 훈련에 관해 설명하고자 한다.

애도작업

애도는 상실이나 외상에 반응하는 자연스런 정서적, 신체적, 인지적 표현이다. 폭력의 여파로부터 오는 애도를 해결하는 것은 매우 중요하다. 다른 사람의 고통에 "증인이 되는" 행위는 자연스러운 만큼 효능이 있지만 생존자가 앞으로 나아가도록 "도움을 주는" 실천가들의 열성에서 간과될 수도 있다. 아동이 상실이나 폭력을 경험하였을 때 그 애도가 해결되지 않으면, 그 외상은 발달과정을 방해할 수 있다. 상실은 사랑하는 사람이거나 안전감이거나 신체의 일부 또는 무형의 것일지도 모르기 때문에 외상적 사건의 결과로 상실된 것이 구체적으로 무엇인가를 아동들이 알아내는 것은 어려운 것이다. 탄력성의 개념은 개인의 삶을 확장하는 역동적인 개념으로 생각되며 아동과 청소년이 폭력과 상실에 어떻게 대처하는가를 생각할 때 발달의 개념은 결정적인 것이다(Masten, 1994). 발달심리학의 많은 연구에 의하면 아동들은 세상을 해석하고 감정을 전달하는 방법이 어른과 다르다(Howard, Dryden, & Johnson, 1999). 따라서 개입전략은 아동은 어른과 달리 애도를 표현할 수 있다는 것과 애도와 상실에 대한 아동의 반응은 발달단계, 과거 애도와 상실의 경험, 상실에 대해 가족이 대처하는 방식에 영향받을 수 있다는 것을 반드시 반영할 필요가 있다. 각각의 아동은 유일하기 때문에 아동이 폭력과 죽음에 대처하는 방식도 그들의 죽음이란 개념의 이해에 따라 다를 수 있다.

아동이 어떻게 외상과 죽음에 대처하는가를 개념화한 첫 번째 모델 중 하나는 Marie Nagy(1948)가 개발하였다. 그녀의 모델은 죽음의 개념에 대한 인식의 변화가 폭력이나 상실의 생존자가 되어왔던 아동의 행동과 대처능력에 어떻게 영향을 미칠 수 있는가를 보여주었다. 첫 번째 단계 동안 아동은 죽음을 바꿀 수 있는 것으로 본다. 죽음은 영원한 것이 아니기 때문에 아동은 사망자를 방문하고자 하거나 공상으로부터 현실을 분리할 수 없을 수도 있다. 두 번째 단계 동안 상실은 인격화된다. 두 번째 단계에서 아동은 죽음이나 외상이 그의 잘못이라고 생각할 수도 있으며 때문에 그 일을 기억할 때 죄의식과 수치심을 느낄 수 있다. 아동은 그 일이 일어나지 않은 것처럼 행동하고 그것을 부정하려 할 수도 있다. Speece와 Brenet(1987)은 아동이 죽음을 성인과 같이 이해하는 평균연령은 7세라고 밝혔다. 세 번째이고 마지막 단계인 그 시점에서 아동은 죽음을 영원한 것으로 본다. 아동은 죽음에 관한 관심을 자연적인 원인의 결과라고 표현하고 죽음은 되돌릴 수 없고 불가피한 것이라는 것을 이해할 수 있다. 이 모델이 비록 죽음의 개념과 관련되었지만, 영원함에 대한 생각과 실제 상실에 대한 인지는 다른 외상의 경우와도 관련이 있다. 아동이 죽음을 인식하는 능력을 아는 것은 그 아동에게 사용되는 개입의 선택과 직접적으로 관련된다.

성인에 대한 애도작업의 단계는 외상적 사건이 기대된 것인가 아닌가에 따라 달라진다. 만일 사건이 기대되었거나 예견된 것이라면 성인은 그 사건의 충격으로부터 방어하기 위한 내적인 내생의(endogenous) 자원을 동원할 수 있기 때문에 그 사건의 영향은 감소된다. 폭력적 행동의 대상이 되거나 다른 사람의 폭력적 사망 등 사건이 예견되지 않은 것이라면 외상의 영향은 법적 결과에 따라 과장되거나 복잡하게 될 수도 있다(Sprang, McNeil, & Wright 1989). 애도작업의 과정은 연장되고 해결은 어렵게 된다. 사람들은 상황, 배경, 역사에 따라 애도를 다르게 나타낸다. 외상적 사건이 발생했다는 것과 무엇인가 해야 한다는 인식이 사람들이 도움을 주는 전문가의 원조를 추구하는 시점이다. 사람들이 그의 자원을 소모했을 수도 있고 대안을 생각할 수 없으며 매우 취약하게 느끼고 있기 때문에 이러한 개입의 기회가 가능해진다. 사회복지사는 외상의 슬픔에 내재된 특유의 역동성을 이해하고 사람들이 위안을 찾고 이러한 깊은 외상으로부터 회복될 수 있도록 각자의 사연을 들어주는 힘을 존중할 수 있어야 한다.

중대사건 떨쳐내기(debriefing)

한 고등학생이 살해되고 친구, 이웃, 가족들은 이 사건의 충격과 공포에 잠겨있다. 한 남자가 친구들과의 사냥에서 심각한 부상을 당했다. 한 젊은 여성이 관계의 불화 이후에 자살한다. 회오리가 작은 마을의 일부를 파괴하여 많은 사람들이 집을 잃고 부상당하거나 사망하였다. 개인, 가정, 그리고 사회를 위기로 내모는 수많은 급직스런 외상들이 있다. 이 책이 출판될 즈음인 2001년 9월 11일, 미 국방부와 세계무역센터에 대한 공격으로 이러한 급작스런 외상을 경험하였다. 중대한 또는 흔치 않은 스트레스는 삶, 신체, 또는 삶에 대해 한 개인의 정상적이고 기대할 수 있는 경험을 위협하는 사건의 결과로 생긴다. 만약에 사람들이 표현을 못한 채로 남게 된다면, 자살과 만성질환을 포함하여 수많은 신체적, 심리적 장애를 가져올 수 있는 이 중대사건의 결과로 심리적이고 영적 외상을 경험한다.

중대사건 스트레스 떨쳐내기는 상처받은 사람에게 사건을 기술할 기회를 주고 그들의 해석을 가능케 하고, 많은 사람들이 외상의 결과로 경험하는 정상적인 신체적, 인지적, 정서적, 영적 신호와 징후에 관한 교육을 받는 세심하게 구조화된 반응이다(Mitchell, 1983). 연구와 임상결과에 의하면 이러한 과정은 중대사건 3일 이내에 시행될 경우 가장 효과적이고 가족 구성원, 동료 또는 친구들 사이에 개인이나 집단적으로 가능하다. 떨쳐내기 과정은 1시간에서 3시간까지 소요될 수 있으며 일반적으로 1회 혹은 2회를 할 수 있다. 이러한 과정의 목적은 사람들의 반응을 정상화하고 인지적 인식을 제공하며 감정을 정당화함으로써 심각한 스트레스의 장기적 피해를 방지하는 데 있다. 사람들이 터무니없는 것으로부터 "사리에 맞게" 도와주는 것은 응집을 형성하기 위한 기본을 제공한다. 이러한 응집감(sense of coherence)에 대한 인식은 인생은 궁극적으로 이해할 수 있고 관리할 수 있으며 의미 있는 것이라는 생각이다. 이러한 신념체계는 위기상황에서는 매우 도전을 받고 있지만 삶이 제시하는 외상과 관련하여 탄력성을 발전시키는데 있어 중요한 것이다.

예방의 통로로서 갈등해결

이 장 앞부분의 신문사례와 우리에게 적나라하게 기억되는 2001년 9월 11일에 대한 많은 언론보도와 같이 폭력적 행동은 어디서나, 어느 때나, 우리들 누구에게나 일어날 수 있다. 그러나 서로 아는 사람들 사이에서 자행되는 폭력의 가능성은 특히 가정 내에서 매우 높다. 폭력의 도화선이 되는 분노와 갈등은 종종 결과의 여파에서는 잊혀지게 되며, 무기가 개입될 경우 비극적이 된다. 그러나 매우 자주 원래의 갈등은 해결되지 않은 채 지나간다. 사회복지사는 직접적인 피해자를 위로하거나 갈 곳 없는 아동에게 양육처를 찾아주거나 구타당한 배우자를 옹호해 주는 등 폭력행위의 결과를 처리하도록 훈련되어 있다. 그러나 갈등협상기술의 개발을 통해 폭력을 예방하기 위한 그들의 준비는 매우 부적합한 것 같다. 대부분의 통합방법의 책에서 갈등은—언급되었다면—불화를 명료히 하기 위한 기회라기보다는 제거되어야 할 문제로 간주되고 있다. 전문직으로서 사회복지는 불화를 뚫고나가기 위한 건전한 방법을 학습하는 교육적 기회를 제공하는 것과 같은 예방전략을 촉진하는 것이 이상적일 것이다. 그러나 실천가들은 모든 수준에서 이러한 기법을 사용할 수 있도록 스스로 우선 배워야 할 것이다. 사회정의와 지역사회 권한부여 원칙의 촉진자로서 사람들이 차이를 협상하도록 도와주는 기술은 중요하다. 갈등해결 방법론은 사회복지 학사와 석사과정의 커리큘럼에 포함되어야 하며 사회복지학은 학생들이 비생산적 유형의 갈등해결을 찾아내고 도전할 수 있도록 도와줄 책임이 있다.

많은 사람들은 공포, 불신, 분노의 상황으로부터 갈등을 접하지만, 갈등이 관련된 사람을 변화시키거나 변형시키는 긍정적인 결과를 가질 수 있다는 것이 입증되어 왔다. 전문직은 갈등의 개념을 자신과 다른 사람에 대해 깊이 이해하는 기회로 재구성하기 위해 결혼과 가족치료 그리고 가족중재 분야로부터 지식을 도입한다면 도움이 될 것이다. 평범한 사람들이 그들의 불가피한 "권력투쟁"에 직면하기를 장려하는 심상(Imago)요법(Hendrix, 1988)과 같은 실천모델은 초기의 애착상처를 치유하고 배우자 간에 보다 강력하고 의식적인 유대를 달성할 기회를 제공해 준다. 갈등은 자신과 다른 사람의 차이점에 대한 고양된 인식을 통해 건강한 성장을 촉진하는 귀중한 기회로 간주된다.

Robert Bush와 Joseph Folger(1994)와 같은 가족중재 이론가들도 갈등관계에 있는 변혁적 잠재력에 중점을 두고 있다. 그들의 독창적인 저서 Promise of Mediation(중재의 약속)에서 그들은 개인의 변혁을 유도하는 개인적 권한부여와 감정이입 개발과 관계되는 2가지 과정을 개념화하였다. 그들은 인간관계를 변화시키킴으로써 치유관계를 촉진시키는 갈등을 통하여 작업할 도덕적 필요가 있다고 주장했다. 이러한 접근방법의 원리는 대화를 위한 안전한 환경의 조성과 모든 견해의 수용과 존중을 강조하고 있다. 안전, 감정이입, 비심판적 사고, 그리고 비밀보장의 결합은 당사자들이 모든 해결방안을 검토할 수 있게 한다. 당사자들은 또한 이러한 과정에서 역량이 강화되고 그 과정은 그들이 새로운 형태의 존중과 이해 속에서 그들의 관계를 더 잘 지속할 수 있게 한다. 다중 수준에 적용될 때, 이 접근방법은 다양성에 가치를 둔 사회복지의 초점에 특히 적용이 가능하다. 전문가들이 헌신해야 할 한 부분은 이해관계의 차이에서 불가피하게 발생하는 충돌을 처리하는 갈등해결의 영역에서 학생들이 확고한 기술을 개발하도록 준비시키는 것을 포함할 것으로 보인다.

갈등해결기술형성에 관한 초점을 통합한 한 프로그램은 특별히 아프리카계 미국인 지역사회에서 작업하기 위해 설계되었다. 그 프로그램은 미시적, 중도적, 거시적 수준의 개입이라는 사회복지사의 통합적인 초점과 맥을 같이하여 3가지 사회학습의 요소—교실, 지역사회 노출, 사전행동(proactive) 교육—를 통합하고 있다. 이 모델에서 교실수업은 분노관리, 갈등해결, 문제해결 기술에 중점을 두는 반면, 노출교육은 지역사회에서 폭력의 원인과 결과를 다루는 기관에 대한 현장답사로 구성된다. 사전행동 교육적 요소는 비폭력 메시지를 전하는 뉴스레터와 다른 옹호방법을 포함한다(Gabriel, Hopson, Haskins, & Powell, 1996). 일반적으로 특히 아동과 청소년에 치중된 예방 프로그램의 효과성에 관한 연구는 긍정적인 영향이 있음을 지적하였다. 이러한 연구들은 폭력을 산출하는 사회적 조건으로부터 발생하는 어떤 발달과정은 변화될 수 있다고 주장하고 있다. 긍정적인 결과를 보이는 프로그램에서는 아래의 요인들이 나타나는 것으로 보인다(Fraser, 1996).

- 일관되고 누진적인 인가가 긍정적, 부정적인 행동 모두에 의해 강조된다.
- 서비스는 가족과 지역사회를 위해 접근 가능한 장소에서 제공된다.
- 서비스는 문화적, 인종적 차이에 근거한 위험과 보호 요인을 사정한다.
- 서비스는 강점에 기반을 두고 기술개발에 중점을 둔다.
- 서비스는 학교개입과 학업성취를 강조한다.
- 서비스는 필수 서비스에 가족을 연결함에 있어 사례관리 서비스를 포함한다.

사회복지사를 위한 교훈

폭력은 문화의 일부이며 우리의 예술, 오락, 생활스타일, 그리고 행동에 내재되어있다. 아동들은 가장 주의 깊은 부모에 의해서도 폭력의 영향으로부터 완전히 보호될 수 없다. 그러나 어떤 아동은 가정폭력과 빈곤과 관련된 사회환경 때문에 또는 아동은 마구잡이 범죄의 희생자이기 때문에 더 직접적으로 영향을 받으며 성장한다. 많은 탄력성 연구가들이 고심해온 문제는 폭력이 아동에게 미치는 영향이 아니라 아동들이 역경에 직면해서 어떻게 탄력적 행동을 개발하는가 그리고 어떤 아동은 역경을 극복하고 탄력적 행동을 개발하는 반면, 같은 문제를 가진 다른 아동을 약하게 하는 것이 무엇인가를 보는 것이다. 이 장에서는 몇 가지 이러한 주제들, 폭력이 다른 집단에 미치는 영향, 그리고 폭력의 결과로서 탄력적 기능의 습득 등을 검토하였다. 전통적으로 억압받은 집단들은 탄력성의 본질과 폭력, 피해, 그리고 그 결과를 극복하는 데 있어서 오랜 경험으로부터의 치유에 관해 많은 것을 가르쳐 줄 것이다. 또한 사회복지사는 우리 사회에서 폭력을 강조하는 사회불의에 맞서 적극적으로 투쟁함으로써 빈곤과 억압의 의미를 전하는 직업적 가치를 수행하도록 요구받고 있다.

특별히 폭력의 생존자인 청년과 함께 일하는데 관련된 미시기술들은 사회복지사들에게 많은 도전을 가져다준다. 이와 관련된 적절한 사례로 Kameka는 의심스럽고 자기 파괴적이었으며 시험하며 조작하는 행동을 취했으며 그녀의 격분을 표현하였다. 그녀는 쉽게 "실패자로 간주되는" 클라이언트로 분류되었다. 그러나 그녀 자신의 삶에 악영향을 미쳐 온 근본적인 문제들에 직면하기 위한 용기를 실어주고 발전적으로 정체성을 탐색할 수 있도록 부단히 투쟁하고 있는 한 젊은 사람을 통해 해방되기를 기다리는 훌륭한 강점 사례이기도 하다. 도움을 주는 전문가들은 비록 그들이 모든 혼란한 행동들과 투쟁하고, 희생을 수반하는 상처가 남더라도 완전함을 추구하려는 신념을 가지는 것이 그들의 의무이다. 생존자, 특히 청년 생존자와 함께 일하는 것이 주춤하게 할 수 있기 때문에 이것은 사회복지사가 다뤄야 할 중요한 이슈인 것이다.

발달과정과 자기-파괴적 행동의 배경과 의미를 이해하는 것은 사회복지사가 폭력의 생존자와 함께 일할 때 비록 클라이언트의 잠재력이 불투명해 보일지라도 강점기반의 관점을 채택할 수 있도록 할 것이다. Kameka가 그녀의 자기-파괴적 환경으로부터 비약할 태세를 갖추었을 때 그녀의 인생에서 도움주는 사람의 역할은 과대평가될 수 없다. 그러나 그 도움 주는 사람은 "최종 산출"의 이득을 갖지 않았다는 것을 주목하는 것이 중요하다. 그들은 상처받은 젊은 여성과 "과정상" 일하고 있었고 그로서 Kameka가 상당한 위험요인에 직면해 있지만 그녀가 자신의 삶을 바꿀 능력을 가졌다는 믿음으로 일했다. 강점기반의 초점을 통합하는 데 있어서, 사회복지사는 클라이언트가 "비상(飛上)할 수 있는" 잠재력을 가지고 있다는 깊고 변치 않는 믿음으로 그들에게 다가가야 한다.

회복은 지속적인 과정이며 외상의 생존자들은 시간의 흐름에 따라 직접경험을 통해 그들의 학습을 달성한다. 거기에는 시간표도 없으며 마법의 치료약도 없다. 각 사람은 준비가 되었을 때 그의 특유한 강점과 탄력성의 내적 의식을 찾아내고 끌어내도록 권한이 부여되어야 한다. 어떠한 기준으로 보아도 심각한 역경을 극복했을 것 같은 Kameka도 자신은 "진행중"이라고 언급하였다: "아시다시피 나는 모든 것을 겪었고 아직도 진행중이며 그것은 과정이라는 것을 나는 안다." 그리고 그러한 시간이 오면, 전문적인 사회복지사이건 친절한 친구이건 누군가는 그 사람의 상실의 괴로움을 참고 들어줄 수 있어야 하고 이러한 일에 따르는 증언자가 되어 신성한 치유의 장으로 진입할 수 있어야 한다. 실천가의 일은 다른 사람이 폭력의 영향과 관련된 쓰라린 상실, 두려움, 고통, 침해, 격분, 방향감각의 상실을 해결하도록 도와주어야 할 때 상당한 의미를 가진다. 사회복지사는 클라이언트의 가슴속을 보아야 하고 영적 바탕을 확인해야만 하며, 그들 클라이언트의 시간표에 맞추어 클라이언트와 함께 "보조를" 맞추기 위해 그들 자신의 상실과 가장 깊은 공포에 대해 일할 수 있어야 한다.

참고문헌

Bachay, J., & Cingel, P. S. (1999). Restructuring resilience: Emerging voices. *Affilia, 14*, 162-175.

Benard, B. (1996). From research to practice: The foundations of the resiliency paradigm. In N. Henderson, B. Benard, & N. Sharp-Light (Eds.), *Resiliency in action* [On-line]. Available: http://www.resiliency.com.

Benard, B. (1999). Applications of resilience: Possibilities and promise. In M. D. Glantz & J. L. Johnson (Eds.), *Longitudinal research in the social and behavioral sciences* (pp. 269-277). New York: Kluwer Academic/Plenum.

Black, H., & Rubinstein, R. (1998-1999). Narratives of three elderly African-American women living in poverty who have lost an adult child to horrendous death. *Omega: Journal of Death and Dying, 38*, 143-161.

Bulhan, H. A. (1985) *Frantz Fanon and the psychology of oppression.* New York: Plenum Press.

Bush, R. A., & Folger, J. P. (1994). *The promise of mediation.* New York: Jossey Bass.

Carbonell, J., & Figley, C. (1996). When trauma hits home: Personal trauma and the family therapy. *Journal of Marital and Family Therapy, 22*, 53-58.

Crockett, L. J., & Crouter, A. C. (1995). *Pathways through adolescence.* Mahway, NJ: Lawrence Erlbaum.

Dugan, T., & Coles, R. (Eds.). (1989). *The child in our times: Studies in the development of resiliency.* New York: Brunner/Mazel.

Dumont, M., & Provost, M. (1999). Resilience in adolescents: Protective role of social support, coping strategies, self-esteem, and social activities on experience of stress and depression. *Journal of Youth and Adolescence, 28*, 343-363.

Egger, S. (1998). Optimism as a factor that promotes resilience in inner-city middle-school students exposed to high levels of community violence (Abstract of doctoral dissertation, University of California, 1999). *ProQuest Digital Dissertations*, AAT 9906743.

Feinstein, D. (1997). Personal mythology and psychotherapy: Myth-making in psychological and spiritual development. *American Journal of Orthopsychiatry, 67*, 508-521.

Frankl, V. (1959). Man's search for meaning. New York: Washington Square Press.

Fraser, M. W. (1996). Aggressive behavior in childhood and early adolescence: An ecological-developmental perspective on youth violence. *Social Work, 41*, 347-361.

Gabriel, R., Hopson, T., Haskins, M., & Powell, K. (1996). Building relationships and resilience in the prevention of youth violence. *American Journal of Preventative Medicine, 12*, 48-55.

Hendrix, H. (1988). *Getting the love you want: A guide for couples.* New York: Holt.

Hinton-Nelson, M. D., Roberts, M. C, & Snyder, C. R. (1996). Early adolescents exposed to violence: Hope and vulnerability to victimization. *American Journal of Orthopsychiatry, 66*, 346-353.

Howard, D. (1996). Searching for resilience among African-American youth exposed to community violence: Theoretical issues. *Journal of Adolescent Health, 18*, 254-262.

Howard, S., Dryden, J., & Johnson, B. (1999). Childhood resilience: Review and critique of literature. *Oxford Review of Education, 25*, 307-323.

Huff, C. O. (1999). Source, regency, and degree of stress in adolescence and suicide ideation. *Adolescence, 34*, 81-89.

Kolbo, J. (1996). Risk and resilience among children exposed to family violence. *Violence and Victims, 11*, 113-128.

Lindsey, E., Kurtz, D., Jarvis, S., Williams, N., & Nackerud, S. (2000). How runaway and homeless youth navigate troubled waters: The role of formal and informal helpers. *Child and Adolescent Social Work Journal, 17*, 115-140.

Lorion, R. P., & Saltzman, W. (1993) Children's exposure to community violence: Following a path from concern to research to action. *Psychiatry, 56*, 55-65.

Luthar, S. S., & Zigler, E. (1991). Vulnerability and competence: A review of research on resilience in childhood. *American Journal of Orthopsychiatry, 61*, 6-22.

Mandic-Martinez, A. (1998). Children's reactions to acute traumatic incidents and the role of protective factors in enhancing resiliency (Abstract of doctoral dissertation, University of California, 1999). *ProQuest Digital Dissertations*, AAT 9912164.

Markward, M. (1997) The impact of domestic violence on children. *Families in Society: Journal of Contemporary Human Services, 78*, 66-70.

Masten, A. S. (1994). Resilience in individual development: Successful adaptation despite risk and adversity. In M. Wang & E. Gordon (Eds.), *Risk and resilience in inner city America:*

Challenges and prospects (pp. 3-25). Hillsdale, NJ: Lawrence Erlbaum.

Masten. A. S., Best, K. M., & Garmezy, N. (1990). Resilience and development: Contributions from the children who overcome adversity. *Development and Psychopathology, 2,* 425-444.

Miley, K., O' Melia, M., & DuBois, B. (1998). *Generalist social work practice: An empowering approach* (2nd ed.). Boston: Allyn & Bacon.

Mitchell, J. T. (1983). When disaster strikes . . . The critical incident stress de-briefing process. *Journal of Emergency Services, 13,* 47-52.

Nagy, M. (1948). The child' s theories concerning death. *Journal of Genetic Psychology, 73,* 3-27.

Peers, E. A. (1946). *St. John of the Cross, and other lectures and addresses, 1920-1945.* London: Faber & Faber.

Pierce, G. R., Sarason, B. R., & Sarason, I. G. (1992). General and specific support expectations and stress as predictors of perceived supportiveness: An experimental study. *Journal of Personality and Social Psychology, 63,* 297-307.

Richters, J. E., & Martinez, P. (1993). The NIM community violence project: I. Children as victims of and witnesses to violence. *Psychiatry, 56,* 7-21.

Rutter, M. (1985) Resilience in the face of adversity: Protective factors and resistance to psychiatric disorder. *British Journal of Psychiatry, 147,* 598-611.

Salmi, J. (1993). *Violence and democratic society.* London: Zed Books.

Shuler, P., Gelberg, L., & Brown, M. (1994). The effects of spiritual/religious practices on psychological well-being among inner city homeless women. *Nurse Practitioner Forum, 5,* 106-113.

Simeonsson, R. (1995). *Risk, resilience and prevention: Promoting the well-being of all children.* Baltimore: Paul H. Brookes.

Smith, E. (1995). Addressing the psychospiritual distress of death as reality: A transpersonal approach. *Social Work, 40,* 402-413.

Speece, M., & Brent, A. (1987). Irreversibility, nonfunctionality and universality: Children' s understanding of three components of a death concept. In J. Schowalter, P. Buschman, P. Patterson, A. Kutscher, M. Tallmer, R. Stevenson, & J. Cole (Eds.), *Children and death* (pp. 19-29). New York: Praeger.

Sprang, V., McNeil, J. S., & Wright, R., Jr. (1989). Psychological changes after the murder of a significant other. *Social Casework: Journal of Contemporary Social Work, 70,* 159-164.

U.S. Bureau of Justice. (1999). [On-line]. Available: http://www.ojp.usdoj.gov/bjs/ cvict.html.

Van Soest, D., & Bryant, S. (1995) Violence reconceptualized for social work: The urban dilemma. *Social Work. 40,* 549-557.

Walsh, F. (1998). *Strengthening family resilience.* New York: Guilford Press.

Weigel, D. J., Devereux, P., Leigh, G. K., & Ballard-Reisch, D. (1998). A longitudinal study of adolescents' perceptions of support and stress: Stability and change. *Journal of Adolescent Research, 12,* 158-177.

Werner, E. E., & Smith, R. S. (1992). *Overcoming the odds.* Ithaca, NY: Cornell University.

Whitbeck, L. B., & Simons, R. L. (1990). Life on the streets: The victimization of runaway and homeless adolescents. *Youth & Society, 22,* 108-125.

Williams, N., Lindsy, E., Kurtz, P. D., & Jarvis, S. (2001). From trauma to resilience: Lessons from formerly runaway and homeless youth. *Journal of Youth Studies, 4,* 233-253.

Wolin, S., & Wolin, S. (1993). *The resilient self: How survivors of troubled families rise above adversity.* New York: Villard.

제10장
거시적 수준에서
탄력성과 폭력

Irene Quiero-Tajalli and Craig Campbell

동이 틀 무렵, 도시 건물의 실루엣들이 짙은 안개구름에서 모습을 막 드러내기 시작하는 순간이었다. 거리의 차가운 쓰레기 조각들이 춥고 습한 밤의 목격자였다. 번호판이 없는 차가 한 아파트 건물 앞에 멈춰 섰다. 두 사람이 차 밖으로 나왔으며, 다른 한 사람은 시동을 켠 채 운전석을 지키고 있었다. 두 사람은 재빠르게 3층으로 올라갔다. 두 번의 거친 문 두드리는 소리로 인해 적막이 깨졌다. 누군가 문을 열어 주었고, 두 사람은 아파트 현관으로 거칠게 들이닥쳤다. 아파트 안에서 다툼소리가 났다. 그 후 잠잠해졌고 다시 여자의 고함소리가 들렸다.; "그 애를 그냥 내버려두세요.", "그 애는 내 아들이라고요.", "이제 겨우 13세라고요!" 두 사람이 문을 열어 젖혀서 잠옷 위에 코트를 걸치고 슬리퍼를 신고 얼굴까지 가리는 모자를 쓴 키가 큰 사람을 끌고 나왔다. 두 사람은 키 큰 사람을 아래층으로 끌고 나와 차안으로 밀어 넣은 다음 홀연히 사라졌다.

이는 아르헨티나가 가장 암울했던 1976년부터 1983년 기간 동안 군부쿠데타 집단에 의해 납치가 어떻게 발생하였는가에 대한 일례일 뿐이다. 사실 20세기에 세계는 민족, 정치, 종교 집단뿐 아니라 일반 대중에 대한 공격으로 얼룩진 시기였다. 2차 세계대전 중의 나치의 파괴, 라틴 아메리카와 동유럽의 압제정부, 서유럽과 중동에서의 테러 등은 이러한 "급습"의 증거들이다. 미국 역시 이러한 공격의 분담을 인내하고 있다. 신문을 보면, 2001. 9. 11 사태의 끔찍한 사건들을 접할 수 있다. 1995년 오클라호마 시의 알프레드 머라(Alfred P. Murrah) 연방정부 빌딩 폭파사건의 기억, 이미지, 여파 등은 아직까지 생생하다. 5주기 기념식장에서 유족들은 배우자, 부모, 또는 자녀의 죽음을 애도하였다. 오클라호마의 상식 밖의 테러 행위는 일부 사람들에게 공공건물에 들어가는 것을 꺼리게 만들었으며, 번잡한 지역과 낯선 사람들에 대처할 수 없게 했고, 아직까지도 폭탄으로 인한 상처를 치료하고 있다. 많은 사람이 상실을 경험하였으며 이러한 일이 어떻게 발생하였는지는 설명할 수 없다.

똑같은 외상적이고 혼동의 사건은 콜로라도 리틀톤 소재의 콜롬바인 (Columbine) 고등학교에서의 총기 난사이다. 사람들이 생각하기에 매우 안전하고 안정된 환경이라고 믿고 있는 장소인 학교에서 학생들과 선생님들이 피살당했다. 무엇보다도 리틀톤 마을은 그런 행위가 일어나지 않을 것이라고 여겨진 장소였다. 시민들은 그 지역사회를 중산층의, 깨끗하고 조용한 작은 마을로 생각하고 있었다. 콜롬바인 고등학교는 최근에 개조되어 현대적 학습시설로 간주되었다. 2명의 동료 학생에 의해 급작스럽게 공격을 당했을 때 다른 학생들이 느꼈을 공포와 두려움을 한번 상상해 보자. 웃음소리와 대화가 가득한 점심시간의 한 순간이 발사와 총성의 두려움으로 인해 학우들이 마루바닥에 죽어서 눕고 다치는 상황으로 변하였다.

국가적이며 세계적 수준에서 인간권리의 침해를 목격하는 바, 즉각적으로 우리가 가질 수 있는 질문은 어떻게 이렇게 끔찍한 사건들이 일어날 수 있는가?라는 것이다. 이에 대해 많은 답변이 가능하지만, 왜 사회가 사회의 소중한 일원인 사회구성원을 공격하는가 하는 철학적인 질문에 대해서는 아직 만족스러운 답을 도출하지 못했다. 아마도 이는 아무 답도 존재하지 않기 때문이다. 혹은 답을 발견하기 위한 노력에 의해, 그리고 이러한 끔찍한 사건들을 생생하게 기억함으로 인해, 지역사회와 국가는 이러한 사건 직후에서 생존하고 성장하는 능력, 즉 탄력성을 발견하게 된다. 이러한 잔악한 행위에 대해 저항하고 그로부터 생존하는 것은 이런 공격에 대항하여 공동으로 분기탱천하기 위해 그리고 변혁뿐 아니라 사회변화를 준비하기 위한 과정을 나타내기 위해 집단, 지역사회, 그리고 전체사회에 내재되어 있는 잠재력을 증명해 보이는 것이다.

본 장에서는 사회적 또는 거시적인 수준에서의 탄력성을—어떻게 지역사회가 억압적인 정부, 테러리스트 행위들, 혹은 자연재해의 공격과 같은 대규모의 재난과 같은 것을 극복하는지에 대해—논의하고자 한다. 지역사회가 재난상황을 경험하는 것을 통해 그리고 지역사회를 재건하기 위해 사용되는 몇 가지 접근방법에 대한 탐색을 거쳐 몇 가지 단계를 묘사한 스키마를 제시하고자 한다. 거시적 수준에서의 탄력성에 대해서는 사회복지문헌에서 제시하는 자료가 거의 없지만, 이 장에서 예증된 작업들, 특히 지역사회 능력—향상과 강점에 입각한 문헌으로부터 작업들은 이 장이 나아갈 몇 가지 방향을 제시하고 있다(Delgado, 2000; Poole, 1997; Saleebey, 1997). 아르헨티나에서 행방불명된 사람들, 오클라호마 시의 폭탄사건, 콜럼바인고교의 총기 난사 사건, 수많은 교회방화 사건, 그리고 2001년 9월 11일의 테러사건과 같은 충격적인 사건들을 거시적인 수준에서 사정함으로써 필자는 탄력성에 대한 논의를 미시적인 수준으로부터 거시적 수준으로 옮겨 놓기를 희망한다. 논의에 포함된 질문들은 아래와 같다.

- 지역사회는 어떻게 위협을 뚫고 나오며 고난을 극복하는가?
- 사람들이 재건하고 혹은 복원하는 능력에 기여하는 것은 무엇인가?
- 거시적 수준에서의 성공적 대처는 무엇인가?

탄력성: 사회적 수준에서의 스키마

거시적인 수준에서 탄력성의 복잡성을 해부하는 유용한 방법은 스키마, 즉 탄력성 과정을 설명하고 있는 일련의 단계 모형인 도표를 이용하는 것이다. 이 장에 제시된 스키마는 문헌과 미디어자료들, 개인면접들, 현장관찰 등에 근거하였다. 지역사회가 재난을 극복하기 위해 취할 수 있는 것을 6단계로 서술하였으며 각각의 단계에서 탄력성으로 향하는 방법이 명시되었다(표 10.1과 그림 10.1 참고). 1단계는 사람들이 충격과 위기의 단계에 있을 때인, 인간성에 대한 폭행의 시기에서 발생한다. 2단계에서 시민들은 상호신뢰를 구축해야만 하고, 역경상황에 대해 의미를 발견하고, 그들의 지역사회를 재건하기 시작할 때 저항의 초기조짐이 있다. 3단계에서는 시민들이 상호부조를 위해 집단적인 전략들을 조직하고

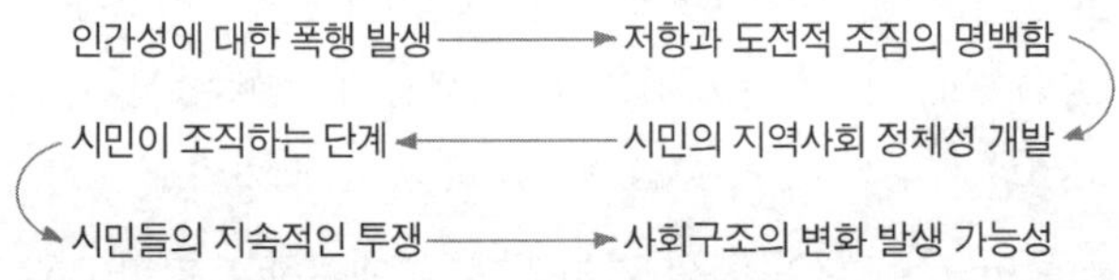

그림 10-1 탄력성 스키마

확인하기 시작한다. 4단계에서는 의사소통 체계망을 수립하여 공식적으로 조직화한다. 5단계에서는 사람들이 역경상황의 생생한 기억을 찾는다. 이러한 기억들이 지역사회의 역량을 충분히 구축한다면, 6단계에서는 지역사회 삶의 조직적인 변화와 변혁을 초래할 수 있다.

위의 각 단계들과 관련된 사례와 이론적 개념이 제시되었다. 탄력성을 육성하는 제 과정과 보호요인들 또한 언급되었는데, 이러한 논의들은 거시적수준의 재난사건들 간의 차이점에 대한 이해를 가능케 한다. 예를 들어, 오클라호마 시 머라 연방건물에서와 같은 개인테러리스트의 공격의 경우, 사람들이 두려움과 분노, 애도를 경험한 이후, 지역사회는 밀접하게 협력해야 할 필요성을 느껴 머라 빌딩 생존자 협의회(Murrah Building Survivors' Association)를 창설하였다. 대체로 이 테러사건의 생존자들은 테러사건의 긍정적인 부분들을 보려고 노력하였으며, 그 결과 많은 사람들은 삶의 의미에 대해 새로운 진가를 발전시켰다. 그러나 아르헨티나 군부 쿠데타 집단에 의해 저질러진 테러의 경우와 같이, 정부가 지원한 테러행위들의 경우 다른 반응이 있을 수 있다. 이 경우에는 개인적이며 지역사회적인 저항에 직면하게 된다. 계속되는 만행을 비난하고 저지하기 위한 체제 도전적인 행위가 나타나게 된다. 이것의 좋은 예는 "억류되거나 행방불명된" 자녀들을 위한 반군부쿠데타 행동주의 어머니집단인 Mayo광장의 어머니들(Mothers of Plaza de Mayo)이다. 이 어머니들은 1977년 이래 계속하여 자녀들의 무사 귀환을 위해 투쟁하고 있다.

덧붙여 지역사회 조직화는 외상적 사건의 본질에 따라 다른 의미를 지닐 수 있다. 즉, 개인에 의한 공격의 경우, 지역사회성원들은 상호 부조를 위해 조직할

표 10.1 탄력적 지역사회 재구축의 단계

단계	주요 특징	특성	이론/개념
인간성에 대한 폭행 발생	충격 위기 무기력	당황과 불신의 느낌 두려움 경험 위험의 감지 혼란의 경험 분노의 느낌	위기 이론 외상의 파급 사회적 균형 환경적 스트레스요인
저항과 도전적 조짐의 명백함	의미 재건 자산, 소망	비밀스러워짐 비이성을 이성으로 　만들기 복원하기 시작 신뢰수립을 모색	사회구성주의적 접근 강점 관점 지역사회 역량
시민의 지역사회 정체성 개발	공동체 연대 개인이 공공이 됨	나에서 우리로 이동 신뢰 구축 집단응집력 육성 관계수립 상호부조개발	지역사회 발달 지역사회 이론 지역사회 기능 지역사회 의미
시민이 조직하는 단계	통합 조직으로부터의 지지 힘	협력의 공식화 의사소통 체계망 수립 표적체계의 확인 원칙의 공포 비전의 창안	지역사회 조직화 모델
시민들의 지속적인 투쟁	기억의 재생 의미 재구성	살아있는 기억의 유지 과거의 망각에 대한 거부 다른 사회적 대의의 채택	사회 교육 보호요인 창출 의식의 강화
사회구조의 변화 발생 가능성	역량 구축 변혁 지역사회 효능 기술	공익의 각인 국가적 양심의 창출 지역사회의 재건설 보호요인의 향상	사회와 조직변화 탄력성 권한부여

수 있고, 대중의 시각으로 그 기억을 간직하도록 노력하며, 희생자를 위한 기념비를 세우기도 한다. 대조적으로, 정부가 지원한 테러공격의 경우, 지역사회는 조직적 저항을 하기 위해 비밀 조직을 결성하고 궁극적으로 구조적 변화를 초래하게 된다. 다음의 논의들은 탄력적인 지역사회를 구축하기 위한 다양한 통로들을 고찰한 것이다.

step 1: 인간성에 대한 폭행발생

예상치 못했던 끔찍한 사건 이후 지역사회 성원들은 다양한 감정들—당황, 불신, 두려움, 분노—에 휩싸이게 된다. 그 사건들이 너무나도 압도적이기 때문에, 지역사회 성원들은 그 사건을 부정하는 깊은 충격상태에 빠질 수 있게 된다. 지역사회뿐 아니라 개인들도 자신들의 취약성을 뼈저리게 각인하며 무기력한 감정에 빠져들 수 있게 된다(이 장의 마지막 부분에서 미 국방부와 세계무역센터에 대한 9.11 테러사건 이후 사회복지전공 학생들의 부언을 참고 바람). 재난 사건에 따라, 그 상황이 가족 내에서 혹은 친구사이에서 은밀한 것인 외부세계로부터 비밀로 될 수 있다. 아르헨티나의 많은 "납치" 사건이 이 예가 될 수 있다. 예를 들어 군사정부에 의해 1976년 19세인 아들이 납치되어 1977년 이래 "Mayo광장의 어머니들" 모임의 회원인 마리아 구트만을 생각해 보자. 그녀는 그러한 납치행위가 다른 사람에게도 행해질 수 있다는 당혹감을 피력하였다(M. Gutman, 사설, 부에노스아이레스, 2000년 7월 10일). 처음에 그녀는 무슨 일이 벌어졌는지 잘 몰랐었고, 자기 아들의 행방을 찾기 위해 모든 정부기관의 문을 두드렸다. 그런 가운데, 그녀는 여러 정부기관들에서 자신과 같은 상황에 처한 다른 어머니들을 만날 수 있었다. 공무원들은 이러한 어머니들에게 틀에 박힌 똑같은 답변만을 되풀이하였다: "걱정하지 말아요. 당신 아들은 아마도 여자친구하고 가출했을 것입니다." 또는 "우리는 당신 아들이 어디 있는지 잘 모릅니다." 이러한 답변을 들으면서, 쿠트만과 다른 어머니들은 그들의 사랑하는 아들들을 다시 못 볼지도 모른다는 두려움이 쌓이기 시작했다. 어머니들은 또한 계속해서 자신들이 아들들에 대해 조사해달라고 탄원하면 무언가 나쁜 일이 그들 가족에 일어날지도 모른다는 두려움이 들기 시작했다. 명백하게도, 두려운 감정(사랑했던 사람에 대한 상실)은 분노감(공무원들로부터의 무성의한 반응)과 뒤섞이었다.

재난상황 이후 두려움과 분노를 동시에 경험하는 현상은 위기이론 문헌에서 취해진 일부 이론적 개념들에 의해 설명되어질 수 있다(Frederick, 1985; Watson, David, & Suls, 1999). 위기는 "통상적인 문제해결 방법의 사용으로는 특별한 상황에 개인이 대처할 수 없으며, 그리고 급격한 긍정적 혹은 부정적인 결과에 대한 잠재성으로 특징되는 당황과 혼란의 일시적인 상태"이다(Slaikeu, 1990, p. 15). 위기는 배우자의 죽음, 자연재해 혹은 악질적인 공격과 같은 급격한 사건들에 의해 초래된다(Caplan, 1964; Schulberg & Sheldon, 1968). 거시적 수준에서의 위기를 묘사하는 급격한 사건들은 전쟁, 강제수용소 억류, 강제이주 및 고문 등을 포함한다(Lee & Lu, 1989).

위기에 관한 또 다른 가정은 사건에 대한 인지적인 이해가 그 사건에 대한 개인의 인지와 밀접하게 관련되었다는 것이다(Rapoport, 1965). 거시적인 수준에서, 사건이 지역사회에 어떤 의미가 있는가를 분석하는 작업은 매우 중요하다. 이러한 개인과 지역사회의 의미는 위기에 따르는 혼란의 자연적 과정을 설명하는 데 기여한다. 위기이론에 의하면, 인간은 장기간의 혼란을 결코 참을 수 없는 존재이기 때문에 "위기" 이후의 혼란과 불안은 시간 제한적이라는 것이다(Slaikeu, 1990). 그러나 위기사건의 영향은 몇 년 이상 지속될 수 있고 부정적 결과들이 외상적 사건 이후에 계속 지속이 될 수 있다(Bernstein Carlson & Rosser—Hogan, 1994; Eitinger, 1980; Lazarus & Blackfield Cohen, 1977). 머라 연방건물의 폭탄테러의 경우에서처럼, 혼란기간은 짧지만 아직까지 그 영향은 지역사회성원들에게서 감시되고 있다(Thurman, 1997).

Gordon과 Doka (2000)는 콜럼바인 고등학교 사건의 예후를 검토하면서, "초기의 외상적인 사건은 미래의 유사한 사건들이 많은 지역사회, 심지어 원거리의 다른 상황의 지역사회에까지 영향을 미친다는 소문에 대한 두려움과 불안이 발생"하는 외상의 파급에 대한 개념을 전개했다(p. 292). 마찬가지로, 군사정권 시기의 아르헨티나에서 발생된 납치의 특성을 보면, 위험에 처한 자녀들이 정부에 대항하여 정치적인 활동에 가담되었다는 그런 행위들에 대한 소문들은 부모들에게는 고통스러운 기억이다. 사실상, 이러한 소문들은 사회통제와 암묵적인 압력의 기제로서 활용되어 왔다.

위기의 또 다른 차원은, 개인의 전통적인 대처유형들이 효과적이지 않을 때 외상적인 사건이 감소된 저항상태를 생성한다는 것이다(Halpern, 1973). 국가가 지원한 테러의 경우, 그 테러에 영향을 받은 개인들은 법적 조언을 모색하거나 혹은 경찰에 그 사건을 신고하는 등 그들이 이전부터 사용해오던 대처전략을 사용하려 할 수 있다. 그러나 법적 그리고 정치적인 체계들이 더 이상 기대되고 만족스러운 기능을 수행하지 못하게 되면, 그러한 행위들은 더 혼동스러워지고 무력감을 느끼게 한다.

많은 사람들이 불신감을 느낄 수 있다. 아르헨티나에서 발생한 1970년대 납치의 경우, 부모들을 그들 자녀의 피랍과 관련하여 정부로부터 아무런 답변도 듣지 못했다. 그러나 아르헨티나 전역을 거쳐, 납치된 사람들이 340~346개에 달하는 억류시설에 감금되고, 고문당하고, 강간당하고, 심지어 살해되었으나 명백하게도 공무원들은 묵시적으로 공모하고 있었다(Mayo 광장의 Abuelas, 일자 미상; Guzman Bouvard, 1994). 이러한 상황에서 지역사회가 탄력적으로 되는 것은 고사하고 어떻게 지역사회의 기능을 할 수 있었겠는가? Parsons (1971)와 같은 사회학자들에 의하면, 지역사회는 타인들과 상호작용을 하는 개인 행위자들로 구성되어 있으며, "문화적으로 구성되어 있고 공유된 상징체계"에 의해 이끌어 진다는 것이다(p. 5). 지역사회 혹은 사회체계들이 자유와 같이 이미 형성되어 있는 상징들을 더 이상 공유하지 않을 때, 그리고 기대된 것처럼 기능을 하지 않을 때, 지역사회성원들은 다른 대처 방법들을 모색해야만 한다. 확실히 일부 대처기제들은 사람의 관점에 의거할 때, 다른 것에 비해 보다 수용 가능할 수 있다. 예를 들어 공공장소에서의 폭탄폭발이라는 똑같은 행위는 자유를 위해 투쟁하는 민족주의의 행위로 보여질 수도 있고, 정치적인 상황에서는 테러의 행위로서도 간주될 수 있다.

생태학적인 관점에서 보면, 스트레스는 인간들의 욕구에 환경이 반응하지 않을 때 생긴다고 한다. 그러나 환경을 변혁하겠다는 사람들의 결정은 그들 사회가 기능하는 방법에 변화를 초래할 수 있다(Germain & Gitterman, 1980, 1996). 개인과 지역사회가 재난상황에서 생존하고 신뢰상태를 되찾기 위해, 사회구성원들은 스트레스와 위험을 완화하며 역량을 향상하는 제과정의 보호요인들을 육성하기 위해 협력해야만 한다(Masten, Best, & Garmezy, 1991). 필요한 지지를 제공할 수 있는 보호요인들은 가족, 이웃들, 그리고 친구들 사이에서 발견될 수 있다. 지방 지역사회 또한 역사적으로 필요한 보호요인를 재수립하는 데 중대한 사회 문화적, 정치적, 경제적 체계들을 갖고 있을 수 있다.

파괴적 사건들 이후에 지역사회를 단결하게 하는 보호요인들은 어떤 것인가? 오클라호마 시의 폭발사건의 경우처럼, 사람들이 "여기는 미국이야, 그런 일은 바로 여기서는 발생하지 않아"에서부터 "나는 맑은 날이 좋아, 비오는 날도 좋아, 그리고 밤의 선풍도 좋아" 혹은 "나는 더 이상 바랄게 없어; 내가 가진 것들은 충분하거든."으로 전환하게 할 수 있을까? 개인에 의한 테러행위들에 대한 보호요인 중 하나는 지역사회가 상호 단결하고 그 구성원들에게 지원을 하는 가운데서 보이는 민첩성이다. 또 다른 보호요인은 생존자들의 즉각적인 신체적, 정서적 욕구에 관심을 기울이는 지역사회의 성원들, 전문가들 및 조직들의 존재일 것이다. 최근의 미국 국방부 펜타곤과 세계무역센터 쌍둥이 빌딩에 대한 공격에서, 많은 지역사회자원들이 기본적인 욕구에 대처하기 위해 신속하게 동원되었다.

납치처럼 국가의 지원을 받는 테러의 경우, 보호요인들은 사람의 내면, 그들의 신념체계, 그리고 가족구성원이나 친구로부터의 지지 유형 안에 존재할 수 있다. 이러한 상황에서, 개개인이 테러에 대한 정보를 공식화하기 전에, 정부기관들의 관심을 피하기 위한 비밀감이 있다. 그러나 가해자들에 대한 분노와 복수에 대한 열망은 개인의 비극과 관련하여 좀더 공적인 방법으로 생각을 할 수 있는 그리고 저항과 도전의 단계로 이동할 수 있는 강점을 제공한다.

step 2: 저항과 도전적 조짐의 명백함

저항과 도전의 단계가 상처와 불신감의 혼합으로 특징 될지라도, 비상식을 상식으로 만들기 위한 지속적인 노력이 있다. 사건에 영향을 받은 사람들이 서로 대화를 함으로써, 공격에 대해 책임이 있는 사람에 대항하기 위해 협력적 노력이 필요하다는 것을 지역사회 구성원들이 인식하게 된다. 그 상황으로 인해 고통받은 사람들은 누구를 신뢰해야할 지를 모를 수 있다. 지역사회가 그러한 감정들과 관련해 노력함으로써 복원감이 출현되기 시작하며, 지역사회 성원들은 맞서 투쟁할 방법을 모색하게 된다. Guzman Bouvard(1994)에 의하면, "그 사건을 겪은 해의 연말에, 아르헨티나의 어머니들은 자신들의 비극적인 상실에 대한 반응으로 심도 있는 내적 변형을 경험하였고, 자신들의 자아감(sense of self)을 재규정하였으며, 억압의 보다 광범위한 유형의 부분으로서 본인들의 상황을 분석하였고, 자신들의 고유의 존엄성과 가치를 발견하였다"(p. 79).

저항과 도전의 단계에서 사람들은 비슷한 상황에 처한 사람들을 만나기 시작하고 압제체계에 대해 도전적 태도를 표출하기 시작한다. 예를 들어, 마가리타 페랄타(Margarita Peralta de Gropper)는 1977년 자신의 19세 아들의 납치에 대해 숙고하였다. 그녀는 초기의 충격 이후에, 다른 어머니들을 광장에서 만나기 시작하였으며 두려움을 갖지 않았다고 보고하였다. 비록 그녀에게 남편과 두 딸이 있었지만, 그녀의 고통이 너무나 커서 그녀는 "더 이상 잃을 것이 없다"고 느낄 정도였다(M.p. de Gropper, 사설, 부에노스아이레스, 2000년 7월 14일자).

Koetze(1986-1987)는 지역사회가 특정 안정수준에 도달하였다고 인지할 때 조직화를 시작한다고 지적하였다. 비록 특정 상황에서 Koetze의 지적이 사실일지라도, 보호도 없이 군부에 대항하여 저항을 한 아르헨티나 어머니들의 경우에서는 다르다. 위험한 상황에도 불구하고 사람들이 어떻게 행동을 취했는가에 대한 수많은 다른 사례들은 교회 방화사건에서 찾아볼 수 있다. 이러한 사건으로 인해 고무된 지역사회들은 가해자가 미래에 보복할 가능성이 있음에도 불구하고 자신들의 저항을 지속하였다. 아프리카계 미국인 지역사회를 테러화하는 대신에 교회 방화가 지역사회의 정체감과 일체감의 보다 강한 단결로 이끄는 응집을 야기하였다. 다음의 인용구가 그 관점을 포착하고 있다: "모든 재난 가운데는 밝은 희망(silver lining)이 있다. 이 경우에 밝은 희망은 방화행위들이 협력적인 투쟁의 필요성을 다시금 제기했다는 것이다"(Clay, 2000, p. 1).

실천가들은 이 저항과 반항단계를 보다 잘 이해하기 위해 2개의 이론적 동향, 즉 사회구성주의 접근과 강점관점으로 관심을 돌릴 수 있다. 사회구성주의 사고노선에 있어서 그 지향범위가 광범위할지라도(Berger & Luckmann, 1967; Gilligan, 1982; Wittgenstein, 1963), 공통분모의 하나는 현실이 사회적으로 혹은 심리적으로 구성되었다는 것이다(Green, Jensen, & Harper Jones, 1996; Queiro-Tajalli, 1999). 이 접근에 기초한 실천은 클라이언트의 세계관을 이해하기 위한 언어, 문화적 가정, 역사적 사건들에 의존한다. 개인과 공동의 이야기들은 힘을 가진 자가 정의한다기보다 지역사회가 경험한 것으로서, 이것은 현실의 구성과 정의에 필수 불가결하다. 제 이론적 원칙들은 그 어머니들(아르헨티나의 실종자녀의 어머니들)의 행동에 반영되었는데, 어머니들과의 면접에서 그들은 자신들 사이에서 납치사건을 재현하기 위해 그리고 서로가 이해하는 것이 긍정적인 영향임을 느끼기 위해 반복적으로 이야기하였다. 이러한 상호 지지는 납치에 대한 그들의 비난이 감소되고 정부의 구성원들이 자신들의 신뢰성을 파괴하기를 바라면서, "저런 정신나간 여자들"로 그 어머니들을 명하는 중요한 시점에서 발생한다.

그 어머니들의 사회운동을 이해함에 있어 마찬가지로 유효한 것이 있는데, 그것은 사람들의 자산, 재능, 비전, 가치, 희망, 그리고 역량에 근간을 둔 강점관점이다(Saleebey, 1996). 거시적 수준에서 클라이언트의 강점들과 더불어 일을 하는 것은 하나의 "자원의 보고(寶庫) (oasis of resources)"로서 지역사회를 포함하는 것이다(Kisthardt & Rapp, 1992, p. 113). 이 관점에서 보면, 지역사회성원들과 실천가들은 장기간의 그리고 종종 소진되는 재건과정을 시작하기 위해 상호 협력할 수 있는 것이 명백하다. 지역사회 자원들을 재발견하고 동원하는 것은 지역사회가 의미를 형성하기 위해 노력을 하며 불신의 이슈들과 신뢰의 빈약에 대해 투쟁을 하는 시기에 절실하게 된다. 강점관점에 숙달된 실천가는 가시적인 원조노력에 있어 지역사회가 관여하기 위한 기회를 포착하며 비극에 긍정적으로 반응하기 위하여 지역사회의 능력을 구축한다.

이 단계에 적용 가능한 지역사회 역량에 대한 문헌들이 있다(Bowen, Martin, Mancici, & Nelson, 2000; Delgado, 2000). 지역사회 역량구축과 탄력성에 대한 자신의 저술에서 Saleebey(1997)는 개인과 지역사회 연대의 중요성을 기술하였다.

탄력성에 대한 연구는 이러한 연대 구축을 위해 우리에게 도전을 주는데, 이 연대 구축은 사람들이 자상함, 지지, 존경 그리고 의미 있는 관여의 기회를 발견할 수 있는 "심리적 가정(psychological home)"을 만들기 위해 가족, 학교, 지역사회의 변혁을 도움으로써 소속감을 느끼는 것이다. 모든 사람은 생애과정에 대한 자기복원(self-righting)과 자기교정(self-correction)의 잠재력을 지니고 있지만, 이것이 진공 상태에서 발생하는 것은 아니다; 이는 보호요인들과 생성요인들을 제공하기 위해

환경이 도전과 지지를 할 때 발생한다.(p. 203)

Bowen과 동료들(2000)에 의하면, "지역사회 능력에 대한 일반화된 감각은 지역사회 성원들이 다양한 경험을 공유하며 광범위한 상황과 과업에 직면함으로써 시간이 지남에 따라 향상된다"(p. 9). 이 저항과 반항의 단계에서, 지역사회는 자원들을 동원하기 시작하고 탄력성을 위한 자연적인 노력을 구축하기 시작한다. 탄력성은 도전에 직면하며 보호요인들을 동원하는 과정 가운데 얻게 되는 가능성과 역량 간의 지속적 상호작용에 의해 육성된다(Rutter, 1985; Saleebey, 1996; Wolin & Wolin, 1993). 아르헨티나의 어머니들에게 있어, 보호요인들 중의 하나는 서로에게 주는 지지와 정보 그리고 자신의 자녀들의 행방을 알기 위해 가능성을 공유하기 위한 기제의 개발이다(M. P. de Gropper, 사설, 부에노스아이레스, 2000년 7월14일자).

step 3: 시민의 지역사회 정체성 개발

이 단계에서는 지역사회는 주어진 비극에 반응하여 스스로 변혁하는 단계이다. 개체감인—"나의 비극"—으로부터 공동체감인—"우리의 비극"으로 옮겨간다. 정체성의 발전을 위해, 지역사회는 관계를 강화하고 신뢰와 집단 응집을 구축한다. 지역사회가 정체성을 발달하기 시작하면서, 사람들은 그들이 유사한 외상적인 사건들을 공유할 뿐만 아니라, 사건을 일으킨 공격자에 대해 같이 비난하고 싶어함을 인식하게 된다. 지역사회 성원들은 상호신뢰할 필요성이 있지만, 소위 첩보 혹은 주변을 겉도는 외부인이 있다는 것을 인지하게 된다. 이러한 외부인은 지역사회의 조직화 노력의 결과를 와해시키고 조직화 작업자들의 삶을 위험에 빠뜨릴 수도 있다. 일부 지역사회성원들의 비극적인 결과에 대해서는 군사정권 사람들이 지역사회에 침투하여 당국에 지역사회의 활동에 대해 보고하던 때인, **Mayo광장의 어머니들**의 초기 조직화시기에서의 사례가 이 경우에 해당된다.

강한 상호부조감과 강한 감정이입 관계의 구축은 지역사회 주민들이 단결하여 역경에 직면할 수 있게 해주는 보호요인들 중 일부이다. 지역사회가 공공의 실재를 창설하기 시작할지라도, 이 과정의 충분한 현실화와 구체화는 다음 단계까지는 발생하지 않는다. 이는 또한 콜롬바인 지역사회에서의 경우와 같다. 그 지역사회는 삶의 상실에 대처하는 과정, 수많은 응답 없는 질문들, 그리고 지역사회의 붕괴가능성을 거쳐 왔다. 비록 총기가 난사되는 동안 현장에 있었던 교사들이 학교로 복귀할지에 대해 혼합된 감정을 가졌었을지라도, 그 교사들은 궁극적으로는 지역사회의 탄력성에 기여하였다. "우리는 우리 안에서 '이 일은 너무 엄청난 일이어서, 나는 그것에 맞설 수 없지만, 우리는 계속 할 것입니다. 왜냐하면 우리의 아동들과 학교들을 방임할 수 없기 때문에요' 라는 절망의 소리를 들었기 때문입니다"(Woodward & Springen, 1995, p. 43). 이 단계에서 공격자와 투쟁을 하기 위해서 자신들의 에너지가 고갈될 수 있기 때문에 자신들의 개인적 고통을 깊이 생각하지 않으려는 지역사회 성원들의 현실화가 필수불가결하다.

지역사회 탄력성 스키마를 활용하는 이 시점에서, 실천가들이 다양한 지역사회 개념들과 기능들을 이해하는 것은 필수 불가결한 것이다. 지역사회라는 용어는 정의하기 가장 어려운 것 중의 하나이며 보편적 개념으로서 이에 대한 합의가 거의 이루어지지 않은 용어 중 하나이다. 1925년에 Steiner가 지역사회의 정확한 의미와 관련하여 합의가 취약함을 인식하였다. 이후, 자신의 지역사회 정의에 대한 분석의 에세이에서 Hillery(1955)는 지역사회에 대해 94개의 정의를 목록화하였다. 비록 그가 지역사회의 보편적인 개념에 대한 합의의 발견에 취약했을지라도, 지역사회 성원들이 공동의 목적, 공동의 삶, 혹은 공동의 의식을 공유한다는 것을 포함하는 몇 가지 개념들을 확인할 수 있었다. 더군다나, 지역사회들은 지리적인 단위들 혹은 기능적인 지역사회로 분류되어질 수 있다. 콜롬바인에서의 학교 총기난사는 지리적 지역사회에서 발생을 한 것이며, 반면 Mayo광장의 어머니들은 기능적 지역사회를 형성하기 위한 조직화였다. 지리적 혹은 도시경계표들은 지리적 지역사회를 구분하는 반면, 공동의 이익 혹은 결집은 비록 구성원들이 다른 지역에 거주할지라도 기능적 지역사회를 규정한다. 유사한 맥락에서, 지역사회는 공간과 비공간적인 것으로 분류될 수 있다(Anderson, Carter, & Lowe, 1999). 공간적 지역사회는 공동주거와 관련이 되어 있는 반면, 비공간적 지역사회는 사람들이 자신들을 어떻게 동일시하는가와 연결된다.

집단응집과 관련된 몇 가지 중요한 정의들은 아래의 사상을 포함하는데, 지역사회란

- "지역의 인구가 그들의 일상의 필요를 제공하는 관계 구조"이다(Nawley, 1950, p. 180).
- "강력한 인간욕구들의 원천이며 문화적 목적, 성원들, 지위 및 연속성의 명백한 감각을 육성하는 곳"이다(Nisbet, 1971, p. 73).
- "인간집단이 생활하며 일상생활의 다양한 활동들이 관리되는 장소이다: 소득을 얻고, 스스로 생산할 수 없는 재화와 용역들을 구매하고 자녀들을 취학시키고, 민간 및 정부업무들이 집행되 곳 등"이다."(Cox, 1987, p. 233).
- "복리후생, 농업, 교육 혹은 종교와 같은 공동의 이익과 기능을 공유하는 사람들의 집단들을 포함하는 장소"이다(Ross, 1967, pp. 41-42).
- "지역사회 고유의 특성, 능력, 그리고 결과를 달성하기 위한 힘의 실재"이다(Bowen et al., 2000, p. 1).

또한 지역사회는 수행기능에 의해 이해될 필요가 있다. Warren에 의하면 (1977), 지역사회는 5가지 기능이 있는데, (1) 생산, 분배, 소비, (2) 사회통제, (3) 상호부조, (4) 사회화, (5) 사회참여이다. 기능적 지역사회의 경우 상호부조와 사회참여가 성원들의 관여를 유지하는 데 가장 중요한 기능이라고 할 수 있다. 부언하면, 주민에 의해 공동의 목적이 탐색되는 곳이 바로 지역사회다(Cnaan & Rothman, 2001; Nisbet, 1971; Rothman, 1995; Waren, 1963). 이 장에서 강조한 것처럼, 지역사회는 경제적인 억압, 사회적 불평등, 정치적 권력의 남용에 대해 대처할 수 있는 중요한 사회적 단위이다. 이 장의 저자들은 지역사회가 집단 성원들이 공동체를 기념하거나 방어하기 위해 협력하며 상호부조와 보다 나은 미래를 창출하기 위하여 공유된 지리적, 인종적, 민족적, 성별, 성 취향, 전문적 성향 혹은 이슈 지향의 공동체들의 강도에서 명백함을 제시하였다. 지리적이건 기능적이건 지역사회는 거시적 탄력성의 주춧돌이다. 지역사회의 상호작용은 지역

사회 위기에서 생존하도록 사람을 원조하는 보호요인들을 생성한다.

지역사회가 단결력과 연대 참여의 힘을 이해하고 정의를 모색하기 위해 몰입을 함으로써, 지역사회 정체성은 구체화되기 시작한다. Guzman Bouvard (1994)에 의하면, "아르헨티나 어머니들의 2년 간의 활동 이후에, 그들은 능력과 정체성을 획득했음을 인식하였다. 그 어머니들은 현재 지칠 줄 모르는 어머니들의 결성을 지속할 것인지 혹은 자신들의 투쟁에 진보된 정의를 부여할 것인지에 대한 문제에 직면하고 있다"(p. 93). 다행히 그 어머니들은 인간권리를 위해 자신들의 모색방향을 공식화하기로 결정을 지었다.

step 4: 시민이 조직화하는 단계

조직화 단계에서, 지역사회 구성원들은 공격자에 의해 희생되는 것을 거부하고 방어전략에 있어 보다 체계적이 된다. 지역사회 성원들은 자신들의 요구에 대해 공적 지지를 요청할 수 있으며 그렇게 함으로써 자신들의 사회체계에 있어 큰 변화를 민든다. 아르헨티나 어머니들 집단 성원들과의 면접에서, 그들은 계획된 과정이기보다는 자연적으로 조직화 노력을 시작했다고 상기하였다. 그들이 말하는 것은 평이하다—"우리는 활동을 계획하지 않았습니다. 그냥 행했습니다" 그리고 "그것은 불합리한 침묵에 대한 반응이었으며 경찰과 군 부서를 마지못해 돕는 것에 대한 반응이었습니다."

조직화 단계의 또 다른 중요한 특성은 괴롭힘과 위협과 같은 역경을 지역사회가 견딜 수 있도록 원조하는 원칙들의 개발이다. 다시금 아르헨티나 어머니들의 예를 보면, 그 어머니 집단의 성원들은 인간 존엄성에 대한 권리에 입각한 원칙들을 발전시켰다. 이러한 노력은 조직적 전략과 보다 나은 사회를 위한 목적으로 안내하는 비전의 창출을 도왔다. 그 비전을 이행함에 있어, 지역사회 성원들은 더 이상 스스로 주장할 수 없다거나 혹은 더 이상 발언권이 없는 사람들을 대변한다고 믿었다. 그들의 비난은 사회의 나머지가 자주 듣기를 원하지 않았던 불쾌한 진실들을 밝히는 것이었다. Mayo광장 어머니의 경우에서, 납치는 많은 시민들이 믿기를 거부했던 고통스러운 현실이었다. 이 모임의 목적을 위해, 아르헨티나의 어머니 모임은 "실종된"사람들이 살아 돌아오기까지 쉬지 않을 것이라는 자신들의 입장을 공지하였다. 그들은 또한 국내 및 국제기구들이 "실종자"들이 다시 돌아오는 데 그들을 도와주도록 요청하였다.

조직화 노력에 대해 타기관으로부터 공감적 지지를 얻는 것은 조직화 단계에서 중요할 수 있다. 아르헨티나 군사정부의 만행시기인 1970년대에, 이런 종류의 "외부" 지원은 다른 시민, 전문가 및 국내외의 인권기관들, 그리고 다른 국가에 은둔한 사람들로부터 강점을 찾고 있는 것으로 보고된 아르헨티나 어머니들에게 특히 의미심장했다. 국제 인권단체로부터 이들 어머니들이 받았던 지원은 지역사회 성원들의 복지나 보호에 있어 엄청난 결과를 가져왔다. 그 어머니들은 모든 주목과 인정을 받았으나 투쟁적인 청년단체들, 그들의 운동에 대한 개인적인 공감, 그리고 국제기구들의 원조 없이는 존립할 수 없음을 인정하였다.

아동과 청소년에 관한 탄력성 문헌(Werner, 1982; Winfield, 1991)은 거시적 수준에서 탄력성에 필수 불가결한 외적 지지체계의 중요성을 증명해주고 있다. 지역사회는 그 성원들 간의 과업을 분배하기 위해 구조를 개발하며, 지역사회 목적을 수행함에 있어 좀더 체계적으로 된다. 덧붙이자면, 지역사회는 그 구성원을 보호하고 잔혹한 행위를 탄핵하기 위해 의사소통 체계망의 묵시적이며 명시적인 수단을 개발한다. 또한 지역사회 성원들은 자신들이 변화시키기를 원하는 표적체계에 대해 보다 박식해 진다. 아르헨티나 어머니들의 예에서, 지역사회 성원은 목적을 지지해 줄 법률과 규정들에 대해 공부함으로써 취약지점에 대해 공격할 수 있는 표적체계의 결점을 발견할 수 있었다.

이 단계는 지역사회가 경험한 위기사건의 유형에 의거하여 다른 형태를 취할 수 있다. 1995년, 머라 연방정부 건물에서 7마일 떨어진 키솜 초등학교(Chisholm Elementary School) 학생들은 폭탄폭발의 여파를 느낀 것뿐 아니라 그 사고로 20명의 지역사회 성원들을 잃었다. 그 지역사회의 선생님과 아동들이 그 사건을 애도하고 대처했던 방법은 많은 가시적이고 영적인 활동들을 통해서였다. 초기에 그들은 스스로 구조대원들에게 격려편지를 쓰기 위해 조직화하였다. 그들은 음식을 모아 희생자들과 구조대원들에게 나누어주었다. 그 후 식수기념식을 가졌다. 그들은 구조팀의 성원인 키숌 학부모에게 경의를 표하여 친목회를 조직하였다. 그 해 연말에는 자신들이 심었던 나무에 리본을 매다는 행사를 가졌다(Aspy & Aspy, 1996).

이러한 활동들이 다른 프로젝트들에 비해 단순하게 들릴지 몰라도 이들 활동은 조직화의 많은 원칙들을 반영하고 있다. Ross(1967)에 의하면, 조직화의 일부 원칙들은 조직, 기획, 행동으로 연결되어져야만 하는 만연되고 광범위하게 공유된 불만감의 존재를 포함한다고 하였다. 공식적 그리고 비공식적 지도자들의 포함도 시도하여야만 한다. 지역사회는 반드시 공동 목적과 목표를 공식화해야한다. 부언하자면, 지역사회는 사람들이 도달하고자 하는 정서적인 만족감 수준의 활동들을 포함하여야 한다. 몇 가지 좀더 세부적인 원칙들은 의사소통의 활동적, 효과적인 노선을 개발하기 위한 욕구; 지역사회 성원집단들을 지지하고 강화하기 위한 욕구; 강점, 안정성, 신망을 육성하기 위한 욕구들을 포함한다. 이러한 원칙들의 암묵적인 것은 지역사회성원들이 그들의 상황을 해결함에 있어 적극적으로 관여되며 헌신적으로 남는다는 것이다. 이 해결은 "그들 자신보다 더 큰 대의 명분"에 관여한 뉴욕시 거주자들 사이에 이미 목격되고 있다(Stolberg, 2001).

이러한 원칙들은 아르헨티나의 어머니 모임, 그리고 공동의 목적을 위해 큰 희생을 경험한 사람들의 활동들에서 명백하게 관찰된다. 그 어머니 모임은 지지획득을 위해 그들 명분의 극적 표현의 중요성을 알고 있었다. 그들은 일주일에 한번 부에노스아이레스 중심에 있는 Mayo광장 주변을 손잡고 행진하는 의식을 개최하고 지지획득을 위한 표현을 행하였다. 그들은 20년 이상 이 행동을 수행하여 자신들의 연대감을 유지하였다. 그들은 또한 학생집단, 인권단체 등과 같이 자신들의 대의에 대한 공감적인 집단들의 참여를 독려하는 것의 중요성을 자신들의 초기 투쟁에서 알고 있었다. 그들은 자신들의 강인하고, 용감하고 평화로운 전략들에 대해 국제적인 인정을 받았다.

조직화에 대한 문헌은 이 단계의 과정에 대한 이해를 위해 확고한 기초를 제공한다. 조직화는 조직화 노력의 철학적 경향에 의해 각기 다른 방식에서 규정되고 분류된다. 지역사회 조직화는 지역사회에 대한 조직자의 가정, 변화전략의 사용, 권력구조와 다른 차원들에 대한 인식 등에 따라 다양할 수 있다. 1968년

Rothman의 "지역사회조직화 실천의 3가지 모델"의 초기작업과 그에 연속된 개정판들(Rothman, Erlich, & Thompman, 2001)은 이러한 차원들을 이해하고 어떻게 지역사업이 개념화되는지를 이해하기 위한 훌륭한 자료들이다. 이 문헌은 지역사회 조직화(Dunham, 1958; Ross, 1967), 지역사회개발(Marti-Costa & Serrano-Garcia, 2001), 지역성 개발(locality development) (Cnann & Rothman, 2001), 사회계획(Rothman, 2001; Rothman & Zald, 2001), 사회운동(Brueggemnaa, 2002; Gutierrez, 2001; Rothman, 2001), 그리고 지역사회능력(Bowen과 동료들, 2000; Delgado, 2000)을 다루고 있다. 전반적으로 지역사회 조직화는 지역사회와 그 성원들의 일반적 복지에 대한 책임을 어떻게 공유할 것인가에 크게 관련된다(Dunham, 1958).

폭력상황 하의 지역사회의 경우, 조직화 과정을 통해 성원들은 의식을 고양하고 그들 자신의 운명을 통제하기 위해 개인과 지역사회에 대해 권한부여를 할 필요가 있다(Marti-Costa & Serrano-Garcia, 2001). *Encyclopedia of Social Work*에서 Weil과 Gamble(1995)은 사회정의와 사회변화모색을 위해 조직화 단계를 지지하는 것으로 여겨지는 두 개의 영역—정치적 및 사회적 행동과 사회운동—을 확인했다. Si Kahn(1997)은 폭력의 시기 동안, 지역사회 조직화가 근본적인 변화에 대한 요청, 요망 혹은 요구가 되었음을 지적하고 있다. 이는 현존하는 경제적 및 정치적 업적에 대결하는 방편이다. 디스트레스 시기 동안에, 지역사회 조직화는 지역사회 성원의 안전과 복지를 위협하는 상황들을 제기할 수 있다.

step 5: 시민들의 지속적인 투쟁

이 단계에서, 지역사회는 언어적 공격을 개의치 않고도 투쟁을 지속할 수 있을 만큼 탄력적이다. 지역사회는 조직력의 첫째 목표 또는 새롭고, 수정된 목표를 달성하기 위해 투쟁한다. 이 단계에 특징적인 사항은 처음에 참사에 대해 가졌던 기억을 항상 생생히 기억하는 것이다. 지역사회는 다른 집단들과 많은 동맹을 연대하며 개정된 행동원칙을 선언한다.

초기의 재해상황은 먼 현실로 보일 수 있으나 이 단계는 사회변화를 가져오고 자하는 길고 소모적인 노력과정을 반영하는 지역사회성원들 간의 긴장으로 특징 지어질 수 있다. 옹호노력을 함에 있어 가장 위험한 시기에 직면한 이후 1986년에 Mayo광장의 어머니조직은 2개―Association Madres de Plaza Mayo 그리고 Madres de Plaza de Mayo: Linea Foundation―로 분리되었다. 민주정부 하에서 사용된 목적과 전략의 불일치 때문이었다. 그러나 두 집단은 매주 목요일 Mayo 광장에서 여전히 함께 행진을 하고 있으며 군사정부의 만행을 잊지 않을 것임을 함께 선언하고 있다. 두 집단은 진리와 정의를 성취하기 위해, 그리고 인권의 이행을 완수하기 위해 투쟁을 계속하고 있다.

그 어머니집단 성원들과의 면접과 그들의 간행물에 대한 탐색에서 알 수 있는 것은 그들의 주요 목표의 하나는 납치에 대한 기억을 집합적으로 유지함으로써 납치가 재현되지 않을 것이라는 것이다. 그들은 자신들의 목적을 촉진하는 것과 다음과 같은 다른 원칙들을 발전시키기 위해 투쟁하였다:

- 강제 납치에 대한 탄핵
- 인간성에 반하는 범죄늘에 대하여 신리와 정의 구현
- 인간성에 대한 이러한 폭력의 사회적 역사적 부정의 회피
- 납치를 자행한 사람들에 대한 사면권 부여 불가 촉구
- 인간성에 반하는 범죄근절을 위한 국내 및 국제입법 이행
- 자유와 안전을 보호하는 민주 정부를 위한 무조건적 지지의 제공
- 근본적 인권 방어 필요성에 대한 사회교육의 증진
- 연대, 자유, 민주원칙을 고수하면서 신세대의 미래를 위한 활동
- 인권을 위한 투쟁에 있어 타인과의 공조

이 단계 동안에, 그 어머니들 모임은 사회교육 프로젝트를 실시하였다. 최근에 Mayo광장의 어머니연합회는 월간신문, 정책방침서의 발행, 대중에 대한 공개 서신 등을 행하고 있으며 인터넷에 홈페이지 관련 사이트를 유지하고 있다. 이 집단은 또한 최근에 조성된 대학시설, 서점, 커피숍 등의 건물을 보유하고 있다.

step 6: 사회구조의 변화 발생 가능성

마지막 단계는 사회구조에서의 변화와 관련이 있다. 이 단계는 지역사회 성원들의 공익의 각인화와 지역사회가 지닌 보호요인들의 재발견을 포함하고 있다. 이 시기에 지역사회 의식의 창출은 지역사회의 역량의 향상뿐 아니라 사회변화를 가속할 수 있다. 이전의 단계에서처럼, 실천가의 개입은 사회변화에 관한 문헌들을 참고할 수 있다. Sorokin(1967)에 의하면, 체계의 본질 혹은 구성과는 관계없이 "변화는 심지어 고정된 환경에서조차도 모든 활동과 반응을 특징짓는 끊임없는 변화의 씨앗들 그 자체 내에서 잉태된다"고 하였다(p. 69). Sorokin의 진술에 내재된 의미는 이 변화의 유형은 지역사회의 유일한 "고유의 잠재력, 즉 한 알의 도토리로부터 참나무의 싹이 움튼다는 것"에 기반한 개념이다(p. 69).

Sorokin(1967)은 모든 체계들은 자기-결정에 대한 어떤 척도를 갖고 있음을 이론화하였다. 체계의 자율성과 체계의 독특한 환경은 각기 다르게 조절된다. Sorokin은 한번 시스템이 변화하면 다시는 본래의 상태로 돌아가는 일은 없다고 결론지었다. 이 결론은 아르헨티나의 지속적인 어머니모임 조직화; 콜롬바인 지역사회, 오클라호마 시, 교회방화 지역들; 인간 정의 추구를 위해 위험을 감수할 준비가 된 많은 지역사회들에 적용된다. 일단 그 지역들이 변화의 기제를 추진하는 상태가 되면, 그 지역들은 사회구조의 변혁을 초래하는 방향으로 진행된다.

Roland Warren(1977)은 6가지 차원의 고전적 사회변화 모델을 제시하였다. 첫째 차원은 변화목표에 대한 확인 또는 필요로 하는 변화가 무엇인지 결정하는 것과 어떤 체계 차원이 필요한지를 결정하는 것이다. 어머니 조직의 사례에서, 채택된 변화 목표는 납치된 자녀들이 생존 귀환하는 것이었다. 이 목표를 채택함에 있어, 그 어머니 조직은 아르헨티나 정부가 만연된 테러로부터 인간 삶을 존중하도록 하는 행동의 변화를 추구하였다.

둘째 차원은 개인이건, 지역사회건 혹은 조직이건 표적체계에 대한 확인 혹은 변화 욕구가 발생하는 체계의 선정이다. 표적체계 확인에 있어서 주요 이슈는 표적체계의 변화에 대한 준비성이다. 예를 들어 아르헨티나의 어머니 조직은 그들의 표적체계인 군사 정부의 거대한 저항에 명백하게 맞서는 것이다. 그 어머니들은 언어적, 신체적으로 공격을 받았고, 조롱받았으며 "억류된 실종자"는 "위험인물", "공산주의자", 그리고 "국가의 적"으로 낙인 되었다.

셋째 차원은 변화유도 체계로 세분화되거나 혹은 공동의 목적 달성을 위해 어떤 집단이 협력하여 함께 계획하는가를 결정하는 것이다. 이 단계는 다양한 변화기제 간의 협력관계를 포함한다. Mayo광장의 어머니 조직은 국내 및 국제적 수준의 인권조직의 지지를 얻은 기능적 지역사회의 핵심이 되었다.

넷째 차원에서는 지역사회 성원들이 협찬, 대중매체 캠페인, 혹은 신체 및 언어 컨테스트와 같이 변화를 이루기 위한 최상의 작업을 할 전략을 선정한다. 예를 들어, 아르헨티나의 군부권력구조가 경쟁 없는 자신의 기득권적 이익—통제와 특권—을 포기할 준비가 되어있지 않았으므로, 그 어머니 조직은 자신들의 주장으로 대처할 수밖에 없었다. 그 어머니 조직의 슬로건 중의 하나는 이렇다. "포기하지 않으면 투쟁의 실패는 없다."

다섯째 차원은 변화에 저항하는 표적체계에 대해 그럴 만한 이유를 분석하는 것을 포함하는 저항이다. 그 어머니 조직의 예에서, 만일 납치를 인정하고 변화에 개방적이었다면 군사정부는 크게 패배하였을 것이다. 따라서 저항은 지속할 필요가 있다.

여섯째 차원은 변화의 안정화, 혹은 변화가 안정이 되도록 실행 기제를 개발하는 것이다. 안정화의 과정은 지역사회 보호요인에 대한 관행화를 포함한다. 보호요인들은 조직적 통제감의 형성과 사회적 구조의 변화를 위해 지역성원에게 도움이 될 수 있다. 이러한 변화들은 권한부여에 관한 현재의 사고와 조화를 이루고 있는데, 권한부여는 아래의 내용을 포함하고 있다.

> 권한부여는 타인의 행동에 영향을 미치는 능력을 갖춘 개인적 통제감, 개인 혹은 지역사회의 현존하는 강점의 향상에 대한 초점, 자원의 분배에 있어서의 형평 수립에 대한 목적, 개인과 지역사회의 현상을 이해하기 위한 생태학적인(개인적이기보다) 분석유형, 권력은 불충분한 일용품이 아니라 그보다 권한부여과정에서 생성될 수 있다는 신념들을 결합하고 있다.(Gutierrez, 2001, p. 210)

지역사회는 지역사회 권한부여의 결과로서 더욱 탄력적이 된다. 미국에서 사회변화를 초래하는 기회가 되는 비극의 변형이 있었다. 예를 들어 콜롬바인 고등학교에서의 총격은 총기 안전과 관련된 개선 노력에 보다 박차를 가하였다. 총기회사와 의회의 대표자들이 총기안전 논쟁과 관련한 입장을 취하기 위한 새로운 총기안전 제안서를 제출하였다. 비록 콜롬바인 지역사회가 지역성원들의 상실로 지속해서 슬퍼할지라도, 이들은 신총기안전법률과 폭력 비디오게임에 관한 전국적인 논쟁을 위한 기폭제가 되었다.

유사하게, 2000년 4월 6일 Mayo광장의 어머니연합회는 사회변형의 교육과 촉진을 위해 설계된 지역 대학교인 Popular University of Mothers of Plaza de Mayo를 설립하였다. 주요 목표는 비판적 사고를 촉진하고 창의적인 사고를 위한 집단적인 기회를 구성하는 것이다. Mayo광장의 어머니연합회 회장이면서 새로운 대학의 학장인 Hebe de Bonafini는 "4월 6일에 Mayo광장의 어머니연합회조직은 우리 자녀들의 포부를 삶을 사랑하는 새로운 세대의 포부로, 피는 타협의 대상이 아니라는 것에 대한 깨달음으로, 그리고 오늘날 자유와 연대의 희망을 양성하는 우리의 소중한 나라의 땅을 덮은 각각의 핏방울에 대한 앎과 연결하는 교두보 역할을 함으로써 새로운 장을 시작할 것이다"라고 기술하였다(Popular University of Mothers of Plaza de Mayo, 2000. p. 3). 본 저자들은 이와 유사한 현상이 2001년 9월 11일의 사건 이후 미국에서도 일어날 수 있다고 생각한다.

지역사회가 사회적 구조의 변화 달성이 가능하면, 탄력적인 지역사회가 움트는 것에 대해 다른 사람들로부터 강한 인정을 받는다. 예를 들어, 오클라호마 폭발사건의 3주년 기념식에서 빌 클린턴 미국대통령은 재난사고로 고통받고 있는 지역사회에 대한 폭넓은 지지의 중요성과 지역사회 구성원들의 탄력성의 양측면에 대해 언급하였다. "오클라호마시의 용기와 탄력성은 우리 모두에게 지역사회의 의미를 일깨워 주었습니다"(미국 대통령 주례간행물, 1998, p. 677). 부언 하자면, 대다수의 오클라호마시의 지역사회 성원들은 정의 추구를 통해 치유하려고 노력하고 있다. 오클라호마 주정부 변호사 Bob Macy의 말에 의하면, "이러한 표면에 나타난 정의의 추구는 이 비극에 대해 탄력성의 궁극적인 수단으로서 정의를 바라보는 일부사람들에게는 필요한 것이다. 일부 지역거주자에게, 모든 일정 분량의 정의는 모든 가능한 유효한 재판으로부터 도출되어 나와야만 한다"
(Richey & Lloyd, 1997, p. 18).

지역사회는 지역사회의 성원들이 위험에 처할 각오가 되어있는 정도 만큼의 많은 용기를 갖고 위협을 뚫고 나간다. 그들은 공동 전선을 조직하고 그 성원이 된다. 결집, 상부상조, 이해, 협동심, 지역사회 자산들의 동원, 그리고 외부 집단들과 지역사회로부터의 지지는 지역사회의 복원능력에 기여하는 요인들이다. 거시적 수준에서 성공적으로 대처하는 것은 지역사회 성원들이 자신들의 변화 노력과 인권에 대한 지속적인 추구가 변화를 생성한다고 인식할 때 구체화된다.

실천에서의 함의

이 장에서는 어떻게 지역사회가 혼돈과 불확실한 상태로부터 명료한 목적과 헌신의 상태로 이동할 수 있는가에 대해 설명하였다. 여기서의 논의는 실천가들이 특별히 권력구조와 관련된 사회의 모든 요소들을 분석할 수 있도록 하는 철학적, 정치적인 경향을 받아들여야 함을 제시하였다. 실천가들은 또한 지역사회의 강점, 자원, 그리고 자산들을 존중하고 동원해야 한다. 아마도 이 장에서 배운 것 중 가장 가치 있는 것은 지역사회가 장기간 잔혹한 사건의 영향을 받은 것으로부터 이와 유사한 폭행의 재현을 예방할 수 있는 좀더 반응적인 구조를 구축하기 위한 과정으로 전환하기 위한 능력을 지니고 있다는 것이다.

폭력상황에 있어 거시적 수준에서 행해진 탄력성에 대한 논의는 사회복지실천이 담고 있는 다양한 의미를 생각해보게 하였다. 우선적으로, 이는 실천가들이 미시적 수준의 이론들과 거시적 수준의 이론들에 숙달이 되도록 하였고, 정치적인 민첩, 그리고 변화의 매개가 될 수 있다는 확고한 신념과 사회 불의에 도전하기 위하여 지역사회를 위해 일을 하기 위한 윤리적인 책임을 갖도록 하는 데 경종을 울렸다(NASW, 1999). 본 장의 저자들은 외상적 사건으로부터 고통받고 있는 지역사회에서 일하는 실천가들에게 아래의 6가지 실천 원칙을 제안하였다.

(1) 지역사회를 묵살하고 있는 억압 행위들에 대한 비난

(2) 변화의 힘이 지역사회 내부에 있음에 대한 인식

(3) 지역사회 성원들이 지역사회를 다르게 만들기 위해 자신의 복지의 위험을 기꺼이 감수하려함에 대한 인식

(4) 지역사회의 목적 달성을 가능케 하는 변화과정에 있어서 탄력성이 수많은 방법으로 나타날 수 있음에 대한 이해

(5) 지역사회가 그 목적을 달성하도록 원조하는 자산, 재능 및 보호요인의 확인 및 육성

(6) 조직화 과정을 통해 성공적으로 이룩된 지역사회가 불의에 대해 인내하지 않는, 새롭고 변혁된 것임을 수용

이 장의 원고를 출판사에 보냈을 때, 저자들은 이미 다양성에 대해 편협함이 명백하다는 것을 반영하였고 폭력범죄의 발생이 미국사회의 주요부분이 되어 지속되는 가운데, 세계적인 차원에서 인권존중 결여가 증가하고 있음을 반영하였다. 저자는 2001년 9월 11일의 미국 국방부와 세계무역센터의 끔직한 사건에 대해 예기치 못하였다. 이를 염두에 두고, 저자들은 실천가들이 거시적 수준에서의 위기상황에 반응하기 위해 필수 불가결한 역량을 획득하는 것과 사회적 변화달성을 위한 탄력성을 지역사회가 극대화하도록 원조할 것을 촉구하였다. 이 장에서 윤곽화한 스키마가 인간성에 대한 폭력으로부터 "복원"하기 위한 지역사회 내에 있는 힘과 사건의 영향을 이해하기 위한 방편이기를 바란다.

결론적으로 저자들은 이 조직화 과정에 있어, 출현하는 기술의 역할을 인식하기를 원한다. 인터넷이 가진 힘과 가능성은 9월 11일의 참사 이후에 명백해졌다. 뉴욕, 워싱턴 D. C., 펜실베니아에서의 인간성에 대한 끔찍한 공격발생 몇 시간 이내에, 미국 전역의 회원가입 성원들은 자신들의 경악, 불신, 두려운 느낌을 공유하였고 서로를 지지하였다. 미국 이외의 다른 나라 회원들로부터 격려의 감정을 표현하기 위한 글 등의 작은 행위들은 미국 내 나머지 가입성원들에게 많은 의미를 부여하였다. 우리는 또한 지역사회와 조직들이 어떻게 교감하며, 정보를 제공하고, 웹사이트를 통해 도움을 요청하는가를 보아왔다. 기초과목들은 사회

복지전공학생들의 감정과 행동을 요청하는 즉각적인 도구가 되었다. 예를 들어, 이 장의 저자들은 9월 11일의 공격 이후에 학생들을 위해 그 사건 당시 어디에 있었는지, 어떻게 느꼈는지, 반응이 무엇이었는지 등의 특별 포럼을 즉각적으로 개최하였다. 일부 학생들은 즉각적으로 이에 반응한 반면, 다른 학생은 아래의 인용의 반응과 같이 사건의 의미를 숙고하기 위해 더 많은 시간을 할애하였다:

비록 아직까지 그 사건에 대해 이야기를 원치 않을지라도, 내 자신을 표현하기 위한 적절한 말들이 없을지라도, 지금까지 나는 게시물들을 읽고 참으로 평안을 찾았다.

더 나아가 토론들은 학생들의 가치와 아래의 게시물에 표현된 것처럼 다음단계로 나가는 생각의 시발에 영향을 미쳤다.

……우리나라의 인종차별에 대항하여 투쟁을 집중하는 것은 나의 책임이다. …… 나는 나의 가족, 친구, 그리고 다른 무고한 사람들이 단지 그들의 피부색 혹은 어떤 옷을 입었는가의 이유로 인해 폭력행위의 표적이 될 수 있다는 것을 알고서는 밤에 잠을 잘 수가 없나.

……나는 나의 모든 사회복지학부 동지들이 자랑스럽다. 원조를 위한 아이디어 모두가 대단하다.

참고문헌

Abuelas de Plaza de Mayo, (no date). *Memoria*. Printed by Abuelas de Plaza de Mayo and other human rights organizations.

Anderson, R. E., Carter, I., & Lowe, G. (1999). *Human behavior and the social environment: A social systems approach*. New York: Aldine de Gruyter.

Aspy, D. N., & Aspy, C. B. (1996, October). How a school coped with the Oklahoma City bombing. *Educational Leadership, 54*, 82.

Berger, P., & Luckmann, T. (1967). *The social construction of reality: A treatise in the sociology of knowledge*. London: Penguin.

Bernstein Carlson, E., & Rosser-Hogan, R. (1994). Cross-cultural response to trauma: A study of traumatic experience and posttraumatic symptoms in Cambodian refugees. *Journal of Traumatic Stress, 7*, 43-58.

Bowen, G. L., Martin, J. A., Mancini, J. A., & Nelson, J. P. (2000). Community capacity: Antecedents and consequences. *Journal of Community Practice, 8*, 1-21.

Brueggemann, W. G. (2002). *The practice of macro social work* (2nd ed.). Berkeley, CA: Brooks/Cole.

Caplan, G. (1964). *Principles of preventive psychiatry*. New York: Basic Books.

Clay, R. A. (2000). *Monitor* [On-line serial, American Psychological Association]. Available: http://www.apa.org/monitor/aug96/faithd.html.

Cnaan, R. A., & Rothman, J. (2001). Locality development and the building of community. In J. Rothman, J. L. Erlich, & J. E. Tropman (Eds.), *Strategies of community intervention* (6th ed., pp. 251-267). Itasca, IL: F. E. Peacock.

Cox, F. M. (1987). Communities: Alternative conceptions of community. Implications for community organization practice. In F: M. Cox, J. L. Erlich, J. Rothman, & J. E. Tropman (Eds.), *Strategies of community organization: Macro practice* (4th ed., pp. 232-243). Itasca, IL: F. E. Peacock.

Delgado, M. (2000). *Community social work practice in an urban context: The potential of a capacity-enhancement perspective*. New York: Oxford University Press.

Dunham, A. (1958). *Community welfare organization: Principles and practice*. New York: Thomas Y. Crowell.

Eitinger, L. (1980). Concentration camp syndrome and its late sequels. In J. E. Dimsdale (Ed.), *Survivors, victims, and perpetrators: Essays on the Nazi Holocaust* (pp. 127-162). Washington, DC: Hemisphere.

Frederick, C. (1985). Children traumatized by catastrophic situations. In J. Laube & S. A. Murphy (Eds.), *Perspectives on disaster recovery* (pp. 110-130). Stamford, CT: Appleton-Century-Crofts.

Germain, C, & Gitterman, A. (1980). *The life model of social work practice*. New York: Columbia University Press.

Germain, C, & Gitterman, A. (1996). *The life model of social work practice* (2nd ed.). New York: Columbia University Press.

Gilligan, C. (1982). *In a different voice*. Cambridge, MA: Harvard University Press.

Gordon, J. D., & Doka, K. J. (2000). Resonating trauma: A theoretical note. In K. J. Doka (Ed.), *Living with grief: Children, adolescents, and loss* (pp. 291-292). Washington, DC: Hospice Foundation of America.

Green, G. J., Jensen, C, & Harper Jones, D. (1996). Constructivist perspective on clinical social work practice with ethnically diverse clients. *Social Work, 41*, 172-180.

Gutierrez, L. M. (2001). Working with women of color: An empowerment perspective. In J. Rothman, J. L. Erlich, & J. E. Tropman (Eds.), *Strategies of community intervention* (6th ed., pp. 209-217). Itasca, IL: F. E. Peacock.

Guzman Bouvard, M. (1994). *Revolutionizing motherhood: The mothers of the Plaza de Mayo*. Wilmington, DE: SR Books.

Halpern, H. A. (1973). Crisis theory: A definitional study. *Community Mental Health Journal, 9*, 342-349.

Hawley, A. (1950). *Human ecology: A theory of community structure*. New York: Roland Press.

Hillery, G. A. (1955). Definitions of community: Areas of agreement. *Rural Sociology, 20*, 111-123.

Kahn, S. (1997). Leadership: Realizing concepts through creative process. In M. Weil (Ed.), *Community practice: Model in action* (pp. 109-136). Binghamton, NY: Haworth Press.

Kisthardt, W. E., & Rapp, C. A. (1992). Bridging the gap between principles and practice: Implementing a strengths perspective in case management. In S. M. Rose (Ed.), *Case management and social work practice* (pp.112-125). New York: Longman.

Koetze, D. A. (1986-1987). Contradictions and assumptions in community development. *Community Development Journal, 22*, 31-35.

Lazarus, R., & Blackfield Cohen, J. (1977). Environmental stress. In I. Altaian & J. F. Wohlwill (Eds.), *Human behavior and environment: Advances in theory and research* (Vol. 2, pp. 89-127). New York: Plenum Press.

Lee, E., & Lu, F. (1989). Assessment and treatment of Asian-American survivors of mass violence. *Journal of Traumatic Stress, 2*, 93-120.

Marti-Costa, S., & Serrano-Garcia, I. (2001). Needs assessment and community development: An ideological perspective. In J. Rothman, J. L. Erlich, & J. E. Tropman (Eds.), *Strategies of community intervention* (6th ed., pp. 267-277). Itasca, IL: F. E. Peacock.

Masten, A. S., Best, K. M., & Garmezy, N. (1991). Resilience and development: Contributions from the study of children who overcome adversity. *Development and Psychopathology, 2*, 425-444.

National Association of Social Workers. (1999). *Code of ethics* (rev. ed.). Washington, DC: NASW Press.

Nisbet, R. A. (1971). *The quest for community.* New York: Oxford University Press.

Parsons, T. (1971). *The system of modern societies.* Englewood Cliffs, NJ: Prentice Hall.

Poole, D. L. (1997). Building community capacity to promote social and public health: Challenges for universities. *Health & Social Work, 22*, 163-170.

Queiro-Tajalli, I. (1999). How useful is the social constructionist approach? In R. R. Greene (Ed.), *Human behavior and social work practice* (2nd ed., pp. 341-349). New York: Aldine de Gruyter.

Rapoport, L. (1965). The state of crisis: Some theoretical considerations. In H. J. Parad (Ed.), *Crisis intervention: Selected readings* (pp. 22-31). New York: Family Services Association of America.

Richey, W, & Lloyd, J. (1997, June 4). McVeigh verdict: Chill to terrorists. *Christian Science Monitor*, p. 18.

Ross, M. G. (1967). *Community organization: Theory, principles, and practice* (2nd ed.). New York: Harper & Row.

Rothman, J. (1968). Three models of community organization practice. *In National Conference on Social Welfare, Social Work Practice.* New York: Columbia University Press.

Rothman, J. (1995). Introduction. In J. Rothman, J. L. Erlich, & J. E. Tropman (Eds.), *Strategies of community intervention* (5th ed., pp. 3-25). Itasca, IL: F. E. Peacock.

Rothman, J. (2001). Approaches to community intervention. In J. Rothman, J. L. Erlich, & J. E. Tropman (Eds.), *Strategies of community intervention* (6th ed., pp. 27-64). Itasca, IL: F. E. Peacock.

Rothman, J. L., Erlich, J. L., & Tropman, J. E. (Eds.). (2001). *Strategies of community intervention* (6th ed). Itasca, IL: F. E. Peacock.

Rothman, J., & Zalad, M. N. (2001). Planning and policy practice. In J. Rothman, J. L. Erlich, & J. E. Tropman (Eds.), *Strategies of community intervention* (6th ed., pp. 298-311). Itasca, IL: F. E. Peacock.

Rutter, M. (1985). Resilience in the face of adversity: Protective factors and resistance to psychiatric disorder. *British Journal of Psychiatry, 147*, 598-611.

Saleebey, D. (1996). The strengths perspective in social work practice: Extensions and cautions. *Social Work, 4*, 296-305.

Saleebey, D. (1997). *The strengths perspective in social work practice* (2nd ed.). New York: Longman.

Schulberg, H. C, & Sheldon, A. (1968). The probability of crisis and strategies for preventive intervention. *Archives of General Psychiatry, 18*, 553-558.

Slaikeu, K. A. (1990). *Crisis intervention: A handbook for practice and research* (2nd ed.). Boston: Allyn & Bacon.

Sorokin, P. A. (1967). Reasons for sociocultural change and variably recurrent processes. In W E. Moore & R. M. Cook (Eds.), *Readings on social change* (pp.68-80). Englewood Cliffs, NJ: Prentice Hall.

Steiner, J. F. (1925). *Community organization: A study of its theory and current practice.* New York: Appleton-Century-Crofts.

Stolberg, S. G. (2001, September 23). Mining purpose out of horror. *New York Times*, p. 3.

Thurman, S. (1997, March 28). Where residents refuse to let fear rule. *Christian Science Monitor*, p. 1.

Universidad Popular Madres de Plaza de Mayo. (2000). *Inauguracion de la Universidad Popular*

Madres de Plaza de Mayo. Buenos Aires, Argentina: Author.

Warren, R. (1963). *The community in America*. Chicago: Rand McNally. Warren, R. (1977). Social change and human purpose: Toward understanding and action. Chicago: Rand McNally.

Watson, D., David, J. P., & Suls, J. (1999). Personality, affectivity, and coping. In C. R. Snyder (Ed.), *Coping: The psychology of what works* (pp. 119-140). New York: Oxford University Press.

Weekly *Compilation of Presidential Documents*. (1998, April 27). *Vol. 34(17)*, p. 677. Washington, DC: US GPO.

Weil, M., & Gamble, D. N. (1995). Community practice models. In R. L. Edwards (Ed.-in-Chief), *Encyclopedia of social work* (19th ed., Vol. 1, pp. 577-594). Washington, DC: NASW Press.

Werner, E. E. (1982). Resilient children. *Young Children, 10*, 68-72.

Winfield, L. F. (1991). Resilience, schooling and development in African American youth. *Education and Urban Society, 24*, 5-13.

Wittgenstein, L. (1963). *Philosophical investigations*. Oxford: Blackwell.

Wolin, S. J., & Wolin, S. (1993). *The resilient self: How survivors of troubled families rise above adversity*. New York: Villard.

Woodward, K. L, & Springen, K. (1995, May 22). The stages of grief. *Newsweek, 125*, p. 43

제11장
억압적인 환경에서의 아동양육
탄력적인 성인들의 목소리

Roberta R. Greene, Norma J. Taylor,
Margaret L. Evans, and Linda Anderson Smith

아마도 아동의 사회화는 여전히 가족의 가장 독점적인 영역일 것이다. …… 흑인가
정에는, 사회화는 그 자녀들이 인간다워지는 것뿐 아니라, 백인사회에서 어떻게 흑
인으로서 살아갈 것인가까지도 가르쳐야만 하는 이중적인 도전을 받고 있다.

Billingsley, 1968, pp. 27 28

비록 탄력성에 대한 연구가 급격히 성장하고 있긴 하지만, 빈곤 속에서 살아가는 취
약한 아동들과 그러한 소수인종 청소년들, 그리고 탄력성이 발달해가는 방식에 대
해 추가적인 관심을 가져야 할 것이다.

Miller and MacIntosh, 1999, p. 167

"탄력성" 에 대해 연구하는 이론가들은 인종차별주의와 차별의 위험이 증가하
는 상황인데도, 어떻게 수많은 아동들이 과도한 환경적인 스트레스에 대응하여
억압의 결과에 굴복하지 않는지 고심해 왔다(Garmezy, 1991; Miller & MacIntosh,
1999). 어떻게 억압적 사회에서 유능한 성인으로 양육될 수 있을까? 어떠한 요인
들이 아동의 탄력성을 증진시키고 스트레스에 대처하는 가족의 능력에 기여하는
가? 사회복지사는 차별의 위험이 높음에도 불구하고, 가족들이 어떻게 성공을 일

구어내는지에 대한 정보를 활용함으로써 어려움 속에서 고전분투하고 있는 사람들을 도울 수 있기 때문에, 더 많은 연구에 대한 필요성이 있는 것이다(Greif, Hrabowski, & Maton, 1998).

문헌에서는 지지적인 가족 및 적어도 한 부모와의 긍정적인 관계가 탄력성을 증진시키거나 긍정적인 영향을 미칠 수 있다는 생각을 점차적으로 뒷받침하고 있는 추세이다(Demby, 1996). 또한 탄력성이 가족이 속한 민족 문화적 가치와 상호적인 심리적 지지의 제공에 의해 향상된다고 제시하는 문헌들도 증가하고 있다(Genero, 1998; McCubbin, Thompson, Thompson, & Futrell, 1998). 또한, 개인적으로는 물론, 인종적으로나 민족적으로 긍정적인 정체감을 가지도록 아동을 사회화함으로써, 그리고 그들에게 차별에 저항하는 전략을 제시함으로써, 억압적인 사회 속에서도 가족이 아동을 효과적으로 양육할 수 있다는 근거가 더 많이 제기되고 있다. 예를 들어, 무엇이 도시의 아프리카계 미국청소년들 사이에서의 탄력성과 학문적 성취를 증진시키는가에 대한 연구에서, Miller와 MacIntosh(1999)는 억압적 환경의 위험을 뛰어넘는 역량은 가족의 "문화적으로 독특한 보호요인"에서 비롯될 수 있다고 제시한 바 있다(p. 159). 인종적 사회화와 정체감에 대한 논의에 있어서, 흑인아동에게 주어진 부모의 직·간접적 메시지가 아동이 불평등한 환경 속에서 적절하게 기능하도록 준비시킬 수 있다고 지적한 것이다. 그들은 비록 모든 아프리카계 미국가정에서 똑같지는 않다고 하더라도, 인종적인 사회화는 아동이 차별과 환경의 일상적 분투에서 자신을 스스로 보호할 수 있도록 무장하게 하는 것이라고 결론을 내렸다. 부모는 편협함과 선입견이라는 쇠약하게 하는 결과에 따라 도전 받을 수 있지만, 그들은 자녀의 성공을 가능하게 할 적응적 전략을 가르치고 가치를 전달함으로써 자녀를 성공적으로 사회화시킬 수 있을 것이다(Peters, 1985). 사회복지사는 이중적 관점을 사용하고 가족의 대처전략에 기반을 둔, 문화적으로 민감한 실천을 통해 이 과정을 증진시킬 수 있을 것이다.

본 장에서는 억압받는 집단들 사이에서 가족의 사회화과정을 이해하는 데 도움이 될 수 있는 이론적인 구조들을 논의하고자 한다. 이러한 논의는 가족 안에서 학습된 문화적으로 구체화된 적응전략들이 억압의 부정적인 영향으로부터 아동들을 보호할 수 있고, 더 나아가 아동들이 차별을 초월함으로써 탄력적인 성인이 된다는 가정을 전제로 한다(Chestang, 1972). 즉, 본 장은 차별과 관련된 위험을 극복하고, 스트레스를 이겨낼 수 있는 아동의 능력에 기여하는 구체적인 가족의 문화적 형태를 설명하고자 한다(Genero, 1998; Solomon, 1976). 비록, 문헌이 아프리카계 미국이론가들의 관점을 일차적으로 반영하고 있긴 하지만, 그 구조틀 만큼은 어떠한 특정집단으로 제한되어서는 안 될 것이다. 오히려 억압받아 온 집단에 속하는 클라이언트들에게 적용될 수 있다. 사회복지실천에 대한 강점에 기반한 지향과 이중적 관점은 관련있는 실천전략에 대한 기반으로 작용하게 된다.

사회화와 이중적 관점

전통적으로 인간의 행동을 설명하기 위해 사회과학자들에 의해 발달되어온 패러다임과 개념들은 "유럽혈통의 …… 백인에 의해 지나치게 영향을 받아" 왔다 (Schriver, 2001, p. 66). 이중적 관점에서 비롯된 사회화는 해방된 노예였던 DuBois(1903)가 처음 설명했다. 그는 "검둥이인 미국인은 영원히 이중성을 느끼게 된다. 두 가지 영혼, 두 가지 사고, 두 가지 화해될 수 없는 싸움, 하나의 검은 신체에서 서로 맞서는 두 가지 이상들이 발생하는데, 그 자신의 끈질긴 강점만이 산산이 찢겨 나가는 것을 막아낼 수 있다."(p. 17)고 하였다. Chestang(1972)과 Miller(1980)는 이 이중적 관점을 소수집단과 주류문화 양쪽의 가치와 태도, 그리고 행동을 의식적·체계적으로 이해하는 과정이라고 더 심도있게 정의했다. 이 이론가들은 개인은 양육을 받는 가족체계 안에서 인접문화에 대해 가장 처음 학습된다고 주장하였다. 그 이후에, 사람들은 학교나 건강 또는 대인서비스기관들과 같이, 물품과 서비스의 제공을 통제하는 기관과 상호작용하면서 문화체계를 유지하는 주류 집단을 경험하게 된다.

이중적 관점에 대한 생각은 모든 개인들은 클라이언트의 인접환경이 되는 소규모 체계와 좀더 규모가 큰 사회체계, 이 두 가지 체계의 일부분이 된다고 가정한다. 예를 들어, Boykin과 Toms(1985)는, 아프리카계 미국아동이 처음에는 각

세대를 통해 전해 내려온 아프리카문화의 유형에 대한 이해를 발달시키는데, 이 발달과정이 진행되면서 주류 사회풍조와 또한 연계를 맺게 된다고 하였다. 사회복지사가 클라이언트가 인접해 있고 지지하고 있는 문화에 대한 관점을 이해하는 것은 클라이언트의 사회문화적 정황에 대한 전체 그림을 제시함으로써 정형화시키거나 잘못 해석하여 부적절하게 개입하게 되는 위험을 예방하게 한다(Northon, 1978). 더욱이, 클라이언트에게 두 가지 체계의 다양한 요소들이 나란히 존재한다고 하더라도, 두 가지 체계는 일치할 수도, 일치하지 않을 수도 있다. 이중적 관점에서 오는 평가는 "이렇게 본질적으로 다른 체계에 대한 평가를 통해 주요 스트레스가 어디에 놓여있는지를 결정하도록" 하는 것과 연관이 있기 때문

그림 11-1 모든 개인들의 이중적 체계

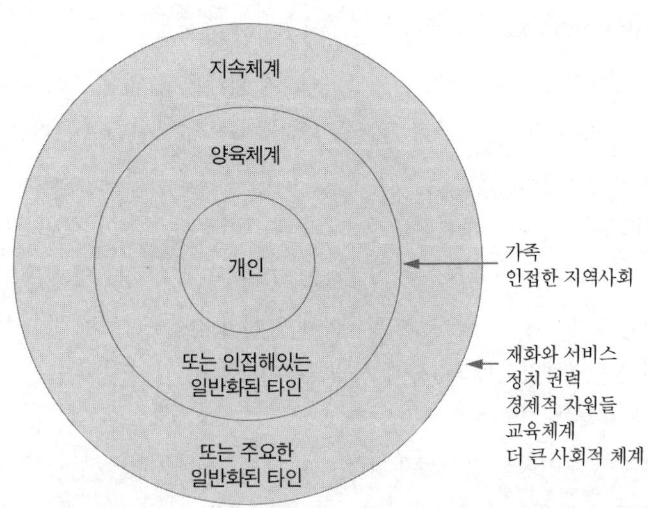

출처: The Dual Perspective: Inclusion to Ethnic Minority Content in the Social Work Practice, D.G Norton, 1978, p. 5.
, New York: Council on Social Work Education(저작권: Virginia주 Alexandria의 사회복지교육협의회, 1978).

에, 이 이중적 관점의 불일치 정도는 사회복지 사정에 있어서 중요한 요소가 된다(그림 11.1 참조). 이러한 방식으로, 사회복지사는 가족의 탄력성을 증진시키기 위한 개입방법에 대해 합의에 기반하는 결정으로 도달할 수 있다.

Green(1995)은 사회복지사가 "클라이언트와 대인서비스 전문가 사이의 축적된 지식 간에 이중적 대립"이 있을 수 있다는 것을 인식해야 한다고 경고한 바 있다(p. 57). 그는 임상세팅에 공존하면서 전문가와 클라이언트 간의 해석과 기대의 차이, 심지어는 상극성을 나타낼 수도 있는 4가지 지식유형에 대해 다음과 같이 그 윤곽을 제시하였다: (1) 클라이언트가 일상생활의 경험으로부터 알고 있는 것, (2) 사회복지실천가가 공식적인 교육과 훈련과정을 통해 알고 있는 것, (3) 사회복지실천가가 시민 개인으로서 알고 있는 것, (4) 주어진 제도적 역사와 정책방향 안에서 기관이 허용하는 것. 이렇게 사회복지사의 이중적 관점에 대한 의식적인 활용은 임상현장에서 발생가능한 오해 사이에서 다리역할을 수행함으로써 도움을 줄 수 있다.

이중문화적 역량은 이중적 관점과 깊은 연관을 맺고 있는 개념이다. 사회화가 문화적으로 구체화되어 있다면, 아동들은 소속되어있는 집단에 적합한 행동양식과 유형을 학습하게 된다. 이중문화적 역량은 문화적 양식들을 교체하고 통합하는 능력이다. McAdoo(1992)는, 흑인부모의 경우에는 반드시 그 자녀가 흑인과 백인 양쪽 사회에서 잘 기능할 수 있도록 준비시켜야 한다고 하였다. 이민가정의 아동은 어떻게 새로운 미국시민이 될 수 있는지에 대해 버둥거릴지도 모른다. 러시아 출신의 이민자녀로서, 뉴욕의 Hunter 대학의 영문학 교수가 된 사회평론가 Irving Howe(1982)는 다음과 같이 설명하였다.

"나에게 가정은 내 안에 존재하는 장소이며 느낌으로, 아늑함과 박탈감을 동시에 의미하였다. 그것은 한 사람의 새로운 삶의 부분이 될 수는 없었다. 나는 내 친구들을 집으로 데려온다는 생각은 상상조차 못하였는데, 부모를 그들에게 보이는 것만큼 내 부모에게 그들을 보인다는 것은 매우 수치스러운 일이었기 때문이다. 서로가 서로의 겉치레를 통해 바라볼 것이라는 것은 나의 충분한 상상력으로 가정할 수는

있었으나, 나로서는 다른 한 편에 대항해 어느 한 쪽을 방어할 수 있는 충분한 용기
는 없었다. 더욱이, 그 비좁은 아파트에 사람들은 도대체 어디에 앉을 수 있을 것이
었단 말인가?"(p. 5)

"이중문화주의"(biculturalism)는 아동이 민족적인 자부심을 굽히지 않으면서
도, 주류문화를 학습하며 이익을 취하는 것을 가능하게 한다. 아동의 양쪽 문화
에 대한 긍정적인 태도와 지식을 발달시키기 위해, 가족은 두 사회 안에서 사는
것이 수용할 만하다는 것을 정당화할 필요가 있다(Genero, 1998). 두 문화를 병
용하는 아동은 각 문화들 사이에서 효과적으로 의사소통하며, 민족문화나 주류
문화상 양쪽 모두에서 효과적이며, 잘 자리잡혀졌다고 느끼게 된다. 이러한 기반
은 탄력성의 발달에 기여할 수 있다(La Fromboise, Coleman, & Gerton, 1993). 예
를 들면, 연방정부에서 인정한 505개의 부족들 중 하나의 부족에 속하는 도시에
거주하는 인디안 아동은 부족의 전통에 헌신하면서도 주류문화의 기술들을 학습
할 수 있는 것이다(Attneave, 1982). 부모가 가정 안에서 권위에 대한 존경을 가르
치는 라틴계 아동은 적합한 권위체계와의 상호작용에 있어서 더욱 잘 준비된다
(Hill, Soriano, Chen, & La Fromboise, 1994).

이중문화주의의 개념은 역동적이고 주관적이기 때문에, 하나의 민족문화와
또 다른 문화 사이에서 움직이는 것 이상의 의미로 사용되어왔다. 이 개념은 사
회복지사로 하여금 억압되어있는 사람들이 보다 큰 사회에서 어떻게 거부될 수
있는지에 대한 구조적, 정치적 차이점을 더 잘 이해할 수 있게 해준다(Green &
Watkins, 1998). 예를 들어, Lukes와 Land(1990)는 "성적 소수자들이 전통적인 의
미의 문화를 갖추고 있진 않더라도, 문화적인 맥락에서 그들을 연구하는 몇 가지
이유가 있다"고 제시하였다(p. 155). 즉, 정상적인 집단과 다른 사람들이 어떻게
제도적 · 경제적 권력에서 부인되는지를 이해할 수 있는 것이다(Van Voorhis,
1998).

용어의 정의: 문화, 인종, 민족성, 소수집단, 그리고 인종차별주의

아동이 두 문화체계 안에서 잘 기능할 수 있도록 학습되어야 한다는 생각은 불평등한 처우를 경험할 수 있는 다양한 아동들에게 적용된다. 미국사회의 구성이 점차 복합문화적으로 되어가기 때문에, 사회복지사는 증가해가는 다양한 가족들을 돕기 위한 준비를 갖추어둘 필요가 있다. 어떻게 문화가 탄력성을 강화할 수 있는지에 대한 지식은 사회복지사가 문화적으로 다양한 체계에서 급증하는 서비스 수요를 충족시키는 데 도움이 된다(Ewalt, Freeman, Kirk, & Poole, 1996; Germain, 1992; Greene & Watkins, 1998; Tully, 1994).

문화

Green(1995)은 그의 저서, *Cultural Awareness in the Human Services*(대인서비스에서의 문화적 인지)에서, 사회복지사는 자신이 도움을 주는 문화와 구성원에 대한 폭넓은 시각을 가져야 한다고 제안하였다. 그는 사회복지사는 문화를 청각장애인과 노숙인을 위한 학교 또는 마약의 집(drug house)과 같이 명백하게 인종적이거나 민족적이지 않은 집단까지도 포함하는 이해관계의 공동체로 여겨야 한다고 주장하였다. Green은 문화는 특별한 가치, 물리적 외형, 혹은 사람들이 가지고 있는 그 어떤 것이 아니라고 주장해왔다. 오히려, 사람들이 공유하고 있는 인지적 지도, 담론화법, 그리고 삶을 사는 방법(즉, 그들의 삶의 관점)으로서 이해되어야 한다.

가족의 문화는 기본적 심리사회적 욕구를 어떻게 충족시키는지와 관련된 삶의 방식의 총합이다(Pinderhughes, 1989). 문화는 그들의 행동유형과 전통뿐만 아니라, 특정한 가족과 사회집단의 가치, 규범, 믿음, 태도, 그리고 풍속을 포함한다. 게다가, 문화는 다른 문화적 형태가 그렇듯이, 사회화를 통해 공동체의 가치를 확실히 지속시키기 위한 수단으로 다음 세대로 사회화되면서 전달되는 관습 등을 포함한다(Hill et al., 1994; Hines, Preto, McGoldrick, Almeida, & Weltman,

1999). 문화는 종종 한 집단을 함께 결속시키고, 사람들이 스트레스에 직면할 때 지원해주는 일련의 규범과 가치를 제시하면서 잠재적 보호기제로서 작용하며, 탄력성에 기여할 수 있기 때문에, 문화는 억압된 사회 안에서 탄력적인 아동을 양육하는 방법에 대한 논의에서 중요한 구성요소가 된다. 사회복지사로서는 특정한 가족 안에서 이러한 전승의 과정을 이해하기 위해 배우려는 자세를 가지는 것이 필요하다(Green, 1995; Pinderhughes, 1989).

인종

개인의 탄력성에 대한 인식은 인종적 정체감에 의해서도 또한 영향을 받는다. 이론가들이 인종에 대해 모두 다르게 정의하고, 또한 경멸하는 방식으로 그 용어를 사용해왔기 때문에 우선 그 어법을 명확히 하는 것은 의미가 있는 일일 것이다(Devore & Schlesinger, 1996; Green, 1995, Pinderhughes, 1989). Pinderhughes(1989)는 인종이라 함은 유사한 신체적 특성을 가진 사람들을 구분하는 생물학적인 용어로, 오늘날에는 피부색에 근거하여 사람들을 구분짓는 의미가 되었다. 다른 한편으로, Green(1995)은 인종들 간에서와 같이, 같은 인종 내에도 많은 신체적 차이가 있기 때문에 "인종"이라는 개념은 과학적인 유의점을 가지고 있지 않다고 주장하고 있다. 그는 사람들이 인종집단이라고 생각하는 경향이 있는 집단은 실제로는 같은 지리적 영역에 살고 있는 사람들이 오랜 시간이 지나면서 진화된 인구집단 또는 유전적인 분류일 뿐이라고 주장한다. 인종이란 단어에 대한 잘못된 개념이 널리 퍼져있기 때문에 여전히 학자들은 피부색 때문에 억압과 차별에 맞서온 집단을 지칭하기 위해 유색인종이라는 용어를 고수하고 있다(Hopps, 1982). 본 장 마지막의 자전적 묘사는 인종이 클라이언트의 삶에 얼마나 지대한 영향을 미쳤는가에 대해 클라이언트가 스스로 개인적 지각을 확실히 하는 것이 얼마나 중요한지를 날카롭게 묘사한다.

민족성

이론가들은 탄력적이고자 하는 가족의 능력을 보기 위해서는 그 민족성과 문화를 탐색해야 가장 잘 이해된다는 것에 동의한다(Devore & Schlesinger, 1996; Greene, 1995). 민족성은 종교, 국적, 출신지와 같이, 사람들 사이에서의 연계 및 공통성과 관련이 있다. 시간이 지남에 따른 문화적 양태의 공유와 사회적 역사에 대한 공통적 지각 또한 민족성과 관련된 요소들이다(Pinderhughes, 1989). 게다가, **민족성**이라 함은 "종교, 국가 등 같은 집단 내의 구성원들 간에 경험되는 민족적 일체감을 일컬으며" (Devore & Schlesinger, 1996, p. 45), 그들이 집단 내의 다른 사람들과 동일하다는 인식을 하는 사람들인 **민족집단의 구성원**들과는 구분이 된다. **민족적 소수집단(ethnic minority)**이라는 표현은 그들의 시초에 대한 공통적 이야기, 역사에 대한 인식, 세계관을 공유하는 사람들을 포괄하여 사용된다(Green, 1995). 일반적으로 미국에서 민족적 소수집단이라고 하면, 역사적으로 억압받아온 집단인 아프리카계 미국인, 아시아인, 라틴계 사람들, 그리고 미국원주민들을 의미한다(Bush, Norton, Sanders, & Solomon, 1983).

사회적 역사를 고려할 때, 사회복지사는 민족집단의 한 성원으로 살아간다는 것이 클라이언트에게 주는 의미는 무엇인지 탐색해 볼 필요가 있다(Helton & Jackson, 1997). 클라이언트는 자신의 민족성을 사회계층이나 경제적 상황과 연관되어 축하받아야 할 것, 또는 정치적인 과정, 아니면, 명목상의 정체감으로 조명하고 있는가? 민족집단의 성원들은 그들이 일반화된 문화적 양식을 선호하여 민족적 독특성을 포기할 때까지 다소 동화될 수 있다(Green, 1995). 각각의 지위에는 비용과 이득이 존재한다. 어떤 아프리카계 미국인 가족은 자녀들이 주류적 정체감을 더 갖도록 사회화시킨다. 이 때의 비용은 인종차별주의에 대한 준비를 상실하는 것과 아프리카계 미국사회의 지지를 상실하는 것일 수 있다. 이득으로는 백인세계의 가치와 풍습의 공유를 통한 "동일함"을 획득하는 것이다. 이는 백인들로 하여금 더 편안하고, 더 수용적일 수 있게 할 수 있다(Cross, 1991).

소수집단

부모는 자녀를 사회화하는 데 있어서 종종 그 자녀가 "소수집단 경험"에 어떻게 대처할 것인가에 대해 심각하게 고려한다(Thorton, 1998, p. 57). 소수집단이라는 용어는 꼭 수적으로 적은 집단이나 문화적인 차이만을 의미하지는 않는다. 오히려, 이 용어는 사회적인 힘의 부족이나 제한적인 경제적, 사회적 환경을 경험하는 사람들에게 적용되며, 예를 들어, 성역할과 권력의 쟁점에 근거하여 역사적으로 차별적 처우가 주어져 온 여성들을 고려할 수 있다(Green, 1994). Devore and Schlesinger(1996)에 의하면, 소수집단은 민족적 계층화의 체계 안에서 특권을 받지 못한 사람들이다. 소수집단 성원들은 "불공평하고 차별적인 처우를 위해 사회에서 선별된다"고도 생각할 수 있다(Bush et al., 1983, p. 105). 본 장 마지막 부분인 개인적 성찰에서 보듯이, 클라이언트에 대한 사정은 그가 소수집단이라는 지위로 인해 얼마나 영향을 받고 특정한 경험을 했는지를 이해함은 물론, 클라이언트의 세계관에 대한 이해까지도 포함해야 한다.

인종차별주의

이론가들은 인종차별주의가 아동양육에 영향을 주는 방식에 초점을 맞추어왔다. Pinderhughes(1989)에 따르면, 인종차별주의는 단순한 편견, 그 이상이다. 오히려 인종차별주의는 한 인종이 다른 인종보다 우월하다는 믿음으로, 정책과 제도를 통해 사회로부터 인가되고 사회구조 안에 내재화된 것이다. 제도적인 인종차별주의는 사람의 기회와 자원에의 활용가능성을 제한하는 사회정책과 사회구조이다. 다른 차별의 형태와 마찬가지로, 제도적 인종차별주의는 발달과업을 완수하기 위한 아동의 능력을 제한하거나 방해할 수 있다(Hill et al., 1994). 다른 한편으로는, 부모는 자녀의 탄력성을 이끌어낼 수 있는 저항전략을 발달시키도록 아동을 도울 수 있는 구체적이며 미묘한 메시지를 전달할 수 있다. Thorton(1998)은 이것을 "흑인 부모가 그 자녀를 미국의 삶에 준비시키기 위해 뛰어드는 독특한 아동양육의 활동이며, 명백한 인종적 사회화(racial socialization)의 과정"이라고 했다(p. 56).

억압

억압된 사회에서 양육된다는 것은 무엇을 의미하는가? 억압은 한 사회의 지배적인 집단이 세계의 소수집단의 가치와 장소에 대해 부정적인 관점을 부과하는 과정이다. Greene(1994)에 의하면, 차별과 제한된 정치적인 힘에 직면해온 억압된 집단은 다음을 포함한다.

- 제한된 정치적인 권력에 의해 정의된 소수집단
- 공유된 의식에 의해 특징지워진 민족집단
- 성역할과 권력 관점에서의 여성
- 가치절하된 지위에 의해 영향을 받는 노인인구집단
- 경제적·교육적 유리함, 불리함이라는 관점에서의 특정한 사회계층의 구성원
- 육체적·정신적 능력에 있어서 어려움을 겪는 것으로 인식되는 발달장애인들
- 애정관계에 대한 오해와 차별에 의해 영향을 받아온, 가지각색의 성적 지향을 가진 사람들
- 영적인 욕구, 종교적 신념과 관행에 의해 정의된 종교집단

페미니스트 사상가인 Hooks에 따르면(1984), 억압을 하는 집단은 정치적, 경제적, 그리고 사회적 권력의 중심으로 여겨질 수 있다. 또한 억압을 하는 집단은 자원에 대한 통제력을 가지고 있고, 사회적 구조 안에서 사용되는 문화적·언어적 형태에 대해 선택하도록 지배력을 행사한다. 이러한 지배의 결과로, 권력과 자원이 부족한 집단은 **주변부**에 놓이게 되거나 사회 주류의 외부에 놓이게 된다.

이러한 불공평함은 인종차별주의, 성차별주의, 이성애주의, 연령차별주의, 계급주의 등의 형태를 띠게 된다. 주변부에 놓인 사람들은 덧없다는 의식을 발달시키거나, 희망없고, 무기력하고, 소외되어 있다는 느낌을 가질 수 있다. 이러한 은밀한 과정의 결과로, 어떤 사람의 자기 가치감은 서서히 손상될 수 있는 것이다(Van Voorhis, 1998).

민족체계

억압적인 사회는 권력차별이 특징이다. Solomon(1976)은 미국사회를 이루는

그림 11-2 민족체계의 행동을 이해하기 위한 구조틀

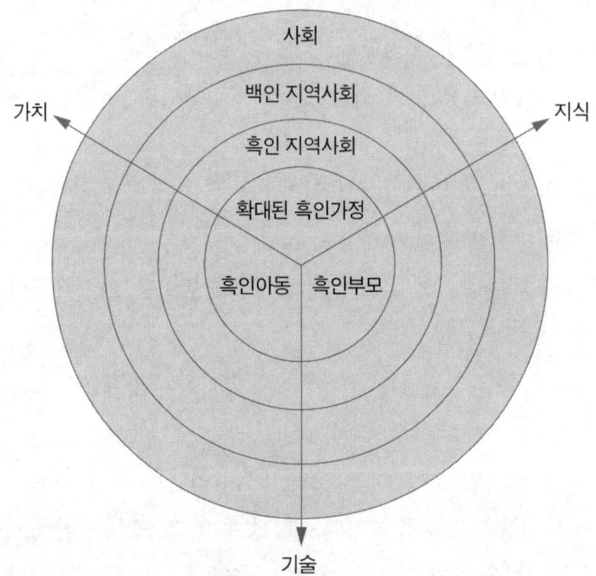

출처: An Integrrative Approach for the Inclusion of Content on Blacks in Social Work Education, J.A. Bush, D.G Norton, C.L. Sanders, and B.B. Solomon, 1983, *Mental Health and People of Color,* p. 112, Washington, DC: Howard University Press(저작권: Howard University Press, 1983)

각 집단의 상호관계를 이끄는 힘의 원칙의 조직화를 설명하기 위해 **민족체계** 접근을 개념화시켰다. 그녀는 민족체계를 "단일화된 정치적 체계에 의해 함께 묶여지고, 독특한 역사적, 문화적 유대를 공유하면서 서로 의존하고 있는 민족집단들의 집합"이라고 정의하였다(p. 45; 그림 11.2 참조). 정치적 체계로 묶는 민족에 대한 이러한 개념화는 사회복지사로 하여금 얼마나 다양한 민족집단들이 주류 사회뿐만 아니라, 마주하고 있는 다른 집단들에게도 상대적인 권력을 가지고 있는지 이해하도록 한다.

권력의 차별

대부분의 억압은 "사람이 살아가는 환경에 직·간접적으로 영향을 미치거나 통제하는 능력" 또는 권력과 관련이 있다(Goldenberg, 1978, p. 59). 비록, 인종, 성별, 그리고 계급과 같은 요인들에 근거한 특정한 권력의 차별이 있긴 하지만, Davis, Leijenaar and Oldersma(1991)는 클라이언트의 상황을 이해하는 데 사용될 수 있는 7가지 일반적인 특성을 제시했다. 클라이언트가 다음과 같은 상황을 경험하고 있는가?

(1) 사회적 자원, 사회적 지위, 또는 정치적, 문화적 영향에서의 불공평함

(2) 현존하는 자원의 활용에 대한 기회의 불공평함

(3) 권리와 의무의 배분에 있어서의 불공평함

(4) 종종 차별적 처우로 이끌리는 암묵적·명시적인 판단의 기준에 있어서의 불공평함 (법, 노동시장, 교육 관행들 등)

(5) 문화적인 표현에 있어서의 불공평함: 무기력한 집단에 대한 가치절하, 정형화, 권력이 없는 이들에 대한 "자연적" 혹은 (생물학적) 본질에 대한 언급들

(6) 심리적 결과에 있어서의 불공평함: "열등적 심리감"(불안함, "이중구속된" 경험들, 그리고 때로는 지배집단에 대한 동일시) 대 "우월적 심리감"(오만,

지배적 관점을 포기하지 못함)

(7) 권력의 불공평함을 축소하거나 부인하려고 하는 사회적·문화적 경향성: 합의로 표현되는 (잠재적) 갈등, "정상"으로 여겨지는 권력의 불공평함(p. 52)

또한, 억압적인 사회는 어떤 개인과 공동체가 무기력하다고 지각하도록 하는 데 기여한다. 미국의 주류 사회의 신념체계는 권력과 자원이 있는 사람들은 가치 있는 반면, 억압받고 소외되는 사람들은 실패자라고 믿도록 사회적으로 조건화된다고 제시한다(Solomon, 1976). 권력의 차이가 커질수록—다시 말해 한 집단이 종속집단을 더 많이 지배할수록—, 억압을 느끼는 정도는 더 커진다(Wilson, 1973). 그렇기 때문에 Pinderhughes(1983)는 권력이라는 동전 이면에는 무력함이 있다고 하였다:

더 큰 사회체계에서 필요한 자원을 공급하는 데 실패하는 경우, 무력함의 주기는 순환적인 방식으로 작용하게 된다. 한 집단의 무력함이 커질수록, 그 안의 가족들은 그 구성원들의 욕구를 충족하거나, 그들에게 더 큰 지지를 줄 수 있도록 지역사회를 조직화하는 데 더욱 방해를 받게 된다.(p. 332)

해방된 노예들의 이야기에서 설명되는 것처럼, 사람의 열망과 무력감은 그 이상 더 통절할 수는 없다. 그들의 이야기는 가족구성원이 팔려가는 것, 도망치고자 하는 시도, 그리고 도망가다 붙잡혔을 때의 채찍질에 대한 공포에 맞서 출생과 결혼의 기쁨을 병렬한다. 신기하게도, 과거의 많은 노예들이 희망감과 깊은 신앙심을 표현하였다. 즉, "우리를 위한 자유는 최고로 좋은 일이다. 기도는 세상에서 가장 좋은 것이다. '기도가 노예로에서 해방할 수 있게 해 주었기 때문에' 모든 사람들은 기도해야 한다"고 하였다(Backer & Backer, 1996, p. 75).

왜 노예에 대한 논의로 돌아갔는지 아마 의문이 제기될 것이다. 이 역사적 관점이 오늘날의 인종차별주의에 대한 오해를 강화하는가(L. Smith, Springfield College, 문학석사, 개인대담, 2000년 11월)? 수백 년이 지난 지금도, 흑인아동들의 사회화는 여전히 그 시대의 교훈을 반영한다. 예를 들면, 인종차별이 있는 동안 남부에서 자라난 존경받는 교육자이자 신학자인 Proctor(1995)는 자신이 성공한 이유를 독실한 신앙심 덕택이라고 했다. Proctor는 그의 조부모의 신앙에 대해 자세히 이야기하였다:

나는 노예상태에서 자유로의 큰 발걸음을 옮겨놓은 조부모에 대해 생각할 때, 내가 성취한 것의 그 어느 것도 그들의 유산에 맞게 살아오지 못했다는 것을 깨닫는다. …… 그들의 신앙에서 비롯된 영적인 탄력성은 노예화된 대부분의 아프리카계 미국인들로 하여금 인간다움을 잃지 않으면서, 자신의 품위를 격하하는 경험 전체를 헤쳐나가는 것을 가능하게 하였다. …… 몇 백만 명의 다른 흑인계 미국인들처럼, 나는 1619년 제임스타운에 20명의 겁에 질린 흑인 포로가 하역된 그 날 태어난 믿음의 상속자이다. …… 나는 다양한 미국 민족들 모두가 참여할 수 있는 새로운 종류의 인간 패러다임을 찾기 위해 원대한 국가적 탐색을 일으키기 위한 이상주의와 신앙이 우리 모두에게 남아 있다는 것을 믿는다.(p. xxi)

역사적 · 경제적 차별

연구자들은 억압적인 역사적 · 경제적 조건들이 결국 어떻게 아동들을 위험상황에 남게 하는지 또는, 탄력성이 발달되도록 귀결되는지를 지속적으로 연구하였다(Hill et al., 1994). 1960년부터 1980년까지 아프리카계 미국인들 사이에서의 빈곤에 대한 경제적, 역사적인 거시분석에서 Wilson(1987)은 어떻게 미국의 경제가 수공업경제에서 서비스경제로 이동하였는지를 설명하였다. Wilson은 수공업 회사의 폐업과 함께, 많은 유색인들이 생존할 수 있는 수입이 없이 방치되면서 중학교 졸업장을 가진 개인들에게 적합한 전통적 직업이 감소하고 있다고 지적했다. 이러한 과정이 진행됨과 동시에, 많은 중산층의 가족들이 도심을 떠나 외곽지역으로 이동하였다. Wilson은 변화를 위해 일할 수 있는 충분한 정치적 권력 없이 도심에 남겨진 가난한 사람들 중에서도 가장 가난한 자들을 설명하기 위해 **최하층(underclass)**이라는 신조어를 만들어 내었다. 이러한 불평등을 시정하기 위한 구조적인 사회변화에 대해 논쟁한 Wilson은, 국가가 복지개혁을 실험함에 따라 지속되는 실업의 초조한 어려움을 이해하기 위한 맥락을 제공해왔다.

Ogbu(1985, 1988)는 도시 내부의 청소년들의 상대적 성공에 대한 조사에서 유사한 주장을 제시하였다. 그는 미국사회에는 사회적 경제적 자원들이 접근되는 체계인 **지위이동체계(status mobility system)**가 있다고 주장하였다. 지위이동체계에서 성공하고자 하는 젊은이들의 능력은 (1) 청년이 스스로를 '**자주적(autonomous)**' 이라고 인식하는 소수집단(규모면에서는 소수이지만 권력을 가지고 있는 집단)의 구성원인지의 여부, (2) 청년이 스스로를 '**이주한(immigrant)**' 이라고 인식하는 소수집단(사회적, 경제적, 그리고 가능한 정치적 지휘를 위해 미국으로 자발적으로 이주한 집단)의 구성원인지의 여부, (3) 청년이 스스로를 '**비자발적(involuntary)**' 이라고 인식하는 소수집단(노예 또는 정복의 결과로 미국사회의 한 부분이 된 집단)의 구성원인지의 여부에 의해 결정된다. 덧붙이자면, 지위이동체계의 상승은 피부색과도 관련이 있다. 피부색이 더 검고, 민족적으로 더 구별되는 소수집단일 경우, 성공의 가능성은 더욱 작아진다. 지위이동체계는 학교 교육에서도 동일하게 나타나는데, 교육제도에 대한 접근이 적어질수록 성취도는 낮아진다.

지위의 이동체계는 사람의 개인적 특질에 대한 지각에 지대한 영향을 미친다. 즉, 사람은 종종 좋은 직업, 높은 수입, 그리고 가정의 외관상의 안정도를 놓고 경쟁하는 능력에 의해 정의된다. Ogbu(1985)는 소수민족의 청년이 지위의 사다리를 올라가는 데 영향을 미칠 수 있는 다음의 4가지 요인들이 있다고 주장하였다. 즉, (1) 교육과 권력에 대한 구조적 불평등의 영향, (2) 직업의 선택을 제한할 수 있는 소수집단에 대한 직업상한선(job ceiling)의 존재, (3) 이러한 체계적 제약들에 대한 부모들의 대응과 어떻게 그 자녀를 사회화하는가의 여부, (4) 소수집단의 개인들이 대립되는 사회적 정체감과 강한 문화적 준거틀을 발달시키는 정도이다. Solomon(1988)에 의하면, "메시지는 분명하다. 젊은 흑인남성이 직업기회를 활용하고 체계적 고용차별에 효과적으로 대항하도록 준비시키는 데 최일선의 방어선은 양육하는 가정" 이라는 것이다(p. 312).

지역사회의 안녕(well-being)

지역사회의 폭력은 물리적 · 심리적 피해를 유발하는 행동들로 구성되며, 이 것은 억압적인 사회의 특징이다(Dubrow & Garbarino, 1989; Garbarino, 1999; Solomon, 1976). Metzenbaum(1994)에 의하면, 1980년대에서 90년대 중반까지 총기만으로 발생한 치명적인 폭력은 베트남 전쟁에서 사망한 군인들의 수보다도 더 많은 미국 아동들을 죽음으로 몰아넣었다. 폭력적인 환경에서 자라는 아동들 은 절망과 죄의식, 희망없음, 자아존중감의 저하, 위험에 대한 지각과 죽음 및 부 상에 대한 걱정 등의 복합적인 감정을 경험하게 된다.

총격, 폭력배, 안전하지 않은 엘리베이터, 안전한 야간외출이 불가능함으로 인 해 두려움이 고조되는 시카고 공공주택의 발달에 관한 연구에서, Dubrow와 Garbarino(1989)는 지역사회의 폭력은 부모들로 하여금 자녀의 미래에 대해 무 기력함과 두려움을 느끼게 한다는 것을 발견하였다. 워싱턴 포스터 지의 기자인 Nathan McCall(1994)은 출신 지역사회에서 성장할 때의 도전과 폭력에 대한 자전 적 설명을 했다:

대답을 원하는 사람들이여, 나는 흑인들 간의 폭력을 종식시킬 수 있는 간단한 사회 적 방식은 알지 못한다. 그러나 내가 지금 저기 밖에 있는 초라한 젊은 세대들을 바 라보고 있다는 것은 안다. 그들은 우리 세대보다 더 많은 것을 잃고 고립되었으며, 인생의 정말 가치 없는 것들에 기대어 살아가고 있다는 것을 나는 안다. 우리는 적 어도 역할모델이 있었고, 그들에 의해 영향을 받았었다. 지금의 새로운 상황들은 흑인사회의 주류와는 완전히 다르다. 크랙(Crack: 코카인으로 만든 마약의 일종)이 마약놀이를 더욱 치명적인 수준으로 이끌었으며, 더 큰 경제적 유인을 제공하여 흑 인 젊은이들이 길거리 생활을 택하도록 하였다.

나는 흑인들을 죽음으로 이끄는 것들에 대해 염려하고 있다. 무엇보다도 자기 자신 또는 다른 사람들에 대한 분노가 그들을 죽게 만든다. 이런 이유로 나는 좀처럼 꼼 짝않고 정지해 있지 않는다. 얼마 전, 나는 늘 가던 곳에서 살고 있는 낯익은 몇몇의 얼굴을 발견했다. 나는 차를 주차하고 있었고, 그들은 손을 마주치고 있었다. 그 순간, 나는 내가 위험에 처해 있다는 것을 깨달았다. 내가 알지 못하는 사람들이 위협적으로 나를 바라보는 것과 같은 느낌을 받았다. 내가 한 때 그랬던 것처럼 그들이 세상을 바라본다면, 나는 그들이 삶 자체를 포함해서 잃을 것이 전혀 없다고 믿는 사람들이라는 것을 알았기 때문에 재빨리 차를 빼서 그곳을 떠났다. 그것이 내가 소리를 지르고 양손을 들고 싶게 만들었다.(p. 416)

Solomon(1976)은 지역사회의 개념이 공포가 너무 커서 아동의 사회화가 오히려 부정적으로 영향을 미칠 수 있는 이웃을 의미하는 "방어되는 이웃(the defended neighborhood)"의 개념을 포괄해야 한다고 주장한다(p. 57). 방어되는 이웃에서는, 종종 범죄율이 높고 신뢰, 안전, 친밀감이 감소한다(Garbarino, 1995; Garbarino, Kostelny, & Dubrow, 1991). 또한 방어되는 이웃은 제2차 세계대전 기간 동안의 유태인 학살과 모잠비크 내전처럼 전쟁의 결과로 생길 수도 있다. 아이들의 보호와 안전에 대한 느낌은 일상적으로 이름을 부르거나 호되게 꾸짖는 소리와 같은 **작은 공격**(microaggression) 또는 생존을 위협하는 직접적인 행위와 같은 **큰 공격**(macroaggression)에 의해 영향을 받을 수 있다(Pierce, 1969; Seliger, 1996). 인종 또는 민족적 사회화에 관한 공통된 주제는 자녀들이 위협적인 환경에 직면할 것을 아는 부모들이 마음속에 다음과 같은 부조화를 가지고 자녀들을 양육한다는 것이다:

나는 군 진영에서 본낸 첫날밤을 결코 잊지 못할 것이다. 매일의 삶이 저주받고 매일의 운명이 봉인되는 긴 밤으로 바뀌어 버렸다. 조용한 푸른 하늘 아래 피어오른 연기 속에서 불길 속에 타들어 간 아이들의 얼굴도 결코 잊지 못할 것이다.(Wiesel, 1960, p. ix)

내 기억 속에서 과거의 추악한 인종차별적 기억들이 스쳐 지나간다. 몇 년 전 뉴욕에서 윌리엄즈 대학에 강의하러 갈 때, 코카인 운반에 대한 거짓 혐의로 나는 세워졌다. 내가 종교학 교수라고 말했을 때, 그는 "그래. 나도 지금 바로 성직자야. 검둥아, 경찰서에 가자." 라고 대응했다.(West, 1993, p. xv)

예배장소의 파괴나 미국적 민주주의의 상징이 공격받은 2001년 9월 11일 사건처럼, 폭력 또한 사람들을 위협하고 그들의 위험과 억압감을 증가시키기 위한 시도로 사용될 수 있다. 이런 사건들은 지역사회의 응집성에 대한 지각을 시험하고 동시에 사람들의 결단력을 증명하게 하는 역할을 한다.

1958년 10월 12일, Atlanta의 가장 오래되고 유명한 유대교회당이 오전 3시 37분에 폭격당했다. 밤중에 50개의 다이너마이트가 교회의 측면 벽을 산산이 부수었다. 주일학교 교실과 사무실도 건물과 같이 산산조각이 났다. 계단은 떨어져 나갔고 줄사다리처럼 매달려 있었다. 두 번의 세계대전에서 사망한 사람들을 기념하기 위한 청동판은 저녁식사 후 구겨진 식탁보처럼 휘감겨져 있었다. 모든 것들이 그 순간 용암에 녹아내린 것같이 붉은 불길과 하얀 재로 덮여 있었다.

"그것은 정말 큰 충격이었어요. 나는 커다란 소리를 들었죠. 창문이 흔들리는 것을 느낄 수 있었고, 창문이 떠는 소리를 들었지요. 이것이 바로 교회가 폭격당했던 날 있었던 일이지요. 다음 날 아침, 나는 신문에서 그 폭발에 대한 기사를 읽었고, '내가 어제 밤 느꼈던 것이 바로 이것이었구나' 라고 말했다."고 Richard Wasser는 회상했다.

"나는 폭격으로부터 숨어있었다." 현재 교육컴퓨터 소프트웨어전문가인 Marcia Rothchild는 말했다. 나는 잠에서 깨어나 무슨 일이냐고 물었다. 그 날은 나의 11번째 생일 바로 전날이었다. 나는 커다란 소동에 잠에서 깼던 것으로 기억한다. 모든 것들을 정상으로 만들기 위해 가능한 많은 노력들이 기울여졌다.(Greene, 1996, p. 238)

비슷한 상황에 대해 Carter(1999)는 교회폭격을 경험한 흑인사회의 탄력성에 대해 입증하였다. 그녀는 교회가 흑인사회에서 아주 중요한 역할을 하고 있었기 때문에 사회복지사들은 지속된 교회방화의 유행이 비극적인 일이라는 것을 인지해야 한다고 지적했다. 그럼에도 불구하고, 대부분의 지역사회들은 이러한 참상을 재건프로그램에 초점을 두고 접하였다. 방송망의 설명을 자세히 부연하면,

아프리카계 미국인 삶에서의 교회의 중심성은 흑인교회가 지난 2년 간 인종적으로 동기부여된 것으로 보이는 교회방화사건의 표적이 된 주요한 이유라고 전문가들은 말한다.

흑인교회는 지난 수백 년 동안, 흑인계 미국사회에서 보건, 교육, 복지의 매우 중요한 공급원이 되어왔다고 흑인심리학자협회의 전(前) 회장이자 캘리포니아 클레러몽의 Pitzer 대학교의 부교수인 Halford, H. Fairfield 박사는 설명하고 있다.

이 기관들의 방화는 건물의 폭격 그 이상이다. 이것은 집합적인 투쟁을 하는 실제 기관과 상징에 대한 방화 이상의 사건인 것이다.(Clay, 2000, p. 1)

범법자에 대한 기소결정과 흑인 지역사회의 재건노력은 이러한 부정적 사건에도 불구하고 지역사회가 얼마나 개별적이고 집단적인 효능감을 발전시킬 수 있는지를 보여주고 있다(Sampson, Raudenbush, & Earls, 1997). 아동들은 이런 활동으로부터 더 강한 메시지를 받는다. 세계도처의 폭력적인 사회에 살고 있는 아동들과 가족을 인터뷰한 Garbarino(1992)에 의하면, 영적인 지지뿐만 아니라, 강한 애착과 무조건적인 사랑을 경험한 아동들이 이런 위험들을 잘 극복하여 탄력적인 성인이 될 수 있다. 워싱턴 DC의 클리멘트 공원 부근에서 빈곤선 이하로 생활하고 있는 편모가정을 연구하고 있는 Brodsky(1996, 199) 또한, 탄력성을 발견하고 있다. 안전과 기본적 욕구의 충족에 대한 끊임없는 근심에도 불구하고, 그녀가 인터뷰한 어머니들은 그들이 어떻게 자신들과 자녀들을 위해 하루하루를 살아나갔으며, 어떻게 자신과 자녀들을 위해 그들만의 성공을 이루어냈는지를 설명하였다. 본 장의 마지막에 있는 개인적인 이야기는 일상적 원칙에 기본을 둔 사람들 행동의 영웅적 자질을 보여준다.

사회화

사회화는 아동들이 전통적인 신념과 가치, 행동의 기준에 대한 배움과 가르침을 통해 성인의 역할과 사회에 대한 의무를 지니도록 준비시킨다(Boykin &

Toms, 1985). 사회화는 보통 가정에서 시작되며 청년들이 사회의 주요한 사회화 매개들(학교, 대중매체, 직업세계)과 상호작용을 해 나감에 따라 지속된다. 사회화 및 청년들이 긍정적인 정체성을 발달시켜나가는 과정은 상징적인 가치나 행동의 모범이 되는 역할모델들과 멘토들에 의해 영향을 받게 된다(Taylor, 1989). 사회화의 목적은 개인이 사회에서 성공적이고 능력있는 참여자로서 준비되도록 하기 위함이다.

사회화와 주변화된 집단

편견과 차별에 의해 주변화된 가족들은 미국의 주류 가족과는 너무나 다른 환경에서, 또 평등이라는 국가적 이상에서 극도로 모순된 환경 속에서 자녀들을 사회화하게 된다(Peters, 1985, 1988). 가족의 위기는 학교와 병원, 직장, 그리고 다른 사회제도에 있어서의 차별경험으로 촉진되어지거나 악화될 수 있다. 개인 또는 지역사회의 복지를 위협할 수 있는 환경적 조건으로는 빈곤(Garmezy, 1991), 폭력(Garbarino, Dubrow, Kostolny, & Pardo, 1992), 그리고 의료보호와 같은 자원에 대한 제한된 접근 등이 있다(Arroyo & Zigler, 1995; Auslander, Thompson, Dreitzer, & Santiago, 1997). 많은 소수집단 아동들이 성장해야만 하는 사회환경은 표준 이하의 주거조건, 높은 수준의 실업과 불완전고용, 불균형하게 높은 수준의 약물남용비율이 특징으로 나타난다(Bronfenbrenner, McClelland, Wethington, Moen, & Ceci, 1996). 심지어 풍요한 지역에서도 부모들은 그들이 살고있는 적대적이며 제한적 환경에 대해, 그리고 차별적 사건이 자녀들에게 미칠 영향에 대해 특히 우려하고 있다(Miller & MacIntosh, 1999).

민족문화에서의 사회화

가족의 민족문화는 아동 사회화의 근본원리를 제공하고, 몇 가지 중요한 특징을 가진다. 가장 중요한 특징의 하나가 사회화는 집단활동이라는 것이며, 민족적 소수민족집단에서의 사회화의 놀라운 특징은 바로 확대된 네트워크를 활용한다는 것이다(Bowman & Howard, 1985; Thompson, 1986). 흑인 사회의 경우 자녀양육은 혈연에 의한 네트워크에 의해 분담되며, 친척들은 가족의 강점과 탄력성을 강화시킨다(Scannapieco & Jackson, 1996; Stack, 1974).

민족집단 안에서의 사회화는 확대가족의 범위를 넘어선다. 예를 들어, 아프리카계 미국인들은 흑인소유의 사업체, 장례회관, 교회, 그리고 유색인종의 발전을 위한 도시연맹 및 전국연합(NAACP)을 포함하는 흑인조직과 같이 그들만의 고유한 지지체계를 확립해왔다(Bagley & Carroll, 1998).

PBS 텔레비전 기자이며 Peabody 상 수상자인 Charlayne Hunter-Gault는 자서전에서, 그녀와 Atlanta Grady 병원의 중역을 지낸 고(古) Hamilton Holmes와 함께 1961년 Georgia 대학의 인종차별을 폐지했을 때의 지원연계망을 떠올렸다.

1961년 1월 9일, 나는 수강신청을 시작하기 위해 Georgia 대학 캠퍼스를 걷고 있었다. 대학의 관리자들이 나를 퇴출시키기 위해 2년 간 다툼을 지속해왔다는 것만 제외한다면, 보통 이러한 일상적인 활동에 있어서 특별할 것은 없었다. 나는 흑인이라는 이유로, 사회적, 지적, 도덕적으로 바람직하지 못한 사람이었다. 그리고 176년 간의 Georgia 대학 역사 속에서 흑인학생이 입학허가되었던 적은 없었다. 학교체계와의 법정투쟁을 통해 우리가 우리의 권리를 주장하는 데에는 2년 반이라는 시간이 걸렸으나, 결국, NAACP 정당방위 및 교육재정법인(Legal Defense and Educational Fund, Inc.)의 도움으로, 그리고 가족과 친구들의 지원으로, 우리는 그 후로 줄곧 우리의 것이 된 권리를 획득하게 되었다(Hunter-Gault, 1992, p. 3).

또한, 소수집단 안에서의 사회화는 매우 강한 영적인 요소를 가지게 된다. 즉, 신념체계를 가르치는 것은 아동의 사회화에 있어서 중심요소가 되며, 종종 아동의 일생 동안 보호요인로서 인식되게 된다. 사람들이 위협적인 사건에 대해 대처하면서 탄력성을 높이는 데 종교가 도움을 줄 수 있다는 확증적 연구는 상당수에 이른다(Ellison, 1993). 사회화의 실천과 연관이 있는 주일학교의 기능에 대한 연구에서, Haight(1998)는 "기껏해야 태만한 것으로 보이며, 최악으로는 적의에 찬 인종차별주의자로 조명되는 사회 안에서 교회는 흑인아동들이 그들을 가치있게 여기며 양육하는 다른 아프리카계 흑인들로부터 그들의 유산에 대해 배울 수 있는 안식처"(p. 216)로 설명했다.

소수집단 아동들의 부모에게 있어서의 사회화의 주요 목표는 아마도 부모에게 주류문화, 인종차별주의, 그리고 집단들 간의 갈등을 해석하는 방법을 제시하면서, 인종차별주의와 억압에 대항하는 완충물을 제공하는 것이다(Boykin & Toms, 1985; Hill et al., 1994). McCall(1994)은 그의 저서 *Makes Me Wanna Holler*(나를 소리치고 싶게 만든다)에서 어머니의 사회화전략의 일부를 소개하였다.

> 백인들이 많은 레스토랑이나 기타 다른 공공장소에 갈 때면, 어머니는 우리에게 먼저 지나치게 세심할 만큼 옷차림을 갖추도록 하셨고, 도착하면 자리에 앉아서 마치 군인처럼 부동자세로 조용히 있도록 강요하셨다(이것은 협박 이상이었다).(p. 12)

직접적인 행동과 대중매체, 그리고 제도적 장벽을 통해 소수집단의 성원들에 대한 부정적인 개념이 조장되기도 하는 사회 안에서, 가족은 사회화에 있어서 중요한 기능을 수행하게 된다. 가족은 더 큰 사회에서 부딪히게 되는 부정적인 경험으로부터의 격리 및 여과 완충물로서 기능해야 한다(Jackson, McCullough, & Gurin, 1988). 예를 들어, 흑인아동들 안에서의 자아존중감에 대한 연구에서, Clark(1992)는 일반적인 자아존중감은 특히, 피부색과 같은 신체적인 외모존중감과 연관된다는 것을 발견하였다. Lyndon B. Johnson 대통령하에서 법무부 차관을 지냈으며, 도시연맹의 대표로서, 현재는 버지니아주에 위치한 George Mason 대학에서 역사와 미국문화학의 교수로 재직하고 있는 Roger Wilkins(1982)는 자서전에서 다음과 같이 입증한 바 있다.

> 미국은 우리에게 열등하다고 말했으며, 우리는 대부분 그것을 믿었다. 내가 그랜드 래피드의 백인지역에서 살게 될 때까지 나는 미국이 내 영혼을 세차게 밟아놓은 열

둥감의 거대함에 직면하도록 강요받은 적이 없었으며, 내 가족이 느꼈던 인간으로서의 불쾌한 자존감에도 불구하고 나는 수용할 수밖에 없었다.

나는 내 친구들 같이 보이지 않았으며, 나는 그들의 유산을 가지고 있지도 않았다. 부모님은 흑인자녀들에게 그 노예조상들이 끔찍한 시간 동안 살아남기 위해 필요했던 영웅적 자질과 총명함, 그리고 용기에 대해 말하지 않았다.(p. 47)

아동의 민족집단의 정체감과 가치에 대해 더 넓은 사회로부터 받게 되는 메시지들로 인하여 백인아동과 유색아동의 사회화는 다를 수밖에 없다. 일반적으로 말하면, 예를 들어 흑인아동들은 기껏해야 경멸적이거나 상극적인 메시지를 접하는 반면, 백인아동은 대중매체에서 인식하는 이미지에 의해 고무된다(Hawkins & Jones, 1989). 아동들이 인종적 사회화를 성취하고자 노력함에 따라 부모가 경험하는 어려움을 Peters(1985)가 가장 잘 설명했다:

흑인가족에서 아동의 사회화는 실제 또는 잠재적인 인종적 차별 및 편견의 극단적인(스트레스가 많은) 환경 안에서 일어난다. 아동을 양육하는 데 있어서 흑인부모가 모든 부모와 공유하는 과업은 인종차별주의의 스트레스 상황 안에서 수행하는 것뿐만 아니라, 흑인으로 존재하는 것이 부정적인 의미를 함축하는 사회 안에서 흑인아동이 신체적으로나 정서적으로 건강하게 자라나도록 하는 책임까지를 포함한다. 이것이 바로 인종적 사회화이다.(p. 161)

순향적 사회화

가족은 이런 인종차별적 느낌을 경험한 아동을 어떻게 사회화시키고, 또한 매우 성공적인 성인으로 자라게 할 수 있을까? 이에 대한 적응적 반응들은 다중적 관점에서 조사되어왔다. 예를 들면, Boykin과 Toms(1985)는 아프리카계 미국가족은 아동을 양육하는 데 있어서 3가지 경쟁적인 사회화의 맥락 안에서 역동적인 상관관계와 연관하여 다음과 같은 3중 난국에 직면하게 된다고 주장하였다.

즉, (1) 미국 주류사회 안에서의 사회화, (2) 억압된 소수민족의 지위에 의해 알려진 사회화, (3) 미국 주류문화의 맥락과는 대부분 균형을 이루지 않는, 인접 흑인문화와 연계된 사회화이다. 다음과 같은 다른 질문들도 제기된다: 인종차별과 억압에 직면할 때 개인은 적극적 또는 수동적인 역할을 취하도록 배울까? 이런 개인은 주류 제도에 온전히 또는 주변화되어 참여하게 될 것인가? 이런 개인은 체제의 유지 또는 체제의 변화 중 어떤 것을 위해 일할 것인가?

이러 질문에 답변하기 위해 연구자들은 소수집단의 아동들이 직면하게 되는 다중적 요구들을 이해하도록 의식적으로 학습하는 과정인 '순향적 사회화'의 효과를 검토해왔다(Hill et al., 1994; Peters, 1985). 이것은 "민족 및 주류문화의 추려진 가치들을 통합시키면서" (Hill et al., 1994, p.77) 문화적 자긍심과 집단의 정체성을 강화하기 위해 가족과 다른 사회화기관에 의해 적극적으로 시도되었다. 30명의 흑인아동들이 어떻게 사회화되어가는가를 조사한 Peter(1985)는 그의 연구에서 흑인을 낮게 평가하는 사회 안에서 흑인아동들을 양육하는 것은 이들 가정에 있어서 어려운 과제가 된다는 것을 밝혀내었다. 부모들은 그 자녀들이 분명히 인종차별을 경험하게 될 것을 알고 있기에, 그들을 보호하는 것에 더하여 편견과 차별에서 살아남는 법을 가르치는 것까지 둘 다가 부모들의 책임이라고 믿고 있었다. 편견에 대처하기 위해, 부모들은 자녀들이 자기존중감과 긍지를 발달시키면서, 공정한 경기는 상호적이지 않을 수도 있다는 것을 이해시키는 것이 중요하다고 생각하고 있으며, 또한, 좋은 교육을 최상의 우선순위에 두고 있었다. 문헌에 의하면 자녀들을 적극적으로 사회화시키고 그들에게 인종적, 민족적 장애물의 중요성을 알도록 하는 부모가 능력있고 유능한 아이들을 얻게 되는 경향이 있다고 말하고 있다(Bowman & Howard, 1985). 성공적인 아동들의 부모들은 또한 인종적 자긍심을 강조하고, 아동들에게 동기부여하며, 성취와 사회적 지위의 상승에 대한 중요성을 강조하는 경향이 있다.

자 기(The Self)

많은 이론가들은 소수민족 아동들의 자기(the self)의 발달에 대해 기술해왔다. 그들은 어떻게 가족과 지역사회의 사회화가 차별의 부정적 영향으로부터 아동을 보호할 수 있는지에 대해 이해하기 위한 기초를 제공하였다(Chestang, 1972; Cross, 1998; Erickson, 1959; Mead, 1934). 예를 들면, Erikson(1963)은 사람들이 12~22세의 청소년기에 자신의 개인적 정체성 또는 과거, 현재, 미래와 연계된 역사적인 자기표상(self-representation)을 공고화한다고 가정하였다. 이 시기에 청소년들은 위험에 특히 취약한 것처럼 보여지며, 역량을 갖추기 위해서 이들은 가족과 학교, 역할 모델로부터의 특별한 관심을 필요로 하고 있다(Benard, 1997).

마찬가지로, Mead(1934)는 자기를 기본적으로 사회적 경험을 통해 일어나는 사회적 구성체라고 주장하였다. 그는 자기를 두 차원으로 조직화했다. 즉, (1) 주체로서의 나(the "I"): 자기의 자발적인 측면, (2) 대상으로서의 나(the "me"): 다른 사람에게서 조직화된 기대들이다. 이 관점에서 보면, 사람은 자기의 이미지를 좋든 나쁘든, 또는 매력적이든 혐오스럽든지 간에, 자신의 사회적인 대면의 일부로 발달시켜나간다. 자신에 대해 더 넓은 사회의 태도를 취하는 과정은 "일반화된 타인(generalized other)"이라고 불린다(Cooley, 1956). 가족과 다른 지역사회 내에서의 사회화 기관들은 아동들에게 생존기술을 가르치고 민족적 자긍심을 확인해줌으로써, 아동들이 자기에 대한 부정적인 대중적 이미지에 대처해 나가도록 도움을 줄 수 있다.

자기에 대한 비전통적 시각

자기발달과정에 대한 연구는 앵글로색슨의 이상에 의해 지배되어왔다 (Boykin & Toms, 1985). 발달에 관한 많은 전통적 관점은 사람들이 자율적이고 독립적인 자기를 발달시킨다고 제시하는 서구적 관점에 치우쳐 왔다. 그러나 과거 30년 동안, 이론가들은 특정한 사회문화적 준거틀을 바탕으로 하는 개념적 모델들을 발전시켜왔다. Nobles(1973)에 의하면, 자기에 대한 아프리카적 시각은 "우리"라는 개념을 포괄하며, 이는 서구적 시각과 대조된다고 한다. "우리"에 대한 생각은 자기라는 개념을 확대시키고, 공동체 또는 민족집단의 행동을 더 많이 포함한다. 민족, 인종, 계급, 성별, 문화 등의 맥락 안에서 자기발달의 개념을 확장해보면 사람들이 어떻게 다른 사람들과 연계를 발달시키고 감정이입을 하는지 이해하는 데 도움이 된다(Chestang, 1972; Cross, 1998; McGoldrick & Carter, 1999). 또한, Boykin과 Toms(1985)에 의하면, "정상성을 판단하기 위해 앵글로중심 관점의 판단기준을 사용하는 것보다는 오히려, 이 새로운 개념화가 탄력성, 적응적 강점, 그리고 흑인가정이 갖고 있는 특징들을 바라보는 데 신선한 통찰력을 제공" 하고 있다(p. 36).

자기에 대한 관계적 시각

민족집단들은 종종 자기의 발달에 대한 관계적 관점을 가정한다. 인간발달에 대한 관계적 관점은 심리적 성장을 "관계로부터의 분리와 이탈이기보다는 관계 안에서의 분리와 분화의 과정" 이라고 말한다(Genero, 1998, p. 33). 상호 간의 가까운 관계는 개방성과 정서적 가용성을 통해 지속된다. 예를 들어, Daly, Jennings, Beckett, 그리고 Leashore(1995)에 의하면, 흑인 중심적 패러다임은 인간을 타인의 복지에 대한 공유된 책임의식을 갖는 집합체로서 보도록 한다고 지적하였다.

이와 유사하게, Cross(1998)는 미국 원주민부족 문화에 근거한 관계적 세계관을 "사람들 또는 문화적 집단의 집합적 사고과정" 이라고 설명하였다(p. 144). 자기에 대한 관계적 모델(relational model)은 상호작용하며 발달하는 다음의 4가지 요소들을 포함한다. 즉, (1) 상황 또는 문화, 지역사회, 가족 등, (2) 영성, 또는 형이상학적이거나 본질적인 힘, (3) 정신, 또는 사고 및 정서와 같은 인지적 과정들, (4) 육체, 수면, 영양과 같은 신체적 측면이다(그림 11-3 참조).

그림 11-3 관계적 세계관 모델

아래에 기록된 요소들은 예시에 불과할 뿐이다. 삶과 존재의 모든 것들은 원 안에 포함된다. 이 4부분이 균형을 이루면 조화되며, 조화란 마치 건강과 같은 것이다. 원 안의 다른 모든 요소들이 변하지 않고는 원 안의 그 어떤 것도 변화할 수 없다. 원은 하루하루와 주간들 및 계절들의 순환과 경험의 발달과 변화로 인해 끊임없는 변화선상에 놓여있다. 만약 이 원이 균형에서 벗어나게 되면 우리는 아프다고 표현된다. 균형의 상실은 "질병(dis-ease: 편하지 않음)"을 일으킨다. 건강 및 정신건강을 바라보는 이러한 방식에서 치유한다는 것은 원의 4부분의 모든 것 또는 그 어떤 것에서도 발생될 수 있다.

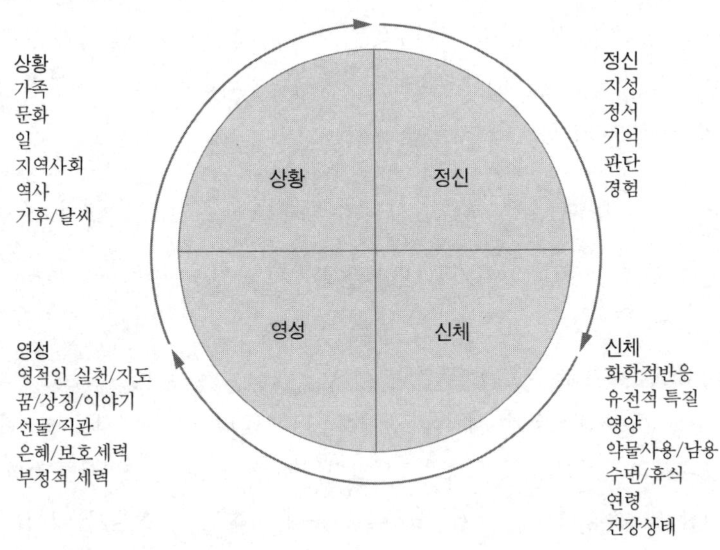

출처: Understanding Family Resiliency from a Relational World View, T.L Cross, 1988, *Resiliency in Native American and Immigrant Families*, p. 148. (저작권: Sage Publications, 1988)

자기 및 적대적인 환경

Chestang(1972)은 자기의 발달에 있어서 환경이 유해하게 작용할 수 있는 방식에 대해 주의를 불러일으킨 초기학자 중 한 사람이다. 그는 합법적 권리의 부인을 의미하는 사회 부정의(social injustice)와 흑인과 백인에 대한 이중적 기준, 사회적 이상 및 행동 간의 불균형이라는 사회적 불일치가 인간적인 무력감으로,

그리고 한 사람이 편견적 상황을 제거하기에는 너무나 무기력하다고 느끼는 지각으로 이끌 수 있다고 제시하였다. 적대적인 환경에서 보호받지 못하는 아동은 의심과 불신으로 특징지워지는, 비난받는 자기를 발전시킬 수 있다고 Chestang은 주장하였다. 그는 흑인가족의 목표는 아동들을 양육, 보호, 유지시켜서 그들이 자기에 대한 부정적인 감정을 발달시키지 않도록 하는 것이라고 인식하였다. Chestang(1972)에 의하면, 가정의 양육적인 환경을 통해 아동은 신뢰와 희망, 낙관주의, 그리고 사람의 본질적인 인간됨에 대한 믿음이라는 탁월한 성품을 발달시킬 수 있다.

Chestang(1984)은 20명의 흑인들을 대상으로 정체감 형성과정과 역동성에 대해 연구하였다. 그는 어떻게 그들이 제한된 기회와 성공의 장애를 극복하고 뛰어난 정체감을 이룩할 수 있었는지를 알고 싶었다. 삶에 대한 그들의 설명에 기반하여, Chestang은 그들 자신이 능력있다는 것을 증명하려고 했던 결심, 그리고 참을성과 관용성 덕분에 성공했다고 생각하게 되었다. 이들에 대한 연구를 통해 Chestang은 자기가 인종적 정체성, 지지, 긴밀성, 그리고 자긍심을 통해 정의될 수 있다고 믿게 되었다. Chestang은 이와 같은 점을 흑인여배우의 이미지를 전환시켰던 할리우드의 여배우, Ethel Waters(1952)의 말을 인용하면서 설명하고 있다. 그녀는 그녀 자신의 탄력성에 대해 다음과 같이 말하였다:

나는 내 민족을 자랑스러워 할 만한 확실한 이유들이 있다. 우리 흑인들은 항상 너무나 힘들게 살아왔기 때문에 우리에게 불리하게 짜여진 백인사회에서 우리가 살아남을 수 있었던 것 그 자체만으로도 충분히 우리가 역경에 대항할 힘, 용기, 면역력이 있다는 최고의 증거가 된다.(p. 92)

Chestang(1972)은 역경을 극복하는 사람들은 "가족과의 초기 상호작용에서 심겨진 미래에 대한 희망과 자긍심, 자존감과 같은 사회화 과정으로 인해 특별한 행로를 선택하였다"고 결론지었다(p. 84).

개입에 있어서 사회복지사의 역할

Van Voorhis(1998)에 따르면, 문화적으로 적절한 사회복지실천은 클라이언트의 이야기를 경청하고, 클라이언트에 대한 억압의 심리사회적 효과를 평가하고, 정체성을 향상시키기 위해 개입하며, 억압적 사회적 상황을 변화시키며 실천전략들을 평가하는 기술을 통해 억압의 심리사회적 효과에 관한 정보를 종합한다. Van Voorhis(1998)에 의하면, 억압되어온 클라이언트는 "그들의 삶과 경험들이 그 동안 사회의 주류에서 철저히 무시되어왔기 때문에", 사회복지사가 그들의 이야기를 경청하는 것은 클라이언트에게 있어서 "혁명적인 개입"이라고 할 수 있다(p. 101). 억압의 결과를 사정하는 과정에서는 클라이언트의 자유와 독립에 대한 장애가 되는 폭력, 클라이언트와 더 큰 사회 사이의 동시발생성 결여인 소외감, 클라이언트가 자신의 정체감을 주장하는 정도인 정체감의 형성, 그리고 클라이언트가 주변부에서 삶을 직면하는 방식인 억압에 대한 대처양상을 이해해야 한다.

사회복지사는 가족의 적응적 심리기제를 강화하는, 문화적으로 민감한 서비스를 제공함으로써, 억압된 아동과 가족들 사이에서의 탄력성을 증진시킬 수 있다. 효과적인 문화 간 사회서비스의 전달은 그들 고유의 민족집단과의 연결을 강화함으로써 클라이언트의 대처전략을 양성하는 프로그램을 구체화한다(Pinderhughes, 1989). 예를 들어, 문화적 차이를 존중하는 사회복지사는 어떤 지역사회에서는 치유의 기초가 지역사회의 구성원인 자연적 원조자를 관여시키는 것일지 모른다는 점을 이해해야 한다. 미국 원주민이 도움을 필요로 할 때, 그는 우선 인접한 가족에게 간다. 만약 문제가 해결되지 않는다면, 그는 자신의 사회적 관계망을 찾아나선다. 도움을 구하는 다음 단계는 영적 지도자나 종교 지도자, 그 다음은 부족 회의를 찾는 것이다. 모든 것이 실패할 경우에, 그 사람은 공식적인 기관을 이용할지도 모른다(Lewis, 1980).

원조 전문가들은 또한, 클라이언트의 영성을 지지함으로써 사람들의 삶에서의 희망을 양성할 수 있다. 게다가 사회복지사는 아동들이 하와이 원주민들이 특별한 사회적 지지네트워크를 확립하여 아동의 사회화를 강화시키도록 한 것처럼, 학교나 예배당과 같이 전통적인 지역사회 내 사회화 기관들과의 유대가 형성되도록 권고된다(Thompson, McCubbin, Thompson, & Elver, 1998). 이러한 유대는 범죄나 폭력 등 위험상황에 놓여있는 아동들에게 보호기제로서 작용된다(Hawkins, Lishner, & Catalano, 1985).

연구자들은 탄력성을 강화할 수 있는 사회서비스를 만들어내도록 정책입안자들을 설득하고 있다. 예를 들어, Garbarino(1992)는 (1) 안정된 환경, (2) 보호, (3) 모두가 함께 모여 정서적으로 긍정적인 영향을 주는 시간, (4) 강한 신념체계, (5) 적극적으로 보호하는 지역사회, (6) 공정성, (7) 기본적인 자원에의 접근 등 7가지 요인들이 아동과 가족을 탄력적이도록 하는 데 필요하다고 하였다. 동일한 맥락에서 Schorr와 Schorr (1988) 역시 다음과 같이 주장하고 있다.

성공적인 사회서비스 프로그램들은 돈, 시간, 분열, 지역적 · 심리적 격리와 같은 장애들을 감소시키려고 한다. 이와 같은 프로그램들은 위압적 곤혹감을 극복하는 사람들만을 수동적으로 기다리기보다는 복잡함, 절망스러움, 애매함에 도달하도록 끈기있게 노력하며, 이런 것들은 종종 인생에서 최상의 이익을 준다.
성공적인 프로그램에서 전문가들은 심각한, 그러나 송송 명확하지 않은 욕구에 반응하기 위해 자신들의 역할을 재정의할 수 있다. 이 전문가들은 인간의 모든 복잡성을 제거해온 쟁점들을 다루는 사람들에게 가장 높은 지위를 부여하는 전문적인 가치체계의 제약점들에서 벗어날 수 있는 방법들을 발견하여 왔다.(p. 259)

연구자들은 또한, 클라이언트가 인생의 의미를 긍정하고, 사람들이 삶 속에서 통제력을 가질 수 있고, 그리고 지역사회의 구조적 변화를 보조할 수 있도록 돕고자 하는 개입을 강조하고 있다(Aponte, 1994; Garbarino, 1992). 하버드, 프린스턴, 그리고 예일 대학교에서 강의한 바 있는 Cornel West(1993)는 *Race Matters*이라는 그의 저서에서 다음과 같은 도전정신을 보여주고 있다:

기본적인 사회적 재화들—주거, 음식, 보건, 교육, 아동양육, 그리고 직업—에 대해 확실히 접근할 수 있도록 하는 큰 규모의 공공개입의 형태가 하나의 근본적인 방법이 될 것이다. 우리는 정부, 기업, 그리고 어떤 청사진도 따르지 않는 노동자들을 연합하는 공동의 재화에 원기를 북돋워야만 한다. 우리 미국인들의 광대한 지적능력, 상상력, 유머, 용기가 우리 미국인들을 져버리지 않기를 바라며 기도하자. 우리가 동정과 연민이라는 새로운 언어를 배우지 않는다면, 이 시대의 화염이 우리를 완전히 삼켜버리게 될 것이다.(p. 13)

2001년 9월 11일에 있었던 테러리스트들의 공격이 우리에게 유사한 도전을 하는 것으로 보인다(10장 참조).

회고담, 탄력성,
그리고 사회복지실천

Margaret L. Evans

"억압된 환경에서의 아동양육"의 내용을 생각하면서, 특히 1950년대와 1960년대의 인종차별이 있던 남부지역에서 내가 어린 시절 어떻게 자랐는지를 회상하게 되었다. 나는 다소 카타르시스적인 회상의 여행을 시작했다. 내 여행은 나의 가족, 특히 아버지에 대한 이야기로 시작된다. 그 분은 1995년 돌아가실 때까지, 나의 성인기의 주된 역할모델이 되셨다. 이것은 탄력적인 사회화에 관한 회상이다.

아버지가 우리 가족과 우리가 살았던 흑인사회에 기여했던 바를 회상할 때면, 나는 엄청난 자부심을 느끼게 된다. 그의 단점들에도 불구하고, 이 자부심은 그가 내게 아버지로서 주었던 것들뿐만 아니라, 아프리카계 미국인으로서 우리 지역사회에 끼친 영향에서 비롯된다. 그는 우리 가족이 높은 기대를 갖게 하는 환경을 포함하여, 강하고 지지적인, 긍정적인 자아상과 그의 역할모델에 의해 촉진된 근면한 직업윤리를 갖도록 하였다.

아버지는 초등학교 이상의 정규 교육을 받지는 못했지만, 그의 직업윤리 만큼은 차별과 인종문제로 매우 억압받은 사회에서 사는 개인들도 주류집단에 의해 규정된 바와 같이 성공할 수 있다는 것을 직접 증명해보였다. 그의 인생 이야기는 노예였으면서 가장이었던 아버지의 할머니, 백인음악가였지만 법적으로는 아버지의 삶에 들어올 수 없었던 아버지의 아버지에 대한 이야기를 포함하였다. 비합법적인 관계에서 태어난 아이로서 갖게 된 사회적 낙인은 아버지 안에 비범한 탄력성과 대처기제를 만들어냈다. 이 탄력성은 그가 자신의 가족을 위한 삶을 창조하도록 하였고, 미국의 백인과 아프리카계 미국인사회 모두의 기준에 부합하여 지역사회에서 성공하고 존경 받을 수 있는 위치를 만들게 하였다.

지역사회의 차별이 있었던 시대에, 아버지는 10,000명이 살고 있던 우리 동네를 "말 한 필(one-horse)" 마을로 묘사하고, 인종차별을 받았던 흑인사회 내에 해학과 진실을 가지고 아버지를 "그 말(the horse)"로 표현하였다. 내가 10살 때부터 함께 지냈던 양어머니는 초등학교 교사였으며, 나중에 교장선생님이 되었다. 우리 가족은 운 좋게도 우리 동네에서 최초의 중류계층 흑인가정이 되었는데, 나는 유년시절 동안 줄곧 중류계층의 삶을 누렸다.

아버지는 지역사회 내에서 문제가 발생하면 흑인과 백인 모두가 찾아와 도움과 해결을 요청했던 그런 사람이었다. 흑인들은 아버지에게 고용 추천서, 재정적 원조, 학교 추천서, 그리고 법적인 해결을 위한 조언을 부탁하기 위해 방문했다. 그는 흑인들이 투표하도록 투표명부에 등록시켰으며, 지역사회에 이익을 줄 수 있는 사회정책을 확보하기 위해 정치가들을 만나 로비를 하였다. 그는 지방(local) 정치인과 주(state) 정치인들로부터 큰 존경을 받았다. 대학생인 나의 첫 일자리는 아버지가 나를 대신하여 주지사에게 고용보증인이 되어 달라고 요청을 넣어 보장받았다. 나는 지금도 아버지의 정치적인 옹호활동을 떠올리게 하는 그 편지를 보관하고 있다.

아버지처럼 나는 가족의 맏이였다. 맏이를 따르는 다른 형제들을 위해 나는 선구자와 도전자에게 규정된 역할들을 따랐다. 아버지의 경우엔 많은 형제들이 있었으나, 나는 17살이 어린 단 한 명의 여동생밖에 없었다. 개척자의 역할로서 나의 첫 번째 경험은 내 나이 6살 때였다. 나는 피아노 레슨을 받고 연주회에 참가한 최초의 흑인이었다. 나는 백인이었던 피아노 선생님이 내가 매주 레슨을 받으러 갔을 때 피아노가 놓인 자리에 있던 큰 그림을 천으로 덮었던 것을 알고 있었다. 그러나 나는 훨씬 나중에까지도 선생님의 안전 또는 나 자신의 안전이 위험에 처해있다는 것을 민감하게 알아채지는 못했다. 나는 오로지 교육과 시장에서 요구하는 다양한 기술을 통해서만이 내가 원하는 삶과 성공을 위한 길을 성취해낼 수 있다는 아버지의 의사결정과 조언에 대해 확신을 가지고 있었다. 그리고 몇 년 후에 나는 통합된 음악연주회에 참석할 수 있었다. 결국, 고등학교 시절 동안 나는 학교순회합창단의 일원이 되었고, 다른 식구도 고등학교 합주단의 일원이 되었다.

지역사회의 규모 때문에 문화적 행사는 잘 이루어지지 않았기 때문에, 결과적으로 우리는 이런 종류의 행사를 경험하기 위해 대도시로 여러 번 여행을 갔다. 나는 친척들과 가족의 친구들이 있는 북부지역 도시에서 여름 휴가를 보냈었다. 이러한 여행은 내가 인종차별적인 남부지역 외부세계에 대한 인식을 넓히기 위해 마련되었으며, 나로 하여금 흑인계 미국인들을 위한 삶의 기회에 더욱 노출되도록 해주었다.

1990년대 동안, 나는 돌아와서 남부에서 살았다. 직업을 갖고, 이전에는 아프리카계 미국인들이 결코 할 수 없었던 지역사회의 위원으로 임명받은 현실은 인종차별이 있었던 유년기에 대한 많은 기억을 불러일으킨다. 나의 본능은 내 뒤에 올 사람들을 위해 나도 무엇인가 확고한 길을 열어놓아야 했기 때문에, 이 각각의 상황들은 내가 나만의 생존도서관에서 일련의 자원들을 꺼내도록 하였다.

내가 아버지와 새어머니로부터 배운 대처기제와 생존전략들은 정말 귀중한 것들이었다. 다양한 깊은 상처의 경험들과 적대적 사건들은 백인들과 같이, 흑인들이 갖고 있는 사회적, 전문적인 관점으로부터 내 정신세계를 위협했다. 그러나 나의 강점은 초기 사회화와 나의 성장기 동안에 항상 주입되었던, "시선을 항상 승리자에게 주는 상에 두라"는 개념을 통해 지속적으로 성장하였다.

중요하고 지속적인 "모델이 된" 교훈들은 역사적인 일화, 실화, 그리고 인생의 성공들로부터 발생하였다. 아마 내가 배웠던 가장 중요한 교훈은 어떻게 "경기의 규칙"을 찾고, 그 과정에서 나 자신의 가치를 포함하지 않은 채, 규칙을 따르는 전략을 고안해내도록 배운 것일 거다. 이것은 개인성에 대한 지각과 다른 문화에 대한 열린 마음을 유지하면서, 나의 "흑인" 세계를 포용하고 또한 그 안에서 살아갈 수 있게 하는 섬세하게 균형잡힌 행동이다. 나는 운 좋게도 북부와 남부에 있는 몇몇 주에서 살게 되었는데, 부분적으로는 내가 수십 년 동안 당연한 것으로 여겨왔던 것들을 더 깊이있게 가치평가할 수 있도록 하는, 다른 문화의 사회화에 대한 예리한 지식을 얻을 수 있었다.

사회복지사에 의한 전문적 개입은 사회복지사의 지식과 다른 민족집단들의 문화에 대한 포용에 의해 증진될 수 있다. 실천가의 지식기반은 피상적인 정보의 취득을 뛰어넘고, 서로 다른 집단들의 미묘한 차이에 대해 실제적으로 학습하기 위해 외부 모습의 안쪽 측면을 아는 것이 필요하다. 이런 미묘한 차이는 상황에 따른 사람들의 행동반응에 영향을 줄 수 있다. 다른 집단의 문화를 이해하는 것은 "상자의 외부"—아마도 사회복지사의 안전지대의 외부—를 고려할 것을 요구한다. 만약 사회복지사가 억압에 반응하는 문화적 차이를 훈련받지 못했다면, 그 사회복지사는 더 많은 수퍼비전이나, 아니면 다른 실천가로의 의뢰가 요구될 것이다. 개입에 대한 이와 같은 접근방법은 사고의 새로운 방식과 평범한 사회복지 교육과정을 뛰어넘는 헌신이 필요하다. 하나의 치수가 모든 것에 맞을 수는 없다. 문화적·윤리적 반응에 대한 지식없이 억압을 일반화하는 것은 클라이언트의 발전을 방해할 수 있고, 사례관리자로서든, 지역사회 조직가로서든지 간에 클라이언트와 치료사와의 관계를 손상시킬 수 있다.

나는 탄력성에 대해 접하면서 "바로 이거야"라고 말하는 문헌에서 결론들을 발견해냈다. 그러나 나는 전형적으로 다음의 질문으로 되돌아간다: 우리는 이 발견물로 무엇을 할 것인가? 전문가로서, 사회복지사는 철학적인 면에서 똑같은 질문을 반복하는 경향이 있으나, 개입을 위한 순향적인 행동계획을 적용하는 데 있어서는 많은 어려움을 겪는다. 이것은 전문가들이 주류집단에게만 질문하기 때문일까? 이것은 소수집단이 그들의 에너지를 단지 "생존"에만 집중하여, 결과적으로 불충분한 반응들을 야기하기 때문일까? 이것은 소수집단이 분리, 차별되어서 큰 영향을 끼칠 수 있는 일반 대중들을 볼 수 없기 때문일까? 이것은 소수집단이 그들 자신과 다른 사람들 간의 조화되지 않은 차이를 만들어낸 정도까지 그들의 개인성을 유지하고 있기 때문일까?

두 세상—자기 자신의 문화와 역사적으로 억압받은 주류문화—에서 사는 것은 쉬운 과업이 아니지만, 누가 인생이 쉽다고 말하겠는가? 인생의 성공은 다양한 내적 자원들로부터 얻는 힘과 탄력성을 통해 달성되고 유지된다. 이것은 하루하루의 경계를 요구한다. 그러나 그 보상은 크며, 역경이 생겨 어려움을 겪을 때에도, 놀라운 성취감을 느낄 수 있을 것이다.

탄력성에 대한 생각들

Norma J. Taylor

이것은 단지 「억압적인 환경에서의 아동양육」에 대한 몇 가지 생각들이다. 나는 제2차 세계대전 당시, 1954년 학교들이 통합되기 11년 전에 태어났다. 나는 중서부의 중심지로, 보수적이지만 다소 진보적인 성향을 띤 오하이오 주, 신시네티에서 자랐다. 나의 가족은 경제적 계층으로 표현하자면, 근로빈곤계층보다는 약간 나은 생활을 하는 정도였는데, 아버지는 제철소에서, 어머니는 대형병원에서 음식 준비하는 일을 하였다. 어쩌면 노조의 영향으로, 우리 집안의 직업윤리는 매우 강했다.

유년시절을 통한 나의 주요 관심사는 대학과 같은 높은 수준의 교육이 중요하다는 것이었다. 부모님 모두 고등학교 교육을 마치신 분들이었다. 어머니는 대학에 들어갈 정도로 똑똑하셨지만, 경제적 이유와 인종적 차별 때문에 그렇게 할 수 없었다. 그래서 어머니는 당신의 자녀들 만큼은 어떠한 희생을 감수하고라도, 더 높은 고등교육을 받게 하려고 하셨다. 또한, 어머니는 집안에서 맏이인 나를 바르게 가르치면, 나머지 형제들도 따라갈 것이라고 믿었다. 물론, 내가 주로 백인들이 다니는 학교에 다니고, 내 친구들이 대학진학희망자라는 사실도 나에게 영향을 미쳤다.

청년시절의 대부분 동안, 나는 내가 어머니의 실현하지 못한 대학교육의 꿈을 이루고 있다고 생각했다. 흥미롭게도, 거기에는 어머니의 자극에 대한 이중적 측면이 존재하고 있었다. 한편으로는 내가 이것을 성취하도록 격려되어졌을지라도, 다른 한편으로는 커다란 야심이 위험하다는 주의를 받은 것이다. 어머니는 내게 인종차별주의에 대해 경고하였고, 내가 성공하기 위해서는 두 배 더 열심히 일해야 한다고 강조하셨다. 그래서 나는 교육이 모든 것을 다 해결해줄 수는 없지만, 적어도 살아가면서 평등하게 대우받을 수 있도록 나를 도울 수 있다고 믿었으며, 그 믿음이 늘 나를 붙잡아주었다.

인종 간 차별은 끊임없는 주제였음에도 불구하고, 사람들은 이상적인 목표가 무엇이든지 간에 여전히 이루어지기를 기대하고 있다. 나 또한 인종적 운명으로 인해 내가 직면해야 하는 장애들에도 불구하고 앞으로 나아가려는 결심을 하였다. 내가 나의 부모님, 나의 가족들, 그리고 친구들을 통해 본 것은 그들은 삶 가운데에서 만나는 모든 것들에 잘 대처하고 있다는 것이었다. 나의 부모님은 경제대공황과 제2차 세계대전을 겪으셨지만, 여전히 본래의 모습으로 열심히 살고 계신다. 그들은 자녀들에게 물려준 탄력성을 가지고 있다. 그것은 나와 내 형제들이 부모님의 방식과 똑같이 상황들에 대처했다는 것을 의미하지는 않으며, 사람이 세상에서 남보다 앞서기 위해 노력하며 살아가는 방법을 배웠다는 것을 뜻한다.

아프리카계 미국인들 또는 기타 다른 사람들을 위한 탄력성 모델에서 중요한 요소는 바로 인내력이다. 인생행로에서 계속해서 장애물들을 만나도 참고 앞으로 나아가는 능력이다. 나의 어머니는 생존자였고, 그녀가 만난 모든 사람들에게 그 열망을 전해주었다. 이것은 사람이 특별한 상황을 극복할 수 있다는 인지와 믿음에 대한 지각이다.

나는 우리 각자가 선천적으로 탄력성과 인내를 가지고 있다고 믿는다. 그러나 모든 사람이 이 능력들을 단련하도록 선택하지는 않는다. 인생의 여정에서, 일반적으로 부모, 가족성원, 교사, 종교 지도자, 멘토, 당신이 닮고자 하는 사람들을 통해서, 개인이 어떻게 탄력적일 수 있는지를 봐야 한다. 다시 말해서, 당신에게 삶은 일련의 오르막길과 내리막길, 충돌, 상처의 연속이며, 승리는 포기하지 않고 경기를 계속하기로 결심한 사람에게 돌아간다는 것을 누군가가 이해하도록 도와주어야 하는 것이다.

탄력성은 또 다른 요소를 가지고 있는데, 나는 이것을 어떻게 불러야 할 지 잘 모르겠다. 내 생각에, 유색인종인 여성으로서 내가 인생에 대한 수없이 많은 부정적인 감정을 없애고, 주류사회에 있는 이들을 향한 적대감을 제거하며 삶에 다가설 수 있을 때, 비로소 탄력성은 가장 잘 작용하는 것 같다. 만약 그렇지 않다면, 인내의 의미는 무엇일까? 나는 탄력성이 개인에게 싸울 수 있는 의지를 주는 대체로 평화적인 자기권한부여 정신이라고 생각한다. 1950년대와 1960년대의 시민권 운동(Civil Rights Movement) 기간 동안 이 정신은 분명히 나타났다. 잘 알다시피, 모든 사람은 탄력적일 수 있는 역량이 있다. 어떤 이는 오랫동안 교정시설에 있던 수천 명의 남녀도 어느 정도의 탄력성을 보여주고 있다고 했다. 그러나 그들의 삶의 질이 의문스러운 것은 사실이다.

나는 탄력성의 실천방법을 좋아한다. 왜냐하면 그것은 약점이나 병리보다 개인의 강점을 다루고 있기 때문이다. 나는 이 접근방법이 높이 평가받아 사회복지 기본과정과 전체 교육과정 내에 포함되길 바란다. 그러나 나는 이것이 딱 그 경우인지는 의심이 간다. 내 의문은 '누가 이 관점을 실천하도록 가르칠 것인가' 이다. 이것은 현재 우리가 배우는 것에서 실제적인 패러다임의 전환이 필요함을 의미한다. 그렇다. 이것은 인간행동과목에서 가르칠 수 있겠지만, 누가 인간행동, 실천, 조사와 다른 사회복지학과 과목들을 연계할 수 있을까? 이런 변화가 과감하게 이루어지지 않는 한, 그들이 믿기에 다른 사람들을 보조하고자 하는 이타주의적 소망을 따르는 대부분의 학생들은 어떤 지침과 치료가 필요하다. 탄력성 모델은 일단 적용된다면, 사회복지사에게 정말 일터에서 일하라고 요구될 것이다. 나는 이와 같은 종류의 대처기제는 각 사람이 타고난다고 믿기 때문에, 그것은 개인의 강점들을 평가하고 추가적인 강점을 얻을 수 있도록 도와주는 일이 될 것이라고 생각한다. 물론 이것은 극도로 단순화한 의견이다.

나는 워싱턴 D.C의 아동 및 가족 서비스국(Child and Family Service Agency)과 연관이 있기 때문에, 나의 사고는 언제나 공공 대인서비스 환경(public human services environment)에서 일하는 사회복지사들을 교육하는 것에 초점이 맞춰져 있다. 내가 철저히 강점에 근거한 모델에 동의한다고 해도, 적어도 나의 기관에서 몇 명은 이 관점에 익숙하지 않을 것이다. 일단, 교육("아동복지에서의 강점기반 개입들" 이라는 3일 교육과정이 있다)을 통해 이 관점을 알게 된다고 하더라도, 다음의 요소들 때문에 모두들 이 관점사용을 꺼릴 것이다. 즉, 다수의 사례들, 종종 아동을 친부모로부터 격리시키는 것과 관련한 업무의 속성, 사회복지사가 아동을 두어서는 안 될 어머니로부터 아동을 구해내고 있다는 믿음, 그리고 시간의 압박이다. 위기상황으로 운영되고, 보유자원이 거의 없는 기관에서는 탄력성과 강점에 근거한 개입방법은 사치처럼 느껴질 수 있을 것이다. 나는 양해를 구하려고 하지는 않을 것이다. 단지 나의 현재 세팅 안에서 탄력성 이론과 접근법에 대한 적용점을 찾아보려고 할 뿐이다. 만약 내가 공공 혹은 민간분야에서 임상치료사로서 일한다면, 기꺼이 탄력성의 접근법을 더 사용하려고 할 것이다.

이 모델은 사회복지사가 자신의 클라이언트에게 권한을 부여하고 지원함으로써 더 나은 삶의 질을 얻게 하여 그들을 돕기를 희망한다는 것을 가정하고 있다. 이것은 당신이 인종적, 문화적, 또는 민족적 편견들을 도입하지 않는다면 사실일지도 모른다. 어떤 코카시안이 아프리카계 미국인들 또는 다른 소수인종의 사람들이 어떠한지를 이해하는 것은 불가능한 것은 아니더라도, 극도로 어렵다. 단지 피부색이나 문화적 배경 때문에 어떻게 더 못한 사람으로 대우받고 있는가를 설명할 만한 적절한 방법은 없다. 차별은 단지 하루 이틀이 아니라, 평생 동안 경험하는 것이며, 대대로 이어지는 일종의 유산이다. 인종차별주의는 매우 구조화되어 있어서 우리 사회의 근본적인 일부가 되어버렸다. 위에 있는 주류계층이 더 좋은 것을 갖기 위해서는 누군가가 밑바닥의 소수계층이 되어야만 한다. 대부분의 코카시안들은 아프리카계 미국인들 및 다른 소수인종들과 효과적으로 일하는 방법을 알지 못한다. 왜냐하면, 그들의 기본가치와 삶의 경험들이 너무나 다르기 때문이다. 비록 사회복지전문직에서 자기결정의 원칙을 수용한다고 하더라도, 클라이언트의 생활경험이 당신의 생활경험을 반영하지 않기 때문에, 당신의 클라이언트가 뭔가 잘못되었다고 확신할 때에는 자기결정을 실현하기가 어렵다.

그렇다면, 여기에 해결책이 있는가? 나도 모르겠다. 사회복지사가 진정으로 클라이언트를 가치있는 인간으로 존중할 때까지, 사회복지사가 인류 정신의 강점을 인식하는 것은 거의 불가능하다고 생각한다. 이런 인식이 없다면, 사회복지사들은 당신의 탄력성 모델에 장애로서 작용할 수 있는 활동과 사례계획에 참여할 것이다. 내 말이 너무 부정적으로 들리지 않기를 바란다. 나는 내 평생 동안 아프리카계 미국인사회, 백인사회라는 두 세계에서 일하며 걸어왔다. 이 접합에서 나는 두 개의 평행한 길을 보았으며, 평등과 조화 안에서 진정으로 함께 하는 것을 보는 것은 더욱 어렵다는 것을 발견하였다. 그러나 국가의 선과 인류의 선을 위해 이 두 세계가 함께 일해야 한다는 것을 알고 있다. 다만, 우리가 평화와 사랑 안에서 그 곳에 어떻게 도달할 수 있을지는 모른다.

참고문헌

Aponte, H. J. (1994). *Bread and spirit: Therapy with the now poor*. New York: W.W. Norton.

Arroyo, C. G., & Zigler, E. (1995). Racial identity, academic achievement, and the psychological well-being of economically disadvantaged adolescents. *Journal of Personality and Social Psychology, 69*, 903-914

Attneave, R. (1982). American Indians and Alaska Native families: Emigrants in their own homeland. In M. McGoldrick, J. K. Pearce, & J. Giordano(Eds.), *Ethnicity and family therapy*(pp. 55-83). New York: Guilford Press.

Auslander, W. F., Thompson, S. J., Dreitzer, D., & Santiago, J. V. (1997). Mothers' satisfaction with medical care: Perceptions of racism, family stress, and medical outcomes in children with diabetes. *Health & Social work, 22*, 190-199.

Backer, T. L., & Backer, J. P. (1996). *The WPA Oklahoma slave narratives*. Norman: University of Oklahoma Press.

Bagley, C. A., & Carroll, J. (1998). Healing forces in African-American families. In H. I. McCubbin, E. A. Thompson, A. I. Thompson, & J. A. Futrell(Eds.), *Resiliency in African-American families*(pp. 117-142). Thousand Oaks, CAL: Sage Publications.

Bernard, B. (1997). *Turning it around for all youth: From risk to resilience*(ERIC Clearing house on Urban Education, Institute for Urban and Minority Education, NO. 126). Available: http://eric-web.tc.columbia.edu/digests/dig126.html

Billingsley, A. (1968). *Black families in white America*. Engliewood Cliffs, NJ: Prentice Hall.

Bowman,p. J., & Howard, C. (1985). Race-related socialization, motivation, and academic achievement: A study of black youths in three-generation families, *Journal of American Academy of Child Psychiatry, 24*, 134-141.

Boykin, A., & Toms, F. D. (1985). Race-related socialization: A conceptual framework. In H. P. McAdoo & J. L. McAdoo(Eds.), *Black children*(pp. 33-52). Beverly Hills, CA: Sage Pubilcations.

Brodsky, A. (1996). Resilient single mothers in risky neighborhoods: Negative psychological sense of community. *Journal of Community Psychology, 24*, 347-363.

Broadsky, A. (1999). "Making it": Among urban, African-American, single mothers, *American Journal of Orthopsychiatry, 69*, 148-160.

Bronfenbrenner, U., McClelland, P., Wethington. E. Moen, P., & Ceci, S. (1996). *The State of Americans*. New York: Free Press.

Bush, J. A., Norton D. G., Sanders, C. L., & Solomon, B. B. (1983). An integrative approach for the inclusion of content on blacks in social work education. In J. C. Chn, P. J. Dunston, & F. Ross-Sheriff(Eds.), *Mental health and people of color*(pp. 97-126). Washington, DC: Howard University Press.

Carter, C. S. (1999). Church burning in African American communities: Implications for empowerment practice. *Social Work, 44*, 62-68.

Chestang, L. W. (1972). *Character development in a hostile society*(Occasional Paper Np. 3). Chicago: School of Social Service Administration.

Chestang, L. W. (1984). Racial and personal identity in the black pxperience. In B. W. White(Ed.), *Color in a white society*(pp. 83-94). Silver Spring, MD: NASW Press.

Clark, M. L. (1992). Racial group concept and self-esteem in black children, In H. Burlew, W. C. Banks, H. P. McAdoo, & D. A. Azibo(Eds.), *African American Psychology: Theory, research, and practice*(pp. 159-172). Newbury Park, CA: Sage Publications.

Clay,R.A. (2000). *Monitor*[On-line] serial, American Psychological Association] Available: http://www.apa.org/monitor/aug96.faithd.html

Cooley, C. H. (1956). *Human nature and the social order*, New York: Free Press.

Cross, T. (1998). Understanding family resiliency form a relational world view. In H. I. McCubbin, E. A. Thompson, A. I. Thompson, & J. E. Fromer(Eds.), *Resiliency in Native American and immigrant families*(pp. 143-158). Thousand Oaks, CA: Sage Publications.

Cross, W. E. (1991). *Shades of black; Diversity in African-American identity*. Philadelphia: Temple University Press.

Daly, A., Jennings, J., Beckett, J., & Leashore, B. R. (1995). Effective coping strategies of African Americans. *Social Work, 40*, 240-248.

Davis, K., Leijenaar, M., & Oldersman, J. (Eds.). (1991). *The gender of power*. Newbury Park, CA; Sage Publications.

Devore, W., & Schlesinger, E. G. (1996). *Ethnic-sensitive social work practice.* Boston: Allyn & Bacon.

Dubois, W. E. B. (1903). *Souls of black folk.* Chicago: McClurg.

Dubrow, N. F., & Garbarino, J. (1989). Living in the war zone: Mothers and young children in a public housing development. *Child Welfare,* 58, 3-20.

Ellison, C. (1993). Religious involvement and self-perception among black Americans. *Social Forces,* 71, 1027-1055.

Erikson, E. H. (1959). *Identity and the life cycle.* New York: W.W. Norton.

Erikson, E. H. (1963). *Childhood and society.* New York: W.W. Norton.

Erikson, E. H. (1968). *Identity, youth and crisis.* New York: W.W. Norton.

Ewalt, p. , Freeman, E. M., Kirk, S., & Poole, D. L. (Eds.). (1996) *Multicultural issues in social work.* Washington, DC: NASW Press.

Garbarino, J. (1992). The meaning of poverty in the world of children. *American Behavioral Scientist,* 35, 220-237.

Garbarino, J. (1995). *Raising children in a socially toxic environment.* San Francisco: Jossey-Bass.

Garbarino, J. (1999). *Lost boys: Why our sons turn out violent and how we can save them.* New York: Free Press

Garbarino, J., Bubrow, N., Kostolny, K., & Pardo, C. (1992). *Children in danger: Coping with the consequences of community violence.* San Francisco: Jossey-Bass.

Garbarino, J., Kostolny, K,. & Dubrow. N. (1991). What children can tell us about living in danger. *American Psychologist,* 46, 376-383.

Darmezy, N. (1991). resilience in children adaptation to negative life events and stressed environment. *Pediatric Annals,* 20, 459-466.

Genero,N.p. (1998).Culture, Resiliency, and mutual psychological development. In H. I. McCubbin, E. A. Thompson, A. I. Thompson, & J. A. Futrell(Eds.), *Resiliency in African-American families*(pp. 31-48). Thousand Oaks, CA: Sage Publications.

Germain, C. B. (1992). A conversation with Carel Germain on human development in the ecological context. In M. Bloom (Ed.), *Changing lives: Studies in human development and professional helping*(pp. 406-409). Columbia: University of South Carolina Press.

Goldenberg, I. (1978). *Oppression and social intervention.* Chicago: Nelson-Hall.

Green, J. (1995). *Cultural awareness in the human services.* Boston: Allyn &Bacon.

Greene, M. (1996). *The temple bombing.* Reading, MA: Addison-Wesley.

Greene, R. R. (1994). *Human behavior theory: A diversity framework.* New York: Aldine de Gruyter.

Greene, R, R,. & Watkins, M. (1998). *Serving diverse constituencies: An ecological perspective.* New York: Aldine de Gruyter.

Grief, G., Hrabowski, F., & Maton, K. (1998). African American fathers of high achieving sons: Using outstanding members of an at-risk population to guide intervention. *Families in Society,* 79, 45-52.

Haight, W. (1998). "Gathering th spirit" at First Baptist Church: Spirituality as a protective factor in the lives of African American children. *Social Work,* 43, 213-221.

Hawkins, D,. & Jones, N. (1989). Black adolescents and the criminal justice system. In R. L. Jones (Ed.), *Black adolescents*(pp. 403-428). Berkely. CA: Cobbs & Henry.

Hawkins, D., Lishner,D., & Catalano, R.R.,Jr. (1985). Childhood predictors and the prevention of adolescent substance abuse. In C. L. R. Jones & R. J. Battjes (Eds.). *Etiology of drug abuse*(NIDA Drug Research Monograph No.56). Rockville, MD: National Institute of Drug Abuse.

Helton, L. R., & Jackosn, M. (1997). *Social work with families: A diversity model.* Boston: Allyn & Bacon.

Hill, H. M., Soriano, FI., Chen, S.A., & La Fromboise, T. D. (1994). Sociocultural factors in the etiology and prevention of violence among ethnic minority youth. In L. D. Eron, J. H. Gentry, & p. Schlegel(Eds.), *Reason to hope*(pp. 59-100). Washington, DC: American Psychological Association.

Hines, P. M., Preto, N. G., McGoldrick, M., Almeida, R., & Weltman, S. (1999). Culture and the family life cycle. In B. Carter & M.McGoldrick (Eds). *The expanded family life cycle: Individual, family, and social perspectives*(pp. 69-87). Needham Heights, MA:Allyn & Bacon.

Hooks, B. (19984). Feminist theory: *From center to margin.* Boston: South End.

Hoops, J. G. (1982). Oppression based on color. *Social Work,* 27,3-5.

Howe, I. (1982). *A margin of hope*. San Diego: Harcourt Brace Jovanovich.

Hunter-Gaault,C. (1992). *In my place*. new York: Farrar Strauss Giroux.

Jackson, J. S., McCullough, W. R., & Gurin, G. (1988). Family, socialization environment, and identity development in black children, In H. P. McAdoo(Ed.), *Black families*(2nd ed., pp. 242-256). Beverly Hills, CA: Sage Publications.

La Fromboise, T. D., Coleman, H. L. K., & Derton, J. (1993). Psychological impact of biculturalism: Evidence and theory. *Psychological Bulletin, 114*, 395-412.

Lewis, R. (1980). Cultural perspective on treatment modalities with Native Americans, In M.Bloom (Ed.), *Life span development*(pp. 434-441). New York: MacMillan.

Lukes, C. A., & Land, H. (1990). Biculturality and homosexuality. *Social Work, 35*, 155-161.

McAdoo, H. P. (1992). Upward mobility and parenting in middle-income black families. In H. Burlew, W. C. Banks, H. P. McAdoo, & D. A. Azibo (Eds.), *African American psychology: Theory, research, and practice* (pp. 63-86). Newbury Park, CA: Sage Publication.

McCall, N. (1994). *Makes me wanna holler*, New York: Vintage Books.

McCubbin, H. I., Thompson, E. A., Thompson, A. I., & Futrell, J. A. (1998). *Resiliency in African-American families*. Thousand Oaks, CA: Sage Publications.

McGoldrick, M., & Carter, B. (1999). Self in context: The individual life cycle in systemic perspective. In B. Carter & M. McGoldrick (Eds.). *The expanded family life cycle: Individual, family, and social perspectives*(pp. 27-44). Needham Heights, MA: Allyn & Bacon.

Mead, G. H. (1934). *Mind, self, and society*. Chicago: University of Chicago Press.

Metzencaum, H. M. (1994, March 1). Statements on introduced bills and joint resolutions. In *Congressional Record*(Daily ed., pp. S2169-S2183). Washington, DC: U. S. Government Printing Office.

Miller, D. B., & MacIntoch, R. (1999). Promoting resilience in urban African American adolescents: Racial socialization and identity as protective factors. *Social Work Research, 23*, 159-170.

Miller, S. (1980). Reflections on the dual perspective. In E. Mizo & J. Delany (Eds.), *Training for service delivery to minority clients*(pp. 53-61). New York: Family Service Association.

Nobles, W. W. (1973). Psychological research and the black self-concept: A critical revies. *Journal of Social Issues, 29*, 11-31.

Norton, D. G. (1978). *The dual perspective: Inclusion of ethnic minority content in social work curriculum*. New York: Council on Social Work Education.

Ogbu, J. U. (1985). A cultural ecology of competence among inner-city blacks. In M. Spenser, G. K. Brokkins, & W. R. Allen (Eds.). *The beginnings: The social and affective development of black children*(pp. 45-66). Hillsdale, NJ: Lawrence Erlbaum.

Ogbu, J. U. (1988). Cultural diversity and human development. *New Directions for Child Development, 42*, 11-28.

Pierce, C. (1969). Violence and counter violence: The need for a children's domestic exchange. *American Journal of Orthopsychiarty, 39*, 553-568.

Pinderhughes, E. B. (1983). Empowerment for our clients and for ourselves. *Social Casework, 64*, 331-338.

Pinderhughes, E. B. (1989). *Understanding race, ethnicity, and power: The key to efficacy in clinical practice*. New York: Free Press.

Peters, M. F. (1988). Parenting in black families with young children: A historical perspective. In H. P. McAdoo (Ed.). *Black families*(2nd ed., pp. 228-241). Beverly Hills, CA: Sage Publications.

Peters, M. F. (1985). Racial socialization of young black children. In H. P. McAdoo & J. L. McAdoo (Eds.), *Black children*(2nd ed., pp. 159-173). Beverly Hills, CA: Sage Publications.

Proctor, S. (1995). *The substance of things hoped for: A memoir of African-American faith*. New York: G. P. Putnam's Sons.

Sampson, R. J., Raudenbush, S.W., & Earls,F. (1997). Neighborhoods and violent crime: A multilevel study of collective efficacy. *Science, 277*, 918-924.

Scannapieco, M., & Jackson, S. (1996). Kinship care: The African American response to family preservation. *Social Work, 41*, 190-196.

Schorr, L., & Schorr, D. (1988). Within our reach: Breaking the cycle of the disadvantaged. New York: Doubleday.

Schriver, J. M. (2001). *Human behavior and the social environment*. Boston: Allyn & Bacon.

Seliger, M. (1996). *When they came to take my father away*. New York: Arcade Publishing.

Solomon, B. (1976). *Black empowerment*. New York: Columbia University.

Solomon, B. (1988). The impact of public policy on the status of young black males. In J. T. Gibbs (Ed.), *Young, black, and male in America: An endangered species*(pp. 294-316). Dover, MA: Auburn House.

Stack, C. (1974). *All our kin*. New York: Harper & Row.

Taylor, R. L. (1989). Black youth, role models and the social construction of identity. In R. L. Jones (Ed.), *Black adolescents*(pp. 155-174). Berkeley, CA: Cobbs & Henry.

Thompson, E., McCubbin, H. I., Thompson, A., & Elver, K. M. (1998). Vulnerability and resiliency in Native Hawaiian families under stress. In H. I. McCubbin, E. A. Thompson, A. I. Thompson, & J. E. Fromer (Eds.), *Resiliency in Native American and immigrant families*(pp. 115-139). Thousand Oaks, CA: Sage Publications.

Thompson, M. (1986). The influences of supportive relations on the psychological well-being of teenage mothers. *Social Forces, 64*, 1006-1024.

Thorton, M. (1998). Indigenous resources and strategic resistance: Informal caregiving and racial socialization. In H. I. McCubbin, E. A. Thompson, A. I. Thompson, & J. A. Futrell (Eds.), *Resiliency in African-American families*(pp. 49-66). Thousand Oaks, CA: Sage Publications.

Tully, C. T. (1994). Power and the social work profession. In R. R. Greene (Ed.), *Human behavior theory: A diversity framework*(pp. 235-245). New York: Aldine de Gruyter.

Van Voorhis, R. (1998). Culturally relevant practice: Addressing the psychodynamics of oppression. In R. R. Greene & M. Watkins (Eds.), *Serving diverse constituencies: Applying the ecological perspective*(pp. 97-112). New York: Aldine de Gruyter.

Waters, E. (1952). *His eye is on the sparrow*. New York: Bantam Books.

West, C. (1993). *Race matters*. New York: Wintage Books.

Wiesel, E. (1960). *Night*. New York: Bantam Books.

Wilins, R. (1982). *A man's life: An autobiography*. New York Simon & Schuster.

Wilson, W. J. (1973). *Power, racison, and privilege*. New York: Free Press.

Wilson, W. J. (1987). *The truly disadvantaged*. Chicago: Univeristy of Chicago Press.

제12장
노 인

Judith S. Lewis and Evelyn B. Harrell

본 장에서는 노인과 관련된 사회복지실천에 있어서, 탄력성에 기반한 접근을 필요로 하는 사회복지전문직에서 직면하고 있는 사회적 핵심쟁점들을 논의한다. 탄력성과 관련되면서 이와 비교할 수 있는 용어와 개념들이 노인과 관련한 관점에서 제시될 것이다. 탄력성에 기반한 관점에 중점을 둔 인간행동 이론의 선별된 가정들은 연구제언들뿐만 아니라, 노인관련 문헌에서도 연구되었다. 결국, 노인들에 대한 탄력성에 기반한 생태학적 실천의 초기 모델이 제시되고 있는 것이다. 이 모델은 안전, 지지, 협력, 이타주의 개념을 통합하는 관계적 구조틀을 활용하면서 최근의 강점기반접근에 근기를 두고 수립되었다(Atkins-Burnett & Allen-Meares, 2000). 현장 실무자들을 위한 지침과 사례에 대한 간결한 묘사도 포함되어 있다.

선별적 사회적 쟁점들과 탄력성

사회복지사들이 노인들의 다양한 인구계층에 대해 인식하고 있다고 하더라도, 노인에 대한 일반 대중의 이미지는 쇠약함이거나, 만일 쇠약하지 않다면 나이가 많은 사람이다. 탄력성은 분명히 많은 사람들이 노령과 함께 연관지으려고 하는 용어는 아니다(Butler, 1975). 하지만 최근의 사회적 쟁점들은 일반인들뿐만 아니라 사회복지전문가들도 이와 같은 노인들에 대한 부정적인 이미지를 전환할 것을 요구하고 있다. 미국은 역사적인 인구학적 변화의 한 가운데 놓여있다.

1900년 이래로, 65세 이상의 노인 인구가 10배 증가하였고, 2030년까지 이들이 전체 인구의 25%를 차지할 만큼 배가될 것으로 예상된다(Recer, 2000). 노인들 중에서는 75세 이상의 노인집단이 가장 빠른 속도로 급증하고 있다. 이와 같은 현상은 부분적으로는 베이비붐 세대의 노화와 유색인종의 기대수명 증가에서 기인한 것으로 보인다.

사회복지사는 이렇게 커지는 다양한 노인인구집단에서 예견되는 서비스 욕구를 충족시키기 위해, 자신의 태도와 기관프로그램의 특성을 재검토해야만 한다. 예를 들어, 노인의 강점들을 지지하도록 설계된 예방프로그램은 향후에, 광범위한 건강 및 정신건강서비스가 필요할 수 있는 노인인구의 수를 낮추게 되는 잠재적 힘을 가지고 있다(Greene, 2000). 또한 노인들이 주변적 행위자이기보다는 프로그램 설계 및 문제해결 활동에 있어서 중요한 이해당사자가 될 수 있게 한다. 노인들은 자신들의 타고난 강점을 구축하고, 자신만의 해결책을 개발하고, 사회복지기관들에게 그들의 서비스욕구에 대해 훨씬 유익한 정보를 제공할 수 있다. 게다가 사회복지사와 사회복지기관들이 증가하는 다양한 노인들에 대해 문화적으로 섬세하고 민감해질수록, 노인들은 더욱 더 그 자신의 욕구를 충족시키는 데 있어서 연장자로서의 파트너가 될 수 있는 것이다(Gant, 1996; Torres-Gil & Pucinelli, 1995).

분명히 모든 미래의 노인인구에게 사회적 서비스가 필요하지는 않겠지만, 그들은 여전히 다른 종류의 사회적 욕구에 직면하게 될 것이다. 예를 들어, 나이와 연관된 취업문제는 극적인 인구구조의 변화를 경험하고 있는 오늘날의 시대에 있어서 증대되는 현상이다. 기대수명의 증가와 건강수준의 향상으로 인해, 많은 노인인구가 계속적으로 노동시장에 고용된 상태로 남아있기를 선택한다. 노인들은 직무역할들, 특히 파트타임직을 고려하여, 그에 따르는 보상에 대해 지속적인 욕구를 가져왔다. 기술을 가진 노인의 경우는 노동시장에 계속 남아있도록 요청받을 수 있다. 판매업과 같은 서비스업종도 이들이 종사할 수 있는 가능한 분야이다. 역사적으로 서비스업종 종사자들은 젊은이들이었기 때문에, 이러한 고용양태의 변화는 고용자들에게 있어서 도전이 될 것이다.

하지만 고령근로자들에 대한 태도의 변화가 일어나고 있다. 노인근로자들을 차별해왔던 서비스산업은, 특히 이들의 신뢰할 만한 직무습관에 가치를 두고 높이 평가하기에 이르렀다. Salthouse(1990)에 따르면, 노인들을 업무기여도의 관점에서 평가할 때, 연령 만큼 성과를 내며 젊은 경쟁자들 만큼 생산성을 보인다. 이런 사실은 고령근로자들이 고용주들에게 경제적인 이익을 줄 수 있는 자원이 될 수 있다는 것을 강조하는 것이다. 점차로 많은 수의 고용주들이 노인들을 기꺼이 고용하려고 하고, 그들을 자원으로 바라보는 현상은 다음 미국 노인세대의 탄력성을 양성하는 데 있어서 중요한 측면이 된다(Torres-Gil & Pucinelli, 1995).

그러나 여성노인에 대한 일터에서의 차별적 대우는 여전히 관심사이다. 여성노인은 계속적으로 임금차별, 낮은 퇴직급여, 손자녀 양육에 대한 책임, 그리고 복지개혁에 의해 부당하게 대우받는다. 많은 노인들이 노동시장에 재진입하며 그리고 혹은 직장을 지속함에 따라, 여성노인의 기여를 반영하기 위해 가족간호휴가정책(family leave policies)을 포함하는 급여 및 보상체계가 재설계되어야 할 것이다(Dunke & Norgard, 1995; Torres-Gil & Pucinelli, 1995). 이것은 미래세대의 직업여성들이 충분한 자원으로 퇴직하여 안전감을 촉진시켜 줄 것이다. 즉, 미국사회의 노화는 노인인구의 가시적이고 존립가능한 다양한 네트워크를 가져올 것이라고 간단히 결론지을 수 있다.

탄력성의 정의

탄력성은 전문서적과 전문용어 모두에서 일련의 의미를 가진다. 일반적으로 탄력성은 불운이나 변화 이후에 강점, 영성, 좋은 기분 등을 회복하고자 하는 능력이다. 사회복지에 있어서, 탄력성은 스트레스나 심각한 문제 등에 직면한 후에 이전의 상태로 다시 돌아가거나 되튀는 능력을 일컫는다(Barker, 1995). 탄력성에 대한 연구가 우선적으로는 아동과 청소년을 다루는 발달적 연구와 관련이 있었음에도 불구하고(Ryff, Singer, Love, & Essex, 1998), 스트레스를 약화시키는 노인의 능력과 관련된 개념으로는 자율성(autonomy), 역량(competence), 자기효능감(self-efficacy), 응집감(sense of coherence) 등이 있다. 이 다양한 단어들은 클라이언트의 강점을 설명하며, 일반적으로 탄력성의 항목에 해당된다. 과연, 노인들과 가장 관련있는 개념을 선택하여, 이를 지속적으로 사용하는 것이 중요한 문제인가? 과연, 한 용어가 다른 연령의 단계들보다 노년단계를 설명하는 데 있어서 가장 적절하다고 할 수 있는가? 왜 탄력성은 일반적으로 젊은이들과 더 관련이 있을까? 다음의 논의는 노령에 대한 연구 및 노인들에 대한 사회복지실천을 위해 각각의 의미와 용어들의 차이를 구별해줄 것이다.

자율성(autonomy)은 종종 스트레스와 싸우는 사람의 능력에 있어 중요하게 여겨지는 인간의 특성이다. 자율성은 독립적 행동을 가능하게 하는 개인의 지각으로도 설명된다. 즉, 자신의 필요를 공급하는 능력이며, 다른 사람들의 통제로부터의 독립이다(Barker, 1995). 이 정의는 서구 문화의 개인주의적인 특성을 반영함에 따라 문제의 소지가 될 수 있다. 왜냐하면, 모든 사람들은 그들이 그것을 인식하든 하지 않든 간에, 아동기 이후라고 할지라도, 상대적으로 의존적인 채로 남아있게 되며, 타인에 대한 의존적 경향성은 나이가 들어감에 따라 더욱 증가하는 것이기 때문이다. 따라서, 자율성이라는 용어의 사용은 실천가가 자율성과 의존성이 상관관계가 있다는 것을 이해할 것을 요구한다. 의존성이 있다고 해서 자율성에 대한 필요성이 사라지는 것은 아니다. 게다가, 클라이언트가 종종 의존성과 노년기를 두려워할지라도, 그들은 여전히 자신의 자율성이 보존될 기회를 추구하기를 원할 것이다.

역량(competence)은 디스트레스를 극복하는 클라이언트의 능력을 설명하기 위해 노화와 관련된 문헌에서 자주 등장하는 또 하나의 용어이다. 사회복지사는 일상의 능력을 평가할 때, 자신의 힘으로 생활하는 데 필요한 생물학적, 심리적, 사회적 활동들을 적절하게 수행할 수 있는 능력과 잠재력에 대한 광범위한 관점을 가질 필요가 있다(Willis, 1991). 사회복지사는 또한 식사준비, 가사 등과 같은 일상생활의 도구적 활동과 연관된 기능적 건강상태를 측정하는 데 자주 사용되는 평가도구를 사용할 수 있다(Fillenbaum, 1985).

분명히, 사람은 나이가 들어가면서, 이전의 능력(운전, 요리, 직업과업)의 어떤 측면들이 다른 측면으로 이전될 수 있으나, 새로운 영역에 대한 역량은 사람이 삶의 변화에 적응해 나갈 때 발전하게 된다(Antonovsky & Sagy, 1990). 예를 들어,

퇴직이 때로는 일을 통해 얻어진 지위의 상실을 의미한다고 하더라도, 어느 90세의 노인이 젊었을 때에는 흥미있어 했지만, 큰 노력을 요하는 직장업무로 인해 시간을 낼 수 없었던 그림그리기 취미를 다시 가다듬고 발전시킬 수도 있는 것이다.

또한, 클라이언트의 역량은 "클라이언트의 삶의 경험과 조화로운 전체로서의 상황들의 총합"으로 설명할 수 있고, 다양한 체계수준에서 사람들 간의 연계성을 조사하여 평가할 수 있다(Greene & Watkins, 1998, p. 64). 독립성과 자율성 사이의 균형은 생애주기를 통해 자연적으로 이동한다. 어떤 측면에서는 역량이 탄력성으로 비유되었다(Masten, 1994). 여기서 탄력성이란 자신의 환경에 효과적으로 기능하는 능력인 역량과 역경에도 불구하고 역량을 유지할 수 있는 능력을 말하는 것이다.

스트레스에 저항하는 클라이언트의 능력과 관련된 또 다른 용어가 "효능감"(efficacy)이다. 이것은 효과 또는 의도된 결과—효과성—를 만들어 내는 능력을 말한다. 역량의 주요 심리학적 요소인 자기효능감은(Bandura, 1977), "치료상의 목적에 도달하기 위해 필요한, 세분화된 과업들을 성취하기 위한 클라이언트 자신의 능력에 대한 기대와 믿음"을 의미한다(Barker, 1995, p. 340). 클라이언트가 자기지시능력을 가지고 있음을 고려하여 사회복지사는 공동의 해결책을 추구하며, 강점을 지적하고, 가용자원을 활용함으로써 클라이언트의 성취감을 증대시킬 수 있다.

응집감은 일반적으로 탄력성 항목에 적합한 또 하나의 구성체이며, 이는 사람들을 건강한 상태인 채로 있을 수 있게 하는 요소들을 설명하는 데 사용되곤 한다(McCubbin, Thompson, Thomson, & Fromer, 1994). 응집감은 3개의 주요 요소로 구성되어 있다. 즉, (1) 이해능력: 상황을 이해할 수 있는 능력, (2) 관리능력: 상황적 요구들을 관리할 수 있는 능력, (3) 의미성: 사람이 직면하고 있는 상황이나 요구로부터 의미를 도출할 수 있는 능력이다(Antonovsky, 1979, 1987). 이 개념은 건강의 기원에 관심있는 의료사회학자 Antonovsky(1979)가 고안한 것으로, 병리에 기초한 모델에서 벗어난 건강한 삶 지향(salutogenensis orientation)—사람은 건강을 지키기 위한 자원과 지각력을 소유하고 있다는 철학적 주장—을 제시하고 있다.

또한, 세계적인 연구자들은 모든 연령집단의 응집감을 측정하기 위해 Antonovsky(1987)의 표준화된 도구를 사용하고 있다. 예를 들어, Lewis(1993)는 지역사회 기반 주택단지에 살고 있는 여성노인의 표본에서 성공적인 독립생활을 증진시키는 요인들에 대한 연구와 관련해 이 개념을 예측변수로 사용하였다. 그녀는 응집감은 사회복지실천가들과 연구자들이 강점에 기반한 탄력성의 관점을 실천하는 데 유용한 구성체라고 결론지었다(Lewis, 1996).

이 모든 용어―자율성, 역량, 자기효능감, 응집감―는 노령에 대한 연구와 관련이 있다. 그러나 자율성과 자기효능감은 노령에 경험되는 것들을 특징짓기에는 부족한 용어인 것처럼 보인다. 더 광범위한 역량의 개념이 심리학적 능력 또는 잠재력 측면으로서의 자기효능감과 자율을 통합한 것처럼 보이는 반면, 응집감은 노인과의 탄력성에 기반한 생태학적 실천모델에 대한 지식을 증대시킬 수 있는 측정가능한 구성체로서 그 활용도가 가장 높은 듯 보인다. 하지만 우리의 관점으로는, 탄력성이란 용어는 사람들이 인생의 스트레스와 역경을 극복하거나 원래 상태로 이내 회복한다는 개념으로 가장 잘 포착되고 있으며, 이는 노인에 대한 이해에 있어서 중요한 배경을 제공해주고 있다.

심지어 아주 건강한 노인들까지도, 사별, 직업 및 사회적 활동의 상실과 같은 노년시기의 보편적인 스트레스에 의해 어려움을 겪을 수 있다. 성공적인 노화의 모델(Rowe & Kahn, 1987, 1998)에서도, 충분히 장수한 노인들에게도 신체적, 심리적, 사회적 상실 만큼은 피할 수 없이 직면하도록 도전받는 것이다(Leder, 1999-2000). 관련문헌의 재검토는 노년시기의 탄력성에 대한 연구가 대부분 미답의 영역이라는 것을 보여주고 있다(Ryff et al., 1998). 이것은 탄력성을 연구하였던 초기의 개척자들―Werner(1993)와 Garmezy(1993)―대부분이 젊은이에 초점을 맞추었기 때문이다. 이론가들이 탄력성을 노인과 연계시키지 않는 또 다른 이유는 노인을 탄력성과는 비교적 상반되는 특징으로 연계시키려는 사회적 경향성 때문일 것이다. 연령차별주의, 또는 노령에 대한 부정적인 선입견들이 치료전문직에서도 널리 퍼져있다(Butler, 1993).

그럼에도 불구하고, 강점관점을 강조하는 지금의 사회복지의 흐름 및 노인인구의 급속한 성장과 함께(Saleebey, 1992; Tice & Perkins, 1996), 노인을 포함하는 탄력성에 대한 연구가 진전되고 있다. 결국, 연구자들의 노인의 탄력성에 대한 이해노력을 이끌어줄 수 있는 두 가지 정의는 다음과 같다. Ryff 등(1998)은 탄력성을 "도전에 따르는 정신적·신체적 건강의 유지, 회복, 또는 중진"으로 정의한 반면(Ryff et al., 1998. p. 74), 본 장의 저자들은 노년시기의 탄력성은 역경과 심각한 스트레스요인들에도 불구하고 전 일생에 걸친 지속적인 능력으로 제시하였다.

인간행동이론의 적용

탄력성을 이해하기 위한 이론적 기반으로 작용하는 인간행동의 핵심가정들은 1, 2, 3장에 소개된 바 있다. 이 부분에서는 노인에 대한 사회복지실천에 있어서, 특히 강점에 기반한 철학이 적용됨에 따라 그 기반의 선별된 측면을 연구하고 있다.

탄력성: 생물심리사회적/영적 현상

노화는 연령이 높아짐에 따라 사람들에게서 발생되는 행동상의 변화를 일컫는 개념이다. 연령에 관련된 변화 및 자신의 환경에 효과적으로 대처하고자 하는 사람들의 능력에 대해 미치는 영향은 노화의 3유형을 포괄한다. 즉, 1) 생물학적 측면: 신체 기관의 구조와 기능에 있어서의 변화, 2) 심리적 측면: 환경에 적용하고 환경을 변화시키는 능력, 3) 사회적 측면: 역할을 수행하고 사회체계망을 유지하는 능력이다(Greene, 2000). 노화가 사람에 따라 매우 유동적이며 상이한 비율로 진행됨에 따라, 탄력성에 대한 그 관계와 과정을 탐색하는 것은 더 중요해졌다.

탄력성을 생물학적 측면에서 이해하는 것은 연구들이 일반적으로 적용에 대한 사람의 실패에 초점을 두어왔기 때문에 크게 발전되지 못하였다(Kiecolt-Glaser, Malarkey, Cacioppo, & Glaser, 1994; Ryff & Singer, 1998; Ryff et al., 1998). 탄력성의 생물학적 그리고 심리·사회적 측면 사이의 연결고리를 확립하고자 유도되는 현행 연구는 노인을 이해하는 데 있어서 개념적 유용성을 더욱 촉진시킬 수 있다. 이 관점은 Ryff 및 그녀의 동료들의 업적과 일관된 양상을 보이고 있는데, 그들은 탄력성을 시간이 흐름에 따라 자연적으로 발생하는 도전들에 직면하여 건강과 안녕을 유지하는 역할의 역동적인 과정으로서 연구하기 위해, 보호와 위험요인이라는 관점에서 탄력성의 구성체를 넘어서야 할 필요성에 대해 강조하였다.

의미있는 사회적 관계를 유지하는 능력은 탄력성에 대한 문헌에서 핵심 보호요인으로서 정의되어왔다(Werner, 1995) 그러나 노년기에서 탄력성에 대한 사회적 연계성의 구체적 기여를 추적하기 위해 더 많은 연구들이 검토될 필요가 있다. 모순되지만, 노인들 사이에서 사회적 지지와 연계성이 건강을 증진시킨다는 것은 잘 증빙되어있지만(Antonucci & Akiyama, 1991; Cohen & Syme, 1985), 노인들의 건강, 안녕, 탄력성 사이의 연계는 도전해야 할 연구주제이다.

영성이 개인의 탄력성에 기여하는 것으로 정의되어 왔음에도 불구하고, 일단 연구자들은 여전히 노인들 사이에서 이러한 현상을 충분하게 기술하지 못하고 있다(Canda, 1988a, 1988b). 영성의 증대는 미국 노인들의 건강에 있어서 보호요인으로 작용하며(Blazer, 1991; Koening, George, Blazer, Pritchertt, &. Meador, 1993; Wilson-Ford, 1992; 8장 참조), 또한 사회적 지지의 중요한 차원으로 작용한다고 본다(Chatters & Neighbors, 1986). 결론적으로, 탄력성 및 영성에 대한 관심 부족은 노인들이 종종 영적인 소생에 우위를 둠에 따라 특히 불행한 일이라고 할 수 있다(Kleyman, 2000; Wilson-Ford, 1992). 예를 들어, Lewis(1993)는 독립주거단지에 거주하는 128명의 노인들에 대한 연구에서 89%가 매주 종교활동에 참여하고 있는 것을 발견하였다.

생애과정에 걸친 탄력성

탄력적인 노인에 대한 관심이 증가되면서, 젊은이 표본을 대상으로 한 노화에 대한 종단연구가 진행되고, 연구자들은 탄력성을 단순히 스트레스를 받는 순간 개인의 대처능력의 결과로 보기보다는, 이제 생애과정 동안의 역동적인 과정으로 연구하고 있다. Ryff 등이 언급한 것처럼, 탄력성에 대한 연구에서 사용된 노화의 종단 연구조사표본은 이미 초기 및 중기 성인시기에 연구초점을 바꾸도록 이끌었다(Ryff et al., 1998). 관련 연구들이 "역경을 통해 높은 수준의 심리적 안녕에 도달하는 다양한 경로들"을 알아내고 있다는 것은 놀라운 일이 아니다(Singer, Ryff, & Magee, 인쇄 중). 탄력성에 이르는 개인적 경로는 다양하지만, 이러한 안녕(well-being)에 기여하는 주요 요소들은—사회적 관계의 질적 수준, 직장에서의 승진, 인생초기의 긍정적인 자원들 등을 포함하여—개인들의 이야기들에서 꾸준히 재등장하고 있다.

오늘날 노인들이 성공적으로 주거하며 번성하는 탄력적인 지역사회들의 예는 많이 있다. 모든 종류의 은퇴자 집단들은 노인인구의 급격한 변화로 인해 우후죽순처럼 늘어나고 있다. 지속적인 보살핌이 제공되는 은퇴자 지역사회에서 거주하는 노인의 수가 증가하고 있기는 하지만, 많은 수의 노인들은 여전히 여러 연령계층이 함께 하는 사회 내에서 독립적으로 살아가고 있다(Erickson, 2000). 더 큰 규모의 지역사회에서, 노인들은 삶의 모든 분야에서 적극적이고 능동적인 역할을 수행하고 있으며, 자신들의 안녕에 영향을 주는 지역사회의 쟁점들에 대한 공적인 옹호에도 강한 목소리를 내고 있다.

탄력성과 다양성

어느 문헌에서는 삶의 도전과 스트레스를 관리하는 능력은 사람들의 사회적 배경들과 연계되어 있으며, 특히 문화적 차이에 의해 영향을 받을 수 있다고 말하고 있다(McCubbin et al., 1994). 개인적인 수준에서는, 성 또는 건강상태가 인생의 도전을 관리하는 능력에 중요한 영향을 미칠 수 있다. 타인들과의 관계 속에서 자신에 대한 인식뿐만 아니라, 타인에게 자신이 어떻게 인식되는가도 인생의 과업에 대처하기 위해 내적 및 외적 자원들을 배당하는 능력에 영향을 미칠 수 있다. 동시에 사회적 지위나 부에 대한 상대적 접근도와 같은 사회적 요인들이 탄력성을 지지하는 자원들이 될 수 있다(Sololovsky & Vesperi, 1991).

아직까지는 탄력성, 다양성, 그리고 노화 간의 명백한 연계성이 밝혀지지는 않았다. 그럼에도 불구하고, 더 넓은 세상에서 연령이 단독으로 개인의 시각과 신뢰성을 제한할 수는 있지만, 복합적이며, 다양성을 띤 집단 내의 구성원 자격은 탄력성으로 가는 길목에서 반드시 직면해야만 하는 도전으로 여겨진다. Sololovsky와 다른 사람들은 노화, 개인과 사회적 맥락, 그리고 안녕이라는 개념 간의 관계를 연구하는 데 있어서 문화적 렌즈를 적용하는 것이 중요하다고 하였다(Sololovsky, 1990). 실증적 연구가 더 필요함에도 불구하고, 다양한 노인들의 살아온 경험에 대한 수많은 문헌들은 노령기의 탄력성으로의 많은 행로에 대한 우리의 이해를 확장시킨다(Dawson & Glaubman, 2000; Delany, Delany, & Hearth, 1993; Peters, 1997; Sarton, 1993).

경제적, 성별, 인종적, 또는 다른 사회적 지위에 근거하든 근거하지 않든 간에, 권력과 특권이 탄력성을 위한 균형을 제공하는 보호요인으로서 조명될 수 있다. 예를 들어, 사회적, 경제적, 그리고 정치적인 자원 및 욕구의 지지에 대한 접근성은 백인 홀아비에게서보다는 아프리카계 미국여성노인 동성애자들에게서 더 상이하게 나타날 수 있다는 것을 가정한다. 그러나 연구문헌들은 탄력성에 이르는 많은 행로들을 우리에게 상기시켜주면서, 권력도, 특권도 갖고 있지 않은 사람들의 탄력성에 대한 많은 사례들을 포함한다. 현시대의 노인들은 전례없는 역사적 번성과정뿐만 아니라 시민권운동, 반전운동, 그리고 여성운동들을 경험하였다. 그들의 수적 우세함, 문화적 다양성, 인생 경험에 의해 그들의 영향력은 다음 세대뿐만 아니라 같은 노인세대들에게도 크게 미칠 것이다. 노인집단 내에서의 사회적 계급, 건강과 자율성의 범위, 성별, 성적 지향, 인종, 서로 다른 연령 동년배와 같은 차이를 이해하는 것은 사회복지사들에게 노인들의 다양성을 포용하고 그들의 탄력성을 향상시킬 수 있는 기회들을 제공할 것이다(Gant, 1996; Torres-Gil & Pucinelli, 1995).

사회복지실천에서 탄력성의 촉진

사회복지전문직은 노화 사회의 욕구들을 충족시킬 수 있도록 자신의 위치를 스스로 정립하여야 한다. 노년기에 탄력성을 촉진하는 방법을 배우는 것은 이러한 도전을 충족시키는 데 도움이 될 것이다. 결국, 이 부분에서는 노인들과의 탄력성에 기반한 생태학적 실천에서의 초기모델을 설명하고 있다. 이 모델은 인생의 도전에 적응하는 데 영향을 미치는 타인과의 관계가 노인기의 탄력성을 촉진시킬 수 있다는 이해에 기반을 두고 있다.

노인과 그들의 중요한 사람들 사이에서의 관계성은 사회복지실천에서 탄력성을 촉진시킬 수 있는 것으로 여겨지는 중요한 3가지 구성체 안에서 논의될 것이다. 즉, (1) 안전과 지지(safety and support), (2) 연합(affiliation), (3) 이타주의(altruism)이다. 다시 말해서, 개인은 자기와의 관계를 처음으로 바라보게 되는 자기(self)에 대한 이해에서부터 자기로(안전과 지지), 자기에서 타인으로(연합), 그리고 자기에서 더 큰 선(善)으로(이타주의) 전환되어야 할 필요를 느낀다(표 12.1 참조). 각 구성요소는 역동적인 관점에서 탄력성에 대한 이해를 제시하면서, 미시적, 중범위석, 서시적 수준에서 연구될 수 있다.

다음의 각 부분들에서 언급된 바와 같이, 노인이 서비스를 구할 때 안전과 지지의 영역에 있어서 사회복지사를 위한 실천상의 적용점에 대한 일반적 지침은 다음과 같다.

- 개인 및 대인 간의 기능수행에 대한 클라이언트의 인식이 반영되어야 한다.
- 클라이언트와 사회복지사의 상호신뢰를 구축하고 정확한 평가와 의도된 개입으로의 관계중심의 접근방법이어야만 한다는 것을 고려해야 한다.
- "안전과 지지"에 대한 사정과 관련하여 환경적인 것과 문화적인 역동성을 탐색하는 대화들을 이끌어야 한다.
- 자기의 집합적 경험을 포함한 클라이언트의 자기결정에 대한 표현에 민감해야 하며, 그 결과 치료적인 관계는 비밀로 보장하면서, 클라이언트뿐 아니라 가족과 그 외 중요한 다른 사람에게까지 확대되어야 한다.

표 12-1 탄력성과 노인

관련 구성체와 실천 단계		탄력성에 기반한 목표 및 욕구	탄력성 요인	사회복지사 지침
안전과 지지	미시	개인–성스러운 영역 개인적이고 즉각적인 물리적 안전	심리적인 안녕; 외향적인 성격	클라이언트의 이야기에 의해 이끌림 지각/문화적인 구조/ 상호작용 체계에 초점을 맞춘 생태학적 구조에 포함된 회원; 관계 중심적
	중범위	가족과 친구에 대한 신뢰	성공적 관계유형	–
	거시	이웃과 지역사회의 안전 건강보호와 같은 서비스에 대한 접근성	경제적 안정성; 적절한 주거지; 타인과 세계에 대한 관심	–
연합	미시	가족/소속감의 형성	노화되어가는 자기의 기여에 대한 태도	전문가로서의 클라이언트
	중범위	소집단/타인과 교제	노화되어가는 다른 노인들의 기여에 대한 태도	협력 상담–부수적 접촉
	거시	네트워크 관계/자신이 필요한 사람이고 도움이 된다는 사고 촉진	노화되어가는 지역사회의 기여에 대한 태도	제휴 형성
이타주의	미시	상호성–영적인 가치	가치와 신념	타인에 대한 관심
	중범위	세대 간 이익–유산	공공의 보편적 가치	가족 개입/보존
	거시	지역사회/환경적 요소 개선	가치에 대한 사회/지역사회의 인가	지역사회개발/조직기술
			환경적인 요인들	프로그램개발/정책이행

안전과 지지와 함께 연합 영역에 있어서 사회복지사를 위한 실천 적용점은 다음과 같다.

- 클라이언트가 의미를 두는 사회적 관계를 탐색하고, 특히 고유한 비공식적 집단과의 연계와 관련하여 확대된 연합 욕구를 탐색하기 위해 관계망을 넓게 드리운다.
- 문화와 민족, 그리고 성적인 지향과 같은 요소에 민감해야 한다.
- 사회복지직의 취약한 인구집단에 대한 역사적인 연계를 인식해야 한다.
- 서비스의 접근성, 가용성, 경제적 부담능력, 적합성의 문제를 제시하면서, 클라이언트의 욕구에 부응하여 조직적인 구조를 창조하거나 유지해야 한다.

그리고 마지막으로 이타주의의 영역에서 사회복지사는,

- 클라이언트의 가족과 사회적 관계 경험을 조사하여야 한다.
- 개인적이고 사회적 관계에서의 상호성에 대한 클라이언트의 생각에 초점을 맞춰야 한다.
- 의미와 상호성, 존중과 자기효능감, 자아실현의 측면들을 포함한, 클라이언트의 세세관과의 연계성에 대한 욕구를 탐색해야 한다.
- 확대가족과의 관계, 그리고 클럽, 자조집단, 교회 등을 포함한 인접한 지역사회에서 이용 가능한 고유한 집단을 검토해야 한다.

안전과 지지

Barker(1995)는 기본욕구로서, 음식과 휴식을 포함하는 생리적인 욕구를 기술하고 있다. 안전에 대한 욕구는 안전, 안정성, 그리고 공포로부터의 해방으로 묘사된다. 안전과 지지는 여기에서 노인들의 기본적 생리적, 환경적 욕구가 음식, 주거, 건강, 재정, 그리고 환경적 위험으로부터의 보호 등에서 충족되고, 안정화된 상태로서 정의된다. 안전과 지지는 노인이 인접하고 있는 주변 환경 안에 보호되는 공간을 만들어내고 있기 때문에 탄력성에 있어서 필요한 요소이다.

노인들이 보호되는 공간은 신체적 · 심리적 공간을 포함하고 있으며, 안전 및 지속적인 성장을 보장해 준다. 안전과 지지는 노인들의 영양, 주거, 건강과 같은 기본적인 욕구를 보호해주고 돌봐주는 역할을 한다. 노인이 이런 욕구들을 유지할 수 있을 때, 이 욕구들이 노화 과정에서의 강점으로 조명될 수 있다. 물론 이 욕구들이 위협받을 때, 사회복지사들은 노인들을 유용하고 접근 가능한 자원들과 연결해 줌으로써 이런 위험을 해결할 수 있다. 생태적 관점에서, 안전과 지지는 가족, 친구, 교회, 그리고 지역사회 안에서의 신뢰 및 수용과 관련이 있다.

노인이 사회복지전문직에서 서비스들을 찾고 있을 때, 클라이언트와 사회복지사의 관계 안에 이러한 신뢰와 수용이 존재해야 한다. 이것은 노인에게 심지어는 위험을 최소화할 때의 보호요인으로서 작용할 수 있는 안전한 분위기를 조성해준다. 많은 노인들이 건강보호 제공자들에 대해 걱정이 많고, 상처도 쉽게 받기 때문에, 이처럼 보호에 대한 지각은 중요한 요소라고 할 수 있다. 노인들이 건강보호체계에 접근할 때, 일관성, 관계 안에서 사용된 시간을 소중히 여기는 것, 접촉의 빈도, 그리고 적합한 사후관리 등은 노인들의 탄력성에 대한 지각을 촉진시킬 수 있다. 사후관리는 서비스제공자나 가족, 교회와 같은 비공식적인 원조자들과의 조정을 요구할 수 있다. 어떻게 이런 요인들이 탄력성과 상호작용하는지에 대한 이해를 증대시키는 것은 클라이언트의 사회복지서비스기관에 대한 만족감의 수준을 향상시킬 수 있을 것이다. 이 모델은 연합 및 이타주의와 결합된 안전과 보호가 노인의 탄력성을 강화시키고 지지할 수 있다는 것을 제시하고 있다.

연합

연합 역시 노인들의 탄력성을 강화할 수 있다. Barker(1995)는 연합을 "타인에게 도움과 지지, 그리고 상호 문제해결을 의지함으로써 정서적인 갈등이나 스트레스를 다루기 위한 대처전략(p. 11)"으로 정의하였다. 탄력성을 증대시키는 도구로서, 연합은 때로는 당연한 것으로 여겨지는 역동적인 구성요소이다. 노인들에게 초점을 두고 있는 연구들은 가족과 교회의 연계를 통한 연합이 삶의 만족과 연관되어 있다는 것을 보여주었다(Coke & Twaite, 1995). 이것이 바로 노인들을 중요한 자원으로 보는 연구에서 자원봉사의 동기가 되고 있다. 더욱이, 연합을 특징짓는 관계의 질적 수준은 단순히 타인과 활동적으로 관련되어 있는 경우보다 더욱 긍정적으로 삶의 만족도에 영향을 미치고 있다(Salamon, 1985). 생활만족의 예측요소로서 연합하는 것은 우리의 탄력성에 대한 이해할 때 보호요인으로서 작용한다.

타인에 대한 연계는 중요하다. 가족은 이러한 완충물에 있어서의 원천이지만, 전형적으로 미망인과 은퇴자의 경우에는 타인과 매일 접하도록 해주는 다른 집단들도 완충요소로서 고려되어야 한다. 교회집단, 노인 집단, 금주모임(AA)과 같은 지지집단도 고려되어야 한다. 연합의 경우, AA와 같은 집단에서 노인은 자원과 후원자 모든 측면으로 조명될 수도 있다. 이러한 이중적 관계는 호혜성 개념을 통해 탄력성을 강화한다. 동료의식은 연계를 향상시키고, 질병에 대한 방파제로서 작용하며, 친구를 사귀는 것에 대한 욕구를 충족시킨다. 사회복지사는 관계를 증진시키는 행동을 촉진하기 위해 이러한 연합에 대한 참여를 격려해야 한다.

또한 연합은 노인의 건강상태에도 영향을 준다. 알코올중독에서 회복된 한 아프리카계 미국노인은 AA와의 연합, 그리고 어떻게 이 연합이 지지의 근본을 제공하였는지에 대해 다음과 같이 말하고 있다:

그들은 나를 환영하였습니다. 나는 신의 은혜로 12걸음을 내디뎠고, 더욱 더 큰 힘을 알게 되었습니다. 그리고 나는 이것에 대한 아주 긴 이야기를 듣게 되었습니다. 그러나 나는 당신에게 말합니다. 지옥에 있다가 돌아왔다고요. 나는 21세의 나이로 죽었고, 신은 나를 소생시켰습니다. 나는 내 삶에 대한 책을 쓸 것이라고 말했습니다. 나는 많은 사람들을 파괴시켰습니다. 금주모임, 알코올은 마치 신이 그러하듯이, 사람에 대한 어떤 관점도 가지고 있지 않습니다. 술은 그 어떤 인간의 몸도 취할 것입니다. 나는 목사, 설교자들과 같은 모든 종류의 사람들이 AA모임에 오는 것을 보았습니다.(Harrell, 2000)

이 증언은 지지집단과의 연계와 더 큰 힘에 대한 의존이 탄력성을 촉진시킬 수 있다는 것을 보여주고 있다. 또한, 사회복지실천은 보충적인 탄력성과 보호요인으로서 작용할 수 있는 클라이언트의 영성과 지지집단의 활용에 의해 향상될 수 있다.

이타주의

노인들을 특징짓는 또 다른 탄력성의 요소에는 이타주의 또는 사심없는 행동이 있다. Barker(1995)에 따르면, 이타주의는 돈, 상품, 서비스, 교우관계를 제공하고자 하는 동기에 따르는, 타인의 안녕에 대한 이기적이지 않은 관심이라고 정의하고 있다. Midlarsky와 Kahana(1994)는 철학, 신학, 경제학, 진화, 그리고 정신분석, 행동과학영역을 포함하는 다중적 이론관점에서 노인시기의 이타주의에 대해 연구하였다. 그들은 노년시기의 이타주의는 동정심, 역량에 대한 지각, 말년의 개인적 의미에 의해 힘을 얻은, 충분한 인간의 잠재력을 포착하는 긍정적인 렌즈를 통해 노인들을 조명하기 위한 기회를 제공하고 있다고 결론지었다.

노인들이 이타주의의 행동들을 실행할 때, 이타주의는 통합(integrity)과 절망의 차이를 의미할 수 있으며, 노인들의 탄력성에 기여할 수 있다. 통합은 인간에게 생애과정을 수용할 수 있는 능력이 있으며, 이것은 특히, 지역사회에 환원하려는 데 관심을 갖는 것을 의미한다. 이러한 동기는 유산을 남기는 것과도 연관되어 있다. 사회적인 책임감을 나타내는 행동, 이것은 개인과 그들의 이타주의의 수혜자 모두에게 이익을 줄 수 있다. 노인들은 소외된 자들을 돕고, 후원금품을 모금하거나, 남을 돌보는 일을 포함하는 자원봉사경험에서 이타적인 행동을 나타낸다. 다음 이야기는 이 점을 설명하고 있다:

나는 사람들이 도움을 필요로 할 때, 도울 수 있다면, 능력이 닿는 만큼 가서 도와야 한다고 생각한다. 그리고 이것이 바로 내가 내 성인시절 동안 행했던 모든 것이다. 나는 이 일에서 교훈을 얻었다. 이는 교육에 더한 교훈인데, 한편으로 교육은 나의 걱정들 중의 하나이다. 나는 교직에서 은퇴하였다. 나는 37년 동안 가르쳤고, 1972년에 은퇴하였다. 나는 여전히 이따금씩 아이들을 돕는다. 아이들 중의 일부를 가르쳤고, 학교에 계속 다니도록 하였으며, 또한 학교를 마칠 수 있도록 도우려고 한다. 나는 매년 내가 사는 지역의 아이들을 후원하는 장학프로그램에 참여하고 있다. 그러나 나는 이것에 대해 선입견을 가지고 있는데, 내 프로그램에 참여하는 아이들은 나의 지역 내에서 살아야 한다는 것이다. 이것이 1988년 이래로 내가 줄곧 해오고 있는 일이며, 여전히 참여하고 있다. 나는 이러한 목적으로 기금을 가지고 있다. 나는 여전히 아이들을 돕고 이 일을 하는 것을 좋아한다. 나는 또한 교회를 돕고 있다. 나는 지역 내의 교회소속은 아니지만, 내가 늘 지역 내의 교회에 있기 때문에 교회에 속해 있다고 느낀다. 나는 긴 역사를 가진 흑인천주교회에 소속되어있다. 이곳이 내가 속해있는 곳이지만, 지역교회 또한 내가 속해 있는 곳으로 여겨진다. 이것이 내가 느끼는 방식이며, 내가 남을 돕는 방법이기도 하기 때문이다. 나는 내 중간이름이 "도움"이면 좋았을 것으로 생각한다. 나는 9명의 나의 형제자매 중 마지막으로 남아있는 사람이다. 그리고 내가 부모님과 지역사회와 친척들, 그리고 친구들을 위해서 하는 일들을 위해, 남들과 조화할 수 있도록 신이 나를 돕고 있다는 것을 알고 있다. 그래서 나는 이 일을 하도록 하나님이 나를 축복하고 보살피고 있음을 느낄 수 있다.(Harrell, 2000)

자녀가 없는 87세의 미망인의 이타적 행동은 안녕의 역사가 그러했듯이, 그녀의 전 삶에 걸쳐 이루어졌다. 결국, 이타주의는 자기실현의 수단으로서 작용되었다. 그녀의 삶은 사회복지사가 노인들의 영성과 공헌을 높이 평가할 때, 탄력성을 촉진시킬 수 있는 완충효과를 가질 것이라는 것을 보여주고 있다.

결국, 역량, 효능감, 그리고 응집감의 개념들은 모두 탄력성과 관련되어있다. 역경이라는 스트레스요인들에도 불구하고 탄력성이 생애 동안 지속적인 역량으로 개념화될 때, 탄력성은 다른 연령계층에서처럼 노인들을 이해하고 연구하는 데 명백한 연관이 있는 역동적인 현상이 된다. 자극적이며 도전적인 연구와 이 연구영역에서의 실천주제는 개인적, 사회적, 환경적 수준에서 명백하다. 또한, 건강보호의 발전과 노인인구의 증가—특히, 소수집단에게 있어서—는 노인집단을 가치있는 이해당사자로 볼 수 있는 기회와 도전을 주고 있다. 노인들의 목소리는 안전과 지지, 연합, 그리고 이타주의를 포함하는 탄력성 모델이 발전하도록 이끌었으며, 이는 탄력성과 노령에 대한 지식을 증대시키고, 노인들을 정형화시키는 구시대적 믿음과 실천에 이의를 제기하고 있다. 인구학적 다양성의 요소들과 노인에게 있어서 영성의 중요성 역시 노인시기의 안녕을 연구하고 이해하는 데 핵심개념으로 포함된다. 엄청난 규모의 노인 수와 그들의 향상된 건강, 교육, 경험들로 인해 노인들은 그들에게 영향을 미치는 정책 및 프로그램을 수립해 나가는 데 있어서 매우 능동적인 행위자가 될 것이다. 노인들 안에서 다양성에 가치를 두는 포괄적이며 참여적인 모델을 활용하는 전문적 실천가와 학자들로서, 문화적 렌즈는 문제를 가능성으로 변화시키고, 절망을 미래에 대한 희망과 통합으로 대체시키는 노인들 안에서의 탄력성에 대한 광범위한 시각을 제공할 수 있을 것이다.

참고문헌

Antonovsky, A. (1979). *Health, stress, and coping.* San Francisco: Jossey-Bass.

Antonovsky, A. (1987). *Unraveling the mystery of health.* San Francisco: Jossey-Bass.

Antonovsky, A., & Sagy, S. (1990). Confronting developmental tasks in the retirement transition. *Gerontologist, 30,* 362-368

Antonucci, T. C., & Akiyama, H. (1991). Social relationships and aging well. *Generations, XV(1),* 39-44.

Atkins-Burnett, S. ,& Allen-Meares, P. (2000). Infants and toddlers with disabilities: Relationship-based approaches. *Social Work, 45,* 371-379.

Bandura, A. (1977). Self-efficacy: Toward a unifying theory of behavioral change. *Psychological Review, 84,* 191-215.

Barker, R. L. (1995). *The social work dictionary*(3rd ed.). Washington, DC: NASW Press.

Blazer, D. (1991). Spirituality and aging well. *Generations, XV(1),* 61-65.

Butler, R. N. (1975). *Why survive: Being old in America.* New York: Harper & Rowe.

Canda, E. (1988a). Conceptualizing spirituality for social work: Insights from diverse perspectives. *Social Thought, 14,* 30-46.

Canda, E. R. (1988b). Spirituality, religious diversity, and social work practice. *Social Casework, 69,*238-247.

Chatters, L. M., & Taylor, R. J. (1986). Patterns of informal support to elderly black adults: Family, friends, and church members. *Social Work, 31,* 432-438.

Cohen, S., & Syme, S. L. (Eds.). (1985). *Social support and health.* Orlando, FL: Academic Press.

Coke, M. M., & Twaite, J. (1985). *The black elderly.* New York: Haworth Press.

Dawson, G., & Glaubman, R. (2000). *Life is so good.* New York: Random House.

Delany, S., Delany, A. E., & Hearth, A. H. (1993). *Having our say: The Delany sisters first 100 years.* New York: Kodansha International.

Dunke, R., & Norgard, T. (1995). Aging overview. In R. L. Edwards(Ed-in-Chief), *Encyclopedia of social work*(19th ed., Vol.1, pp. 142-152). Washington DC: NASW Press.

Erickson, M. A. (2000). Moving to a CCRC: How elders experience the transition. *Aging Today, XXI(5),* 16

Fillenbaum, G. (1985). Screening the elderly: A brief instrumental activities of daily living measure, *Journal of American Geriatrics Society, 33,* 698.

Gant, L. M. (1996). Are culturally sophisticated agencies better workplaces for social work staff and administrators? *Social Work, 41,* 163-171.

Garmezy, N. (1993). Vulerability and resistance. In D. C. Funder, R. D. Parke, C. Tamilson-Keasey, & K. Wideman(Eds.), *Studying lives through time: Personality and development*(pp. 377-398). Washington, D C: American Psychological Association.

Greene, R. (2000). *Social work with the aged and their families,* New York: Aldine de Gruyter.

Greene, R. R., & Watkins, M. (1998). *Serving diverse constituencies: Applying the ecological perspective.* New Work: Aldine de Gruyter.

Harrell, E. B. (2000). [The religious and spiritual values of older African American women that strengthens communities]. Unpublished raw data.

Kiecolt-Glaser, J. K., Malarkey, W. B., Cacioppo, J. T., & Glaser, R. (1994). Stressful personal relationships: Immune and endocrine function. In R. Glaser & J. K. Kiecolt-Glaser(Eds.), *Handbook of human stress and immunity*(pp. 321-340). San Diego: Academic Press.

Kleyman. P. (2000, March/April). The aging spirit: Two studies raise questions on health-religion connection. *Aging Today,* p. 13.

Koenig, H. G., George, L. K., Blazer, D. G., Pritchett, J. T., & Meador, K. G. (1993). The relationship between religion and anxiety in a sample of community dwelling older adults. *Journal of Geriatric Psychiatry, 26,* 65-93.

Leder, D. (1999-2000). Aging into the spirit: From traditional wisdom to innovative programs and communities. *Generations, XXIII(4),* 36-41.

Lewis, J. S. (1993). Independent living among community based elderly: The impact of social support and sense of coherence. *Dissertation Abstracts International, 54(3),* 1094A

Lewis, J. S. (1996). Sense of coherence and the strengths perspective with older persons. *Journal of Gerontological Social Work, 26,* 99-111.

Masten, A. (1994). Resilience in individual development: Successful adaptation despite risk and adversity. In M. C. Wang & E. W. Gordon(Eds.), *Educational resilience in inner city America*(pp. 3-25). Hilsdale, NJ: Lawrence Erlbaum.

McCubbin, H. I., Thompson, E. A., Thompson, A. I., & Fromer, J. E. (1994). *Sense of coherence* and resiliency: Stress, coping, and health. Madison: University of Wisconsin System.

Midlarsky, E., & Kahana, E. (1994). Altruism in later life. Thousand Oaks, CA: Sage Publications.

Peters, M. (1997). May Sarton: A biography. New York: Alfred Knopf.

Recer, P. (2000,August 10). Seniors living longer, in better health, report says. Times-Picayune(New Orleans), p. A-17.

Rowe, J. W., & Kahn, R. L. (1987). Human aging: Usual and successful. Science, 237, 143-149.

Rowe, J. W., & Kahn, R. L. (1998). Successful aging. New York: Pantheon.

Ryff. C. D., & Singer, B. H. (1998). The contours of positive human health, Psychological Inquiry, 8, 1-28.

Ryff, C. D., Singer, B., Love, G. D., & Essex, M. J. (1998). Resilience in adulthood and later life. In J. Lomranz(Ed.), Handbook of aging and mental health(pp. 69-96). New York: Plenum.

Salamon, M. J. (1985). Sociological role theories in the elderly: A replication and extension. Activities, Adaptations and Aging, 7, 111-122.

Saleebey, D. (Ed.). (1992). The strengths perspective in social work practice. New York: Longman.

Salthouse, T. A. (1990). Cognitive competence and expertise in aging. In J. E. Biren & K. W. Schaie(Eds.), Handbook of the psychology of aging(3rd ed., pp. 310-319). San Diego: Academic Press.

Sarton, M. (1993). Encore: A journal of the 80th year. New York: W.W. Norton.

Solovosky, J. (Ed.). (1990). The cultural context of old age: World-wide perspectives. New York: Bergin and Garvey.

Solovosky, J., & Vesperi, M. D. (1991). The cultural context of well-being in old age. Generations, XV(1), 21-24.

Tice, C. J., & Perkins, K. (1996). Mental health issues and aging: Building on the strengths of older persons. Pacific Grove. CA: Brooks/Cole.

Torres-Gil, F.,& Pucinelli, M. (1995). Aging: Public policy issues and trends. In R. L. Edwards(Ed.-in-Chief), Encyclopedia of social work(19th ed., Vol.1, pp. 159-164). Washington, DC: NASW Press.

Werner, E. E. (1993). Risk, resilience, and recovery: Perspectives from the Kauai Longitudinal Study. Development and Psychopathology, 5, 503-515.

Werner, E. E. (1995). Resilience in development. Current Directions in Psychological Science, 4, 81-85.

Willis, S. L. (1991). Cognitive and everyday competence. Annual Review of Gerontology and Geriatrics, 11, 80-109.

Wilson-Ford, V. (1992). Health-protective behaviors of rural black elderly women. Health & Social Work, 17, 28-36.

제13장
발달장애인

Nancy P. Kropf and Roberta R. Greene

오늘날, 이전보다 더 많은 발달장애인들이 지역사회에서 생활하고 있으나 상대적으로 사회복지전문직은 이들 발달장애 클라이언트들에게 비반응적이었다. 예를 들어, 사회복지 교육자들은 대학의 교과과정에서 자주 이 클라이언트를 간과하고 있다(DePoy & Miller, 1996; DeWeaver & Kropf, 1992; Mackelprang & Salsgiver, 1996). 발달장애인과 그 가족들이 사회복지실천가로부터 많은 도움을 받고 있으나, 거의 대부분의 사회복지 전공학생들은 이 분야에서의 훈련 혹은 인턴쉽 과정을 받지 못하고 있다(DeWeaver, 1982, 1994; Hanley & Parkinson, 1994). 많은 사회복시사들이 충분한 준비없이 발달장애인 분야의 실천과제들에 대해 사정, 개입, 평가하는 현장에 투입되고 있다.

이 장에서는 발달장애인들에게 적용되는 위기와 탄력성의 개념에 대한 개요를 설명한다. 위기의 개념은 중요한데, 왜냐하면 전문의들은 일반적으로 신생아기부터 22세까지의 기간 동안 발달장애 진단을 내리기 때문이다(발달장애인 지원법, 1990). 이는 출생시에 장애조건을 가지지 않고 태어난 사람이라 해도 초기 성인기에 발달장애 진단을 받을 수 있다는 것을 의미한다. 그러므로 아동기는 장애의 징후가 생애를 거쳐 그 사람에게 영향을 미칠 수 있는 발달지체의 원인이 될 수 있기 때문에 위험한 시기이다.

또한 탄력성 개념은 발달장애인과 그들의 가족의 경험과 관련되어 있다. 발달장애인을 가진 가족구성원들은 굉장한 도전을 받게 되나, 그들은 새로운 대처기술을 배우고 또한 그들의 형제자매를 보호할 책임을 받아들이는 형제애를 갖게 된다(Seltzer, Krauss, Choi, & Hong, 1996; Stoneman, Brody, Davis, & Crapps,

1989). 발달장애를 가진 개개인들 또한 전환과 삶의 변화에 대처하는 능력들을 보인다. 현재 노후를 살고 있는 발달장애인들은 서비스가 시설 중심에서 지역사회 중심으로 전개되는 엄청난 변화를 경험해 왔다. 그로 인해, 전에 시설에 있던 수많은 개개인들은 성인기의 역할과 책임에 대한 충분한 대비를 하지 못하였다. 발달장애인들을 위해 일하는 사회복지사들은 위기와 탄력성의 개념을 받아들이고, 이 개념들을 기능상의 도전과 성공을 이해하는 데 활용할 수 있다.

주요 사회적 이슈들

사회복지사들은 발달장애인들과 그들의 가족들에게 서비스를 제공하는 데 있어서 몇 가지 사회적 이슈에 직면하고 있다. 발달장애 인구는 일반 인구의 노화 현상과 유사한 수명을 경험한다. 이 변화의 매우 극적인 예는 정신지체의 가장 일반적 유전형인 다운증후군 환자들의 수명 변화에 대한 것이다. 1929년에는 이러한 장애 유형의 아동은 평균수명이 9세였다. 오늘날, 다운증후군 장애인들은 60대까지도 살 수 있다(Eyman, Call, & White, 1991). 그러나 발달장애인들의 노화과정은 일반사람들에 비해 더 빠르다. 그러므로 '후반기 삶' 의 정의는 좀더 일찍 나타나는 것으로 설명할 수 있다—보통 한계수명은 55세(Seltzer & Krauss, 1987). 이러한 상황은 당면한 문제와 아주 밀접하게 관련되는데, 왜냐하면 발달장애를 가진 나이든 성인들과 그들의 노년의 부모들은 양쪽세대가 후반기 삶으로 접어듦에 따른 부가적인 지지를 요구하고 있기 때문이다.

또 다른 중요한 이슈는 과거 수십 년 간 발달장애인들에게 전달되는 서비스의 변화이다. 1970년대의 탈시설화 운동 이전에는, 발달장애인들을 위한 보편적인 서비스 형태는 비참하고 비인간적인 시설수용이었다(Blatt & Kaplan, 1966). 수십 년에 걸쳐, 수많은 주정부운영 보호시설의 수가 줄거나 폐쇄되었고(Lakin, Prouty, Anderson, & Sandlin, 1997) 서비스들은 점점 지역사회 중심으로 되어갔다. Edgerton과 Gaston이 수행한 탈시설화된 성인에 대한 연대별 질적 연구에서 보면, 이런 변화를 경험한 동년배들은 엄청난 전환에 대처해야만 했었다. 그 연구에서 이들 성인들은 주립병원에서 퇴원하고, 곧바로 지역사회세팅에서 생활했음에도 불구하고, 변화가 거의 없다는 것을 보여줌으로써 탄력성의 정도를 증명했다. 이러한 경향은 지역사회에서―격리되지 않은―살고, 일하며, 즐기면서, 사회화하는 발달장애인들의 수를 증가시켜왔다.

발달장애인들이 지역사회에서 보다 오래 살기 때문에, 어떻게 이들에게 가능한 한 삶을 생산적이고 만족해 하며 생활할 수 있는 기회를 제공하느냐가 중요한 이슈가 되어왔다. 이러한 목적을 달성하기 위해, 발달장애인들은 어떻게 사회적 역할수행(예를 들면, 근로자, 지역사회성원, 혹은 성역할)에 관한 결정을 해야 하는가를 알아야 할 필요가 있을 것이다. 더구나, 실천가들은 발달장애인의 가족구성원들이 부가적인 경험들을 떠맡게 됨으로써 어떻게 가족구성원을 지지해야 하는가에 대한 방법을 알 필요가 있을 것이다. 이러한 노력에 위험이 내포되어 있어서, 가족들은 종종 발달장애를 가진 자녀가 새로운 역할을 시도하는 것을 허용하기를 꺼린다. 이러한 태도는 발달장애인들을 거부나 실패, 상처로부터 보호하거나 막아주려는 생각에서 비롯된다. 비록 많은 부모들이 자신의 자녀들이 새로운 상황에 접하게 도와야 한다는 개념에 고군분투할지라도, 아동의 장애는 가족성원에게 특별히 이 과업을 어렵게 만들 수 있다.

발달장애인을 위한 현재의 서비스 모델은 서비스 전달에 있어 대상자의 참여를 강조한다. 가족들과 장애인들은 "환자"나 "클라이언트" 대신에 "서비스 소비자"로 간주된다. 소비자가 그들 고유서비스 계획을 창안하는 데 관여하며 이사회와 자문집단의 성원으로 봉사할지라도, 지속적으로 제기되는 이슈는 장애인들에 대한 커다란 사회적 인식의 변화이다. 미국장애인법과 같은 주요한 정치적 법안뿐만 아니라 서비스의 변화는 발달장애인들의 강점을 촉진시키고 장애인들에게 기여를 해왔다(Mackelprang & Salsgiver, 1996). 그러나 여전히 발달장애인들은 "다르고", "느리고", "바람직스럽지 못한" 존재로 여겨지기 때문에 개인적 수준에서는 장애에 대한 스티그마가 아직까지 지속되고 있다. 장애인운동을 하는 사회복지사와 옹호자들은 이 분야에서 우선적인 변화를 계속해야 할 것이다. 발달장애인들에 대한 잘못된 믿음과 스티그마를 제거하는 것은 사회에 완전히 통합하는 데 여전히 커다란 장벽으로 남아있다.

다음은 발달장애인 가족들의 위기 개념을 설명하고 있다. Charles는 정신 지체를 가지고 있으며 홀어머니와 함께 살고 있는 24세의 남자이다. 지역정신보건시설은 중증장애인들을 위한 직업재활 프로그램을 시작했다. Charles는 쾌활한 성격이며 발달장애인들을 위한 어떠한 일일프로그램에도 참여하고 있지 않았기 때문에 이 프로그램의 적합한 후보자였다. 이러한 취업지원모델에서 Charles는 경쟁고용을 위한 기술을 학습하기 위해 그를 도와줄 직무지도사와 함께 차근히 일을 하게 되었다. Charles는 쇼핑몰의 음식코너에서 직무와 연결되어 거기서 음식코너에 놓인 쓰레기통을 치우고 테이블을 닦았다.

직무지도사로 일하게 될 사회복지사는 Charles와 함께 일하는 것에 대해 매우 고무되어 있었다. Charles의 직무는 가족에게 또 다른 목적을 촉진할 것이다. 즉, 어머니에게 약간의 휴식을 제공함으로써 어머니가 자신의 욕구를 우선으로 할 수 있게 되었다. 사회복지사는 놀랍게도, 이 프로그램에 Charles가 참가하는 것에 대해 어머니는 내켜하지 않는다는 사실을 알게 되었다. 어머니는 몇 년 전 장애인을 위한 레크리에이션 프로그램에 Charles가 참가했었던 일을 자세히 들려 주었다. 프로그램 기금이 바닥이 나서, Charles는 더 이상 프로그램에 참여할 수 없음에 상당히 실망을 했었다. Charles의 어머니는 취업선택지원프로그램(the supported employment options)이 얼마나 많은 위기와 관련이 되어있는지를 언급했다. 다시 프로그램기금이 바닥나면 어떻게 하나? Charles가 직장을 유지하는 기술을 습득하지 못하면 어떻게 하나? 왜냐하면 그녀는 이전의 기회가 긍정적으로 작용하지 못했을 때 아들이 실망하는 모습을 극복해야만 했었기 때문에 또 한 번의 실패가능성에 대해 심각한 고민을 하게 되었다.

이 예는 가족이 현재 위험을 사정함에 있어 과거의 경험들(성공, 실패, 좌절)이 어떻게 영향을 미치는지를 강조하고 있다. 이러한 상황은 발달장애인 개인과 그 가족들에게 특히 두드러지는데, 왜냐하면 서비스의 선택이 대개 매우 제한적이기 때문이다. Kropf와 Greene(1993)이 지적한 것처럼, 발달장애인과 그들의 가족들의 다중적 실망의 누적효과가 절망, 불신, 또는 고립의 감정을 초래할 수도 있다. 이 분야의 사회복지사들의 과업 중 하나는, 고객과 그들의 가족들이 고통스러운 경험을 넘어서서 개인과 가족의 기능을 향상시킬 수 있는 새로운 도전들을 준비하는 방향으로 옮겨가도록 원조하는 것이다.

발달장애에 있어서 위험과 탄력성의 정의

위험과 탄력성의 개념은 둘 다 발달장애인들에게 폭넓게 사용되어왔다. 생태학적 틀에서, 위험은 발달장애인들에게 몇 가지 의미를 갖는다. 첫째, 위험의 개념은 22세 이전에 나타나는 심각하고 만성적인 장애를 지닌 개인이라는 발달장애에 대한 현 정의(발달장애인지원법, 1990)에 깊이 내포되어 있다. 발달장애의 일부 유형이 유전적, 혹은 임신 중에 원인이 있다 하더라도(예를 들면, 다운증후군, 척추파열, 또는 태아기 알코올 증후군), 다른 원인들은 아동기와 청소년기 동안의 위험과 관련된다. 질병 혹은 사고와 같은 다양한 요인들이 또한 발달장애를 유발한다. 위험조건들은 정신지체, 시각장애, 청각장애—이 모든 것들이 발달장애에 포함됨—를 초래할 수 있는 고열, 뇌손상, 혹은 익사를 포함한다.

탄력성의 개념은 발달장애에 대한 연구문헌에 있어 더욱 필수적인 부분이 되고 있다. 이전에 발달장애를 가진 소비자와 함께 일했던 사회복지사들은 의료모델 혹은 행동모델을 사용했었다. 의료모델을 사용하는 사회복지사들은 진단(예를 들어, 다운증후군, 자폐증, 혹은 뇌성마비)과 특정한 기능적 원조(예를 들면, 휠체어 혹은 가정보건원조)를 기반으로 발달장애인들을 이해하였다. 행동모델 관점은 과잉행동 혹은 자기자극 같은 부적응적 상태의 관리를 강조한다. 두 관점 모두 장애인들의 결함이나 문제상태에 초점을 맞추고 있다.

그러나 이에 대한 연구는 발달장애인들과 그들의 가족들에 의해 증명되어왔던 대처 방법을 검증하기 위해 변화되어 왔다. 이러한 경향에 포함된 것은 발달장애인들을 완전한 사회적 참여로부터 배제시키는 사회적 장벽에 초점을 맞추는 것이다. 장애인들은 비장애인들에 비해 지속해서 낮은 자기결정 수준—그들 자신의 삶을 선택하기 위한 능력—을 가진다(Wehmeyer & Metzler, 1995). 발달장애인들에게 '허용된' 제한된 사회적 역할에도 불구하고, 이들 장애인들은 지역사회 내에서 더욱 관여를 하게 된다. 예를 들면, 자기옹호 운동이 증가하고 있는 데 이에 동참하는 발달장애인은 모든 유형의 장애인을 위한 완전한 사회참여를 요구하고 있다(Miller & Keys, 1996).

다음 이야기는 인디아나 대학의 사회복지대학교에서 사회복지를 전공한 Kelli Nicks의 아들, Carl의 이야기에서 허락받고 따왔다.

Carl은 1988년 6월 비교적 젊은 부모 밑에서 태어난 12세의 아프리카계 미국 소년이었다. 낯선 사람에게 위축을 보이는 극히 수줍은 소년으로 묘사되었다. 그의 어머니는 Carl이 행복하고 민감한 소년이었다고 회상한다. 그는 6개월이 되었을 때, 얼굴을 알아보았고 옹알이를 하였으며 손으로 음식을 집어먹었다. Carl이 10개월이 되었을 때, 부모는 일어서지도 못하고 전혀 걸을 기미가 없는 Carl에 대해 걱정하기 시작하였다. 이것은 발달지체일 수 있는 첫 징후였다. Carl은 22개월에야 걷게 되었다. 그는 다른 아이들과 쉽게 어울렸고 어린이 TV쇼인 세사미스트리트를 시청하기 좋아했다. Carl은 유아원에 들어가서 다른 아이들과도 잘 어울렸다. 그는 자전거를 타는 데 어려움을 겪었다.

Carl의 유치원 선생님은 Carl이 그의 연령에서 필요한 기술을 수행하는 것과 관련해 처음으로 걱정을 제기한 사람이었다. Carl의 가족이 함께 살던 대가족들을 떠나서 새도시로 이사를 했을 때, 그는 현실과 환상을 분리하는 데 있어 문제를 보였다. 그는 점점 더 혼자서 놀기 시작했다. 그는 학교를 재미있어 하지 않았고 웩슬러 성취도검사(Wechsler Achievement Test)에서도 낮은 결과를 얻었다. 진단명은 경도의 지체를 수반한 발달장애이다. 그의 가족들은 이사를 하기로 결정하였다.

Carl은 현재 다소 학교 생활을 즐기고, 몇 명의 친한 친구들을 사귀었다. 그의 사촌 미키가 Carl의 가장 친한 친구이다. Carl은 더 많은 시간을 학업적, 사회적으로 발전하기 위해 6학년을 반복하고 있다. Carl은 학교과제—"최고이고 가장 훌륭한 어머니들"—를 위해 엄마에게 다음과 같은 말을 하였다.

엄마: 가능한 한 큰 소리로, 편안하고 자유롭게, 그리고 솔직히 이야기하세요. 분명하게 이름을 말해 주세요.

Carl : 알겠어요, Carl.

엄마 : 학교에 다니세요?

Carl : 예.

엄마 : 학교이름이 뭐죠?

Carl : Fishback Creek Public Academy예요.

엄마 : 잘 했어요, 그러면 선생님 이름이 뭐죠?

Carl : Ailes 선생님.

엄마 : 선생님을 좋아하나요?

Carl : 예.

엄마 : 왜 그렇죠?

Carl : 왜냐하면, 선생님은 아주 재미있고 학교에서 힘들 때 저를 도와주세요. 선생
님은 나를 도와주시기만 하는 훌륭한 분이세요.

엄마 : 좋아요, 대답을 참 잘 했어요. 학교를 좋아해요?

Carl : 예.

엄마 : 어떤 과목을 제일 좋아해요?

Carl : 읽기요.

엄마 : 왜 읽기 과목을 좋아해요?

Carl : 왜냐하면, 저는 책을 집어들 때마다 읽기 시작해요.

엄마 : 그러니까, 책을 집어들 때마다 책을 읽기 시작해서 가장 좋아하는 과목이란
말이죠.

Carl : 예.

엄마 : 읽기와 관련해 어떤 것을 좋아하나요?

Carl : 단어를 소리내서 읽는 것을 좋아하구요, 책 속에서 무슨 일이 벌어지는지 아
는 것을 좋아해요.

엄마 : 좋아요, 학교에 친구들이 있나요?

Carl : 예

엄마 : 몇 명이나 되죠?

Carl : 세 명.

엄마 : 세 명이요. 친구들과 친하게 지내나요?

Carl : 예.

엄마 : 친구가 있다는 것이 뭐가 제일 좋은가요?

Carl : 음, 아주 대단한 거죠. 친구들이 있으면 뭐든 할 수 있잖아요. 그래서 친구들이 있다는 것은 좋은 일이죠.

엄마 : 그러면 어떻게 친구가 되었나요?

Carl : 음. 그들이 좋아할 때, 그들이 음, 너 우리와 같이 놀고 싶냐고 말하면 그렇다고 하죠. 함께 놀 때 그것은 참 대단한 거죠.

엄마 : 이것은 그 전에 얘기가 안된 것으로 생각되는데, 아주 어려운 산수문제를 풀거나 혹은 단어를 발음할 때 때때로 어려움이 있다는 것을 이해하겠어요? 그리고 또래친구들은 어려운 산수 문제를 아주 쉽게 풀거나 어려운 단어를 쉽게 읽는 것을 이해하겠어요? 그러한 점들이 Carl을 좀더 힘들게 하고 자신이 원하는 것처럼 머리가 빨리 돌아가지 않아 힘들게 느낄 수도 있나요?

Carl : 응.

엄마 : 예, 아니오로 말하세요.

Carl : 예.

엄마 : 그런 것들을 이해할 수 있겠어요?

Carl : 예.

엄마 : 그런 것들이 어떻게 느껴지나요?

Carl : 그런 것들로 인해 슬프게 느껴지지 않고요, 왜냐하면, 그들이 나보다 더 잘하는 것에 신경쓰지 않고요, 하지만 저는 그들처럼 잘 할 자신이 있어요. 열심히 할 거예요.

엄마 : 그러면, Carl은 그런 어려움을 겪는 것에 대해 슬프게 생각지 않는다는 거죠?

Carl : 그럼요, 저는 그들을 상관하지 않기 때문에 슬픔을 느끼지 않아요. 그들이 Carl 나는 너보다 낫다라고 말해도 혹은 나에게 너는 아무것도 몰라라고 말해도 신경쓰지 않아요. 그러면 나는 이렇게 말해요. "나는 너처럼 무엇이든 할 수 있어."

엄마 : 좋아요, 이제 마지막 질문인데, 커서 무엇이 되고 싶은가요?

Carl : 선생님요.

엄마 : 선생님이라, 왜 선생님 왜 되고 싶은 거죠?

Carl : 왜냐하면, 나는 애들을 가르칠 수 있어서요.

엄마 : 오, 아이들을 가르칠 수 있다. 좋아요, 시간을 내주어서 감사하고요, 질문들에
　　　대해 대답을 잘해 주었어요.

Carl : 예.

인간행동이론

인간행동 이론은 개개인을 물리적, 사회적 환경의 상황 내에서 이해하는 시각을 제공한다. 실천가들은 개인과 가족의 기능수준에 부정적인 영향을 줄 수 있는 위험의 특정분야를 평가하기 위한 기술들이 필요하다. 게다가, 실천가들은 탄력성을 강화시키는 보호요인를 확인할 필요가 있다. 생태학적 관점에서, 다음의 내용들은 가족이나 지역사회, 그리고 문화체계의 맥락 안에서 발달장애인 개인을 개관한다.

가족요인들 발달장애인이 있는 가족들에 대한 연구는 위험과 탄력성 양 영역을 모두 증명해왔다. 이전 연구의 초점은 그들의 가족들이 경험해온 문제나 스트레스였다. 연구자들이 스트레스요인에 대한 연구를 계속함에도 불구하고, 또 다른 연구의 방향은 이들 가족들에게서 강점의 영역을 확인해왔다. 예를 들어, 다운증후군에 관한 한 연구에서 장애가 있는 아동과 장애가 없는 아동을 돌보는 가족은 양육에 있어 일부 같은 스트레스를 공유한다는 결과를 제시하고 있다(Cunningham, 1996). 마찬가지로, 스트레스를 조사한 연구는 가족들이 부양 요구에 대해서 매우 잘 적응하고 대처할 수 있음을 확인하였다(Costigan, Floyd, Harter, & McClintock, 1997; Sanders & Morgan, 1997). 가족들은 압도되거나 무능하게 되지 않고 발달장애아동을 보호해야 하는 특별한 상황에 잘 적응할 수 있다.

대부분의 가족들이 기능을 아주 잘 기능한다는 가정에 근거하며, 연구의 유리

한 경향은 발달장애아동을 돌보는 것에 있어 매우 문제적이고 스트레스적인 상황들을 확인토록 할 것이다. 장애의 적응에 관한 한 연구는 자폐증이나 다운증후군을 앓는 어린이가 속한 가족들과 아무런 장애도 가지지 않은 어린이가 속한 가족들을 비교했다(Sanders & Morgan, 1997). 자폐증 어린이의 가족은 보호제공 요구에 적응함에 있어서 굉장한 스트레스와 어려움이 있다고 보고되었다. 이러한 차이는 많은 자폐아동들이 행동의 폭발이나 대인관계에 대한 인지 부족 등으로 나타나는 난처한 행동 때문인 것으로 설명된다. 가족들의 적응에 관한 또 다른 연구는 아동의 행동상의 문제가 중대한 보호제공 요구를 초래한다는 사실을 보여주고 있다. 그러므로, 발달장애아의 가족들이 부딪치는 위험 요인 중의 하나는 아동이 도전적인 행동을 보일 때 보호제공의 요구가 강해진다는 것이다 (Costigan et al., 1997).

생애과정 관점에서, 실천가들은 가족 내 보호제공의 필요성에 대한 적합성을 지속적으로 평가할 필요가 있다. 생애 초기에, 발달장애아는 발달에 악영향을 미칠 수 있는 잠재적인 문제—또래들에 의한 거절과 고립, 교육적 기회나 사회적 기회의 부족, 일시위탁보호의 이용과 같은 가족들의 부적절한 지지 등—에 직면한다(Greenbaum & Auerbach, 1998). 이러한 경험들은 발달장애아와 그 가족들의 취약성을 증가시키는 발달상 위험으로 전환될 수 있다.

생애 후기에는, 특별한 위험요인이 또한 존재하고 가족의 조직과 기능에서 필요한 변화가 발생한다. 수명이 연장됨에 따라 더 많은 가족들이 더 오랜 기간 동안에 발달장애 아동에 대한 보호를 제공해야 한다. 이들 가족들이 실시하는 생애 후기의 보호제공에 대해서는 상당히 많이 연구되어 있다(예를 들어, Greenberg, Seltzer, & Greenley, 1993 ; Jennings, 1987; Kaufman, Adams, & Campbell, 1991; Kropf, 1997; Lutzer & Brubaker, 1988; Roberto, 1993; Seltzer et al., 1996; Smith & Tobin, 1993; Smith, Tobin, & Fullmer, 1995 등을 참조). 부모들도 나이가 들어가면서, 자녀들을 보호하는 그들의 능력이 감소되는 연령에 관계된 변화를 경험하기 시작한다. 부수적으로, 발달장애의 성인자녀는 장애로 인해 빠르게 노화과정을 겪게 된다. 이것은 부모들이 장애자녀들을 더 이상 돌보아 줄 수 없는 시점에 오히려 자녀들은 부가적인 보호가 필요한 상황을 만들게 된다. 결과적으로, 사회복지사들은 지속적으로 가족기능을 평가해서 그 욕구를 충족시켜주어야만 하는데, 왜냐하면 그 과정이 전 생애에 걸쳐 매우 역동적으로 나타나기 때문이다.

지역사회 요인들 장애인들을 위한 투쟁은 사회 내에서 완전한 참여를 저해하는 사회적 장벽과 관련된다. 그들이 극복해야만 하는 수많은 장애에도 불구하고, 많은 장애인들은 인간관계를 만들어왔고, 지지망을 형성해 왔다. Edgerton과 Gaston(1991)은 시설에 남겨진 장애인들의 삶과 지역사회에 재통합된 장애인들의 삶을 설명하면서 발달장애를 가진 성인들에 대한 탈시설화의 경험을 조사한 질적분석을 수행했다. 그들의 연구서는 성인 발달장애인들이 대부분 자신들의 전 삶을 살아왔던 시설을 떠나는 경험상의 전환을 연대기순으로 기술하고 있다. 비록 많은 성인발달장애인들이 계속해서 지역사회생활에 재통합되기 위한 힘겨운 싸움을 하지만, 많은 발달장애인은 살 장소를 구하거나, 새로운 친구들을 만들거나, 직업을 가지는 등 성공적으로 살고 있다. 비장애인인 대부분의 우리들에게 이러한 일들은 성인기의 전형적인 역할이다. 그러나 시설환경에서 거의 대부분의 삶을 살아온 발달장애인들에게 이러한 과업달성은 엄청난 위험을 뚫고 나가는 그들의 능력을 입증하는 것이다.

지역사회생활의 구성요소들은 사회적 기능면에서 발달장애인들을 원조해 줄 수 있다. 특별히 장애로 인한 스티그마와 파괴적 인종차별을 경험하는 아프리카계 미국인 발달장애 청소년의 기능을 강화시켜 왔던 지역사회 기관 중의 하나는 교회이다(Frison, Wallander, & Browne, 1998; Haight, 1998). 교회의 일원이 되는 것과 참여하는 것은 이들 젊은이들에게 사회참여와 적응을 강화하는 보호 요인을 제공한다. 이 특별한 효과가 교회라는 지역사회의 일부가 되고 또한 그 구성원으로부터 세대 간 지지와 수용을 받는 긍정적인 인종적 정체성에 기여할 수 있다(11장 참조).

발달장애 아동과 청소년들에 대한 지지를 제공하는 또 다른 사회적 기관은 학교이다. 부모 혹은 보호제공자가 일을 해야만 하는 가족 내 아동과 청소년들은 방과후와 일과후 사이에 지독감독의 부재뿐 아니라 문제상황에 연루되는 많은 위험상황에 처하게 된다. 방과후 프로그램들은 아동들이 안전하고, 발달상의 적절한 기술을 배우고, 문화적으로 관련된 경험들을 가질 수 있는 분위기를 제공한다. 그런 프로그램들은 아동들의 삶에 안정감을 제공한다(Nash & Fraser, 1998). 이러한 프로그램들은 모든 아동들에게 적합하지만, 학업성과가 나쁘거나 충분한 대인관계 기술이 결여된 아동들에게 특별히 매우 중요하다. 학교기반 프로그램들은 보호감독 및 구조상의 결여로 인하여 위험에 처하게 되는 것으로부터 모든 아동들을 예방하는 것뿐 아니라 학업성과가 끝에서 맴도는 아동들을 위한 지지 방법을 제공해 줄 수 있다.

학교기반 프로그램들은 분명히 위험에 처한 청소년의 능력을 향상하는 데 있어서 성공적이다. 한 연구에서는 학업수행에 있어 복합적 위험요인를 지닌 1,170명의 아프리카계 미국인 청소년들을 대상으로 학교기반 프로그램의 효과에 대해 연구를 했다(Reynolds, 1998). 10대들(teenagers는 미국에서는 13세 이후의 10대를 말함)은 학령전부터 2 혹은 3학년까지 초기 개입프로그램에 참여했었다. 그 프로그램의 목적은 학업성과와 교사 평가 양쪽 모두에 의해 측정된, 학업과 사회적 영역에서의 역량인, 사회적 탄력성을 증가시키는 것이었다. 10대 청소년의 초기개입 프로그램 참여는 사회적 탄력성과 관련이 있다. 연구결과에서 위험에 처한 아동에 대한 표적프로그램의 학교시스템은 아동들의 행동과 학업성취에 긍정적인 영향을 미치는 잠재력을 갖고 있음을 보여주고 있다.

가족 스트레스이론과 탄력성

탄력성 모델을 사용하여, 가족을 사정하는 것에는 가족스트레스와 대처에 대한 내용을 반드시 포함해야만 한다. 이 분야의 이론은 가족 내에서의 적응은 건강한 기능을 향해 투쟁하는 것이 특징이라고 제시한다. 발달 장애인과 그들의 가족들과 함께 일할 때의 목적은 흔히 그들의 기능수준이나 환경의 변화를 뚫고 나가기 위한 기술들을 고양시키는 것이다. 발달장애에 있어서 몇 가지 실천이슈는 전환기 동안 개인과 가족을 원조하는 것뿐 아니라 그들을 지역의 자원과 연결시키는 것이다. 거시적 수준에서, 위험상황을 감소시키기 위해 일하는 것은 또한 중요한 목적인데, 왜냐하면 아동들은 청소년 후기 동안에도 장애를 얻을 수 있기 때문이다.

질병이나 장애에 직면하여 가족의 탄력성을 이해하기에 적합한 체계이론가설은 심지어 체계들이 변화함으로써 체계들의 안정성을 유지하기 위해 노력한다는 것이다(Kazak, 1989; McDonald, Couchonnal, & Early, 1996). 스트레스의 개념은 개인들과 그들의 대처능력에 대한 조사에 관한 연구에 기원을 두고 있다. 그러나 이론가들은 1930년대와 1940년대 이후로 스트레스가 가족에게 줄 수 있는 위협들에도 관심을 보여왔다. 이 관점은 만성적 질병이나 장애와 같은 스트레스요인의 사건들에 의해 촉발된 고민거리에 성공적으로 대처함에 있어 집합성을 인식한 것이다(Antonovsky, 1998).

Reuben Hill(1949, 1958년)은 전쟁으로 인한 이산과 재결합에 대한 가족의 반응을 설명하기 위해 최초의 가족스트레스 모델(ABCX model)을 개발하였다. McCubbin과 Patterson(1983년)은 베트남전으로 인해 가족구성원의 실종을 경험한 가족의 적응수준에 전념하여 그 ABCX모델을 Double ABCX 모델로 확대하였다. Double ABCX 모델에서, aA 요인은 일반적인 스트레스요인들과 긴장들의 축적에 대한 가족들의 인지이고, bB 요인은 위기-대응자원들에 대한 가족들의 인지이며, cC 요인은 원(original) 스트레스요인 사건-전쟁 중 가족성원의 실종과 같은-에 대한 가족의 인지이다. Double ABCX 모델에서, 가족의 자원들, 인지, 그리고 행동은 그들이 위기, 즉 x 요인을 어떻게 경험하는지를 설명하기 위해 상호작용한다(Patterson & Garwick, 1998).

Double ABCX모델이 발전하여, 가족조절 및 적응반응모델(Family Adjustment and Adaptation Response(FAAR)model)로 발전하였는데(Patterson, 1988), 다른 요소들이 적응을 스트레스 과정의 중요한 결과로 강조하기 위해 추가되었다(Patterson & Garwick, 1998; 그림 13.1). 이러한 변화는 특히 가족의 스트레스에 대한 반응인 Antonovsky(1998; Antonovsky & Sourani, 1988)의 가족 응집력에 관한 연구를 반영한 것이다. 응집감은 통제와 신뢰의 균형을 위한 가족의 능력이다(Antonovsky, 1979). 즉, 가족 응집력은 한 가족이 아래의 역동적 확신감으로 어느 정도 견디는지의 범위를 표현하는 포괄적 경향이다.

(1) 삶의 과정에 있어, 내적 그리고 외적환경으로부터 유래하는 자극들은 구조
화되고 예측가능하고 명백하다는 확신감

(2) 이러한 자극들에 의해 부과된 요구에 대처하기 위해 자원이 가능하다는 확
신감

(3) 이러한 요구들이 투자와 관여의 가치가 있는 도전이라는 확신감(p. 19)

이들 이론적인 논의는 탄력성 연구와 일치했으며 유익경향성(사람들은 건강
해지기 위한 인지와 자원을 소유하고 있다는 철학적인 주장)을 합함으로써
Double ABCX모델을 진보시켰다(Antonovsky & Sourani, 1988). 응집감으로 불
리게 된 유익경향성은 스트레스에 대항하기 위해 사용되는 3가지 자연적 과정들
을 포함한다. (1) 이해력: 삶을 이해할 수 있는 능력, (2) 통제력: 요구를 관리할 수
있는 능력, (3) 의미부여: 상황이나 상황의 요구로부터 의미를 이끌어낼 수 있는
경향.

FAAR model은 스트레스의 도전에 대응하기 위해 가족이 대처행동을 연습하
고 자원을 활용하려는 가족의 시도를 부각시킨다. 조절단계 동안, 그 가족은 비
교적 안정을 경험하고, 도전들은 존재하는 능력들과 만나게 된다. 도전들이 너무
크고 요구들을 초과할 때, 불균형 상태를 야기하면서 위기가 발전된다. 가족들이
이들 요구들에 기여한다는 의미는 그들을 충족시키고 궁극적으로 평형상태 혹은
균형에 머물기 위한 능력에 영향을 주는 아주 결정적인 요소이다. 적응단계 동안
에, 가족들은 새로운 자원과 대처전략들을 얻고 요구들을 감소시키고 또한 그들
의 상황에 대한 인지를 변화시킴으로써 그들의 균형을 회복시키기 위해서 노력
한다. 위기에 대한 적응 또한 가족들의 재생하는 힘과 관련된다(Antonovsky &
Sourani, 1988).

FAAR 모델에서 핵심이 되는 또 다른 개념은, 가족은 개인적인 의미와는 다른
집합적인 의미들을 공유한다는 것이다. 또한 가족은 가족구성원 간의 합의 이상
의 의미가 있다. 가족의 의미는 시간을 거쳐 가족구성원들이 상호작용을 통해 얻
어진 삶의 경험을 통해 생긴 집합적 구성체들이다(Patterson & Garwick, 1998).
FAAR model은 두 수준의 의미를 제시하였다: (1) 요구와 능력에 대한 개인과 가

그림13-1 가족조절 및 적응 반응

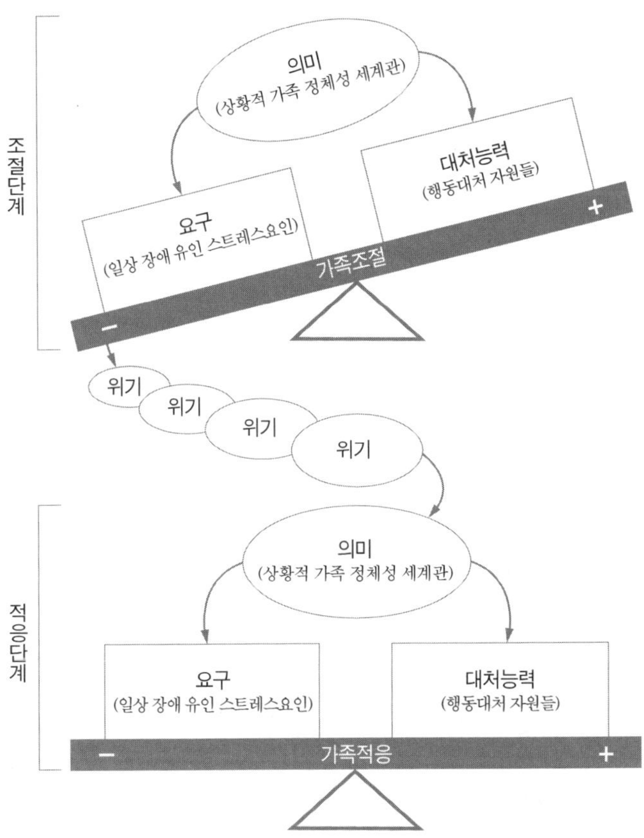

From "Theoretical Linkages: Family Meanings and Senseof Coherence," by J. Patterson and A. W. Garwick, 1998, in *Stress, Coping Health in Families: Sense of Coherence and Resiliency.* Thousand Oaks, CA: Sage Publication, p. 77. Copyright©1998 by Sage Publications. Reprinted with permission.

족의 인지를 포함하는 상황적 의미. (2) 가족성원들의 관계와 지역사회에 대한 가족의 관계에 관한 신념의 선험적 경향을 포함하는 포괄적 의미. 포괄적 의미를 수립하기 위해서 가족들은 공유된 목적을 가지고, 그들이 집합체라고 인식을 하며, 그들의 상황을 긍정적으로 구성할 수 있으며, 현재의 요구에 대해 상대적인 맥락에서 삶을 바라보고, 공유된 통제와 신뢰를 갖는 것이다.

위기의 공유된 의미 개념이 FAAR model의 중심이기 때문에, 특별히 가족개입을 위한 지침으로서 유용하다. 사회복지사들이 의미를 재구성하거나 변화시키려는 가족들에 대해 대화치료를 이용하는 것은 적절한 사례이다. 예를 들면, 한 어린이가 처음 발달 장애라는 진단을 받았을 때, 가족구성원들은 불신감과 부정의 반응을 할 수 있다. 그들은 장애의 원인 혹은 설명을 찾고자 한다. FAAR model에 따르면, 가족들은 상황이 얼마나 그들의 세계관과 맞는지, 그리고 다룰 수 있는 능력과 맞는지를 이해하려고 시도할 것이다(Patterson & Garwick, 1998).

사회복지사들은 가족 중 하나가 장애를 가질 때 어떻게 가족이 잘 관리할 수 있는지의 방법을 수립하는 것에 부가적으로, 가족의 정체성이 장애에 의해 영향을 받을 수 있음을 발견할 수도 있다. 안정된 패턴들은 무너지고 가족들은 장애를 가진 가족이 되었다는 것에 우려를 보인다. 앞으로 어떻게 해야 하나? 우리가족은 충분한 자원을 갖고 있는가? 다른 사람들은 뭐라고 말할까? 또한 장애로 가족의 대부분의 활동들이 장애가족원에게 집중하게 하는, 가족의 목적과 목표들을 재정의할 수 있다. 이러한 관심사는 가족과 사회복지사와의 논의에 있어서 중심적 사안이 된다.

사회복지사들은 또한 민족성과 문화가 가족들의 탄력성에 얼마나 영향을 미치는지에 대해 주의를 기울여야만 한다. McCubbin, Thompson, Thompson, Elver와 McCubbin(1994)은 가족 문화가 위기상황의 평가에 어떻게 영향을 미치는가를 기술하기 위해서 가족 조절과 적응의 탄력성 모델(그림 13.2)을 발전시켜왔다. 그들은 위기상황시 진행되는 가족평가 과정에 있어 5가지 기본적인 단계를 제시하였다.

5단계. 가족 도식틀: 가족단위에 의해 형성되고 채택된 공유된 가치, 신념, 목적, 기대 그리고 우선순위들은, 정보와 경험이 비교되고 서로 전환되며 수행되는 일반화된 정보구조를 형성하고 있다. 가족 도식틀은 시간이 지남에 따라 진화하며 위기상황을 평가하기 위한 기질적인 세계관 및 틀로서 그리고 가족의 형성된 기능유형들의 변화와 그것을 지지하는 정당성으로서 기능한다.

4단계. 가족 응집력: 가족들의 잠재적 자원을 실제 자원으로 변환시키기 위한 동기적 및 인지적 기조를 설명하는 구성체로, 가족 응집력에 의해 가족성원의 건강과 가족단위의 복지를 대처하고 향상시킨다.

3단계. 가족 패러다임: 가족의 삶의 특정 영역이나 차원과 관련하여(예를 들면, 일과 가족, 의사소통, 영적/종교적 성향, 자녀양육 등) 가족의 구체적 기능의 발달을 이끌기 위해 가족 단위로 조형되고 채택된 공유된 신념과 기대 모델이다.

2단계. 상황적 평가: 스트레스요인, 그 스트레스요인에 의해 야기된 곤란, 다소 형성된 기능유형들을 변화하기 위한 가족체계의 요구에 대해 가족의 공유된 사정. 이 평가는 위기상황을 관리하기 위한 가족의 능력과 관련하여 발생한다.

1단계. 스트레스요인 평가: 스트레스요인과 그 요인의 심각성에 대한 가족의 정의는 가족사정의 초기 수준이다.(pp. 43-46)

좀더 간단한 접근을 요구하는 일상의 상황에서, 가족들은 명백한 관여없이 '가족의 조절과 적응에 대한 탄력성 모델'의 5가지 수준을 거쳐갈 수 있다. 그러나 신체장애아의 출산과 같은 더욱 심각한 스트레스요인의 경우에서는, 이미 확립된 가족기능의 패턴이 위협받게 된다(McCubbin et al., 1998). 그래서 가족의 일상생활과 역할 형태는 변화될 수 있다. 사회복지사들은 가족들이 상대에 대한 기대를 재점검하며, 존립할 수 있는 오래된 기능수단은 지지하고, 필요할 경우 새로운 유형을 수립하도록 가족을 원조함에 있어 주요 역할을 할 수 있다. 탄력성 모델은 가족들의 신념과 문화를 결합하기 때문에 이 과정은 자기결정권에 대한 가족의 권리를 존중할 수 있고, 선택과 목적이 일치될 수 있다.

Walsh(1998)의 가족개입에 관한 제안은 이 탄력성 접근을 잘 포착하고 있다. Walsh는 탄력성 관점에서의 가족 치료는 실천가에게 아래의 내용들을 제시한다고 제언하였다. 실천가들은

그림 13-2 가족 조절과 적응의 탄력성 모델 (Resiliency Model of Family Adjustment and Adaptation) 의 평가과정에 대한 초점

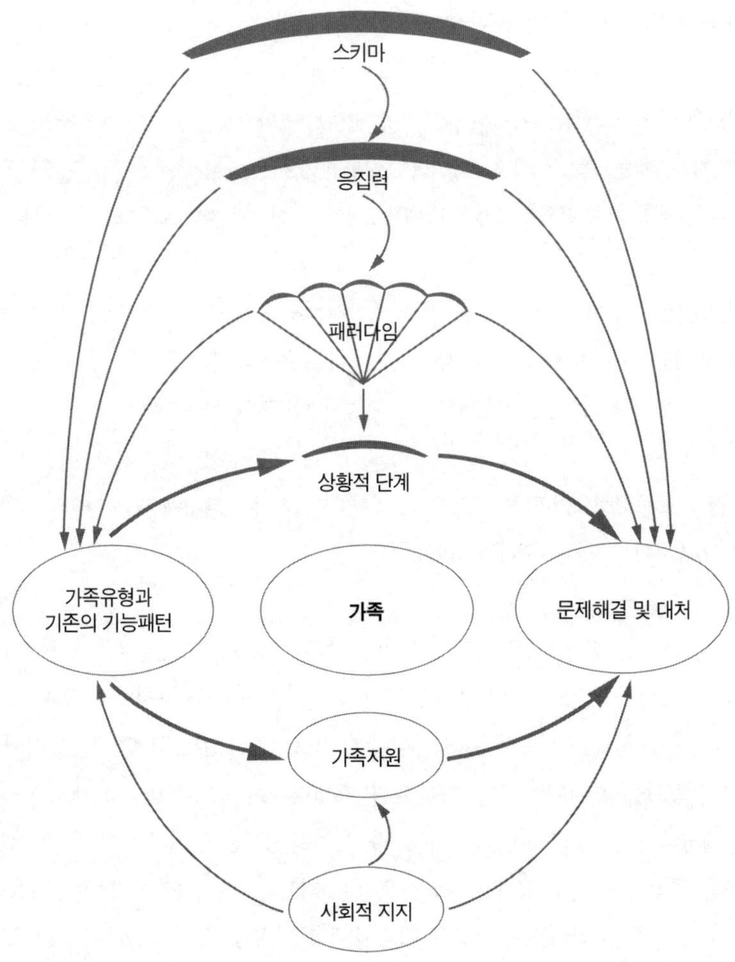

- 시간에 따른 대처와 적응을 추적하기
- 위기상황의 밖에서 의미를 창출하기
- 가족의 불행을 정상화하기 (1) 가족 문제의 비병리화 및 맥락화 (2) 존중하는 언어의 사용 (3) 이슈들을 재구성하고 재명명하기
- 가족의 강점을 확인하고 확고히 하며 구축하기 (1) 긍정적 의도를 신뢰함 (2) 노력과 성취를 칭찬함 (3) 감추어진 자원을 끌어냄 (4) 역경 가운데서 강점을 발견함 (5) 가족구성원들 간에 감정이입적 연결을 구축함
- 긍정적이고 미래지향적인 초점을 적용 (1) 불평으로부터 목적으로 재초점화함 (2) 희망과 낙관주의를 주입함 (3) 공유된 노력들과 구체적인 단계들과 인내를 격려함 (4) 가족이 인간의 한계를 수용하도록 원조함
- 개인적 외상의 회복에 가족을 포함
- 다음을 사용함으로써 서비스들을 개정 (1) 상호협력과 팀 작업 (2) 다중체계적이며 지역사회기반의 개입 (3) 체계지향적 접근과 예방
- 치료자의 탄력성을 강화

소비자 지향

발달장애인들과 그들의 가족들과 함께 하는 임상의 실천에서, 실천가들은 소비자들의 강점을 실천과 서비스에서 확인하고 통합시킴으로서 탄력성을 촉진시킬 필요가 있다. 불행하게도 발달장애인과 그 가족들에 대한 이전의 실천접근법은 권한부여를 촉진하는 요소들 대신에 병리, 한계 그리고 스트레스들을 강조해 왔다(McCallion & Toseland, 1994). 사회복지의 개입과 정책들은 장애인들과 물리적, 사회적, 정치적 환경의 적합성 간의 전환에 초점을 맞추어야만 한다.

전환은 발달장애인과 그들의 가족에게 있어서 스트레스와 변화의 시간일 수 있는데, 왜냐하면 삶의 변화는 이들에게 선택들을 제공하기 때문이다. 발달장애인들은 힘든 조정기간인 발달상 접점과 전환점에서 향상된 지지가 필요할지 모른다. 그 환경은 개인과 환경 간의 조절을 증가시키거나 혹은 방지하는 역할을

한다. Jacobson과 Kropf(1993)는 나이가 많은 발달장애인을 위한 거주의 전환을 강화하는 생태학적 접근의 한 예를 제공해 왔다. 독립적인 생활환경에서 요양원으로 이동하는 것과 같은 거주지의 재배치는 모든 나이든 성인들에게 위험요인이 될 수 있다. 특히, 발달장애가 있는 나이든 성인들은 거주지의 이동과 같은 수준의 변화에 대처할 수 있는 기술을 기를 수 있는 능력이 한정되어 있기 때문에 거주 변화에 취약하다.

생태학적 관점을 사용함으로써, 다양한 준비수준들이 발달장애를 가진 나이든 성인들이 새로운 장소에 적응할 수 있도록 하는 탄력성을 강화시킬 수 있다. 예를 들면, 실천가들은 새로운 거주지에서의 생활을 위해 개인을 준비시킬 수 있고, 이런 나이든 성인들을 포함하는 새로운 환경을 준비할 수 있으며, 또한 보호제공자와 같이 "뒤에 남겨진 자"를 이 변화를 위해 준비시킬 수 있다. 이러한 생태학적 접근은 탄력성을 촉진시킬 수 있고 이들 노인들, 그들의 새로운 보호제공자, 그리고 보호제공의 역할로부터 벗어나게 되는 가족들과 친구들을 위해 주요 생활의 변화에 대한 외상을 최소화할 수 있다.

지역사회 수준의 실천 접근은 발달장애를 초래할 수도 있는 위험상황을 감소시키기에 적절하다. 개입들은 예방접종프로그램, 아동 학대 및 방임감소를 위한 양육 프로그램, 교통안전 및 방지프로그램, 그리고 태내 알콜증후군 인식증진 프로그램 등을 포함할 수 있다(Adams & Hollowell, 1992).

이 책의 앞부분에서 Greene이 제시한 질문들에 의하면, 발달장애 소비자들과 그 가족과 더불어 일을 하는 실천가는 특정한 위기의 영역이나 취약성의 부분을 사정할 수 있다. 일부의 소비자들과 함께, 실천가들은 직업을 구하거나 혹은 더욱 독립적인 생활로 배치하는 것과 같은 부가적 위험을 감수함에 의해 소비자가 좀 더 많은 기능 수준을 취하도록 도울 필요가 있다. 실천에서 생태학적 관점을 사용하여, 실천가는 개입의 복합적 수준을 구조화해야만 한다.

이 장의 앞부분에서 제시한 Charles의 예는 실천에서의 생태학적 접근을 설명한 것이다. 개인적 수준에서, 사회복지사는 Charles의 기술수준과 직무기회 간의 최상의 가능한 연결을 만드는 직무지도사로서 기능했다. 그의 근무처에서, Charles는 사교적이었고 사람과 더불어 있는 것을 즐겼다.; 그러므로 대형 상가에서의 직업이 이상적이었는데, 왜냐하면 그가 사회적으로 상호작용을 할 수 있었기 때문이다. 직무지도사의 역할은 Charles에게 직무과업을 수행하기에 필요한 기술을 가르칠 뿐 아니라 필요할 경우 환경을 수정할 수도 있는 기술을 가르치는 것이었다.

예를 들면, Charles는 취약한 미세운동기능으로 인해 쓰레기 봉투를 묶을 때 비틀어 돌리며 묶는 것을 할 수 없었다. 직무지도사는 다른 유형의 쓰레기 봉투를 주문할 수 있었고 그리하여 Charles는 자신의 신발끈을 묶기 위해 터득한 기술과 유사한 방법인, 끈의 양쪽 끝을 이용해 봉투를 묶을 수 있었다. 이러한 환경적인 변화가 그의 능력을 향상시켜 직무책임을 완수할 수 있게 했다.

다른 몇몇 개입들은 지원고용과정과 관련되었다. 거시적 수준에서, 직무배치기관은 지원고용프로그램을 홍보하며 장애인 고용을 옹호하는 데 많은 시간을 사용하였다. 더욱이 배치기관은 정신지체 근로자의 통합을 어떻게 도울 수 있는가에 대해 동료근로자(대부분이 비장애근로자)들을 훈련했다. 이 과정은 장애인들에 대한 사회적인 통념을 깨는 것을 포함했다. 또한, 사회복지사는 그 가족들이 새로운 직업을 가진 Charles를 지지하도록 도왔다. 어머니의 주저함 때문에 사회복지사는 그녀와 함께 프로그램을 논의하며 Charles의 지위에서 성공적 기회에 대한 어머니의 두려움을 다루는 것에 상당한 시간을 소요하였다. 비록 그 목적이 격리되지 않은 업무환경에서 직업을 확고히 하고 유지하도록 원조하는 것이었지만, 몇 가지 다른 개입들은 장애인들을 위한 고용지원프로그램을 관리하는 것에 관련되었다.

발달장애인들과의 일에서, 실천의 기본적인 질문은 사람들과, 가족들, 그리고 그들의 사회적, 물리적인 환경들 사이에서의 적합성과 관련된다. 다음의 평가질문들은 실천가가 적합성의 문제들을 결정하는 데 길잡이가 될 수 있다.

- 소비자와 가족은 현재 어떤 스트레스와 조건에 직면하고 있는가? 그들이 이전에 이러한 상황이나 유사한 상황에서 어떻게 대처했었는가?
- 가족들의 기능수준을 유지하기 위한 능력에 영향을 주거나 스트레스를 주는 어떤 변화와 전환에 개인과 가족이 직면하고 있는가? 이는 부모에 의해

직업을 잃는 일시적인 상황인가? 아니면, 가족을 위험에 처하게 할 수 있는 부모의 죽음이나 무력함과 같은 영구적인 상황인가?

• 이들 가족들의 과거의 경험이 어떻게 현재상황의 인식에 영향을 미치는가? 이러한 인식이 그들의 상황에 대한 대처능력을 강화시키는가 혹은 억제하는가?

• 어떤 지역사회자원들이 발달장애인들 개인과 그 가족들을 지지하는 데 유용한가? 소비자와 가족이 자원을 충분하게 사용하고 있는가? 이러한 유용한 자원들을 사용하는 데 있어서 존재하는 장벽들은 무엇인가?

• 이 문제에 관련된 문화적 요소들은 무엇인가? 실천가의 보호제공, 장애, 그리고 공식적인 서비스 제공에 대한 인식을 포함하여 어떻게 사회복지사가 개인과 가족에게 문화적으로 일치하는 방법으로 실천을 하는가?

• 오늘 경험한 상황이 미래의 연관된 이슈들을 위해 발달장애 개인과 가족을 준비하도록 도울 수 있는가? 이 경험이 탄력성과 대처능력을 구축시킬 수 있는가?

이들 질문들은 실천가들에게 개인, 가족, 사회, 그리고 문화적인 영역에 대한 정보를 제공한다. 이 생태학적 모델 내에서, 실천가는 역사적인 관점들, 현재의 기능, 그리고 장래의 희망 등을 포함하는 개인과 가족의 발달 이슈를 평가한다. 생태학적 접근과 발달적 접근을 결합하여 사용하는 철저한 사정 과정은 장애인과 장애인의 가족체계, 그리고 다른 지지 자원들을 이해하는 가장 포괄적인 방법을 제공한다.

실천가와 클라이언트 면접 시행: 사례

여기에 추가된 가족의 생활사는 이 장과 책 전반에 걸쳐서 설명된 다양한 개념들을 설명한다. Hamilton 가족은 정신지체의 성인 아들이 있는 중년의 아프리카계 미국인 가족이다. 앞의 질문들이 Hamilton 가족이 직면한 상황과 관련하여 논의된다. 또한, 이 예는 현재 가족의 강점을 유지하는 것을 포함하는 실천을 강조한다. 이 예는 또한 실천가가 부가적인 취약점과 위기를 줄이기 위한 개입을 목표로 하는 상황의 특정 스트레스적인 측면들을 확인하고 있다.

가족들이 직면한 이슈들

Hamilton 가족은 미국의 남동부 지역의 중소도시에 살았다. 함께 사는 가족들은 63세의 Arthur, Sr.(당뇨병으로 인한 합병증: 시각손상, 순환계 문제), 그의 아내인 58세의 Audrey(학교 교사), 다운증후군을 앓고 있는 22세의 아들 Elton이다. Arthur의 건강문제 때문에, Audrey는 Elton에 대한 일차적인 책임을 가졌고 지난 몇 년 간 Arthur의 건강이 악화되어 그에 대한 책임도 증가하였다. 2명의 다른 아들인 Arthur, Jr.와 Trevor는 다른 주에 살고 있다. Arthur, Jr는 직업군인이며, Trevor는 대형병원의 회계사무원으로 종사하였다. Arthur, Jr.는 이혼하여 현재 독신이며; Trevor는 아내와 3자녀가 있다. 두 아들 다 부모들과 별로 연락을 하지 않고 있으며 막내동생인 Elton과도 가깝게 지내고 있지 않다.

이 시점에서, 그들 가족의 생활주기에서 Hamilton 가족이 직면하고 있는 문제들은 장애를 가진 2명의 가족에 대한 보호를 관리하는 것을 중심으로 한다. Arthur의 기능수준이 악화되기까지, 두 부모들은 Elton을 돌보는 책임을 분담할 수 있었다. 그러나 Arthur, Sr.가 거의 시력을 잃자 모든 보호부담이 Audrey 몫이 되어버렸다. 이러한 책임에 덧붙여서, Audrey는 학교선생님으로 일해야 한다; 그녀가 가족의 재정상황을 유지하기 위해 소득활동을 하는 것은 매우 중요한 일이다. 장애로 인하여 Arthur, Sr.는 조기퇴직을 하였고 전에 공장매니저로 일했던 회사로부터 약간의 연금을 받고 있다.

Elton은 적당한 양의 기능적 능력을 가지고 있고, 신체적으로는 꽤 건강한 상태이다. 그는 다소 독립수준을 지녔다: 예를 들면, 누가 음식을 잘라주면 스스로 먹을 수 있으며, 최소한의 도움으로 옷을 입을 수(예를 들어, 만일 지퍼가 연결되어 있지 않으면, 코트의 지퍼를 올릴 수 없음)있다. 그러나 그는 언어적인 한계가 있으며, 지도보호가 되지 않으면 혼자서 시간을 보낼 수가 없다. 그는 특수교육 과정을 마쳤고, 현재는 장애인들을 위한 특수직업에 배치되어 있다. 그는 자신의 일을 즐기고 있으며, 상사 및 그의 동료들과 잘 어울린다.

Elton의 부모가 그를 보살피는 것에 매우 잘 대처하고 있음에도 불구하고, 보호제공 요구가 증가되면서 스트레스가 쌓여 가족들이 어려움을 겪고 있다. Elton은 몇 년 동안 발달장애서비스를 받고 있고 기관은 그의 부모들을 위해 단기보호를 제공해오고 있다. 그들의 어려움 때문에, Hamilton 가족은 기관을 통해 부가적인 도움을 요구하면서 Elton을 위한 거주선택을 고려하고 있다. Hamilton 가족들은 잠재적 숙소와 거주 가능성에 대해서 사회복지사들과 협의를 해오고 있다.

사정과 개입

Hamilton 가족의 생의 주기 중의 이 시점에서, 사정에서의 주요 측면은 존재하는 보호제공 요구들로부터 초래되는 위기의 정도를 결정하는 것이었다. 그러나 그 가족은 정신지체 아들을 양육하는 과정을 통해 서로가 잘 기능하고 있었다. 그러므로 실천가는 가족 시스템이 직면하는 현재의 문제를 처리하는 기능을 유지하고 특별한 대처 방법을 확인하는 것이 필요했다. 또한, 사회복지사는 개입의 특정 영역을 강조하면서, 아래의 질문과 관련된 사정을 구조화할 필요가 있다.

질문: 어떤 스트레스와 조건을 소비자와 가족이 현재 직면하고 있는가? 그들이 이전에 이러한 상황이나 유사한 상황에서 어떻게 대처했었는가?

개입영역: Hamilton 가족은 가족 내에서 요구되는 보호제공 범위의 결과로써 스트레스를 받고 있었다. Audrey는 점차적으로 의존적이 되어가는 아들과 남편에 대한 원조의 책임을 혼자서 저야만 했다. 게다가, 그녀는 정규직인 교사로서의 직업을 유지해 나가야만 하였다. 비록 그 가족이 장애아동의 양육에 대한 책임을 효과적으로 관리할 수 있었을지라도, 그 가족들의 기능은 더욱 위험에 처해 있었다.

Hamilton 가족은 현재의 상황을 관리하기 위한 한 가지 방법—Elton을 주거시설에 보내 보호제공의 요구를 감소시키는 것—을 확인하였다.

질문: 본인과 가족들의 기능수준을 유지하기 위한 능력에 영향을 주거나 스트레스를 주는 어떤 변화와 전환을 개인과 가족이 직면하고 있는가?

개입영역: Hamilton 가족이 당면하고 있는 문제들은 영구적인 것이었고, 일시적이거나 급성적 스트레스요인과 관련된 것은 아니었다. 관련된 몇 가지 요인들: 즉, Elton에 대한 지원제공의 지속적 욕구; Arthur, Sr.에 대한 지원의 필요 증가; Audrey의 시간과 에너지에서 경쟁이 요구되는 것; 월급의 감소로 인한 경제적인 압력 등이다. 가족의 요구는 Elton을 위한 생활시설을 찾는 것이었다. 비록 이 방안이 한 가지 가능성일지라도, 몇 가지 다른 대안들이 가족들이 현재 처한 상황을 극복하는 중간 단계로 유용할 수 있었다.

확인된 문제가 보호제공의 요구였기 때문에, 사회복지사와 가족은 그 가족 내에서 스트레스를 경감할 수 있는 여러 가지 선택들을 찾을 수가 있었다. 한 가지 선택은 Elton과 Arthur, Sr. 양쪽 모두를 돌보아주는 것이다. 예를 들어, 가족들은 가벼운 시사준비나 집안 허드렛일(예를 들면, 간단한 청소 혹은 세탁)을 제공해주는 재가서비스를 고려할 수 있다. 또 다른 가능성은 Arthur와 Elton에게 부가적인 기술을 가르침으로써 그들의 기능수준을 강화시킬 수 있는 기회들을 제공하는 것이었다. Elton은 그의 직업훈련프로그램에서 어떤 책임감을 감당할 수 있었다. 아마도 이러한 몇 가지 책임감들은 간단한 청소, 그릇정리, 혹은 빨래정돈과 같은 가사일로 전환될 수 있을 것이다. Arthur, Sr.도 시력이 제한되지만, 직업훈련교사는 재활기술영역에서 그를 원조해 줄 수 있다. 그런 개입들은 가족시스템 내에서 한사람(Audrey)만의 책임들을 감소시킴으로써 가족들이 조절하는 것을 도울 수 있었다.

질문: 이들 가족들의 과거의 경험이 어떻게 현재상황의 인식에 영향을 미치는가?

개입영역: 전반적으로 보면, 그 가족은 서로가 기능을 잘 했으며 매우 긍정적인 관

계를 가지고 있었다. 이 경험으로 볼 때, 실천가와 가족은 Elton을 위한 생활시설로의 전환이 모두에게 슬픔을 줄 것이라고 걱정했었다. 이러한 정보를 고려하는 것은 실천가에게는 여러 가지 이유로 중요하다. 그 가족은 그들이 과거에 마주쳤던 상황들을 조절하고 잘 처리하였던 과거력을 가지고 있었다. 가족들이 가장 최근의 도전에 직면하였을 때, Hamilton 가족들이 극복방법을 성공적으로 만드는 그러한 초기의 경험들은 유용할 수 있을 것이다. 더욱이, 그 가족은 미래의 계획을 위한 결정의 한 부분으로써 공유된 가족의 긍정적인 측면을 고려할 필요가 있었다. Elton이 가족으로부터 주거시설로 옮겼을 때 잃게 될 이득은 무엇인가? 특히 퇴직과 기능의 저하로 인한 관계의 상실을 경험한 Arthur, Sr.의 경우, 동변상련의 가족원에 대한 상실은 해롭지 않겠는가? 덧붙여, 어떤 준비가 주거전환과 관련된 가족원의 스트레스를 감소시키겠는가? 특정 경험들, 예를 들면, 연장단기보호 혹은 사전배치방문 등이 이 주요 변화에 대처하기 위해 가족과 Elton에게 도움이 되겠는가? 가족이 성원들 간 밀접하게 결집되어 있고 긍정적인 가족기능을 지니고 있었기 때문에, 이러한 이슈들은 사정과 개입기획의 부분이 될 필요가 있었다.

질문: 어떤 지역사회자원들이 발달장애인 개인과 그 가족들을 지지하는 데에 유용한가?

개입영역: 공식적 서비스 기관을 언급함에 있어서, 가족들은 개설된 프로그램들에 참여했었다. Elton은 몇 년 동안 발달장애기관의 소비자였었고, 그는 직업 프로그램에 참가했었으며, 그 가족들은 때때로 단기보호시설을 이용하였다. 물론 사회복지사는 가족들에게 편익을 줄 수 있는 고령자 서비스 네트워크를 포함한 여타의 지역사회자원들을 개발하였다.
또한 비공식적인 지지 자원들에 대한 부가적인 정보가 필요하다. 처음 사정에서는 Audrey와 Arthur의 다른 아들들, 확대 가족, 친구들, 그리고 이웃들과의 관계에 대한 제한된 정보를 밝혀냈다. 그 정보는 그 가족을 위한 감정적이고 실체적인 도움과 원조의 잠재적인 자원들이 될 수 있었다. 실천가는 가족체계상의 개인구성원 간의 관계는 물론 가족에 대한 이러한 정보를 탐색해야 한다. 예를 들면, 만일 Arthur,

Sr.가 좀더 확대된 사회적 지지체계망을 가지고 있었다면 가족들의 기능이 강화되었을 것인가? 이를테면, 만일 그의 건강문제로 인해 그가 관계들을 잃었었다면, 그의 지지체계를 증대키 위한 개입(예를 들면, 어르신자원봉사프로그램에 합류하거나 그가 다니는 교회에서 더욱 활동적이 되는 등)은 그 가족체계 내의 스트레스를 줄이는 효과를 가질 수 있을 것이다.

질문: 이 문제에 관련된 문화적 요소들은 무엇인가?

개입영역: 모든 가족들과 마찬가지로, 이 예에 포함되어 있고 실천상황을 구체화하는 문화적 요소들이 있었다. 만일에 가족 내의 종교적 영적 차원이 보호제공과 이슈들의 재배치와 관련해 고려되어야만 한다면 사회복지사는 알아야 할 필요가 있다. 영적 실체는 흔히 아프리카계 미국인 가족들에게 중요하며 문화적으로 역량있는 실천을 수행하는 데 있어서 고려될 필요가 있다(아프리카계 미국인 가족들에 대한 이 문제의 더욱 심도 깊은 논의를 보려면 Rogers-Dulan & Blacher, 1995를 참조). 이들 요인들은 서비스 제공자와 가족들 간의 관계뿐만 아니라 가족들이 당면하는 결정에도 영향을 미칠 수 있다.

질문: 오늘날 경험한 상황이 미래의 연관된 이슈들을 위해 발달장애 개인과 가족을 준비하도록 도울 수 있는가?

개입영역: 개개인들과 가족들은 역동적인 시스템이다—그들은 삶의 과정을 걸쳐 발달하고 지속적으로 변화한다. 실제로, 사회복지사의 역할 중의 한 부분은 소비자가 기회들을 확인하고 기술들을 구축하도록 하는 기회를 제공받아 경험하게 될 다른 전환을 위해 소비자를 준비시키는 것이다. Hamilton 가족의 예에서, 현재의 실천상황에서 미래 관점을 포함하는 몇 가지 방법들이 있었다. 사회복지사는 가족의 격정이나 그들의 미래 목적에 대한 대화를 열 수가 있었다. 전형적으로, 가족 구성원 중 장애인이 있다면, 실천가는 많은 복잡성을 신중히 고려해야만 하는데, 이러한 복잡성은 그 아들이나 딸을 위한 거주문제를 고려한 영구적인 계획, 부동산이나 경제

적인 계획, 그리고 장애를 가진 자녀와 다른 가족구성원들(예를 들면, 형제, 자매나 확대 가족들) 간의 관계를 포함한다. 이러한 많은 문제들은 전문가로부터의 상담과 관련된다—예를 들면, 변호사는 부모들과 그들의 성인이 된 발달장애 자녀들 간의 재산상속을 위한 적절한 계획들을 설계할 필요가 있을 수도 있다. 비록 그러한 이슈들이 어떤 가족 내에서 복합적일지라도, 그들은 성인자녀가 평생의 장애를 지니고 있을 때 부가적인 차원들을 감수하게 된다.

가족 시스템 문제들에 더하여서, 그 가족 내에서의 개인들은 또한 그들 자신의 미래와 목적을 고려해야 한다. 예를 들면, Hamilton 가족의 예에서, 사회복지사는 그 부모들과 Elton이 미래의 방향을 찾기 시작하도록 도울 수가 있었다. 이 토의에서의 특별한 문제들은 Audrey의 퇴직계획, Arthur, Sr.와 관련된 신체적, 사회적 문제들, 그리고 Elton의 장애를 가진 성인으로서의(장애성인으로서의 Elton의) 미래 등이다. 다시 말해서, 그 목적은 미래에 그 가족들 내에서 위기의 위험을 감소시키는 것을 돕는 것이다.

요 약

실천가들은 발달장애인과 그들 가족들과의 사회복지사정 및 실천을 위해 위험과 탄력성을 어떻게 적용하는지에 대해 분명히 이해할 필요가 있다. 탈시설화 이후 지역사회세팅에서 자신의 전체 삶을 살고 있는 발달장애인의 수가 증가되었으나, 이들 클라이언트들과 함께 실무를 하기 위해 준비된 사회복지사는 거의 없다. 이 문제에 중요한 사정과 실천에 관한 이슈들은 발달장애인들과 그들의 가족들에 관련된 문제들을 이해하기 위한 시작으로서 이 장에 포함되어 있다. 예시의 활용을 통해, 이들 개념들은 발달장애인 자녀들을 가진 가족들에게 적용되었다. 이 장에서 그 사정의 기본틀을 사용함으로써, 사회복지사들이 이전에 가족들이 어떻게 기능을 했었는지를 확인할 수 있을 것이고, 경험한 현재의 문제들을 이해할 수 있으며, 그것과 더불어 섬세하고 효과적인 서비스 계획을 준비할 수 있고, 그들의 미래를 위한 기술구축의 기회를 제공할 수 있을 것이다.

참고문헌

Adams, M. J., & Hollowell, J. G. (1992). Community-based projects for the prevention of developmental disabilities. *Mental Retardation, 30,* 331-336.

Antonovsky, A. (1979). *Health, stress, and coping.* San Francisco: Jossey-Bass.

Antonovsky, A. (1998). The sense of coherence: An historical and future perspective. In H. I. McCubbin, E. A. Thompson, A. I. Thompson, & J. E. Fromer (Eds.), *Stress, coping and health in families: Sense of coherence and resiliency* (pp. 3-20). Thousand Oaks, CA: Sage Publications.

Antonovsky, A., & Sourani, T. (1988). Family sense of coherence and family adaptation. *Journal of Marriage and the Family, 50,* 79-92.

Blatt, B., & Kaplan, F. (1966). *Christmas in purgatory: A photographic essay on mental retardation.* Boston: Allyn & Bacon.

Costigan, C. L., Floyd, F. J., Harter, K.S.M., & McClintock, J. C. (1997). Family process and adaptation to children with mental retardation: Disruption and resilience in family problem-solving interactions. *Journal of Family Psychology, 11,* 515-529.

Cunningham, C. C. (1996). Families of children with Down syndrome. *Down Syndrome: Research & Practice, 4,* 87-95.

DePoy, E., & Miller, M. (1996). Preparation of social workers for serving individuals with developmental disabilities: A brief report. *Mental Retardation, 34,* 54-57.

Developmental Disabilities Assistance and Bill of Rights Act of 1990, P.L. 101-496, 104 Stat. 1191.

DeWeaver, K. L. (1982). Producing social workers trained for practice with the developmentally disabled. *Arete, 7,* 59-62.

DeWeaver, K. L. (1994, May). *Future directions for social work practice and education in developmental disabilities.* Paper presented at the first annual International Conference on Social Work and Disabilities, Young Adult Institute, New York.

DeWeaver, K. L., & Kropf, N. P. (1992). Persons with mental retardation: A forgotten minority in education. *Journal of Social Work Education, 28,* 36-46.

Edgerton, R. B., & Gaston, M. A. (Eds.). (1991). *"I've seen it all": Lives of older persons with mental retardation in the community.* Baltimore: Paul H. Brookes.

Eyman, R. K., Call, T. I., & White, J. F. (1991). Life expectancy of persons with Down syndrome. *American Journal on Mental Retardation, 95,* 603-612.

Frison, S. L, Wallander, J. L, & Browne, D. (1998). Cultural factors enhancing resilience and protecting against maladjustment in African American adolescents with mild mental retardation. *American Journal on Mental Retardation, 102,* 613-626.

Greenbaum, C. W, & Auerbach, J. G. (1998). The environment of the child with mental retardation: Risk, vulnerability, and resilience. In J. A. Burack, R. M. Hodapp, & E. Zeigler (Eds.), *Handbook of mental retardation and development* (pp. 583-605). New York: Cambridge University Press.

Greenberg, J. S., Seltzer, M. M., & Greenley, J. R. (1993). Aging parents of adults with disabilities: The gratifications and frustrations of later-life caregiving. *Gerontologist, 33,* 542-550.

Haight, W. L. (1998). "Gathering the spirit" at First Baptist Church: Spirituality as a protective factor in the lives of African American children. *Social Work, 43,* 213-221.

Hanley, B., & Parkinson, C. B. (1994). Position paper on social work values: Practice with individuals who have developmental disabilities. *Mental Retardation, 32,* 426-431.

Hill, R. (1949). *Families under stress.* New York: Harper.

Hill, R. (1958). Generic features of families under stress. *Social Casework, 49,* 139-150.

Jacobson, S., & Kropf, N. P. (1993). Facilitating residential transitions of older people with developmental disabilities. *Clinical Gerontologist, 14,* 79-94.

Jennings, J. (1987). Elderly parents as caregivers for their adult dependent children. *Social Work, 32,* 430-433.

Kaufman, A. V., Adams, J. P., & Campbell, V. A. (1991). Permanency planning by older parents who care for adult children with mental retardation. *Mental Retardation, 29,* 293-300.

Kazak, A. E. (1989). Families of chronically ill children: A systems and social-ecological Model of adaptation and challenge. *Journal of Consulting and Clinical Psychology, 57,* 25-30.

Kropf, N. P. (1997). Older parents of adults with developmental disabilities: Practice issues and service needs. *Journal of Family Psychotherapy, 8,* 35-52.

Kropf, N. P., & Greene, R. R. (1993). Life review with older families who care for developmentally disables members: A model. *Journal of Gerontological Social Work, 21,* 25-40.

Lakin, K. C, Prouty, B., Anderson, L, & Sandlin, J. (1997). Nearly 40 percent of state institutions

have been closed. *Mental Retardation, 35,* 65.
Lutzer, V. D., & Brubaker, T. J. (1988). Differential respite needs of aging parents of individuals with mental retardation. *Mental Retardation, 26,* 13-15.
Mackelprang, R., & Salsgiver, R. O. (1996). People with disabilities and social work: Historical and contemporary issues. *Social Work, 41,* 7-14.
McCallion, P., & Toseland, R. W. (1994). Empowering families of adolescents and adults with developmental disabilities. *Families in Society, 74,* 579-589.
McCubbin, H. I., & Patterson, J. M. (1983). The family stress process: The double ABCX model of family adjustment and adaptation. *Marriage and Family Review, 6,* 7-37.
McCubbin, H. I., Thompson, E. A., Thompson, A. I., Elver, K. M., & McCubbin, M. A. (1994). Ethnicity, schema, and coherence: Appraisal processes for families in crisis. In H. McCubbin, E. A. Thompson, A. I. Thompson, & J. E. Fromer (Eds.), *Stress, coping and health in families: Sense of coherence and resiliency* (pp. 41-70). Madison: University of Wisconsin Press.
McDonald, T. P., Couchonnal, G., & Early, T. (1996). The impact of major events on the lives of family caregivers of children with disabilities. *Families in Society, 77,* 502-514.
Miller, A. B., & Keys, C. B. (1996). Awareness, action, and collaboration: How the self-advocacy movement is empowering for persons with developmental disabilities. *Mental Retardation, 34,* 312-319.
Nash, J. K., & Fraser, M. W. (1998). After-school care for children: A resilience-based approach. *Families in Society, 79,* 370-383.
Patterson, J. M. (1988). Families experiencing stress: The family adjustment and adaptation response model. *Family Systems Medicine, 6,* 202-237.
Patterson, J. M., & Garwick, A. W. (1998). Theoretical linkages: Family meanings and sense of coherence. In H. I. McCubbin, E. A. Thompson, A. I. Thompson, & J. E. Fromer (Eds.), *Stress, coping and health in families: Sense of coherence and resiliency* (pp. 71-90). Thousand Oaks, CA: Sage Publications.
Reynolds, A. J. (1998). Resilience among Black urban youth: Prevalence, intervention effects, and mechanisms of influence. *American Journal of Orthopsychiatry, 68,* 84-100.
Roberto, K. (Ed.). (1993). *The elderly caregivers: Caring for adults with developmental disabilities.* Newbury Park, CA: Sage Publications.
Rogers-Dulan, J., & Blacher, J. (1995). African American families, religion, and disability: A conceptual framework. *Mental Retardation, 33,* 226-238.
Sanders, J. L, & Morgan, S. B. (1997). Family stress and adjustment as perceived by parents of children with autism or Down Syndrome: Implications for intervention. *Child & Family Behavior Therapy, 19,* 15-32.
Seltzer, M. M., & Krauss, M. (Eds.). (1987). *Aging and mental retardation: Extending the continuum.* Washington, DC: American Association on Mental Deficiency.
Seltzer, M. M., Krauss, M. W., Choi, S. C, & Hong, J. (1996). Midlife and later-life parenting of adult children with mental retardation. In C. D. Ryff & M. M. Seltzer (Eds.), *The parental experience in midlife* (pp. 459-489). Chicago: University of Chicago Press.
Smith, G. C, & Tobin, S. S. (1993). Practice with older parents of developmentally disabled adults. *Clinical Gerontologist, 14,* 59-78.
Smith, G. C, Tobin, S. S., & Fullmer, E. M. (1995). Elderly mothers caring at home for offspring with mental retardation: A model of permanency planning. *American Journal on Mental Retardation, 99,* 487-499.
Stoneman, Z., Brody, G. H., Davis, C. H., & Crapps, J. M. (1989). Role relations between children who are mentally retarded and their older siblings: Observations in three in-home contexts. *Research in Developmental Disabilities, 10,* 61-76.
Walsh, F. (1998). *Strengthening family resilience.* New York: Guilford Press.
Wehmeyer, M. L, & Metzler, C. A. (1995). How self-determined are people with mental retardation? The national consumer survey. *Mental Retardation, 33,* 111-119.

제14장
사회복지정책

Carol T. Tully

앞 장에서, 발달장애인들과 그 가족들에 대한 위험 그리고 탄력성과 관련된 문제들을 논의하였다. 고용안정, 보호제공자의 스트레스 경감 및 지역사회자원의 접근과 관련된 관심분야도 살펴보았다. 덧붙여, 1990년 미국장애인법(ADA)이 어떻게 서비스전달체계를 개선하고, 발달장애인의 강점을 향상시키고, 고용주의 태도를 변화시켰는가도 고찰하였다. 본 장의 목적은 탄력성의 개념을 사회정책 형성과 연결하는 것이다. 개념적 모델이 사회정책—개념, 실행, 그리고 평가—을 분석하기 위해 제시되고 있다. ADA로 이끈 입법에 대한 분석을 통해서, 어떻게 사회정책이 탄력성을 촉진할 수 있는지 명확히 알 수 있다. 또한 본 장은 탄력성을 향상하는 사회정책의 채택을 촉진하기 위해 어떻게 사회사업 실천가들이 정책실천을 활용하는가에 대한 제안들을 제시한다. 마지막으로, 본 장은 어떻게 사회정책으로서의 ADA가 탄력성을 촉진하는가에 대한 사례를 제시함으로써 결론을 맺는다.

탄력성과 사회정책: 용어 정의와 이슈의 명확화

탄력성과 사회정책의 개념은 상호 관련이 없어 보인다. 아마도 이 점은 탄력성이 전통적으로 개인 및 그들의 사회적 환경과 관련한 인간행동이론을 다루고 있는 반면, 사회정책은 대개 행정입법가들에 의해 구체적으로 확인된 사회문제들을 개선하기 위해 행해지는 것으로 인식되기 때문이다. 사회정책의 수립이 인간행동에 대한 이해를 요구할지라도, 사회정책분석에 있어 인간행동이론과 관련된 구성개념을 사용한다는 것은 전통적 분석범위를 확대하는 것이다.

탄력성이라는 용어를 생각해보면, 역경의 환경에 대처를 잘 하고, 후퇴 뒤에 다시 원상태로 되튕겨지며, 용감하게 되고, 불리한 상황에서 앞으로 나아가는 이미지를 떠올리게 된다. 따라서, 탄력성이라는 단어는 변화, 불행, 혹은 질병으로부터의 빠른 회복능력으로 정의되어왔다. 부양성이라는 단어는 흔히 탄력성과 함께 사용되어 왔으며 원형이 어떤 형태로 변형된 후 다시 원형으로 복귀하는 능력과 관련이 있다.

탄력성이라는 용어는 *사회사업백과사전*(Edwards, 1995)의 최신수정판에서는 자체 리스트가 없지만, *사회사업사전*(Barker, 1995) 제3판에서는 언급되고 있다. Barker의 정의는 사전적 정의와 유사하나, 평형상태를 깨는 스트레스 혹은 문제에 직면한 후 이전의 기능수준으로 되돌아가는 개인의 능력으로서의 탄력성을 설명하는, 인간행동구조로 표현된다. Barker는 또 사회복지실천가들은 진단적 정보와 치료계획을 형성함에 있어서 클라이언트의 탄력성을 고려할 필요가 있다고 제시하였다.

구조로서의 사회정책은 사회복지의 철학적 개념에서 발달한 것으로, 정의하기가 다소 복잡하여, 어떻게 개인이 스트레스에 반응하는가에는 관심을 덜 갖는 것 같다. 사회복지는 사회생활—개인, 가족, 지역집단으로서 구성원들의 복지에 대한 사회적 관심을 강조하는—의 제도적 측면에 초점을 맞춘 철학적 구조이다. 모든 사회는 사회복지—공통의 목적, 가치 및 운영원칙을 위해 사회적 위임에 의해 단일화된 조직과 예방적, 보호적 법률을 상호결합하는 시스템—의 몇 가지 형태를 갖추고 있다. 그 의미는 사회의 주된 물품과 자원에 대해, 최저의 보편적인 접근을 제공하는 것이다(Axinn & Levin, 1993; Dye, 1987). 그리하여 인간행동이 사회복지관점에서 고려될 경우, 개인적 혹은 미시적 수준보다는 사회적 혹은 거시적 수준을 더욱 강조하고 있다.

사회문제는 일반적으로 집단적 미충족 욕구로 여겨지는데, 그 해결은 사회제도의 책임으로 인식되고 있다(Gilbert & Specht, 1974). 사회문제는 전통적으로 가용사회자원으로 해결될 수 없으면서, 사회기능을 위협하는 것으로 생각되어

왔다(Barker, 1995). 사회문제는 원인과 결과를 동반한 보편적(거시적 수준) 혹은 단편적(미시적 수준)인 분명한 인간욕구로 개념화되기도 한다. 사회문제는 도전과 기회를 나타내는, 그리고 서비스와 개입영역에서 몇 가지 사회복지해결책을 필요로 하는 제도적 역기능 상태인 것이다. 사회문제들은 보통 해결방안을 만들고 그 해결방안이 직접적으로 어떻게 달성될 것인가를 고안한 사회복지정책의 개발과 실행을 통해서 다루어진다.

사회정책은 법률제정자들이 만드는 산물이라고 단순하게 정의되어왔지만(Lindblom, 1968), 그러한 단편적 정의는 사회정책구조를 심각하게 제한하는 것 같다. 사회정책은 또한 정치적 연속선상에서 이해되어왔는데, 일반적으로 극보수주의(우파)에서 극자유주의(좌파), 그리고 중간선인 중도주의 범주에서 개념화되고 있다. 개인적 신념이 이러한 연속선상의 어디에 위치해 있느냐에 따라 복지국가에 대한 개인의 철학적 관점, 사회문제 정의, 그리고 사회복지프로그램에서의 정부개입의 반응여부에 영향을 준다. 정치적 관점에서, 보수주의는 일반적으로 전통적 가치를 유지하고 현존질서를 보존하려고 한다. 정치적 보수주의는 정부의 개입을 제한하고 복지국가의 팽창에 반대하고 있다(*Concise Columbia Encyclopedia*, 1995).

정치적 연속선상의 또 다른 극단은 자유주의이다. 정치적 자유주의는 전통적 태도가 아닌 오히려 진보적 세계관과 관련이 있다. 이러한 자유주의적 접근은 일반적으로 개인적 성장, 그리고 발전과 관련된 새로운 아이디어에 개방적이다(*Concise Columbia Encyclopedia*, 1995). 덧붙여 자유주의는 민간영역이 아닌 정부만이 보편적 사회복지를 위한 적절한 사회안전망을 보장하는 유일한 방법이라는 신념을 갖고 있다; 그러므로 자유주의자는 최대 다수의 사람들에게 최대 행복을 제공하는 사회복지프로그램 형태에 정부가 적극적으로 개입하는 것을 선호한다(Karger & Stoesz, 1998).

사회정책과 관련된 용어를 규정하면서, 우리는 그러한 맥락에서 탄력성 개념을 다시 재조명해 볼 수 있다. 더욱 활기있는 탄력성 개념과 다소 활력없는 사회정책 구조를 상호 연결하는 시도에서, 탄력성이라는 단어는 그러한 정책(거시, 미시수준)에 의해 영향받는 사람을 성장시키고 역량을 강화하는 사회정책발달과 실행과정을 의미한다. 인간은 적절한 사회적 기능을 위해 필요한 그러한 것들에 접근할 수 있는가? 다음 글에서는 이러한 문제를 검증하는 기본골격을 제시하고자 한다.

탄력성과 사회정책: 개념적 모델

주어진 정책이 탄력성을 향상시키는지 혹은 억제시키는지를 알기 위해서는, 철학적 표명, 정치적 과정, 산물, 실행, 그리고 행동경로로서 정책을 평가할 수 있는 개념적 모델을 먼저 제시하는 것이 필요하다. **철학적 표명**으로써 사회정책은 다음의 질문을 던질 수 있다. 무엇이 다루어져야할 필요가 있는 문제인가? 그리고 문제를 적절히 다루기 위해 보증해야 하는 것은 무엇인가? 사회정책을 만들기 위한 **정치적 과정**에 대한 질문으로는, 문제가 얼마나 현실적인가? 철학적으로 시행될 필요가 있는 것들을 실제로 시행할 가능성이 있는가? 이다. **산물**은 정치적 과정의 직접적 결과로서 공포된 법률, 규칙, 규정 그리고 절차들을 들 수 있다.

그러므로 산물이라고 하는 것은 시행될 필요가 있는 것들이 어떻게 실행되어야하는가를 분명하게 한다. 일단 법률이 통과되고 법률시행 정책이 공포되어 보급되면, 정책과 절차들은 시행상태로 들어가게 된다. 공공정책의 **실행**은 무엇이 평가되어야 하는가에 대한 질문을 야기하며 사회문제에 대한 해결이 어떻게 실증적으로 처리되는가를 설명한다. 공공정책의 실행은 또한 정책의 형평성을 평가한다. 누가 보호받지 못하는 욕구상태에 있는가? 어떤 집단이 다른 집단보다 더 혜택을 보는가? 누가 수혜대상자인가? 누가 그렇지 못한가? 요약하면, 사회정책의 실행은 수행될 필요가 있는 것들이 실제로 어떻게 실행되고 있는가를 요청하는 것이다.

마지막으로, 사회정책은 **행동경로**이다. 사회정책의 발달은 정적이지 않다. 오히려 그것은 보다 더디지만 사회구조의 변화를 반영하는 경향이 있다. 그리고 정책은 판단적이지 않은 것인 반면에, 하나의 경로가 선택되면 다른 대안들을 제한할 수 있는, 다양한 가능한 경로를 제공한다. 그러나 사회복지법령이 지속적으로 개정되면서, 법률에 영향받는 현존 사회구조에 변화를 가져온다. 사회복지사들이 정책분석을 위한 개념적 모델의 5가지 영역을 어떻게 사용하는지 아래에 설명하고 있다.

사회복지사와 정책분석

철학적 표명

사회정책은 그 시대의 역사적 상황 속에서 사회적 욕구에 기초하여 발달한다. 17세기에 유행했던 사회문제와 그 사회문제를 처리하기 위한 정책들은 그것이 1600년대에 있었던 것과 동일한 방식으로, 아마도 오늘날 보여지는 것 같지는 않다. 비록 비슷한 사회문제들이(예를 들면, 빈곤) 여전히 존재함에도 불구하고 그것들을 다루는 정책해결 방안들은 계속 변화해오고 있다. 따라서 사회복지사들은 사회적 가치, 규범, 그리고 철학적 관점들이 제안된 사회문제에 대한 정의와 해결방안들에 대한 분위기를 형성함을 인식할 필요가 있다. 정책접근을 위해 사회문제와 그 해결방안들이 개발되어온 역사적 맥락을 비판적으로 분석하는 것이 필요하다.

정치적 과정

일단 사회문제의 철학적 정의와 제안된 해결방안에 관한 다소 간의 합의가 이루어지면, 정의규정과 가능한 해결방안들을 공식화하는 정치적 과정이 시작된다. 사회적 이슈에 대해, 사회복지사들은 1990년대의 정부의 전면적인 복지개혁과 같은 상부하달 혹은 1999년 콜롬바인 고등학교 총격사건의 결과로 총기규제를 외치는 부모들의 성난 목소리와 같은 하부상달 과정의 시작의 일부분이 될 수 있다. 정치적 과정은 사회문제를 명확하게 하는 법률의 소개를 포함하며 문제를 해결하는 실제적인 수단과(소위원회 개회 이전에 로비와 검증을 포함하여) 그러한 법안통과에 필요한 행위들을 다룬다. 사회복지사들은 이러한 행위들을 이행하는 협력과정의 일부분으로 활동한다.

산물

사회정책의 산물은 정치적 과정의 직접적 결과에 따라 공포된 법률, 규정, 규칙, 혹은 절차와 같은 것들이다. 행정법령 테두리 내에서 일반적으로 고려되고 제정된 이러한 공식적 법안들이 어떻게 사회문제를 정의하고 어떻게 그러한 문제해결방법을 실행할 수 있는지에 대해 규정하고 있다. 사회복지사들은 정책목적, 목표, 그리고 구조를 정의하는 산물을 도출하는 데 때때로 개입하기도 한다. 또한 성문화된 법령은 어떻게 정책이 실행될 것인지, 어떤 조건하에 정책이 실행될 것인지, 정책실행의 이점은 무엇인지, 어떻게 정책실현을 위한 재정을 조달할지, 그리고 누가 서비스수혜자가 될지를 설명한다.

실행

일단 법률이 의회에서 통과되고, 그 법률을 시행하는 절차가 공표되면, 정책은 그것들이 실행됨으로써 더욱 활성화하게 된다. 공공정책의 실행은 규정된 사회문제에 대한 해결방안이 얼마나 실제적으로 과정속에 진행되고 있는가를 설명하는 것이다. 공공정책의 실행과 관련된 사회복지사들은 누가 서비스를 제공받고, 얼마나 잘 이행되고 있는가와 관련하여 정책의 목적, 목표, 구조, 그리고 실행을 평가한다. 사회정책실행과 관련된 주요 질문은 얼마나 잘(혹은 형편없이) 법적으로 정의된 문제와 해결방안들이 실행되고 있는가를 탐구하는 것이다.

행동경로

사회정책의 발달은 유동적이고, 사회정책은 주어진 시대상황에 맞는 최상의 해결방안을 제공한다. 사회정책은 일반적으로 합리적이며 사회적 딜레마의 욕구를 충족하기 위해 생성된다. 사회문제와 그 해결방안에 관한 정의는 그것들이 만들어지는 시기에 함께 이루어지고, 그것들이 발달되었던 사회적 시대배경을 반영하는 경향이 있다. 이처럼, 사회정책은 존재하는 인간과 사회적 욕구, 철학적 신념, 그리고 기술발전에 기초하여 발달한다. 이들 사회적 욕구에 관한 지식은 사회복지사들이 사회정책 개발 및 실행과 관련하여 지속적인 행동의 경로를 명확히 하는 데 도움을 준다. 일단 사회정책이 개발되고 이행되면, 사회복지사들은 문제와 문제해결 방안들이 현존욕구와 함께 현재 남아 있고 욕구와 부합하는 것을 보증하기 위한 사회정책을 평가하고 면밀히 조사하는 과정의 일부가 되어야만 한다. 일단 클라이언트와 사회적 욕구가 변화하면, 만일 그것들이 정책변화를 필요로 하지 않는 이상 기회가 주어진다.

요약하면, 탄력성과 사회정책의 구성물들은 상호 혼합되어있다. 다음 문단에서 어떻게 현존 사회정책이 위의 주요 개념모델을 적용히여 탄력성을 촉진하거나 혹은 억제하는지를 알아보고자 한다.

개념적 모델의 적용: 미국 장애인법

철학적 표명

1990년 미국장애인법(ADA)은 주정부 혹은 지방정부의 서비스, 교통, 통신, 공공장소, 그리고 고용에 있어서 장애를 가진 사람들을 차별하는 것은 불법임을 명시하고 있다(U. S. Equal Employment Opportunity Commission, 1992). 철학적으로 이러한 관점은 장애인들은 사회적 혹은 경제적으로 차별을 받아서는 안 된다는 신념에서 발달하였다.

　　장애인의 권리에 대한 철학적 실천은 유대-크리스천(Judeo-Christian) 가치에 그 뿌리를 두고 있으나, 장애인들에 대한 처우는 관용의 역사와 비슷하다 (Trattner, 1999). 다양한 유권자 집단들이 연방차원의 보호받을 권리를 얻으며 사회행동이 30여 년 동안 나타나면서, ADA는 1990년에 통과되어 1992년 1월 16일에 발효되었다(American Association of State Social Work Boards, 1992). 법률안은 장애인들이 전통적으로 처우를 받는 방식에서 극적으로 벗어나서 장애인들에 대해 좀더 철학적으로 동정적 관점을 표현하게 되었다.

정치적 과정

　　1960년대의 사회적 대변혁은 소수인종관점에서(소수인종의 피부색을 포함하여, 성적인 경향, 신체적 능력 등) 주요한 변화를 불러일으켰다. 접근권과 관련된 연방규정은 1960년대 초에 제정되었다. 주로 장애인과 그 가족들에 의해 발달된 여타의 법률은 Section 504의 형식인 1973년의 재활법으로 개정되었다. Section 504는 연방정부의 재정지원을 받는 모든 프로그램과 시설에 대해 장애인과 관련하여 비차별적 프로그램과 정책을 확고히 함으로써, 장애인들을 위해 만들어진 사회적응을 필요로 하는 사회적으로 규정된 분류로서 장애의 개념을 조작화하였다(Karger & Stoesz, 1998).

　　1973년 재활법이 통과되면서, 장애인의 권리를 확대하는 진보된 법률단계로 나아가게 되었다. 다시 말해, 고용, 교통, 공공편의시설, 주 및 지방정부, 통신 등과 관련된 차별적 관행으로 인해 영향을 받은 사람들에 대한 지속적인 지원과 관심있는 법률가의 지속적인 지원을 통해 장애인 관련의 가장 포괄적인 법안이 George Bush 대통령에 의해 1990년 7월 26일 법으로 제정되었다. 미국장애인법은 1964년 시민법이 유색인종을 위해 제정된 것처럼 장애인의 시민권을 보호한다(Alexander, 1994-1999).

산물

ADA 자체는 고용(제1장), 교통(제2장), 공공장소(제3장), 주 및 지방정부(제4장), 통신(제5장)을 포괄하는 5장으로 구성되어있다. 각 장에서는 적절한 용어 정의, 차별과 관련된 문제, 법 집행절차 및 기타 다양한 규정을 제공하고 있다. 간략히 살펴보면, 제1장은 고용주가 고용시나 승진시 장애인을 차별하지 않도록 강조하고 있다. 더 나아가 고용주가 장애인들을 배제할지도 모르는 선별테스트를 의무적으로 금지하고 있다. 또한 고용주는 직무재구성이나 사무실장비개선을 포함하여 피고용 장애인을 위한 적절한 조치를 취해야한다.

제2장은 장애인이 대중교통수단을 이용할 수 있도록 하는 접근성을 규정하고 있고, 제3장은 식당, 호텔, 상점에서 차별을 받지 않도록 장애인을 보호하는 규정이다. 제4장은 주 및 지방정부가 장애인에 대해 차별하지 않도록 언급하고 있고, 제5장은 TDD 혹은 TTY와 같은 전자장치를 사용하는 중증청각장애인들에게 통신접근성에 대한 항목을 열거하고 있다. ADA는 매우 포괄적이어서 사회전반에 걸쳐 적용된다.

실행

ADA의 다양한 항목들이 여러 차례에 걸쳐 수정되었고 일부는 앞으로도 수정의 여지가 있다. 고용에 관한 제1장은 1992년 7월 26일에 발효되었다. 본 장에서는 어떻게 정책이 실행되는지에 대해 제1장을 예로 들 것이다. 실질적으로 주요 생활 활동이 제한된 신체적 혹은 정신적 장애를 가진 사람들을 포함하여, 자격을 갖춘 장애인들이 고용에 있어서 차별받는 것을 금지하고 있다. 이것은 제한될 필요도 없이, 청각, 언어, 호흡, 보행, 시각, 혹은 학습장애를 가진 이들을 포함할 수 있다. 비록 고용주들이 직원채용과 유치에 있어서 변화를 준다고 할지라도, ADA의 실행은 소송과 비공식 및 공식적 합의로 귀착되어왔다(U. S. Department of Justice, 2000).

ADA 채택 이후 생겨난 수많은 소송, 재판, 그리고 중재가 ADA를 둘러싼 소송이 지속되고 있음을 보여주고 있다. 그러나 콜로라도 덴버시의 Jack Davoll 경관의 사례를 보기로 하자. Davoll 경관은 경찰관의 기능에 필수적인 업무수행을 불가능하게 만든 목, 척추, 어깨의 산업재해 이후에 복직이 인정되지 않았다. 그는 그가 할 수 있는 경찰서 내의 공석중인 업무 재배치를 거절당하였다. 덴버시에 있는 연방 지방법원은 Davoll에게 $200,000 이상의 배상을 판결하였다(U. S. Department of Justice, 2000).

아마도 더 가까운 예로는 미국 주립사회복지위원회 및 평가체계협회와 관련된 문제이다(AASSWB). 1999년 전국적으로 인지도가 높은 이 시험기관은 사회복지사 자격증 시험을 보려는 시각장애인수험생 본인의 대독자를 인정하지 않았다. 그 대신 시각장애인에게 한번도 글을 읽어준 적이 없는 대학생을 활용하도록 하였다. 그러나 시험도중에 그 대독자는 전문용어를 잘못 말하고 또한 그 수험생의 답안기록을 잘못하였다. 그 수험생은 ADA를 근거로 고소를 하였으며 후에 $3,000를 배상 받았다. 배상사건 이후에, AASSWB는 시험 전에 수험생에게 능숙한 대독자를 붙여주는 데 동의하였다. 마침내, 시험기관들은 시각장애수험생들이 본인의 대독자를 쓸 수 있도록 인정하였다(U. S. Department of Justice, 2000).

이러한 예들은 ADA의 결과로서 커다란 진보를 불러일으킨 반면에, 이 법률조항의 강화는 지속적인 모니터링이 필요하다는 것을 보여주고 있다. 실천적 측면에서 이들 사례들은 어떻게 이 법이 그러한 사례들에 의해 지속적으로 형성되고 그리고 재정의되는지를 보여주고 있다. 이들 사례들은 발전하는 법률로서 ADA와 다른 법률들이 어떻게 향후 행동경로를 만들어나가는지를 보여주고 있다.

행동경로

앞에서 언급한 것처럼, 사회정책은 유동적이며 합리적인 것으로 생각되며 문제에 대한 해결지침을 제공하고 있다. 사회정책은 또한 장래의 법률 개정 및 실행과 관련하여 연속적인 행동경로를 만들어준다. ADA사례의 경우, 수많은 제소가 정책들을 법적 조치에 대한 기본으로써 법률적으로 진보하게 만들어 놓았다. 각각의 경우 현존 정책을 더욱 자세하게 예리하게 규정하였다. ADA가 통과된 이후 10여 년 동안은 어떻게 이러한 정책이 실행되는가에 대한 개별법률에 있어서의 차이점을 만들어 놓았다.

이러한 복합적 법안은 장애의 권리에 대한 기본적인 관심인 그 핵심에 있어, ADA가 실행되어옴으로 인해 장애인 집단이 혜택을 받는다는 것이다. ADA에 명시된 그 권리들의 주요 보호자는 연방정부이다. 심지어 이 법 시행 후 10년 동안 ADA의 여러 다양한 각 조항들은 강화되어 더욱더 장애인들에게 기회를 부여하게 된다((U. S. Department of Justice, 2000). 고소, 공식적 합의, 그리고 중재의 도출이 두드러지게 법원 분기 보고서상에서 강화된 것으로 모니터되고 있다. 각 사례가 ADA의 연속적인 발전 및 법안의 일부가 되고 있다.

요약하면, 철학적 관점에서 발전한 ADA는 정치과정으로 변환되면서, 사회정책으로서 현재 시행되고 있는 법률을 낳게 되었고, 그 법안의 시작이래 지속적인 행동을 위해 그 경로를 따라서 계속 변화하는 역동적인 법률이 되어 왔다. ADA는 장애인들에게 복원능력 혹은 탄력성을 제공한다. 그것은 탄력성을 향상시키는 정책과 개인 사이의 더욱 긍정적인 적합성을 제공한다. 정책시안과 그 시안들이 궁극적으로 실행되는 방법은 실질적으로 적응력을 길러주거나 혹은 억제한다. 이러한 측면에서 그렇다면 어떻게 탄력성과 사회정책 간의 관계가 육성될 수 있는가?

탄력성과 사회정책 간의 상호관계 촉진

앞에서 언급된 바와 같이, 사회정책은 사회문제를 확대하기보다는 완화하는 경향이 있다. 비록 ADA와 같은 수많은 사회정책들이 이러한 목적을 잘 충족하기도 하지만 그렇지 못한 경우도 있다. 그러나 정책규범이 사회병리를 경감시키는 필요에 잘 부응하건 아니건, 탄력성, 인간행동, 그리고 사회정책 사이에는 관련성이 항상 있다. 사회정책은 일들이 어떻게 되어야만 한다는 철학적 신념에서 발달하기 때문에 사회정책은 궁극적으로 인간행동을 조형하는 정치과정을 통한 법률 시행으로 정의된다.

예를 들어, 군대 내의 동성연애자들이 시달리고 구타당하고 불리한 상태에 처하게 되는 것을 중단키 위한 노력으로 '묻지도 말고 말하지도 말아라' 정책이 만들어졌다. 분명한 행동변화가 군대 내 일반 장병(nongay)들과 게이 혹은 레즈비언 사이에서 기대되었다. 비게이 군인은 더 이상 성적경향에 대한 질문을 하지 않았으며 레즈비언과 게이들은 더 이상 동성관계에 관한 이야기를 공개적으로 하지 않았다. 정책이 뒤따랐기 때문에, 군생활을 하는 게이와 레즈비언 그룹들은 더욱 안전하게 군생활에 잘 적응할 수 있었으리란 믿음이 있었던 것 같다. 즉, 게이와 레즈비언의 탄력성은 지지적 정책이 존재하기 때문에 향상되어야만 했다.

사실, "묻지도 말고 말하지도 말아라" 정책에서 발전해온 것은 게이 혹은 레즈비언 군인들의 탄력성을 증진하기보다는 방해를 하였다. 이러한 일은 주로 레즈비언 혹은 게이로 인식된 사람들에 대한 비게이(nongay) 군인들의 행동 때문이었다. 그러한 행동은 지속적인 언어적 희롱, 반도덕적 행동에 대한 혐오, 제대의 증가로 이어졌다(Sobel, Westcott, Benecke, & Osburn, 2000). 그래서 탄력성을 강화하는 적응반응을 증대하고 지지하기보다는 오히려 정책실행으로부터 반대 행동들이 초래되었다.

반면, ADA는 특별한 장애를 가진 사람들에 대한 동등한 접근권과 비차별을 보장하기 위해 제정되었다. 그 신념은 공공시설이 장애인들에게 좀더 "사용자 편의"로 만들어진다면 접근이 더욱 용이할 것이라는 것이다. 정책의 시작은 실제로 직장에서 사람들의 행동변화를 가져왔다. 이것은 장애인들에게 그들의 환경에 적응하는 적극적 수단을 제공하는 것이며 장애인들의 삶이 법률로 인해 향상되는 것이다. 그러므로 이 정책은 발달장애인과 그 가족들의 탄력성을 강화하였다고 말할 수 있다.

정책실행

사회복지사들은 공공정책의 발달(인간욕구에 대한 반응인), 인간행동(공공정책에 의해 규정되고 지지되는), 그리고 탄력성(진행중인 변화에 대한 적응과 관련된 긍정적 대처기제) 사이에는 지속적인 역동적 상호관계가 있음을 명심할 필요가 있다. 공공정책은 심지어 변화가 더욱 천천히 일어나는 것을 동반하는 욕구와 인간행동들에 대한 인식에 반응하여 천천히 발전되어가는 경향이 있다. 이것의 좋은 예로 인종차별을 들 수 있다. 사회정책과 탄력성 사이에서의 상호관계를 촉진하기 위해 어떤 정책실행기술이 사회복지실천가들에게 중요한가?

정책실행이라는 용어는 사회복지교육에 있어서 비교적 새로운 것이다. 그것은 좀더 거시적인 정책 생성, 이행, 그리고 평가의 구조를 갖춘(전통적으로는 개인, 가족, 집단, 지역사회, 기관에 개인적 개입을 하는 관점) 사회복지실천을 위한 능력을 연결하는 아이디어와 짝을 이루고 있다. 이러한 연결은 정책을 좀더 개인 영역—정책이 서비스를 제공하는 것에서 분리되지 않는 곳—에서 바라보려는 시도인 것 같다. 사회복지사들은 사회심리적이고 정신적 차원에서 사람들을 생각할 뿐만 아니리 여러 경우에 행동을 규정하는 정책강령을 고려하는 것 같다. 이 경우 다음의 질문을 할 수 있는데, 정책실행과 탄력성의 구성을 효과적으로 응용하기 위해 사회복지사들은 무엇을 알 필요가 있을까?

정책실행과정으로 3가지 주요 단계가 있다. 즉, (1) 구성을 이해하기 (2) 이론을 실천에 적용하기 (3) 성과결과를 평가하기이다. 사람들은 그것들이 실천현장에서 적용되기 전에 구성들을 이해하여야 한다고 단순하게 말할 수도 있지만, 정책실행영역에서는 이것은 특별히 중요하다. 예를 들면, 어떤 정책이 서로 논쟁이 생겼을 때 사회복지실천가들은 제정된 정책의 원인이 된 철학, 정책역사에 대한 일반적 상식(정치적 과정), 정책자체(정책산물), 정책실행과정(정책이행과정), 그리고 이루어질 필요가 있는 어떤 변화(행동경로)들에 대한 적절한 이해가 필수적이다. 이러한 정보들을 갖추므로 실천가들이 좀더 클라이언트들의 문제들에 대한 명확한 관점을 제공하는 것이 가능하다.

더욱이 사회정책은 인간행동을 규정하기 때문에, 실천가들은 주어진 정책실행과 관련될 수 있는 인간행동의 범위에 대해 충분히 이해하고 있어야 한다. 실천가들은 긍정적 행동을 촉진하는 정책과 탄력성 모두 뿐만 아니라 탄력성을 억제할 수 있는 정책발의에 대해서도 인식할 필요가 있다. 예를 들면, 적절한 직업훈련과 직업을 제공하지 않는 제한된 급여의 복지정책은 탄력적으로 되기 위한 편모의 능력을 방해할 수 있고, 반면 10대들에 대한 임신초기 개입정책은 청소년의 적응능력을 향상시킬 수도 있다. 요약하면, 정책실천은 사람들에게 영향을 줄 뿐 아니라 특별히 대처능력으로서 그 정책이 어떻게 인간 행동을 구체화하는가와 관련하여 모든 연관된 구성체들에 대해 실천가들은 예리하게 이해해야 한다. 이것은 이론을 실천에 적용하기 위한 시도에 앞서 숙달되어야만 하는 복잡한 과업이기 때문이다.

사회복지교육에 있어서 최초의 기초과정에서부터, 사회복지사들은 이론을 실천에 적용하기 위해 지속적인 필요와 투쟁과 같은 것을 끊임없이 상기하여 왔다. 이것은 정책실행과 탄력성에도 변함없이 적용된다. 실천가들이 일반적으로 취하는 이론적 관점은 그들의 철학적 세계관과 결합된다. 사회복지에서 일부는 생태학적 관점을 유용한 것으로 보는 반면, 또 다른 사람들은 인지적 관점에서 실천을 하고 있다. 일반적으로 실천가들은 여러 다양한 사회복지 패러다임의 개념들을 채택한다. 이것은 정책에 관한 관점의 적용과 유사하다. 사용되는 패러다임과는 관계없이, 실천가들은 모델과 그것이 어떻게 적용되고 있는가에 대해 적절하게 이해하고 있어야만 한다. 정책모델이 풍부하고, 실천가들은 그 구조와 한가지 이상의 모델적용에 있어서 편안하게 익숙해질 필요가 있다.

정책실행 그리고 탄력성과 그 정책의 관계에 포함된 사람들을 위해 이론을 실천하는 데 마지막 단계는 정책적용으로 인한 예상된 혹은 예상치 못한 인간행동의 결과를 이해하는 실천가들의 능력을 중심으로 삼는 것이다. 예를 들면, 실천가들은 다음과 같은 질문을 던져야만 하는데, 어떠한 결과들이 이 정책실행 이후에 발생할 것인가? 그리고 이러한 정책은 적절한 적응반응, 대처기제, 그리고 탄력성을 강화할 것인가? 이러한 질문에 대해서는 수많은 세월에 걸쳐 시행되어온 정책을 들어 대답하는 것이 더욱 쉽다. 이들 질문에 대한 대답은 필연적으로 적절한 정책실행—현존 정책에 대한 지속적 평가작업—을 강화하는 마지막 활동으로 유도된다.

사회복지에 있어서 성과평가에 대한 견해는 사례관리와 조사연구에 있어서 매우 중요한 역할을 하고 있지만, 그것이 얼마나 자주 지속적인 사회정책개발에 중요 요소로 고려되고 있는가? 많은 사회복지사들은 공공정책으로부터 스스로 거리를 두고 있는 것 같아 그들은 공공정책이 모든 사람의 삶에서 작용하는 지속적인 역할에 대해 이해하지 못할 수 있다. 공공정책은 사회보장번호를 부여받는 순간부터 우리의 유골이 묻힐 때까지 모든 것들에 관여한다.

우리들의 삶 속에서 사회정책의 필수불가결한 역할을 받아들인다면, 정책실천가들은 클라이언트에게 영향을 미치는 정책의 지속적 평가에 주의를 기울일 필요가 있다. 이러한 평가는 비공식적(정책영향에 대한 클라이언트 기록에 대해 인용하기) 혹은 공식적(조사연구에 기초한 입법부 조사자료 제시하기)인 것이 될 수 있고 개인 실천가에서 옹호 혹은 선거권집단에 이르는 수많은 사람들과 관련될 수 있다. 중요한 것은 사실상 정책이 해결하고자 의도했던 문제에 대해 건전하고 적절한 반응을 향상하도록 강화하는 것이다. 그렇지 못할 경우, 실천가들은 상황을 호전시킬 다양한 방법을 강구해야만 한다. 취약한 정책채택으로 인한 문제를 해결하는 상황에서 가장 중요한 조치는 얼마큼 정책이 의도했던 결과를 충족하지 못했는가를 나타내는 자료를 생성하는 것이다. 사회정책, 인간행동, 그리고 탄력성 상호 간의 관계를 촉진하는 것은 실천가들의 책임이다. 비록 정책이 지속적으로 변화하고 투과성이 있어 쉬운 과제는 아닐지라도 도전해야 할 것들이다.

어떻게 ADA가 탄력성을 육성하는가: 사례

본 장은 탄력성의 구조를 포함한 정책분석의 개념적 모델을 제시하고자 한다. 그러나 사회정책이 얼마나 탄력성을 강화하는가를 사실적으로 살펴보는 더욱 좋은 방법은 사례를 살펴보는 것이다. 이 부분에서는 공공정책으로서의 ADA가 얼마나 탄력성을 강화하는가를 검토하고자 한다. 이 부분은 주로 실천이라 불리는 정책모델영역 혹은 세부적으로는 어떻게 ADA가 장애인분야에서 일하고 있는 사람들에 의해 실제적으로 실행되고 있는가와 관련된다. 공공정책과 관련지어 클라이언트의 탄력성을 강조하는 본 사례는 고등교육으로부터 나온 예이다.

Magda는 질병으로 1세 때 시력을 잃은 40세의 기혼여성이다. 그녀는 사물을 본 기억이 전혀 없으며, 1979년 고등학교를 졸업할 때까지 시각장애인학교를 다녔다. 고등학교를 졸업할 때, 그녀는 기술이 없어 대학에 들어가 공부를 계속하고자 생각하였다. 1981년 대학에 들어갔으나(ADA가 법률로 제정이 되기 9년 전) 교실에서 시각장애인이 겪어야 하는 수많은 도전들에 직면하는 것이 불가능하였다. 한 학기를 다닌 후에 학교를 그만두고 장애인수당을 신청하여 매월 수급 받았다. 그녀는 결국 직업재활과정에 참여하였고 New Orleans의 지방보호작업장에서 묵주구슬 분류작업자(Mardi Grad bead sorter)의 시간제 일을 갖게 되었다.

Magda는 보호작업장에서 1982년부터 1988년까지 일을 하였다. 비록 그일들은 Magda에게 다른 사람들과 함께 상호작용하며 집 밖으로 나오게 하는 동기를 부여하였으나, 그것은 지적으로 자극 주는 것은 아니었다. 그녀는 장래의 남편이 될 Ned. Magda를 만나게 되었고 그와 1989년에 결혼하여 그들을 위한 가정을 꾸리게 되었다. Ned는 1990년 가을(ADA가 제정된 바로 그 해)에 Tulane 대학에서 법학 학위를 받기 위해 복학하여 법률을 공부하면서 ADA를 우연히 접하게 되었다.

Magda의 대학에서의 실패경험을 회상하면서 그녀가 아직도 대학교육을 받고 싶어하는 것을 알고 있는 Ned는 Magda가 대학에 복학할 것을 격려하였다. Magda는 Xavier 대학에 지원하여 입학허락을 받았고 1992년 가을에 학업을 다시 시작하였다. 새로운 연방정책으로 인해 그녀는 대학에서의 두 번째 시도를 처음보다 쉽게 이루어나갔다. 그녀는 Xavier 대학 장애인 부서의 도움을 받았는데, 각 단계마다 생길 수 있는 문제들을 다루어줄 상담원도 배정받게 되었다. 예를 들어, Magda는 점자 해독에 어려움을 겪었기 때문에, 카운슬러는 매 수업마다 대독자를 찾아주었다. 또한 Magda는 수업내용을 기록하거나 시험볼 때 도움이 필요하였기 때문에 적절한 편의시설이 그녀의 욕구를 충족시킬 수 있는 형태로 가능하도록 지지되었다. 게다가, Magda는 한쪽 캠퍼스에서 다른 캠퍼스로 이동시 도움을 필요로 할 때 그녀가 캠퍼스를 가로지르는 방법을 터득할 때까지 가이드가 제공되었다.

Magda는 학부를 졸업하고 1999년 가을에 사회사업 석사과정에 입학하게 되었다. 2001년 봄 졸업 후 그녀는 석사현장실습을 마친 기관의 장애인사무실의 상담원으로 학위에 맞는 지위를 갖게 되었다.

Magda의 예에서 보듯이, ADA는 그녀가 복학하여 학업을 마치고 좀더 생산적인 사회구성원이 되기에 충분하게 탄력적으로 되도록 하는 사회정책의 증거가 될 수 있다. ADA가 없었더라면 아마도 "아직까지 구슬분류하기 상태"였을 것이라고 그녀는 솔직히 말하고 있다.

본 장의 서론에서의 탄력성의 정의—개인의 평형상태가 깨지면서 야기된 스트레스적인 생활사에 직면한 후 이전의 기능수준으로 복귀하기 위한 개인의 능력—를 상기하고 그 정의를 공공정책의 맥락에서 고려해 보라. 예시에서 보듯이 ADA는 개인이 더욱 탄력적이 되도록 지지하고 실제적으로 이전의 기능수준 이상이 되도록 하는 도화선을 제공하였다. 이 사례는 정책 의안이 장애인의 강점을 향상시킬 수 있음을 명료하게 설명하고 있다. 더욱이 ADA와 같은 법률과 그것으로부터 발달한 수많은 정책의안들은 장애인들에게 기회를 제공할 뿐 아니라 장애인 개인과 사회의 보편적 요구에서 좀더 나은 적합성을 촉진한다.

요약하면, 사회정책 의제로서의 ADA는 주택, 대중교통 등으로 차별받거나 고용주에 의해 무시 받을지도 모르는 수많은 장애인들에게 기회를 제공해왔다. 이러한 정책법안들은 1990년 이전에 존재했던 차별들에 장애인들이 더 이상 직면하지 않도록 보장하기 때문에 개인의 위험을 최소화하며 탄력성을 향상시킨다. 또 장애인에게 편의시설을 제공함으로써 탄력성은 향상될 수 있다.

참고문헌

Alexander, R. (1994-1999). *The consumer law page brochures: The Americans with Disabilities Act questions and answers*. [On-line]. Available: http://consumerlawpage.com/brochure/disab.shtml.

American Association of State Social Work Boards. (1992). *Dealing with the ADA: A handbook for state boards on the Americans with Disabilities Act*. Culpepper, VA: Author.

Americans with Disabilities Act of 1990, P.L. 101-336, 104 Stat. 327 [On-line]. Available: http://janweb.icdi.wvu.edu/kinder/pages/ada_statute.htm.

Axinn, J., & Levin, H. (1993). *Social welfare* (3rd ed.). New York: Longman.

Barker, R. L. (1995). *Social work dictionary* (3rd ed.). Washington, DC: NASW Press.

The Concise Columbia Encyclopedia. (1995). New York: Columbia University Press.

Dye, T. R. (1987). *Understanding social policy*. Englewood Cliffs, NJ: Prentice Hall.

Edwards, R. L. (Ed.-in-Chief). (1995). *Encyclopedia of social work* (19th ed., Vols. 1-3). Washington, DC: NASW Press.

Gilbert, N., & Specht, H. (1974). *Dimensions of social welfare policy*. Englewood Cliffs, NJ: Prentice Hall.

Hooyman, N., & Kiyak, H. A. (1999). *Social gerontology: A multidiscipline perspective* (5th ed.). Boston: Allyn & Bacon.

Karger, H. J., & Stoesz, D. (1998). *American social policy* (3rd ed.). New York: Longman.

Lindblom, C. (1968). *The policy making process*. Englewood Cliffs, NJ: Prentice Hall. Rehabilitation Act of 1973, P.L. 93-112.

Sobel, S. L., Westcott, K. S., Benecke, M. M., & Osburn, C. D. (2000). *Conduct unbecoming: Sixth annual report on "Don't Ask, Don't Tell, Don't Pursue, Don't Harass"* [On-line]. Available: http://www.sldn.org/reports/sixth.htm.

Trattner, W. I. (1999). *From poor law to welfare state* (6th ed.). New York: Free Press.

Tully, C. T. (1998). Culturally sensitive policy. In R. R. Greene & M. Watkins (Eds.), *Serving diverse constituencies: Applying the ecological perspective* (pp. 305-323). New York: Aldine de Gruyter.

U.S. Department of Justice. (2000). *Enforcing the ADA: Looking back on a decade of progress* [On-line]. Available: http://www.usdoj.gov/crt/ada/pubs/10thrpt.htm.

U.S. Equal Employment Opportunity Commission. (1992). *The Americans with Disabilities Act: Your responsibilities as an employer* (pp. 328-436). Washington, DC: U.S. Government Printing Office.

부록

용어풀이

강점 관점(strengths perspectives) 사람은 자신의 생활을 변화시키는 선천적인 힘이 있다는 관점. 사람들과 사회적 제도에 의해 지지되는 사람들의 긍정적인 능력들

개인-중심의 실천(person-centered practice) 원조관계에서의 온정, 무조건적 관심과 감정이입에 기반한 치료적 접근

개인-환경 적합성(person-environment fit) 사람과 그 환경사이의 조화

건강과 안녕(health and wellness) 성공적인 인간 기능에 초점을 두는 연구

관련성(relatedness) 가족, 또래집단들, 지역사회, 지지 연계망 등과의 연계성

권한 부여(empowerment) 장애물들을 극복하는 개인, 가족, 지역사회의 능력을 양성하는 것

권력(power) 자원의 가용성과 관련하여 생활공간에 영향을 미치는 개인 또는 집단의 능력

규범적인 연령에 의해 매겨진 사건(연령에 의해 등급이 매겨진 규범적인 사건)(normative age-graded event) 생물학적이거나 사회적 규범에 의해 형성된 상황들

기질(temperament) 애정이 깊고, 느긋하고, 다정하게 구는 것과 같이 선천적이라고 여겨지는 성격 특성

다양성(diversity) 다양한 문화들과 다양한 권력들을 가진 사람들을 포괄함; 사회에서 무시되는 사람들

대처(coping) 스트레스를 다루기 위한 문제해결과 같이 특별한 내적/외적 욕구를 관리하기 위한 인지적이고 행동적인 능력의 변화

동기부여 체계(motivational system) 영아가 자연스럽게 동기화된 기쁨을 불러일으키는 행동

문화(culture) 전통에 의해 표현되는 가치와 신념체계

발달 과업들(developmental tasks) 정상적인 발달상의 사건 또는 어떻게 한 인간이 인간발달의 일반화된 지식에 따라 적용해야 하는지에 대한 평가에 기반한 심리사회적인 이정표들

발달유발 특성들(developmentally instigating characteristics) 환경으로부터 반응을 이끌어내거나 억제시킴으로써 자신의 성장에 기여할 수 있도록 행동하는 아동들의 능력

보호요인(protective factors) 개인이 위험을 감소시키고 적응을 증진시키도록 돕는 사건이나 조건들

비교문화 사회사업(cross-cultural social work) 사람들 및 지역사회와 함께 일하는 데 있어서 자기 자신의 것 이상의 효과적인 전략을 사용하는 것. 클라이언트의

문화적 가치, 신념체계, 전통, 세계관을 이해하는 것

비규범적인 사건(nonnormative event) 괴이하거나 소수의 개인들에 한정된 상황들. 사건들은 어떤 동연배 구성원에 의해 경험되는 상황들.

사회적 발달(social development) 한 집단의 구성원으로서 개인의 문화적, 정치적, 경제적 측면

상호적 결정주의(reciprocal determinism) 내적/외적 자극들이 어떤 사건에 영향을 준다는 개념

생물학적 발달(biological development) 개인의 유전적, 건강, 신체적, 그리고 삶을 제한하는 기관체계의 확대

생태학적 관점(ecological perspective) 사람들과 환경들 사이의 복잡한 교류를 다루는 복합적인 개념적 기초에 의존하는 사회복지실천접근

생애과정(life course) 출생에서 사망에 이르기까지의 어떤 인생 경험들을 포괄하며 특정 환경과 맥락에서 어떤 고유한 발달을 검토하는 개념. 또한, 어떻게 한 사람의 개인적 발달이 가족, 지역사회, 그리고 다른 집단들의 집합적인 발달과 함께 부합하는지를 연구한다.

생활공간(life space) 상호의존적인 사람과 자신의 환경을 포함한 총체적 심리사회적 영역

선천적인(inherent) 어떤 행동에 대해 타고난 경향

스트레스(stress) 개인에게 내재되어있는 욕구들과 이러한 욕구들을 충족시키기 위해 가용한 자원들 사이에서의 불균형

스트레스요인들(stressors) 개인의 적응 역량에 추가의 부담들을 주는 상황들

심리학적 발달(psychological development) 개인들의 정서적, 인지적, 그리고 행동적인 특성들의 성장

애착(attachment) 미래의 관계들에 대한 원형으로 여겨지는 초기 어머니-아동 또는 부모의 유대

역경 사건(adverse event) 사람이 가지고 있는 자기의존에 대한 기본적 가정을 위협하는 상황

역량(competence) 환경에 긍정적으로 상호작용하는 학습된 능력; 과업을 성공적으로 완수하는 능력(ability). 효과적인 적응

영적 기능(spiritual functioning) 인간적 의미와 무한한 관계성을 상호적으로 만족시키는 것에 대한 인간의 추구; 의미, 소속감, 관계성을 발견하기 위해 자기를 초월하는 사람의 능력

완충제(buffer) 스트레스의 부정적 영향을 예방하는 요인

외상(trauma) 심각하거나 삶에 위협적인 상황

위험(risk) 스트레스의 발병가능성, 더욱 심각한 상태로의 회귀, 혹은 문제 상황을 지

속시킬 가능성을 증가시키는 영향들

위험 사슬(risk chain) 위험 요인들 사이의 연계들 또는 상호관계들

위험 요인(risk factor) 한 개인이나 집단에 바람직하지 않은 결과, 어려움, 혹은/그리고 문제의 가능성을 증가시킬 것으로 생각되는 특성

응집성(coherence) 내적/외적 환경들이 예측가능하고 미래는 성공적일 것이라는 개인들의 지각

자기복원역량(능력)(self-righting capacity) 개인의 자연적 치유능력

자기실현(self-actualization) 개인이 일상의 사건들에 대해 탁월함을 달성하는 것

자기효능(self-efficacy) 개인이 성공적이거나 또는 자신의 환경을 통제하거나 지배한다는 인식

자산들(assets) 위험 또는 스트레스적인 사건들에 대처 및 적응하는 사람의 능력에 영향을 주는 중대한 요인들—보호요인들 참고

자아 지배(ego mastery) 자기 통제를 수립하거나 재수립하고, 환경을 견디고 관리하는 개인들의 능력

자원(resources) 쉼터, 주거, 건강 건강관리를 포함한 개인적, 사회적 지지

자율성(autonomy) 자기의존과 독립을 하고자 하는 능력

자존감(self-esteem) 사회적 상황 속에서 성공적 경험들의 내재화

적응(adaptation) 적합성 또는 스트레스적 환경에 대한 성공적 대처

적합성(goodness-of-fit) 어떤 사람과 그 사람의 환경사이의 조화

지배감(sense of mastery) 환경을 조작할 수 있는 개인의 인정된 능력

클라이언트 다양성(client diversity) 다양한 인생 맥락을 가진 사람들

탄력성(resilience) 부정적인 생활사건들, 외상, 스트레스, 위험의 다양한 형태들에 대한 개인의 예기치 못했거나 두드러진 성공적 적응. 위험에 대응하는 개인차원에서의 변화

효능성(efficacy) 어떤 상황을 지배하기 위한 어떤 개인의 반복적인 행동노력

힘 (agency) 사람이 성공적으로 행동들을 실행해낼 수 있을 것이라는 지각

편집자소개

Roberta R. Greene(PhD, MSW)은 거의 40년 동안 사회복지실천가로서 활동했으며, 교육자, 학자로 있었다. 그녀는 2판까지 출간된 노인과 가족을 위한 사회사업실천(Social Work with the Aged and Their Families)과 인간행동과 사회복지실천(Human Behavior and Social Work Practice)을 포함하여 다수의 저서와 연구논문을 출간하여 왔다. 그녀는 미국 사회복지사협회의 이사 및 사회복지교육협의회의 교과과정 자문위원으로 일하고 있다.

필자소개

William H. Barton(PhD, MSW, MA)는 Indianapolis의 Indiana대학교 사회복지대학원의 교수이다. Barton의 주된 관심은 청소년 형법(juvenile justice), 청소년 발달, 청소년의 발달을 증진을 위한 지역사회의 주도적 활동(initiatives)을 증진시키는 것을 포함한다. 그는 대학원 과정에서 조사방법, 프로그램 평가, 청소년형사정책(juvenile justice policy), 인식론을 교수하고 있다.

Robert Blundo(PhD, LCSW)는 Washington 소재의 North Carolina대학교 사회복지학과 부교수이다. Blundo는 사람들의 강점과 탄력성을 육성하는 데 초점을 두고 있다. 그는 사회의 복잡다단한 맥락속에서 개인의 삶의 독특성을 살피는 데 관심이 있다.

Craig Campbell(MSW)는 Indiana 청소년서비스협회의 회원복리/기술관리자, Indianapolis의 Indiana대학교 사회복지대학원의 겸임교수(associate faculty member)이다. Campbell의 최근 관심영역은 기술, 노화, 지역사회조직화와 탄력성 등이다.

Ann P. Conrad(MSW, DSW, L-ICSW)는 Washington DC 소재의 미국 Catholic대학교 (The Catholic University of America)의 국립가톨릭사회서비스대학원의 학장이다. Conrad가 탄력성과 영성에 대해 관심을 가진 것은 가족, 지역사회에 대한 직접적인 실천경험과 종교적/영적 이슈들에 대한 연구에서 나온 것이다.

Margaret L. Evans(MSW, ACSW)는 Georgia 소재의 Georgia Highlands 지역사회 서비스 위원회의 법인규정준수 및 품질보증 이사이다. 전문사회복지사로서 Evans의 경력은 인종차별적 사회에 대한 개인적 도전의 직접적인 결과에서 발전된 것이다. 그러한 도전은 그녀의 탄력성을 증진시켰을 뿐만 아니라 행정가, 실천가, 교육자로서 경력 발달의 기초로 작용했다.

Evelyn B. Harrell(MSW, LCSW)는 New Orleans 소재의 Tulane대학교 사회복지대학원의 임상조교수이다. Harrell의 연구관심은 아프리카계 미국 여성노인의 종교적 영적 가치, 노인들의 탄력성, 강점관점을 통한 지역사회개발 등이다.

Nancy P. Kropf(PhD)는 Athens 소재의 Georgia대학교 사회복지대학원의 부교수이다. Korpf의 연구영역과 관심분야는 노후의 보호제공 관계, 세대 간 가족관계 등이다.

Judith S. Lewis(PhD, LCSW)는 New Orleans 소재의 Tulane 대학교 사회복지대학원의 교수이자 현장교육책임자이다. Lewis의 연구, 교육, 서비스활동은 여성의 건강, 정신건강, 다양성과 포용(inclusiveness), 여성폭력예방을 위한 발의에 있다. 그녀는 미국 법무부의 지원을 받는 세 학교의 컨소시움인 Leanne Knot 여성폭력방지 프로젝트의 책임자이다.

Nancy C. Livingston(MSSW)은 Dollas 소재의 Texas Southwestern 의학대학원 정신과에서 일한다. Livingston은 직원, 연구자, 교직원에게 고용지원상담을 제공한다. 그녀는 위급한 상황에 대한 위기개입과 피고용자 집단과 위기관리에 대한 폭넓은 훈련과 실제적 경험을 가지고 있다.

Gerald T. Powers(PhD)는 Indianapolis 소재의 Indiana대학교 사회복지대학원의 교수이다. Power는 30년 넘도록 학부, 석사, 박사과정에서 인간행동을 강의하였다. 그 동안 인간상황을 보는 관점에 대해 개인적인 변화를 경험하였다. 수년 간 결점관점으로 가르친 후, 그는 어렸을 적에 자신의 삶을 결정적으로 변화시킨 탄력성이라는 힘의 진가를 결국은 인정하게 되었다.

Irene Queiro-Tajalli(PhD)는 Indianapolis 소재의 Indiana대학교 사회복지대학원의 교수이자 대학원장을 맡고 있다. Queiro-Tajalli는 최근에 기술, 노화, 지역사회조직, 탄력성, 라틴 이주민, 여성에 초점을 두고 저술과 발표를 하고 있다. 그녀는 또한 사회복지교육위원회를 포함한 다양한 조직과 다양한 전문학술지의 편집위원으로 일을 하고 있다.

Joyce Grahl Riley(BSN, MA)는 Baltimore 카운티의 Maryland 대학교의 보건행정과 정책 프로그램의 부책임자를 맡고 있다. Riley는 과거에 선임지역사회보건간호사로 Baltimore시 보건부에서 일했다. 그 경험을 통해 다양한 적응기제와 회복능력에 대한 직접적인 관찰을 할 수 있었다.

Linda Anderson Smith(DSW)는 Massachusetts 소재의 Springfield의 Springfield 대학의 사회복지대학원 부교수를 맡고 있다. Smith의 연구관심은 다양성(diversity)과 "압도된 것"으로 특징지어지는 가족과 아동들을 위한 실천 등이다.

Norma J. Talyor(PhD, LISW)는 Richmond 소재의 Virginia Commonwealth 대학교의 사회복지대학원의 아동·가족서비스 기관 훈련 프로젝트의 훈련책임자이다. Talyor는 사회복지관련 직원과 계약기관에 대해 능력–기반 교육을 제공하기 위해 Washington DC의 기관훈련프로젝트에서 일한다.

Carol T. Tully(PhD, MSW)는 Louisville대학교의 Kent 사회복지대학원의 교수이자 부학장이다. Tully의 탄력성에 대한 연구는 사회복지실천에서의 이야기 접근(narrative approach)에서 활용하게 된 강점관점에 대한 확고부동한 신념에서 나온다.

Marie L. Watkins(PhD, ACSW, CSW)는 New York주 Rochester의 Nazareth대학의 사회복지학과 조교수이다. Watkins는 청소년 사업 분야의 광범위한 경험을 가지고 있다. 25년이

상 직접적으로 청소년들과 가족들을 위한 서비스를 제공하였고, 청소년서비스 조직의 행정가와 자문가로 일하고 있다.

Nancy R. Williams(PhD, MSW)는 Athens의 Georgia 대학교의 사회복지대학원의 조교수이다. Williams는 다양한 대인서비스 조직에서의 광범위한 실천경험에서, 외상을 입은 대상의 탄력성 발달분야에 초점을 맞춘다. 그녀는 사회복지교육에서의 갈등해결과 중재기술개발을 위한 옹호자이며, 최근에는 관련 프로젝트에 협력하고 있다.

역자소개

양옥경
미국 위스콘신대 사회복지학 박사
현재 이화여대 사회복지전문대학원장
저서 『지역사회정신건강』, 『사회복지실천과 윤리』(공저), 『사회복지실천론』(공저), 『사회복지
　　수퍼비전론』(공저), 『가족과 사회복지』, 『정신보건과 사회복지』 등

최소연
이화여대 대학원 사회복지학 박사
현재 반포종합사회복지관장 및 한양대 행정자치대학원 겸임교수
저서 『재가복지론』(공저), 『사회복지척도집』(편저) 등

송인석
연세대 행정대학원 사회복지학 석사과정 수료
반포종합사회복지관 총무부장 역임
현재 소망복지재단 사무국장

권지성
서울대 대학원 사회복지학 박사
반포종합사회복지관 책임연구원 역임
현재 대전 침례신학대학 사회복지학과 교수
저서 『사회복지척도집』(편저), 『공개입양가족의 적응』 등

양후영
이화여대 대학원 사회복지학 석사
반포종합사회복지관 연구지원팀장 역임
저서 『사회복지척도집』(편저) 등

염태산
서울대 대학원 사회복지학 석사
현재 반포종합사회복지관 총무기획팀장
저서 『사회복지척도집』(편저)